书船长载江南月

文学山房江澄波口述史

江澄波◎口述
韦力 张颖◎整理

古吴轩出版社

图书在版编目（CIP）数据

书船长载江南月：文学山房江澄波口述史 / 江澄波口述；韦力，张颖整理. -- 苏州：古吴轩出版社，2022.11
ISBN 978-7-5546-2021-2

Ⅰ.①书… Ⅱ.①江… ②韦… ③张… Ⅲ.①古旧图书－书店－历史－中国 Ⅳ.①G239.23

中国版本图书馆CIP数据核字(2022)第210956号

封面题签：白谦慎
封面绘图：吴雨苍
摄　　影：于　祥　鲍俐文　韦　力

策　　划：陈　洁
责任编辑：李爱华
见习编辑：周　娇　黄菲菲
装帧设计：韩桂丽
责任校对：顾　熙
责任照排：吴　静

书　　名：书船长载江南月：文学山房江澄波口述史
口　　述：江澄波
整　　理：韦　力　张　颖
出版发行：古吴轩出版社
地址：苏州市八达街118号苏州新闻大厦30F
电话：0512-65233679　　邮编：215123
印　　刷：苏州市越洋印刷有限公司
开　　本：880×1230　1/32
印　　张：17
字　　数：361千字
版　　次：2022年11月第1版
印　　次：2022年11月第1次印刷
书　　号：ISBN 978-7-5546-2021-2
定　　价：88.00元

江澄波

江南烟雨水乡桥，陋室度藏三味肴。

自序

书中岁月容易过。一转眼，我已从事古旧书业八十年了。回顾一生，要讲的话很多很多，而往事纷呈，都离不开一个关键字——书。

书是我营生所靠，也是我终生所好。我觉得自己就像一条载书、送书的书船，我离不开书，就像船离不开水。直到现在，一天不摸旧书，我心里就不踏实。从业八十年来，我经手无数珍本，与多部宋版书结缘。通过我的抢救、奔走，很多藏于民间的古书被发掘出来并被送到了合适的人或机构手中，有的甚至成了镇馆之宝，回想起来，我心里是十分高兴和自豪的。书流散聚合，最后有好的归宿，古书从业者在其中扮演着重要角色。有时我会感慨，书和人一样，阴晴圆缺，命运看似无常，其实也有道理可讲：所谓运也，命也，终究离不开一个“时”字。“时”是大时代，不同的时期，人和书有不同命运。现在这个新时代，就是个好时代。今天流通的书籍，只要是好书，就能得到大家的重视、爱惜，这就是运好，命好。我活过这么多个时代，深感现在的生活最平安幸福。

借了“书”的缘分，我一生认识了不少的藏书家、学问家。我小时候见过章太炎，二十世纪四十年代见过于右任、陈澄中、钱穆。至于郑振铎、潘景郑、顾颉刚、顾廷龙、李一氓、阿英、黄裳、黄永年等先生，我都曾为他们提供书目、送书寄书，有幸见证他们这些名家藏书、治学的途径。他们不仅学识渊博，而且可亲可近，从各位先生处，我得到不少版本目录学方面知识的指点。只是数十年过去了，书页依旧，故人却大多只能见于纸页书端了。展卷之时，难免感慨万千。

书籍递藏，炳烛相传，当代书林，光焰愈炽。若论当代古书收藏家，韦力先生当称中国第一。韦力先生和我的交往是从我重开书店之时开始的，至今已有二十多年了。我的口述史能由韦力先生来牵头整理，我深感荣幸。

这本口述史中，有一部分文字是我写下来的。有的内容，我怕我记不准确，就请子女和书友同道一起找资料。我眼睛看不清了，写出的字歪歪扭扭的，有时连我自己都认不出。写不了，我就讲。幸得张颖女史耐心细致，不厌其烦，用了近一年半时间，连续谈话采访，使我能够慢慢回忆，把那些过往的人、书、事梳理一过。说了我这一生，也算说了一部江南书业史啊。我想，这也算是一种文化传承吧。

小书的出版，离不开各级领导的支持和众多书友的关心，盛情可感，在此一并致谢。

九七老人江澄波

壬寅年八月于姑苏

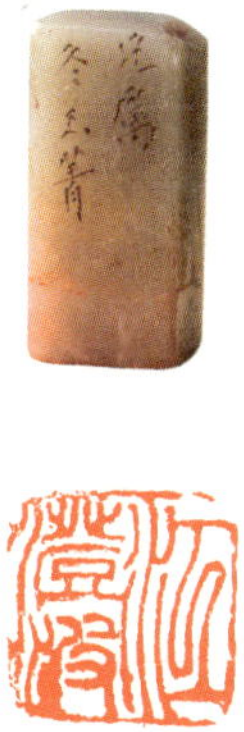

周玉菁治印

张寒月治印

高式熊治印

矫毅治印

山房藏小巷，书海一扁舟。

目　录

第五章　古旧书店往事

第六章　访书小记

第九章 讲 学

第十章 新时代

蘇州嘉魚坊西
文學山房發行

蘇州護龍街中
文學山房印行

蘇州護龍街中
文學山房印行

蘇州護龍街中
文學山房印行

蘇州文學
山房印行

蘇州護龍街中
文學山房印行

《文学山房丛书》牌记

上编

後山居士文集卷第一

陳師道無己

詩一百二十九首

妾薄命二首

主家十二樓　一身當三千　古來妾薄命
事主不盡年　起舞為主壽　相送南陽阡
忍著主衣裳　為人作春妍　有聲當徹天
有淚當徹泉　死者恐無知　妾身長自憐

第一章 书阁里的童年

我出生于1926年6月30日申时。当时文学山房书店开在苏州古城护龙街嘉余坊口。文学山房店宅一体，从我出生到现在，我和书店的缘分，已有近百年了。

文学山房的开篇

从山塘街到护龙街

江氏我们这一支，祖籍浙江湖州织里镇。清朝咸丰年间，兵火四起，我的曾祖椿山先生不得已逃难离乡。他那时年方弱冠，背着简单的行囊，搭船走水路来到苏州阊门，在城门口的扫叶山房找了个活计谋生。

扫叶山房是苏州席氏家族的产业，藏书、刻书、售书，历史悠久。说起来，扫叶山房在清代书林史上较为灿烂。

同治初，当时的扫叶山房主人席威把扫叶山房总部迁往上海，逐渐经营新书。而苏州的扫叶山房成了分店，实际主事者是吴县人朱记荣。

朱记荣也是位藏书家，精于校勘。他的藏书室称“槐庐”“行素草堂”。我曾祖在店里做事，自然学到了不少本事。只是曾祖不过小小伙计，工资微薄，年逾四十，才娶妻成家。夫人刘氏，就是我的曾祖母。曾祖母娘家在山塘街八字桥，扫叶山房距此不远，所以曾祖选了八字桥西街一处房屋租赁定居，两下里都十分便利。

光绪七年（1881），贫寒的江家添了一子，名如礼，小名宝泉，这就是我的祖父。光绪二十年（1894），曾祖把我祖父送到浙江嘉兴孩儿桥的一家旧书铺学艺——在老辈人看来，孩子请别人来管，是比较好的。

初到嘉兴的店里时，祖父才十三岁。承家训，祖父刻苦学艺，至诚待人，勤俭持重。听祖父说，曾祖送他去学艺之前，曾将他的衣裤口袋悉数拆去。因为我们是做古书生意的，而古人窃书就和这衣服口袋有关系。比如当年《永乐大典》就是被朝臣藏在衣服内陆续偷出的，一万余册的大书，到乾隆时丢了三千多册，到清末时丢失大半。在这种风气下，曾祖把我祖父的衣裤口袋都拆了，以向嘉兴的店主表示清白，乃是极诚实之举，希望我祖父养成诚信及勤俭的品格。

在嘉兴的五年间，祖父熟悉了访寻古书的业务，掌握了鉴定版本、修补装订等本领，也有了自己的字：杏溪。这是源于他出生在农历二月杏花开放的时节吧。后来他便一直以字行世。

光绪二十五年（1899），曾祖因病离世。十八岁的祖父闻讯匆匆从浙江返回苏州奔丧。将曾祖的后事料理完毕后，鉴于老母在堂，无人奉养，祖父便决定留在苏州。由于之前的经历都和书店经营有关，于是祖父有了创设自己的书店的想法。

开书店，便涉及选址问题。阊门山塘一带自古繁华，明清以来，书肆林立，扫叶山房就选址于此；还出过几位大藏书家，最著名的是汪士钟；很多书在此流动集散。不过，经历太平天国运动，苏州的书店甚至商业开始渐渐向城中转移。祖父于是把目光转向古城内。

现在我们古城中的南北向的人民路，古时叫护龙街。人们说，南边的孔庙是龙的头，北边的北寺塔是龙的尾巴。这条护龙街上人文荟萃。清末，文庙旁是苏州府学、紫阳书院；龙头、龙尾间，散布着过云楼等藏书楼。当时护龙街上有很多书店、古董店，祖父便把书肆设于护龙街嘉余坊口，紧挨着顾文彬的怡园及过云楼，可见祖父既有商业眼光，又考虑到了书源问题。店面用芦席纸糊，店门朝东，面向护龙街。

曾祖去世时，留下一叠借条，祖父点检细看，发现都是织里的亲友借钱时写的。要开书店，需要资金，祖父就想着去一趟织里，把钱要回来，不过最后没有成行。听祖父说，那时织里来了位穷亲戚，衣衫褴褛，坐下聊天，祖父才知道亲友们过得比自己家艰难得多。再翻翻借条，落款都是曾祖。祖父无奈之下便表示这些欠条都不作数了，就打消了回织里要钱的念头。那么开店需要的资金从哪儿来呢？祖父只好向他人借贷，借了三百元，才得以勉强营业。

不久后，祖父娶妻胡氏，家里很快添了一个男丁，即我的父亲静澜先生；后又添了两个女儿，也就是我的大姑姑、小姑姑。江家人口渐繁，压力很大，仅靠经营书店，难以维持生计。曾祖母拾针刺绣，以刺绣所入贴补家用。一家人齐心协力，这才渐渐渡过开业时的难关。

文学山房的前三十年

我懂事之时，文学山房已发展了约三十年。这三十年中，文学山房从一个小书肆逐步发展至古书盈架，名人满门。惜乎我没有亲历，但常听父亲谈说往事。有几件大事，关乎文学山房的发展，亦可作为祖父、父亲在文学山房初创时苦心经营的见证。

光绪二十八年（1902），太谷学派第三代山长黄葆年辞官，在苏州十全街创办归群草堂（也叫黄公馆），讲儒论道，徒众极多。这些学生来自全国各地，并且都是品学兼优的读书人，他们的教材都需要在古书店采购。祖父看准了这一机遇，文学山房创办之初，就主营国学书，服务于莘莘学子，这是文学山房业务迅速发展的一个原因。

父亲讲，清末民初，明刊白棉纸古书的市价大约为每册银圆三枚而已。苏州本来是江苏巡抚驻地，辛亥革命成功后，军政府撤出苏州，省会移往南京，在苏候补官员纷纷回籍，书籍属于笨重之物，不方便携带，往往被大批处理，这也是苏州各古旧书店发展的一个背景。

民国初年，冯桂芬藏书、朱达夫藏书流入坊肆。冯桂芬是晚清维新思想的先驱，曾入李鸿章幕，又在紫阳书院和正谊书院做过主讲，著有《校邠庐抗议》等，还曾主持编纂同治《苏州府志》。他的藏书楼名“一仁堂”“耕渔轩”，据说，冯氏的藏书有二十架，分为经、史、子、集四部。当时冯氏的书籍已三传至曾孙辈，可惜这一代不再以藏书为志，于是把藏书散了出来。而无锡朱达夫是同治年间的进士，听父亲说，朱达夫的藏书，虽然没有宋元秘本，但是装治精整。文学山房收得部分冯氏、朱氏家藏，丰富了货源。

民国十八年（1929），祖父以两百银圆向一家旧货店收得一部宋版书。这部书是《后山居士文集》二十卷，宋陈师道撰，有清代名人翁方纲的题跋及题诗。每半页九行十五字，左右单边，字体古朴浑厚，用黄麻纸印刷，又钤有“晋府书画之印”“敬德堂图书印”等印。这部《后山居士文集》初出世时，纸色晦暗，书家多认为该书是明代翻刻本而不屑一顾。后来祖父将该书售与潘博山先生。潘博山独具慧眼，收得此书后，把藏书楼改名为“宝山楼”，以示珍重，并将此书视为镇楼之宝。关于该书的价值，傅增湘言道：“不特为海内孤行之本，亦实为后山集传世最早之编。”如此宝物由文学山房经手，书店的声誉自是随之高涨。

同年，由曾任民国大总统的徐世昌主持编纂的《晚晴簃诗汇》终于付梓。这部书收入诗人六千一百余家，诗两万七千余首，分两百卷，涉及诸多江南文人，编纂历时多年。为了编这套书，民国初年，徐世昌派人广搜清人别集，曾有专人南下采访旧籍。我祖父为他们提供了大量的清人诗集。文学山房的业务于是蒸蒸日上，祖父、父亲也结识了一大批士林人物。《晚晴簃诗汇》编刻完成后，文学山房依然与徐氏有生意及人情上的往来。

文学山房生意越做越好，便对嘉余坊口的老店铺不停修缮，以适应业务发展的需要。但靠着修修补补，总不是办法，加上家里频添人丁、伙计，更换新店铺势在必行。1931年，文学山房新店面落成，地址就在嘉余坊斜对面的大井巷北首，坐东朝西，仍然面向护龙街。门牌号是大井巷口707号。我们还有了时髦的电话，电话号码是741。新店面三开间，前后三进，前后都有楼，中间有天井，店堂高敞明亮。新店落成时，经由徐世昌的秘书贾君玉转请，徐世昌为文学山房题写了竖幅招牌，那招牌是圆木柱的样式，在我们店里挂了好几十年。又有一块匾额，是此前由清代翰林曹福元题写的。

我的长辈们

家里的长辈

我五岁时，文学山房迁了新址，我们一家也随着书店搬进了新家。前面是书店，后面是住宅，我们都住在楼上。

这个时候，江家已经是一个大家庭了：除了祖父母和父亲、母亲，还有大姑姑、小姑姑。我的二弟和三弟也出生了。由于家里人多，我和弟弟被安排住一个房间。现在想来，当时那房子作为住房也不好，毕竟是店铺，是商业用房，顶上用的瓦太薄，夏天的时候非常热。

我是江家长孙，祖父非常疼爱我。我十六岁前名长庚，这个名字就是祖父给我取的。祖父和父亲喜欢喝小酒，他们总是在吃饭时小酌几杯，谈谈新收的书，或是今朝店里来了哪位鼎鼎有名的人物，或是关照我的功课，嘱咐我一些为人处世的道理，有时会谈到苏州那些藏书楼的情况。

祖父为人处世从不摆架子，平易待人。他交游广泛，对待书友、同行极为阔绰，经常在外招待朋友。交往较密的，有邹福保、吴梅、沈飏民等先生。记得一年，谢国桢先生来苏州访书，祖父不仅邀请他吃饭，还陪他一起去逛园林。平时有上海、北京的同行过来，他也殷勤接待，所以同行们对他的评价都很好。祖父还喜欢参加茶会。每天一早，他都要去吴苑深处喝茶。这个吴苑深处是一个规模极大的茶楼，下午还有书场；前门开在太监弄，后门就在珍珠弄。我祖父认准的雅座在话雨楼的楼上，在这楼上喝茶的大多是当地名流，苏城有名的作家如周瘦鹃、范烟桥、程小青等也常来闲饮。坐下后，各人就开始聊各种各样的事情，消息很是灵通。比如谁家收到了什么好书，谁家又要出手一批家藏……也有人认得祖父，会带着古书来茶楼找祖父鉴别、售卖。店里如果有急事，或是有重要的客人来了，家里人会让我跑去话雨楼叫祖父。

我外公也是吴苑深处的常客，他每天下午要到吴苑深处听书。我也跟着长辈们去过。听书时，长辈给我点一碟青梅或瓜子，我吃得津津有味。外公听完书，便往家里走。那时在宫巷口有一家咸肉店，对面就是碧凤坊，外公回家路过时，就去店门口排队。到外公了，外公递上三个铜板，咸肉店店主切一块咸肉下来。遇到切下来的咸肉比较大块，就是占了便宜了，所以买肉的人如果有耐心，就等在铺子前，等着大块的咸肉切出来，大家一起抢：“这块我要！”这一整个活动，被概以一句俗语，叫“等大”。外公每天都要去“等大”。

每天一早，祖母会挎着菜篮去买菜。家务由家里的几位女眷操持，她们不仅要为家人准备饭菜，还负责做店里伙计的饭菜，所以仅仅是一日三餐，就让她们非常劳累。她们也从来不诉苦，直到今天，我都不知道那时候菜市场在哪里。

父亲是一个比较沉稳的人，祖父爱交游，父亲就要守好店铺。我小时候，父亲经常赴无锡。因为我们家当时也出版书籍，除了买版或请刻字坊经办外，还有用活字排印书籍的情况。家中没

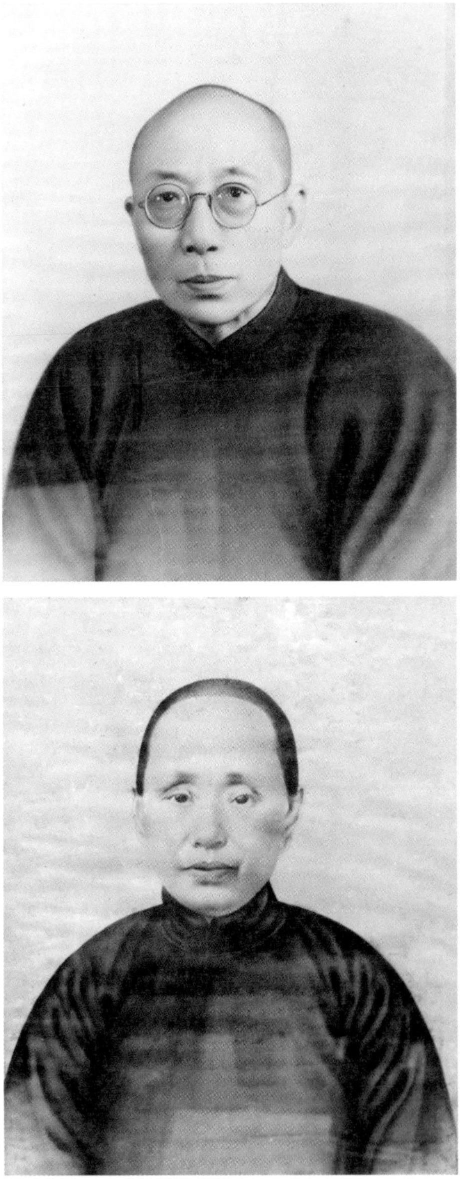

江杏溪夫妇

江静澜夫妇

有活字，而无锡有多家木活字作坊，其中比较有名的叫文苑阁。文学山房比较有名的木活字本就是在那里排印的。活字排印容易出错，为了保证书籍的质量，我父亲要到文苑阁去亲自校对、监印。他们先试印一张给父亲看，父亲要当场一页一页核对。可以说，父亲其实既在做书店的经理，又在做文学山房所有刷印书籍的编辑。

我母亲闺名余芝英，二十岁左右生下我。她虽不是大家闺秀，却也出身书香门第。她幼时接受过旧式教育，读过《闺门训》等启蒙书，懂得了做人之道，因而在子女教育方面的要求十分严格，偶然看见了不顺眼的，就会大声问责。那时我们的两位姑姑听到以后，就会来向母亲说情，为我们解围。

我母亲共生了八个子女，二弟和七弟在幼年患病，不幸早逝，存活下来的共有六人。我母亲要一人将我们抚养长大是力所不及的，幸好有我们的两位姑姑帮助照料。所以我们长大懂事以后，把两位姑姑当作自己的母亲一样敬爱，她们也把我们当作自己的子女看待。但两位姑姑晚年过得并不幸福，每次想及，我是十分难过的。

舅　公

除了住在一起的一大家子人，我的舅公胡继荣先生当时也在店里帮忙。胡继荣先生是我祖母的亲弟弟。他成年以后就来到文学山房，帮我祖父做好店里的销售和后勤工作，可以说，他是看着我长大的老长辈。因为我人虽小，却很懂事，所以他很喜欢我。在我八九岁时，每到周日，学校放假，他经常会带我出去走走。

记得有一年，北京有个单位委托我家书店代买一批纸马。舅公问我："你要不要一起去呀？"我当然求之不得。舅公于是带着我，来到桃花坞大街一家叫韩衙庄的纸马作坊中。这家作坊规模较大，纸马有几种：一种叫星官马，是用红纸从木板上印下来的；一种很大，叫寿星和王母，是供人家祝寿时用的；还有一种尺寸较小的，叫井泉童子、山神土地；另外一种纸马是用黄色纸印的，印出的图像很不规范，五颜六色十分糊涂，这是因为套版没有套好，所以有句话叫作"印不清的纸马"。这家作坊里的纸马品种极多，大厅两面梁上，都布置了一排排麻绳，这是为了把刚印好的纸马挂在上面晾干。舅公拉着我的手，一一指点给我看，一一讲解给我听。最后，他按委托单位的要求，把每个品种都买了两份带回来，寄给对方，完成任务。

这件事至今已过去了八十多年，但我还是清楚地记得。纸马虽然不是书，但也是雕版套色印刷的，经过那场参观，我对套印本加深了认识。我一直认为舅公也是我们文学山房初创时期的一位功臣呢，可惜他还没有活到六十岁就去世了。

华叔叔

我们家做书店生意，对书业比较熟悉，如果有亲戚需要帮衬，祖父和父亲会仗义相助，经常帮忙介绍书店方面的工作。

我祖父的外甥叫华振祥，他的父亲很早就过世了，留下孤儿寡母，所以祖父对他特别关爱，待他成年以后就介绍他到新书店工作。这个新书店是观前街平江书局。我见到他时他已结婚，生有孩子，在苏州大成坊巷内租一间房住着。直到日军轰炸苏州后，他才回到无锡荡口去，开了一家书店，名叫良知书店，兼营文具。这家店在当地很有名气。

1932年1月28日，日本侵略者侵入上海。消息传来，苏城有些胆小的人就早做避难之计。我祖父也是其中之一，他选择的避难地点就是无锡荡口，这是因为华振祥先生的老宅就在荡口。

无锡荡口也是我后来访书常去的地方。一则，明弘治、正德间著名出版家、藏书家华燧和华坚就是荡口人。华家用铜活字排印的书籍全部成了今日很重要的善本。说起来，早在黄丕烈时期，人们就很看重明代铜活字本了。因为华氏所用的底本基本上是宋版书，有些底本已经失传，所以那些铜活字本成了后世校勘时能够看到的最早版本。二则，太平天国运动时，苏州城很多士绅都带着藏书躲到荡口，当地就流散出不少珍本。

华家老宅在荡口镇牌楼墙门，是明代翰林学士华察的故居。华察是他们的老祖宗。由华振祥先生介绍，我们在他邻居家租了两间房子，祖父同我祖母与两位姑姑住一间，母亲和我及二弟、三弟住一间，父亲则留守在苏州。

由于时间不急，所以我们临走时把店中的好书装了十几个书箱，一并随船带往，放在房内。

这次避难时间并不长，因为爱国将领蒋光鼐和蔡廷锴率领十九路军奋起反抗之事违反了上级意图，上级不再派兵支援，最后很快与日方达成和议。在荡口待了仅三十多天，我们就平安返回苏州。

这是我一生中第一次避难，谁知后来只隔了大概五年时间，日本侵略军就真的开到苏州来了。

我的邻居们

集宝斋和百灵电台

文学山房的南面隔壁是集宝斋书画古玩店。它的主人是孙氏三兄弟，即伯渊、仲渊、季渊三人。他们也是我们的房东。三兄弟的父亲名叫孙念乔，开的是一家从事刻碑、拓碑、裱碑业务的碑帖店，经营期间，得到李根源帮忙，生意越做越大了。孙念乔早逝，当时伯渊只有十三岁，跟随母亲操持店务，做到了子承父业。伯渊刻苦钻研怎么鉴别古代书画，成为一位自学成才的鉴定专家，加上他人较和气，善意待人，过了一段时间，他就自己开了这家叫集宝斋的古玩店。当时顾麟士、张葱玉以及吴湖帆、潘博山等人，常来集宝斋观赏古画。

由于业务兴旺，积蓄较多，孙家就将护龙街从大井巷至塔倪巷中间的一排店面全部买下。集宝斋店面在护龙街上，住宅在后面，在大井巷内开一宅门进出。全面抗战爆发时，伯渊迁往上海租界，在嵩山路买下一住宅定居，将苏州店务交与二弟仲渊和三弟季渊管理。仲渊的儿子金泉与我还是在振声附小读书时的同班同学呢。

文学山房的南边还有百灵电台公司。百灵电台公司是常熟人杨月槎和杨星槎兄弟两个创办的。这两兄弟唱评弹唱得好，那时北洋政府的财务次长梁士诒请他们到北京说书。他们到北京去后赚到了钱，回苏州后就办电台公司，再卖点其他电器，比如收音机、唱片机之类，只是生意比较冷清。日本侵略军来了，百灵电台公司更不行了，杨氏兄弟就把房子租给新国民书店。我们同新国民书店的人也有往来，记得有一个工作人员，新中国成立以后他的身份公开，是一位共产党员。

许云樵故居和慕园

百灵电台公司南隔壁，有一所民居，那就是《姑胥》一书的作者许云樵先生的故居。那里住着的正是我老家的对门邻居许银凤阿姨。银凤阿姨年龄和我两位姑姑差不多，她们可说是“对面邻居小姐妹”，经常走动。许云樵先生我没有见到过，听说是去南洋发展了，银凤阿姨可能是他妹妹吧。

从她家往南，直到富仁坊巷口，都是白色高墙；转到富仁坊巷口往东走，北面是高墙；直到往东走三四十米时，墙上才有一个门，气势宏伟，高门槛，上面有两扇褪了色的朱漆大门，门的两边各有一座石雕狮子，门口还有避雨的廊房。地上铺有方砖，大门一直紧闭。这给孩子们提供了踢毽子、捉迷藏的好去处。门对面还有大照壁。因为我舅公就住在附近柳家开的木匠店楼上，所以我经常到那里去。直到年龄大了我才知道，这所大宅院乃是太平天国时苏州守将慕王谭绍光的官邸，所以被称为慕园。不知什么原因，慕园终年大门紧闭，或许另有后门可供出入吧。

全民流通图书馆

全面抗战爆发之前，在文学山房书店北边第二家开办过一家全民流通图书馆。图书馆一楼到三楼都有藏书，主要是当时出版的世界文库等文学作品，大多是新书。办这个图书馆的，我记得有陈世德。我上学的时候会从图书馆门前路过，经常看到有人前往借书看。苏州沦陷以后图书馆就停业了，房子被房东租给了中医师张之仁。张医生开了一段时间的医馆后，店面又被孙伯渊的堂弟孙耀昌盘了下来，他开了一个书店，名叫求智书店。直到新中国成立以后我们才知道，之前的全民流通图书馆是共产党的地下活动据点，此举学习的是上海蚂蚁图书馆。

高家和赵家

我们家后面是一个很大的园子，园子的主人叫高金宝。他呢，是帮会里边的人。他的园子很大，但住的人很少，经常听到他们家放鞭炮，这是因为花园里会有狐狸、野猫、黄鼠狼之类的动物晚上出来闹，他们以为是闹鬼，所以放鞭炮“驱鬼”。

他家花园有一个池塘，塘边的树很高大，树枝舒展，一直伸展到我们家，所以我们也有了一片树荫。抗战胜利后，高家搬走了，来了一个印刷厂；再后来，这里改建成了大井巷小学。现在，大井巷小学那里已经变成一个小的商业广场了。那些池塘、花木早已不存了。

大井巷里，还住着一位大学者，名叫赵诒琛。介绍他之前，先说说他父亲赵元益。

《又满楼丛书》

民国九年至十四年昆山赵氏刻本　芷兰斋藏

赵元益是昆山人，其母亲出身无锡荡口华家，晚清藏书家江标的母亲也是华家的女儿，所以赵元益和江标是姨表兄弟关系。太平天国运动时，苏州城很多士绅都带着藏书躲到荡口去，赵氏由此收得黄丕烈、汪士钟旧藏古刻及名人抄校本甚多。先时，赵元益在上海江南制造局做翻译，赵氏故居峭帆楼本来在上海，军阀混战的时候，书全给毁了，于是赵家在民国初移居苏州大井巷西口。

赵诒琛受父亲影响，也热爱典籍。到了苏州后，赵诒琛继续买书。在苏州城，他与王德森、吴梅、王大隆等藏书家交好，适存庐书店的丁志伟常来给他提供善本。很快，赵诒琛的书又多了起来。他又在正仪镇赵氏义庄中创办赵氏藏书楼，征集昆山地方文献及乡贤著述，对缺藏之书则千方百计请人传抄，藏书遂蔚为大观。1926年，他编成《赵氏图书馆藏书目录》五卷，以铅活字排印传世。所附善本书目一卷，则忆其父所藏名人抄校善本及明清佳刻。赵氏图书馆是我国较早以“图书馆”命名的私人藏书楼。其藏书上大都钤有“寄云楼藏书”印记——寄云楼也是他的一座藏书楼。此前，赵氏在苏州刻成《峭帆楼丛书》，好友给他的赠诗中有一句“劫后藏书又满楼”。赵诒琛对“又满楼”很满意，便将藏书楼命名为“又满楼”，刻《又满楼丛书》，且作四言一章自述藏书之事。

赵诒琛经常来文学山房，他是个高个子，戴眼镜，拿手杖。我见到他的时候，他已经七十多岁了。他家里夫人已经过世，儿子也死了，只有一个儿媳、一个孙子、一个孙女，一家一共四口人，并没有仆人。有的时候，他买了书让我们送去。因为我们两家离得近，家里人让年幼的我去送书。我把书送到门口，他总是亲自来开门，对待我也是很客气的。

苏州杂忆

苏州是历史文化名城，是我生长之地，这里人杰地灵，物产丰富，文化发达。晚近以来，新的商品、技术涌入古城。在我的印象中，二十世纪三十年代的苏州人，在遵循传统生活方式的同时，也适应着各种变化。

街　巷

阊门遭到过几次劫难，商业冷落了。在1936年前后，苏州推进了十条马路的改造工程，这十条路，包括护龙街、十全街、景德路等。这些路以前都没这么宽的，就是因那次改造，拓得更宽了。因为阊门经济中心的转移和道路的开拓改建，观前街一带繁荣起来。

那时候旧书店主要集中在护龙街上。护龙街上的书店，北面要到閶邱坊巷，南面到饮马桥。三元坊那边当时还很荒凉，过了三元坊就没有书店了。

大概在修造大公园的时候，锦帆河被填掉了，变成了锦帆路。大公园建好了，里面有吴县图书馆，不怎么大，也是民国建筑，两层楼，书还是比较多的。

那时候出行，主要靠黄包车，又称东洋车。高官来买书，是坐小汽车过来的。汽车很少——那时候自行车也很少。我们自己出行也坐黄包车。大井巷口就有，黄包车师傅都在那里等生意。

全面抗战前，郑振铎先生到苏州来时常住新苏饭店。新苏饭店在现小公园一带。他若要来护龙街买书，就步行过来。不过也时常看见他乘黄包车到店门口下车，可能是从别处回来，路过书店下车看看吧。

崇德公所

苏州崇德公所是书业行会所在地，地址在阊门尚义桥。祖父善于结交，喜欢参加各类活动，除了上话雨楼喝茶，他也会参加崇德公所的活动。每年的关公生日和忌日这两天，崇德公所的参加者会碰头。当天有拜关公等仪式，仪式结束后，与会者要开会、聚餐、打牌。记得祖父总是在农历五月十三号去参加活动，来青阁的杨寿祺先生就很喜欢打麻将。

崇德公所还积有一些书版，如果有书店想印，可以交少量的钱借版印刷。听祖父说，这些书版多是医药书版，其中有影宋刻本的《千金翼方》书版，版本和刻版都比较好，是由大家捐钱买下来的。文学山房从未向崇德公所借版。

苏州沦陷时期，由于日本人提防中国人集会，崇德公所的活动就不再举办了。抗战胜利之后，行业公会活动恢复，祖父仍然去参加。

饭店和影院

那时候松鹤楼就是高档的餐馆了，因为菜的价格贵，一般人家很难得才会去一次。别说松鹤楼了，我们家里人一般下个馆子也是难得的。热情好客的祖父，常邀请书友或同行去的馆子是富仁坊口的朱大官酒店。那地方菜肴精美，价格实惠，离家近，很方便。苏帮菜馆外，还有徽州菜馆，老丹凤就是其中有名的一家。一次，祖父带我上街，请我到老丹凤吃羊肉面。其实那碗羊肉面味道腥，我心里很不喜欢，但我素来是很敬畏祖父的，就不敢说出来，硬着头皮吃下去了。

电影院在苏州兴起后，我由长辈带着去看电影。两位姑姑带我到大光明看过《渔光曲》《王老五》《啼笑因缘》。《啼笑因缘》的男主角是郑小秋，女主角是影后胡蝶。去的路上，姑姑们先带我到珍珠弄口的小朋友食品店买一点鸭肫——店家用牛皮纸做的袋子给我们装好，我们就一路捧着到电影院。苏州人喜欢看电影，大光明电影院的座位常常能坐满。

园　林

苏州园林名扬海内外，只是在二十世纪三十年代，园林都不开放。我小时候也去逛过园林，次数不多。比如怡园，我曾跟着长辈去过，那时怡园朝护龙街这边的门是不开放的，进园子得从尚书里进去——尚书里是一条小弄，把过云楼和怡园隔开。怡园里是不住人的，顾家人住在尚书里另一边的宅子里和西津草堂那边。

我记得南显子巷的惠荫园还办过游乐场，就是在园子里搭一个台子，供人唱昆曲、唱评弹。我跟着女眷们去过。

昆曲和评弹

昆曲和评弹都是苏州的瑰宝。昆曲咿咿呀呀，非常高雅，但是我听不太懂。相比昆曲，我更喜欢听评弹。我们家有一台收音机，就摆放在客堂。每天固定的辰光，两位姑姑会守着收音机听长篇。一天下午，父亲把我和二弟叫到客堂。我见到祖父、祖母坐在上首，两位姑姑同平时一样搬了凳子坐在收音机旁边，我的母亲也和她们挨着坐。长辈让我们搬小凳子坐在下首。这时，父亲拧开了收音机，收音机里传来悠扬的曲调。父亲不时看下时间。

二弟很小，坐不住，还站起来来回走动，母亲要时不时拉他坐下。这时，听见收音机里的开篇中传来"文学山房"几个字，我和二弟一声欢呼，不由得鼓起掌来。原来，这是我们在百灵电台投放的广告。

1935年出版的《百灵唱片集》里还能找到这段由三省主人作的广告词《文学山房开篇》：

文学山房创设迄今已四十载于兹矣。专营收卖国学参考旧籍，插架所存，不下万种左右，均定价低廉，好古诸君，敬请惠临参观。再江君承平、津等处各图书馆委托，征求各种旧籍。贵藏家如有旧储而愿割爱者，尤所欢迎。务请赐洽护龙街塔倪巷南首文学山房七〇七号，当以重金报命也。

文学山房开篇

中华国学最昌明，古代渊源悠久深。虽罹暴秦焚坑劫，幸得那舞勺儿童背诵成。而今是全国景从新生活，那知道复里咸将旧学尊。维系人心为第一，挽回世道是根存。鄙人是信步护龙闲逛走，陡见那文学山房映眼睛。入内遍观图书府，琳琅满目美无伦。八索九邱般般有，三坟五典件件精。搜罗闳富包含尽，问津之人必欲因。杏溪江君善商贾，赴天津，转北平。不惜重金广搜寻，藏书奚止万余种。（四十载费掉了）多少精神与脑经。况且是定价低廉倚无比，好古诸君请惠临。若有旧藏珍贵品，愿从割爱尤欢迎。……君学胸罗才北斗，趋向此途莫因循。实地考查乃有得，方晓余言果然真。言之不谬是真情。

如愿割爱者请到护龙街大井巷口七百另七号向敝经理江杏溪君接洽可也，电话长途挂号七百四十一号。

虽然这广告词里说“文学山房创设迄今已四十载”，但其时并非1939年，实际应是“三十余年”。除了在电台上宣传，我们也会在报纸上刊登广告。那时人们爱看《苏州明报》，报上就有文学山房的广告，主要是告知读者本店收购旧书。

书店杂记

文学山房是一家旧书店，旧书店是书店中的一种。苏州古城书店很多，我小时候就经常路过各类书店。不同类型的书店，招牌、广告、陈设都不大一样，我那时年纪虽然小，对此却也有了一定的认识。

新书店

晚清时期，国门打开，西风东渐，一批苏州士子的眼光看向世界。崇尚顾炎武经济之学的冯桂芬提出“采西学”的主张，新式学堂随之如春笋般出现，自然也催生了很多新书店。称其为新书店，一则是因为这类书店售卖新式教材、时人著作等新书和期刊，二则是因为这类书店不收旧书。

包天笑等人创设的东来书庄，就是一个具有代表性的新书店。这个书店最初设在养育巷女冠子桥包叔勤家门口，后迁至观前街施相公弄口，主要经售中国留学生在日本出版的《江苏》《浙江潮》等期刊以及日本新书，还售卖信纸、信封。常熟曾朴，吴江金松岑、杨千里，昆山方唯一等都常往购书。该店还先后发行过《励学译编》和《苏州白话报》，都是委托临顿路的毛上珍印书馆用木刻版印刷的。毛上珍历史悠久，当时已是苏州有名的印书馆，拓印、石印、活字印刷都能做。

开设在观前街平安坊西的振新书社也是一家经营新印书的书店。店主邹章卿是无锡人。书店业务以经营文具为主。我曾见过振新书社出版的书广告，他们印过俞樾、吴大澂的书，又印过一些课本、医书等，还用珂罗版印过不少线装画册。又有一本顾沅的《元妙观志》，铅印两册，也是他家印刷的。这个书店在全面抗战爆发前倒闭了。

旧书店

旧书店卖线装书，不卖新书。书籍来源有收购和自印等渠道。和文学山房一样属于旧书店的，有我们的老邻居来青阁。

来青阁第一代主人杨云溪是苏州洞庭东山人，原本是做茶叶生意的，后改行开书店，书店最早设在阊门。一年，阊门皋桥东首失火，殃及周围人家，杨家损失惨重。他们就靠着存在贡院前的少量书籍和书版，迁到东中市崇真宫桥西继续营业，过了几年，又搬迁到护龙街嘉余坊口，所以，我们两家可以称得上是老邻居。我祖父和杨云溪先生十分要好。杨寿祺先生和我父亲是小兄弟，我父亲称他为寿祺哥，我称他为杨伯伯。我们搬到大井巷后，距离来青阁稍微远了一点，但也说得上是常常走动的近邻了。而杨寿祺先生也是我从事书业后的一位恩师。

临顿路菉葭巷口的杨馥堂鸣琴室初以贩卖碑帖为主，后兼营古书。杨馥堂经手过不少善本，他的名字见于傅增湘《藏园群书题记》中。傅增湘说，一次他来苏州，书贾杨馥堂送来一本好书，

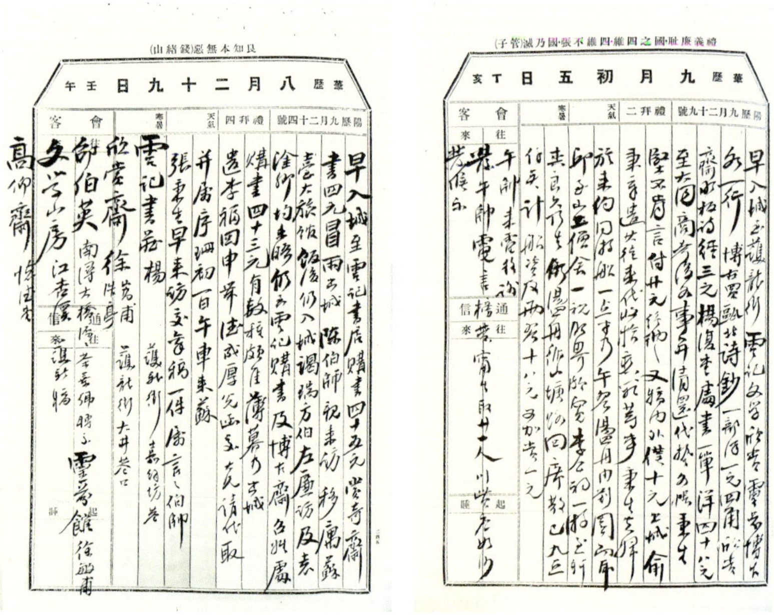

傅增湘光绪戊申日记中在苏州文学山房访书的记载

乃是洪武《苏州府志》。傅增湘买下后，被顾麟士看到了。顾麟士说，这是本地之书，希望能留下。傅增湘拒绝道："我此番来苏州，没见到什么好书，唯一好的就是这套书了，不能相让。日后留心，为你再觅一部。"没想到，傅增湘回了北京，真又找到一部，实现了他对顾麟士的诺言。潘景郑《著砚楼书跋》里也提到过杨馥堂。杨馥堂于全面抗战爆发前去世，店由其子继承，由于其子不善经营，该店没过多久就停业了。

值得一提的还有无锡人浦鉴庭创设于观前街的文瑞楼。据我所知，在观前街的文瑞楼卖木版线装旧书，后迁上海，曾石印

《玉历钞传》

光绪三十年苏州玛瑙经房重刊本　幽远斋藏

过一大批古典小说和国学基本用书，门市兼营批发，做得有声有色。浦鉴庭去世后，文瑞楼由其子浦福之继承。浦福之又在阊门城门口另开绿荫堂书店，以经营私塾读本和中医书等为主要业务，也有部分木版，可以刷印制书出售。福之早逝，其子永泉不善经营，又抽大烟，将祖辈父辈所存之书论斤出售，十分可惜。

玛瑙经房

玛瑙经房专营自己印刷的木版佛经、劝善之书及私塾蒙课本。我小时候，这家店的店主是吴钧伯。这家店是他的父亲开办的，最早设在观前街，后迁至景德路雍熙寺弄对面。随着时代的不断前进，教科书都改用平装或铅印本，木刻读本已无人问津，佛经及劝善之书的读者范围又很小，加上店主不善经营，因而他们的生意看起来一直很冷清。

行 商

二十世纪三十年代时，每到秋收以后，常熟就举办一次卖廉价书活动。因为那时的藏书家大都是有着田产的人，所以在那个时候，收到租米钱后，手中有钱，就可以大量买书了。每年的这一段时期，往往旧书生意很好。

最早几年，父亲和舅公都去参加这活动。后来父亲集中力量负责排印木活字聚珍版书，经常要往来于苏州、无锡之间，就将这项业务委托给常熟一位行商戴梅生先生代理。

行商没有固定店铺，坐商是有固定店铺的。我们文学山房就是坐商。这位戴梅生先生呢，他每次来店中拿一批书去参加常熟的廉价书活动，活动结束以后来店里结账。

这人我在十岁时还见过。他长得不高，说一口常熟话。戴梅生先生有三个儿子，名字分别是鹤秋、祖德、祖元，他们成年后都做旧书生意。其中祖德后来开了一家书店，鹤秋和祖元都做了行商。后来我去常熟访书时，得到他们不少帮助。我现在还很怀念他们。

小学生所见

放学后

我是在七八岁时入学的。母校振声附小，校长叫万嵩沅，校址在马医科。学校后来改名为马医科中心小学，再后来撤销不存。

振声附小是一所教会学校。学堂是西式建筑：两层楼的灰砖小洋楼。学校中还种了一棵石榴树。

那时候教会学校是要教英文的。我们的英语老师是位美国人，叫丹麦里，我们都叫他丹太先生。丹太先生年纪很大了，连万校长都是他的学生。我念小学时，正值当局推行新生活运动，有一批一批的“童子军”检查学生言行。学校采用新式教育的课本，语文、数学都要教授。

振声附小放学很早，下午三点左右就放学了。由于学校和家的距离很近，路上汽车少，所以小孩子大多自己走回家。回家作业不多的，考试嘛，考到六十分就可以，可以说学习很轻松。印象中，我身边的小朋友都要去读书的，教会学校的学费贵一点，其他学校收费都还好。做小学生时，我也不去店里帮忙，有时跟同学一起出去玩。我还记得，有几年，为了造苏嘉铁路，苏州开拓相门。我们几个同学在那里玩，扔石子，走铁路……那时没有手表，玩的时间长了，也不知道家里人急死了，回去都要被大人训一次："下次不能这样！"

如果不和同学出去玩，放学后我都会乖乖回家。文学山房是连家店，我们家没有别的门，只能从店铺的大门进入，店门就是家门。所以我一般会先到店里看看，就常见到祖父和父亲在书店招呼客人。我从来不多言语，因为父亲交代过我，到我们书店来的人啊，都是文化人。说起小时候我顶有印象的人物，有三位：一位是章太炎先生，一位是邵元冲先生，一位是李根源先生。

章太炎是一代国学大师，名声很响。1935年，章太炎在苏州创办章氏国学讲习会，不仅苏州的学子接踵而至，就连上海、南京、杭州的学子也慕名而来。小小姑苏古城内，群英荟萃，对国学书的需求也更加旺盛。我们文学山房主营的就是国学书，借得国学讲习会带起的昌盛文风，生意更加兴隆。

一天放学后，我背着书包，如常回到店里。到店里时，只见一位穿长衫、戴眼镜的白发老人，拄着手杖，在书架前看书，陪着他的是三位中年男子。一旁的父亲很恭敬的样子。我虽只是个小学生，却也隐隐感受到这位老先生不同常人。我到家里放下书包，再回到店堂时，这几位客人已经在付款购书了。等他们走了，我父亲跟我讲："你知道刚才的老先生是谁吗？他就是鼎鼎大名的章太炎先生呢！"另外三人，都是他的学生。

我听说见到了章太炎，心里非常高兴。可惜的是，时隔不到一年，他就与世长辞了。

邵元冲先生是孙中山的机要秘书，他夫人是教育家、才女张默君。我也是在放学后见到邵先生的。我们店是三开间，店和宅之间，有一个天幔，店里把这里设计成一个招待客人的空间，放了一张红木书桌，两旁挂了字画。我印象中，邵元冲先生就坐在那张书桌前看书。他戴着眼镜，西式头，很漂亮的。他大概是在1936年可园办梅展的时候专程来苏州的。

李根源先生原籍云南腾冲，为辛亥革命和护法战争时期的著名人物，曾任北洋政府农商总长。因反对曹锟贿选总统，他辞去国会代表之职，侍奉母亲来苏州定居，在苏州做了很多好事。我也在店里见到过他，就是当时我太小，只记得他身材很高大，祖父、父亲殷勤接待。

为荣德生送书

放假的时候，父亲会带上我一起为顾客送书。我十岁那年的寒假，父亲带我去了一趟无锡，给荣德生送书，也是想带我去无锡玩一玩。那一天发生的事值得细说。

事先，荣家有电话来，说要买些善本。那时候，荣家正在办私人图书馆，即大公图书馆，需要大批的图书。

父亲说，可以的，过几天亲自送过去供荣先生挑选。荣家买书，是一桩大生意，做得好，我们可以大赚一笔。我和伙计当即选了不少样书。所谓样书，就是把店里的善本，取上有代表性的一册，作为买家选择的依据，一般情况是一套书的第一册。于是选了百十册书，包装捆扎成三包，父亲拎一包，我拎两包，乘了火车上无锡去。

到了无锡，父亲雇了一辆黄包车，直接前往无锡西门的申新三厂。经人通报后，我和父亲把书送到荣德生的办公室。

父亲和荣德生见面寒暄，说明来意。荣德生叫仆佣上茶。我忙解开绳子，把绳子随手丢在脚下，把样书捧上。荣德生却不急

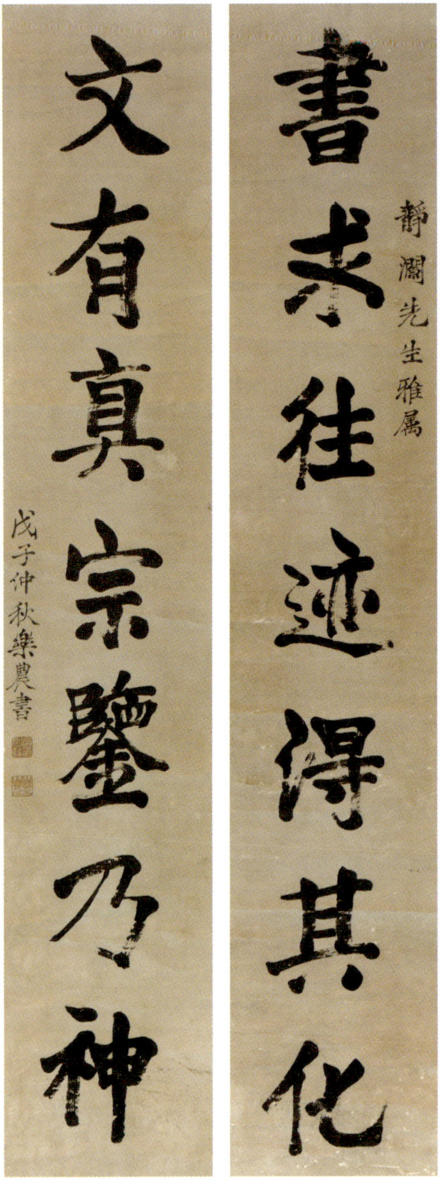

荣德生赠江静澜对联

大公图书馆旧址

着看。他站起身来，走到我身边，六十多岁的人了，弯下腰从地上捡起绳子，自己团起来，放到了桌上。

我当时愣了一下：面粉大王，竟然这么节俭，用过的绳子竟也再次利用。

这样的细节后来总是出现在我的记忆中，我到现在仍未忘怀。

后来，荣德生选好了书，连白纸头也舍不得用一张，撕了一张旧日历，写上价钱，叫我们到账房结账。

事情办妥，父亲带着我去买了点无锡的特产，然后就往火车站赶。父亲对荣德生的勤俭持家很是感慨，说："像荣德生，真是做到了：一粥一饭，当思来处不易；半丝半缕，恒念物力维艰。"我们一边说话，一边走到火车站，已是下午四五点钟。坐下等火车，却一直没有检票。去苏州的车一辆也没有，全都是往南京开的。火车站滞留的人越来越多，人们都在打听火车晚点的原因。

人们七嘴八舌，我隐隐听见他们说铁路、火车都被军队征用了，铁道上跑的车，运的全是士兵，而具体出了什么事，却没人能说清楚。就这样等啊等，等到了深夜，我真是又饿又累又困，也不知道在几点，终于等来了我们的火车，我们这才回到苏州。

第二天早上，《苏州明报》《吴县日报》就刊登了大新闻。人们这才知道：昨日12月12日，张学良、杨虎城发动了西安事变！

杭州之行

平日里，大人喜欢读报纸。那段时间，似乎人人都在抢着报纸看。话雨楼上，大人们都在热火朝天地议论着时政。那时我小，内心只觉得这些都是大人们管的事。1937年到来了，我一心念着的，是家人安排的杭州之行。

苏州人有到杭州灵隐寺烧香的习俗。这年，父亲、祖父、祖母决定带我和学诗弟弟以及两位姑姑一起去杭州——母亲由于要照顾幼子，不能同行。这是我和学诗弟弟第一次一起出远门，我们俩在出发前就兴奋了好一阵子。

之前从苏州到杭州灵隐寺烧香，人们都是走运河水路，要经过平望。我们去杭州时，苏嘉铁路刚通车不久，祖父、父亲决定带我们“尝尝鲜”。苏嘉铁路是1936年修好的，1937年日本人打过来，就把铁路破坏掉了。后来我再去杭州，常想起我们一大家子人在火车上说说笑笑的场景，想起我们两个小孩子高兴的心情。

在杭州，我们住在西湖边上的湖滨旅馆里。长辈们带我们去了上天竺、中天竺、下天竺、灵隐寺、岳飞庙。我们还坐游船游玩西湖，我们坐的游船上面有篷，船在西湖上漂荡，很惬意。小

江澄波（右二）与祖父母等合影（1937年于杭州）

时候，我觉得苏州的太湖太大了，还是像西湖这样的湖才好呢。晚上，我们还观赏了三潭印月。有时候只有两位姑姑带我和弟弟玩，祖父和父亲不见踪影，可能是去杭州的书店了吧。

回程时要经过上海，我们便在上海玩一天。早在民国初年，上海就已是全国的风尚之都。到了上海，果然店铺林立，真是个大世界。进入大新公司时，我第一次见到了电动扶梯。苏州还从来没有这样的新奇玩意儿，我一激动，撒腿就跑了上去，把祖父祖母吓得不轻，一行人在一楼慌乱地招呼。还是我父亲手脚快，赶忙追上来把我拦住。回家后，家里人向母亲告状，母亲又狠狠地责骂了我，怪我出门不听话，担心我出事。

吴中文献展览会

1937年2月，沧浪亭对面可园内的江苏省立苏州图书馆举办了轰动一时的吴中文献展览会。

苏州图书馆的前身乃是江苏省立第二图书馆，是在辛亥革命后没几年成立的，后称江苏省立苏州图书馆。成立之初，接收了学古堂所有藏书，馆址就设在可园，由光绪进士曹允源任馆长。文学山房供给图书馆很多书籍，我记得父亲常常到可园给曹先生送书。除了大量收集善本古籍，曹先生还添购了许多新版图书，并担任民国《吴县志》的总纂。

曹先生去世后，担任图书馆馆长的是陶惟坻先生。陶先生是昆山人，曾修《相城小志》，他在任时，王謇先生在图书馆任编目部主任，我们书店送到图书馆的书多由王先生经手。

苏州图书馆最著名的馆长应是蒋吟秋先生。蒋先生入馆之初，担任图书馆官书印行所主管员，整理书版，做了详细的记录。1935年，蒋先生出任图书馆馆长。这次吴中文献展览会，就是在蒋先生任馆长时举办的。

那时苏州还没有公交车，舅公带着我走到可园去观展。展览会一共有十四个陈列室，每个陈列室所展示的都不相同，文玩器物、古籍书画，什么都有，珍贵文物琳琅满目。惜乎当时我仅有十

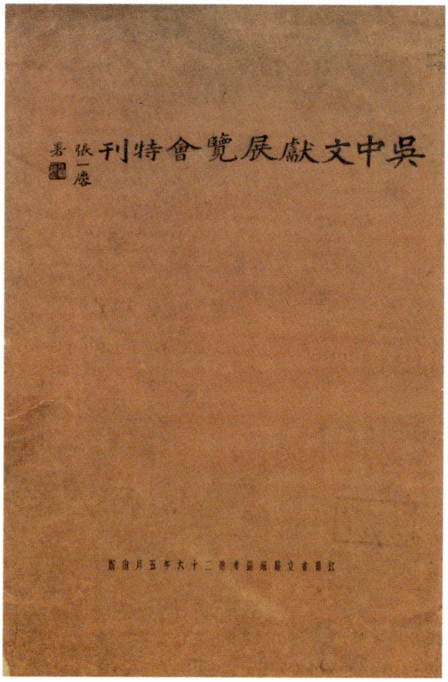

《吴中文献展览会特刊》

苏州图书馆藏

岁，看也看不懂，只记得苏州潘氏送展的文物就布置了一大间。还记得当年曾编印过一份特刊，红色封面，书名是《吴中文献展览会特刊》，八开大小，首页是一张明代宰相王鏊头戴纱帽、穿着大红袍的画像，接着就是全部展品及提供人的目录。

要办这样一场展览会，要让各收藏家都把好东西拿出来，是不容易的。蒋先生作为总负责人，功劳很大，同时，离不开苏州士绅名人的支持，比如张一麐、叶恭绰、潘景郑、邓邦述、李根源、潘博山、吴湖帆等名家也一起筹办。有他们出面，就相当于有了担保人，这才有号召力。同时，办会的名流都是大收藏家，像潘景郑、邓邦述都是大藏书家，那么其中图书典籍展室所呈现的展品，都是难得一见的。其他展室的规格大概类此。是以这场展会，可以说盛况空前，引起了轰动。由于观看的人太多，大门处尤其拥挤，听说最后铁门都被挤坏了。

虽然当时看不太懂，但这件事对开阔我的眼界起到了很大作用。

警报响起

1937年8月16日，我一生都忘不了那一天。当时还在放暑假，我成天在家。那天下午，我与学诗弟弟在楼下玩。两位姑姑坐在客堂吃饭的台子旁，给父亲修补的一摞图书穿线。就在忙活着的时候，一抹黑影飞快地掠过她们面前的书，一阵轰轰轰飞机低飞的声音越来越响。小姑姑抬起头来，我也抬头往天上看：一架、两架、三架……学诗弟弟也凑了过来，和我一一数着。前几天，也有飞机在苏州城上空盘旋，我们只觉得稀罕。

忽然听见轰的一声巨响，房子似乎也震动了起来。“是炸弹！”两位姑姑抱起书就往内堂跑。随即，一声尖利的警报声响起。我和学诗弟弟还没弄清是怎么回事，妈妈抱着小弟弟赶了过来，对着我俩大声吼道：“快过来，躲到桌子底下！”她一把拉过学诗弟弟，把他塞到桌子下，我也赶忙钻进去。母亲蹲下身，一手抱着小弟弟，一手撑住桌角，用她的身躯把我们护住。

爆炸声和枪声没响太久，过了一阵子，飞机的声音就渐渐消失了。等警报停了，我们慢慢钻出桌子。一家人都来到客堂，一个不缺。祖父说：“日本人正在攻打上海，看样子，马上就要打到苏州来了。”想起报纸上说日军有毒气弹，祖父忙叫我到药房去买点防毒气的药。

我出了门，来到大街上，快到察院场时，就看见有人抬着担架往医院赶，担架上是被炸伤的市民，那惨状看得我心惊胆战。一路都是惊慌失措的人。买好药，我气喘吁吁跑回店里，把药交给祖父，把一路见到的告诉家里人。祖父接过药，摸摸我的头，说："接下来大家就不要随便出门了。不知道飞机什么时候再来呢。"

到了下午六点左右，我们刚收拾了下店里的东西，忽然又是一声巨响，接着响起高射炮的声音和哒哒的枪声。我正准备往桌子底下钻的时候，父亲把我拉到一边，对我说："别躲家里。"也来不及详细给我解释，他拉着我的胳膊跨出门，拉扯着我过了马路，在一片轰炸声中敲开了徐家的门。

徐家就住我们店对门，他家开的是古董店，名叫"云隐庐"。见父亲把我送来，徐家人就赶紧安排我躲到了他家一个空置的房间里。房间里有张大床，他们就让我躲在床底下。安排妥当，父亲一转身就走了。我一个人躲在床底，耳听得外面响起突突突突的机枪射击的声音、爆炸的声音、人们的惨叫声和尖锐的警报声，吓得瑟瑟发抖，真不知道是怎么熬过去的。这次轰炸的时间更长。听声音，我猜想是两方在交战。

到了晚上，飞机飞走了，父亲来接我回家。大家相互打听，才知道日军这次的目标主要是阊门外的中国军队兵营和道前街、西善长巷一带。后来又听人家说冯玉祥等中央要人就在大中旅馆开会，日军的主要目标就是轰炸西善长巷的大中旅馆。家里长辈一向关心时局，结合话雨楼上流传的各种消息，祖父判断后续还会有轰炸，当夜就决定要逃难。

逃 难

我们家逃难时是分开走的。长辈和徐家商量，请徐家带我先走一步。于是家人为我连夜收拾东西。第二天，我就跟着徐家夫妇出发了。那天动身的人不少。有钱的人家是往上海逃，我投奔的这户徐家家境殷实，却是往木渎走。这是因为他家的先祖是王鏊的女婿，这位先祖名叫徐缙，过世后葬在木渎灵岩山下，那墓是一座大墓，石人石马都有，徐家便请了专门的人看守坟墓，所以徐家在木渎有现成的宅子。我们过去，就住在那边的宅子里。看宅的人名叫阿早，二三十岁年纪。他家有个小女孩，比我大一点点，看我一人跟过来，特别照顾我。

隔了一天，我祖父、祖母、父亲、母亲和姑姑、弟弟都来了。阿早帮我们介绍的房子在木渎山塘街。就这样住了一个月，因为不方便，长辈又在木渎镇上租了一位医生的房子。这位医生叫方引鹤，我们家人口多，他便把房子中的一进租给了我们。我还记得我们住的地方，对面有一家豆腐店和一家棺材店。

日本人的飞机常常从头顶飞过，有时候上街，能看到大街上有国民党的部队经过，高射炮也被推出来在街上走。10月的时候，日军的飞机来轰炸灵岩山，听说又是国民党在灵岩山开会的消息被泄露出去了。有一次，我穿了一件白色衫子在街上走，被我祖父痛骂了一顿。原来祖父觉得白色太醒目，担心我的安全。

在木渎镇上住到11月份时，有一天，我们店的伙计——我的好朋友束荣昌找了过来。

束荣昌是丹阳人，他在1935年来到文学山房当伙计。他的年纪比我要大七八岁，一直以来就像大哥哥一样照顾我，我称他为束师兄。大轰炸后，我们一家躲到了木渎，把店交给了束师兄等几名伙计看管。

束师兄当时也不过十七八岁，找到我们时，哭着给我们说起苏州城的情况，说日军已在上海金山卫登陆，这几天用飞机来散发传单，传单上说：日军马上就要打过来啦，你们快快逃吧！这些传单一下来，苏州城的老百姓都慌了，店里四个伙计，三个都跑了。护龙街上的店铺一家一家都关了门，人们全都收拾东西往外地或乡下跑，苏州古城已经近乎一个空城了。束师兄又说，8月以来，日本鬼子的飞机总是隔三岔五地飞来轰炸苏州城，车站、铁路、盘门、学士街、平门都被炸过。

虽然一直住在木渎，但长辈们都十分关心城里局势，木渎街上也早就流传着各种消息。尽管有心理准备，但听束师兄说起苏州城被轰炸的惨状时，大家都忍不住落泪，一边恨恨地痛骂日本人，一边商量着后面怎么办。实在没办法，祖父和父亲决定带着一家人和束师兄，往更远的乡下地方逃难。

这是我们逃难历程中的第三次搬家，在穹窿山下的一户人家找到了借住的房子。

这之前，我没有在乡下长期生活的经历，到了山里，觉得一切都很新奇。穹窿山后面有一个小王山，山上有很多李根源刻的摩崖石刻，我和束师兄经常去那里玩。穹窿山是苏州最高的山，山上有特别好的蕈。看到当地农民采蕈，我们想自己去采一点点。到了山上，我和束师兄差不多用了半天时间，只采到七八个小的。一位老农看见我们在忙活，说："你们做什么呀？"我们说："我们想采蕈呀。"老农就帮我们采了一些。真是有力使不出，所以这个也是要有一定经验的。

香山那边，有一座白马寺，白马寺后有片松林，有不少大松树。一天束师兄出去玩，看见松树上面有松鼠，就爬到树上面，把自己的马甲脱下来，伸手进洞里，把小松鼠拿出来放到马甲里边。他回来后激动地叫我名字，给我看他找到的小松鼠，我们就在家里一起养，蛮好玩的。

我那时年纪小，一心就在玩上，没想到日本人那么快就占领了苏州城，又很快占领了城外的地方。城西这片好山水，也很快就被日本人占领了。

有一次，我又追着束师兄一起出去玩。束师兄提议还是去采蕈。结果我们走到靠近盘山公路的地方时，听到了一阵阵轰隆隆的声音，地面仿佛也抖动起来，束师兄赶紧拉着我躲进草丛里。从草丛里往外看，只见一队队的坦克车，慢慢地从公路上开过。坦克车上插的是日本的旗帜。我和束师兄吓得气都不敢出。

亲眼见到了日本兵，回家的路上，我的心情就很沉重。之前，可能因为那个时候年纪还小，还没有大人那么恐慌，现在想起来，其实是很不对的。我那天真正感受到了丧失国土的耻辱，好像一下子就长大了。

让我长大的还有一件事，就是祖母的病。

其实祖母的病拖了很长一段时间了。还在城里面的时候，我祖母就生病了，逃难的几个月，一直奔波劳累，住宿条件也不好，到了乡下，请郎中尤其不方便，要抬着轿子，过香山到白马岭那边。怎么给祖母看病，成了一个难题。

木渎、穹窿山这边也被日本兵占领了，徐家准备往太湖西山老宅跑。那时要到西山，只能坐船——在轮船后面绑一条绳子，牵一条拖船，人坐在拖船里。太湖风浪大，我祖父对乘船不放心，不敢去。祖母的病亟待救治，就剩两条路可走了：一是往大后方逃，一是回城。要逃出去，需要财力呀。家里这么多人，祖母又生病，要逃出去谈何容易，何况我们是做书店生意的，逃到他乡，没有生活来源，也活不下去。回城呢，就要当亡国奴，这条路也实在是不想走。长辈那段时间少不了长吁短叹，思来想去，最后还是束师兄说，他回城去先打探下城里的情况。

过了几天，束师兄又找到我们。束师兄说："我回去的时候，店门大开着，哎哟不得了，书架上的书全被日本鬼子扔在地上了，书架都空了，地上的书都被马蹄踏坏了，书上还全是马粪。看来，日本人是用我们的书架来拴马了。"又告诉我："日本鬼子还到家里乱翻东西，你的书包都被扔到塔倪巷里了。我回去的时候，塔倪巷乱扔着好多东西，我看有个书包，捡起来把里面的书拿出来看，写着你的名字呢。已经带回家放好了。"最后束师兄说，现在日本鬼子的部队已经出城了，他把店门关好再过来的，在城里的几天暂时还比较太平。日本人在苏州准备成立伪维持会，说是要选一名中国人当伪维持会会长呢。

看着逃难到乡下的人渐渐回去，为了尽快给祖母治病，我们也在春节前回到了城里。

1938年初，我们一家踏上了回城的路。来到城门口，只见城门口两旁都站着日本人。他们要求进城的中国人手臂都戴上一个白色的袖套——套子上有红太阳，是日本国旗的样子——表示臣服。每个人还需要向城门口的日本人鞠躬，并接受搜身。后来维持会成立了，城门口就只留一个日本人监督着。搜身等事务，由一个中国女警察来做。苏州维持会的会长叫陈则民，他之前在日本留学，娶的妻子是日本人。

尽管束师兄之前已经对书店进行了整理，但很多书都已毁坏了，店里的字画不见了，家里也被日本人翻了一遍，很多东西都丢失了。祖父、父亲看着店里的情况，十分难过。祖母一看到家里被糟蹋得不成样子，气得手足颤抖。她的病本来就被拖了救治的时间，加上这一急一气，还没等到春节，祖母就去世了。

这就是1937年8月苏州大轰炸后到1938年初发生的事。

第二章 学徒生涯

十六岁时，我正式进入文学山房，但我的学徒生涯，可以追溯到更早的时候。

去世的人，出世的书

1938年初，我们回到城里，但并没有马上开店。祖母去世，我们一家都很哀痛。尽管经历巨变，但家里还是尽可能地按礼制为祖母办丧事、守孝，与外界没有什么交往。

而就在1938年初，苏州出现了一部奇书，即被郑振铎先生誉为“其重要恐怕是仅次于敦煌石室与西陲的汉简的出世”的《脉望馆钞校本古今杂剧》。

《脉望馆钞校本古今杂剧》是明代赵琦美所藏元明杂剧剧本的总称，大都是宫廷演出本，保存了许多很少流传的剧本，并附注剧中角色之服装。清初由常熟藏书家钱曾收藏，著录在《也是园书目》中，此后就下落不明了。直至1929年，《国立北平图书馆月刊》内刊载了《黄荛圃题跋续记》一文。在这篇文章里，有黄丕烈所撰的《古今杂剧跋》。丁祖荫有注，大概意思是说，这部书是虞山赵氏旧山楼的藏书，他曾借出，花了三个昼夜展阅，曾录存跋语两则，由于时间太紧，来不及详细记录，只好匆匆归还赵氏。丁祖荫还说，自己曾题诗“以志眼福”，并感慨这部书不知流落何所。这篇文章让郑振铎见到了，郑振铎认为：“这是如何重大的一个消息！在民国十八年间，丁氏还曾见到这六十四册的也是园藏《古今杂剧》，则此书必至今不曾亡佚可知。”于是千方百计地询其踪迹，托与丁氏相识的友人直接询问。这人问丁祖荫时，丁祖荫却说，他看是看过的，但已交还给旧山楼了。其实他没有说实话，这书还在他手里。丁祖荫为什么要故弄玄虚呢？我曾听到过一些传说，说是丁祖荫一日在常熟石梅茶馆品茗，听到赵氏藏有此书的消息后，第二天便坐了轿子前往赵家，很顺利地携书而归。这桩事被另外一人得知，那人当面指责丁祖荫，从此丁祖荫讳谈此事，故布迷阵。

关于这本书详细的流转经过，我听当事人杨寿祺先生谈起过，大致是这样的。

苏州沦陷，常熟藏书家丁祖荫在苏州公园路的住宅被日军给占领了。这部《古今杂剧》放在丁宅一个写字台的抽屉里，随着家里的木器家具流了出来，被景德路上一家旧货商店买了下来。旧货商店的人看到有古书，就转手卖给了大华书店。书是分两部分出世的，先出的是下半部，大华书店主人唐耕余得后售与了潘博山先生。上半部晚出，上面还有黄丕烈手抄目录，也由唐耕余收了下来，唐氏将书携至上海待售。

杨寿祺知道唐耕余有三十余册《脉望馆钞校本古今杂剧》，又打听到另外一半书在孙伯渊处（至于是否由潘博山售与了孙伯渊，我就不知道了），便告诉郑振铎实情。杨寿祺和唐耕余把价钱也谈得七七八八了：准备花九百元收唐耕余手上的书，以一千一百元售与郑振铎，自己收取两百元。杨寿祺把一千元左右的估价说给郑振铎，又说在孙伯渊处的那三十二册自己也可以代为购买，估计要价不会超过两千元。合计不超过三千元。

郑振铎先生就先付了定金——这笔定金还是他向朋友、商务印书馆等处筹来的，随后积极联系。他发电报给了教育部的卢冀野和北平图书馆副馆长袁同礼，得到袁同礼的回复，决定购入。另一方面，杨寿祺与唐耕余约好时间，准备交易。不料中间出了一个岔子。原来杨寿祺先生有一个不好的习惯，就是贪睡懒觉。那天本来约定交易，结果他因睡懒觉，错过了时间。待他赶到时，孙伯渊已将上下两部全部买下，合为全璧。杨寿祺只好把定金退给郑振铎，再三表示抱歉：去得晚了，书让别人买走了。

孙伯渊待价而沽，索取万元高价。见孙氏索价过高，袁同礼只好放弃。郑振铎忧心如焚，好在卢冀野传来消息，说教育部愿意买下。最后终于以九千元成交。

现在也有人说，孙伯渊能以如此高价售出，是看郑振铎求书心切，此乃陈乃乾、杨寿祺、孙伯渊一起设的局。以我对杨寿祺先生的了解，他绝对不会做出这样的事：杨先生是一个很好的人，为人正派，和郑振铎先生的交情也非同一般。后来看到郑振铎先生自己写的《脉望馆钞校本古今杂剧》跋文，里面说，这个消息最早不是杨寿祺告知的，而是五月左右陈乃乾先生打电话告诉他，有人在苏州发现从丁祖荫家散出三十多册元剧。郑振铎欣喜若狂，第二天赶紧来找杨寿祺，托杨代为购下。

大华书店开在景德路中段，当时许多回收旧家具的店铺也开在景德路，所以说他们也是有优势的。大华书店主人唐耕余原是上海中国书店郭石麒的学徒，收售《脉望馆钞校本古今杂剧》后不久他就过世了，年仅三十余岁。大华书店由其妻继续经营。

后来祖父和父亲在家里每次说到这部书，都觉得是文学山房的一个遗憾。要是那时文学山房开门迎客，可能是有机会先得到这部书的吧。

与天一阁结缘

回到了城里，就应回到正常的校园生活了。而我就读的振声附小已经撤走了，没有地方念书，怎么办呢？父亲就安排我进了施纯丞先生的檗斋私塾。施纯丞先生那时候也是没有办法生活，便开了一个古玩铺，单单卖古玩还不够，所以收几个学生，也可收点学费，但并不计较学费多少。施先生是章太炎的弟子，教我们念《古文观止》，让我受益颇多。我现在还能背先生教我的《桃花源记》："晋太元中，武陵人捕鱼为业……"

从早上八点，到下午四点，我都在施先生那里念书。放了学，回到家时间还早，便会在店里帮忙。眼见耳闻的，都是跟书有关的事，对一本本古籍也有了特别的感情。

转眼，1939年就到了。这一年，我十三岁，收了一本书。这可以说是我从事收贩古书的开始。

那是清明时节，我尚在读书。一个星期六的晚上，两位姑姑叫我第二天到西跨塘为祖母扫墓。我立即表示同意。

那时去西跨塘，必须到万年桥堍的轮船码头去乘光福班或东山班、西山班的船。我们三人吃过早饭就从家里出发，步行前往。

当我们走到胥门快到城门口时，我见到人行道上有一个旧货摊，摊上放有三本古书。我请两位姑姑等我一会儿，便马上走过

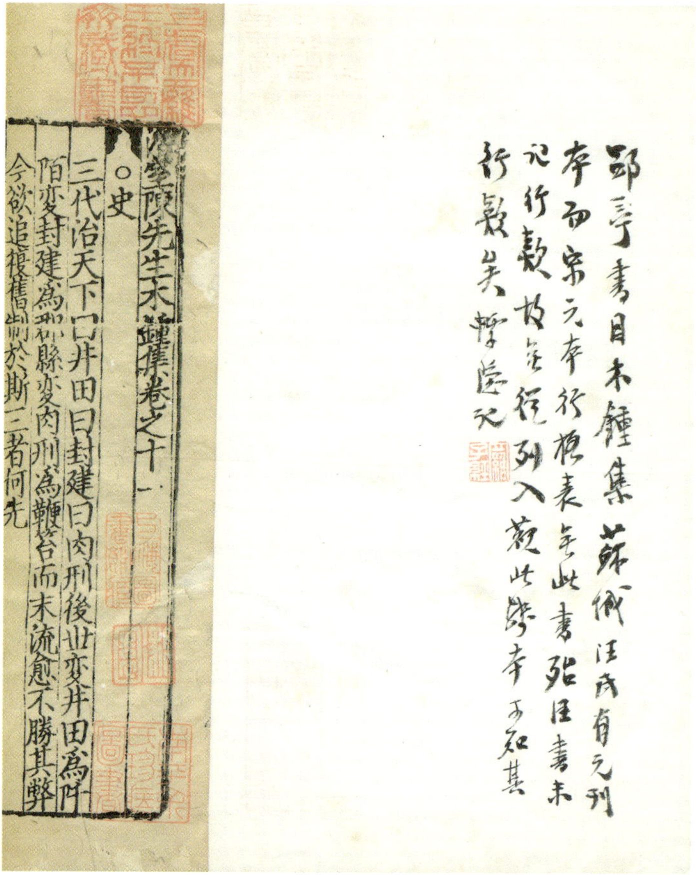

《潜室陈先生木钟集》

元吴氏友于堂刻本，罗振常题记　芷兰斋藏

去，拿上手翻看。这一看，发现竟是明朝人手写的蓝格抄本。一查卷数：一本是全的；另外两本是一套，还缺了一本。两种书的内容都是讲《春秋》的，经过讨价还价，我就一起买了下来，带着它们再去乘轮船扫墓。在西垮塘一座桥边的小饭店吃了中饭，再乘轮船回到苏州城。

一到家中，小姑姑就把书递给祖父看。祖父看了问："这样的好书，是从哪里得来的？"两位姑姑就把实情告知。祖父再看了书根上写的字，就说："这是宁波范氏天一阁的藏书，很可能是战乱时流散出来的。"并对我说："你小小年纪能识得宝物，真不容易。"他鼓励我要继续努力，攀登新高峰。这是我第一次购买天一阁的书。

宁波藏书以范氏天一阁、卢氏抱经楼最为著名。天一阁的创办人是四明范钦。后来我与天一阁的书接触得多了，渐渐总结出他家书的特点：天一阁的抄本用纸是印蓝格或墨格的纸，题"明四明范钦校"的是《范氏奇书》本，他们的书大都有书根……

天一阁图书的流散，还有很多故事可说，其中一件，又和杨寿祺先生大有关系，在书林里流传甚广。

大概是民国初年，有一乡人冯某，伙同党徒，半夜翻墙进入天一阁，窃出藏书数千册，陆续带到上海。他们先是找到六艺书局的陈立炎、来青阁的杨寿祺先生。陈立炎出价便宜，杨寿祺先生给的价格更大方，所以来青阁收得甚多。陈立炎和杨寿祺都猜到书的来路不是很正，便尽快抛售以脱手，均以低价卖给食旧廛书肆。

为什么卖给食旧廛呢？这又要说到，当时食旧廛的主人是金颂清和罗振常，金颂清在日本留过学，他们书店常做日本人的生意。如果书通过他们卖到日本，就没有痕迹了。

但书在市场上流通，上海书人间渐渐还是有了传闻。这时呢，江阴缪荃孙在上海做寓公，听说有这样的事，便去食旧廛看书。书店的人坚称没有这回事，坚决不给他看。缪荃孙一气之下，就给宁波天一阁写了一封信过去，说：你们的书怎么到上海来了。

天一阁已传了很多代，由于子孙多，又爱惜书，他们的祖上定好了规矩：天一阁书楼的钥匙各房一把，要凑齐了才能开门。接到信，范家人赶忙聚在一起，把钥匙拿出来，开了藏书楼。开了才发现房顶上开了个天窗，小偷正是从天窗而入的。范氏这才发现藏书有丢失，于是赶紧派了人去上海查访。查了多日，没有结果，他们就想了一个办法：通过报纸对外放出话说，书籍被偷了，无关紧要，也不再要了，就是失物中有《范氏祖先小像》，这是丢不得的，如果送回，当酬以重金。这个小偷也是昏了头，就相信了，捧着手卷去邀赏，结果一下子就被抓了起来。

小偷被抓住，被关了起来，可这事情还没有结束。买书的书店也都被告上了公堂，判以罚金。六艺书局的陈立炎关了店，他也有本事，后来又找到卢氏抱经楼，收了卢氏抱经楼的书，开了古书流通处。做了几年后，陈立炎把古书流通处关了，把古书流通处的书全部批给了金颂清。当时食旧廛书肆因为天一阁的案子已经停业，金颂清就以古书流通处的书籍为基础，创办了中国书店，聘请了陈乃乾、郭石麒先生在店中帮忙。

这些事情是上海书林的大事，陈乃乾先生记载得尤其细致，来我们书店的很多人都是当事人。除了杨伯伯，金颂清先生我也见到过。我见到他时，他已经是位老先生了。那次他来苏州，我祖父还请他到酒楼去吃饭。而陈乃乾先生也和我祖父、父亲一直有书信来往。

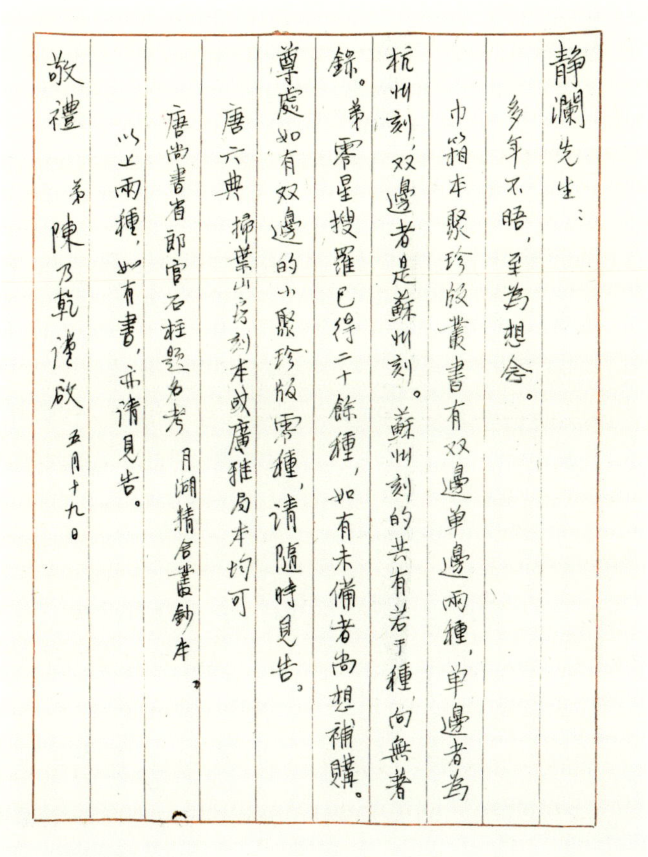

靜瀾先生：
多年不晤，至為想念。
巾箱本聚珍版叢書有双邊單邊兩種，單邊者為
杭州刻，双邊者是蘇州刻。蘇州刻的共有若干種，向無著
錄。弟零星搜羅已得二十餘種，如有未備者尚想補購。
尊處如有双邊的小聚珍版零種，請隨時見告。
唐六典　掃葉山房刻本或廣雅局本均可
唐尚書省郎官石柱題名考　月湖精舍叢鈔本
以上兩種，如有書，亦請見告。
敬禮
弟　陳乃乾謹啟　五月十九日

陈乃乾致江静澜信

遍地劫灰

日寇一来，中国大地遭了殃。就书而言，我们书店就是个例子，好好的书，被践踏、被偷窃。至于丁祖荫家的藏书随家具流散，宁波天一阁的书竟然出现在地摊上，这些都是以前难以想象的。有许多藏书家四处逃难，如宝山楼潘氏兄弟、过云楼顾氏、铁琴铜剑楼瞿氏都到了上海。赵诒琛先生建在昆山正仪的又满楼被烧，无数珍本毁于一旦，烬余之书则被抢劫一空。许多藏书家，如常熟翁氏、丁氏、赵氏等为生活所迫，纷纷散出所藏，也不过略换取一些生活用品而已。又有一种家中有书的人家，逃难时带了金银之类方便携带的东西，书籍重，携带不便，多留在苏州宅中，就免不了被偷盗而流散。据我听到的、看到的，苏州还有许多藏书之家人去楼空，典籍流散。

蒋仲川的书

著名的钱币收藏家蒋仲川是蒋炳章的儿子。蒋炳章是光绪年间的进士，字季和，别号留庵，江苏吴县人，当过议员，是民国《吴县志》总纂之一。他和王同愈创办苏州草桥学舍，培养了叶圣陶、顾颉刚、顾廷龙等人才。

蒋家几个儿子，长子的宅邸在仓街那边，是一个园林，就是有名的蒋园；蒋仲川的宅子在祥符寺巷。蒋仲川继承了蒋炳章的部分藏书。轰动一时的吴中文献展览会，他也是参办者之一。战乱的时候，蒋仲川的文物、古籍都没带走，藏在一栋密室里。虽然说是密室，这些收藏却也还是被盗了出来，有的则直接被毁掉了。他的书流散出来，距离蒋家最近的、开在闾邱坊的温知书店捷足先登。我曾在他们店里，看到伙计正在补一本书，乃是明代木活字本的《春秋国华》。我想买，但店主说这是蒋仲川的书，不肯卖，只是另外卖给我一部明版黑口本《东坡七集》，不全的，上面有蒋炳章的印章。

苏州沦陷后，蒋仲川的宅子被江苏省伪政府主席李士群侵占，作为苏州的特工部。一个好好的藏书之家，沦为严审进步人士的地狱。

许博明的书

许博明先生名厚基，博明是字，以字行。他祖籍浙江吴兴，流寓苏州，住在高师巷中。他祖上做洋布生意，到了许博明这一代就很有钱了，所以许博明广收宋、元、明本古籍。为了纪念其母的养育之恩，他以“怀辛”作为藏书室名；又因为他和夫人生肖都属猴，猴为申，所以将另一处藏书室命名为“申申阁”。他还请名画家陈子清先生刻了一颗细朱文的“怀辛斋博明珍秘图书”印，钤于善本书上。

许博明大量买书的时候，我还在念书。他热心地方公益，曾为基督教青年会捐款千元，所以青年会二楼转弯处悬挂了许博明先生的巨幅照片。青年会有图书馆、台球桌，我小时候去青年会玩时，总抬头仰望照片中的许先生。

许博明虽然也来文学山房购书，但不算多。当时被偷盗的天一阁藏书还在上海流散，受这件官司牵连的陈立炎后来建古书流通处，出售了一大批抱经楼藏书，所以许博明在上海买得更多。他又认识了傅增湘、缪荃孙等大藏书家，常常请他们鉴定所购古书。经过长时间的积累，可以说，许博明并非一般的藏书家了。

1937年8月，日本飞机轰炸苏州，许博明往西南避难。他取出部分藏书，委托当时的苏州驻军炮兵团长马某运往云南。

因为之前李根源在苏州，许博明是认识李根源的，是以许博明抵达昆明后，首先拜访了李根源。李根源就把他介绍给当时的云南省主席龙云。许博明把一部分图书捐赠给当地图书馆收藏，龙云于是委任他为大理县长。

获得县长一职后，许博明便让还留在苏州的妻子赶去昆明。只是许夫人本是闺阁千金，一向养尊处优，哪里吃得起长途跋涉的艰辛、舟车劳顿的苦况？所以才到汉口就止步不前，不愿赴滇，自己回了苏州，且生了病。消息传来，许博明也不做县长了，等局势稍微稳定了，就返回苏州。

只是经此战乱，许博明家业荡然无存，他只好变卖藏书来维持生活，卖了几次后，书就基本上没有了。

吴梅的书

吴梅先生字瞿安，号霜厓，是晚清的诸生。他致力于诗古文词，研究古乐及南北曲，能制谱填词，又工声律，可以说海内无与

江杏溪收藏名人赠扇：吴梅题字，吴祥绘图

伯仲，是一代曲学大师。他很早就专搜戏曲典籍，能买则买，无力购买的就借抄，所收藏的曲籍达到六百余种，由是成为全国首屈一指的藏曲大家。由于刻意收藏明嘉靖本，他特将藏书楼命名为“百嘉室”，又有堂号称“奢摩他室”。全面抗战前，上海商务印书馆曾出版《奢摩他室曲丛》初集、二集，所用的底本即其藏本。可惜1932年“一·二八”事变时，商务印书馆的藏书楼东方图书馆被日军轰炸，吴梅存放于东方图书馆的书都毁于一旦。

吴梅曾掌教苏州东吴大学堂，历应北京大学、东南大学、光华大学、中央大学等大学之聘，前后任教二十余年。他的弟子全都鼎鼎有名，比如朱自清、郑振铎、齐燕铭、赵万里、潘景郑等，京剧名家梅兰芳、昆曲名家俞振飞也都是他的学生。他还有一个弟子叫卢前，字冀野，也是一个大才子。

我祖父同吴梅关系很好，我称他为公公。祖父经常邀请吴公公在怡园对面的朱大官酒店吃饭。日军轰炸苏州后，吴公公选择往大后方跑。我们一家避难木渎的时候，他正举家南迁。他带着家属，又带着书，从苏州逃到昆明，携带的书丢失了不少。战火烧到后方，日军轰炸昆明，吴公公又往云南的乡下逃。乡下生活条件差，吴公公生了病，未能得到有效的治疗，不幸病逝他乡。我祖父常常感叹，他不到云南就不会死啊！我也常常怀念他，遗憾没能得到吴公公更多的指点。

精明的主顾潘博山

国画家柳君然是陈摩的弟子，原本在玄妙观大方丈屋开画室。抗日战争期间，他搬到了文学山房北面隔壁，开了一家叫“米舫画馆”的小店，主要业务是收卖旧的书画，还附带卖些小古董。一天，他来找我父亲，说：“曹胡徐巷里有户人家准备出卖家中的古籍和书画。字画我已买回来了，还有二扎旧书，因看不懂，所以未买来。如果你想去看旧书的话，我可以写给你门牌号码和卖家姓名。”父亲听后，表示下午即去看。

父亲一吃过午饭就出发，去了两个多小时，拎着二扎书回来。

看书的时候，父亲把我也叫过来。我们一一细查，发现其中有一部明人蓝格抄本尤其出色，翻之让人眼前一亮。这部抄本的书名是《新刊古今岁时杂咏》，乃宋朝人蒲积中所编，后面还有苏州藏书家何焯、黄丕烈的手跋，钤有“何焯之印”“荛圃”等印。看了题跋，得知这是何焯、黄丕烈递藏之书。原装十册共四十六卷，用的是白棉纸，全帙完好无缺。

又有一部旧抄的《夷坚支志》残缺本，是清代早期抄本，书上还盖有嘉定王鸣盛的藏印呢。

早在清末，张之洞就对善本有过定义：定本，无缺卷，未删削；精本，精校，精注；旧本，旧刻，旧抄。《新刊古今岁时杂咏》

这部书符合“定”与“旧”的标准，只是在“精”方面稍有缺憾。但何焯和黄丕烈的跋文均强调，是本“除宋刻缮写外，别无刊本流布，将来芜没无传，甚可惜耳”，其珍罕可以想见，何况有两位大藏书家的题跋，仅仅这一条，就可以说是善本中的佳品了。那时节，因为苏州沦陷，许多文化人都躲到了上海。父亲当即表示要把书带到上海去卖。

那日，父亲乘火车到上海，找到潘博山先生的寓所，把这部《新刊古今岁时杂咏》呈给潘博山先生看。潘先生看后，表示愿意出两百元购买。这个价格和父亲的预期相差很大，父亲不同意，就把书又带出来了。

潘博山出自苏州“贵潘”一族，他在祖辈收藏的基础上，继续广收书籍、文物，三十多岁时就被聘为故宫博物院的顾问。潘先生是个绝顶聪明的人，他十五岁丧父，很早就承担家业，结果不仅把自家的酱园生意做得有声有色，还创办了电气公司、田业银行。苏城沦陷，他和弟弟潘景郑都避到了上海，又在上海创设通惠银行。在收藏方面，他眼光毒辣，年纪轻轻之时，就收购了文学山房的《后山居士文集》。后来，他在护龙街乐桥南面的书摊主人手中买得一网篮的吴江沈氏旧藏明清名人手札，便着手编《明清画苑尺牍》《明清藏书家尺牍》。明清两代这么长的时间，所涉及的人物那么多，尺牍信札常常又只署字号，要一一辨认考证出来不容易，你说他有多厉害！见潘先生这样出价钱，我父亲就有些没底气了。他把书揣在怀里，一路走，一路想不通：难道是自己眼光还不够准？

于是父亲转了道，来到上海九江路大庆里1号的中国书店，专门找郭石麒先生。郭先生是书林前辈，人很老实，做事正派，在旧

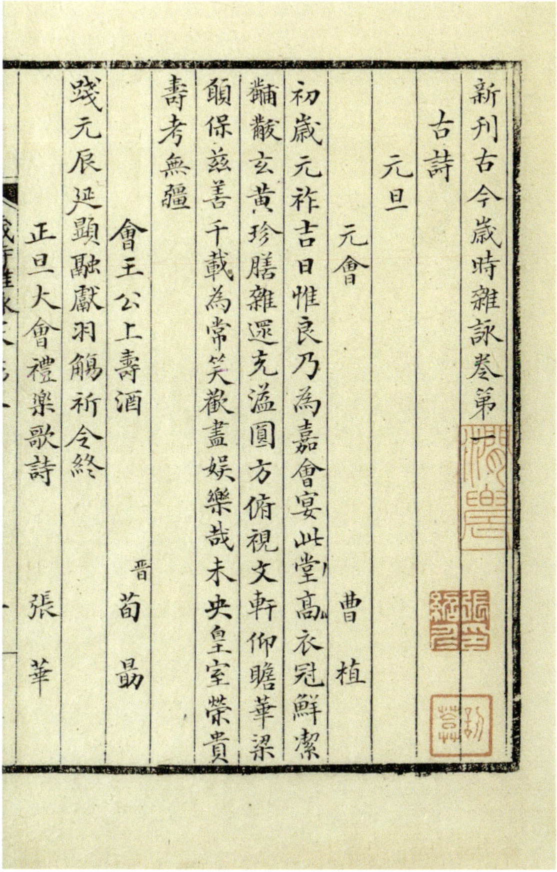

《新刊古今岁时杂咏》

明抄本，何焯、黄丕烈跋　上海图书馆藏

书业里很有名气。父亲把这书给他看了，并告诉他，潘博山先生看了只肯出两百元。

郭石麒先生也觉得不应只值这个价，当即表示：“我陪你到密韵楼主人蒋谷孙家里去，给他看看。”

蒋先生接过书，一字一字看了何焯和黄丕烈的题跋，前后翻了一遍，末了，放下书，开了价，竟然也是两百元。父亲和郭石麒先生闻言就告辞了。

出了门，郭石麒先生便对我父亲说：“看来他们已用电话通过气了，来了个统一口径，所以别的地方你也不用去了。”

最后这部书只能以两百元的价格卖给了潘博山先生。

这是父亲从上海回来后讲给我听的，可见一本书的交易多么不易。

买家间互相通气，基于他们有来有去：这次你让我，下次我让你。要是有几家较劲，价格自然往上抬，就和现在拍卖场上抬价的情况差不多。以前的古书买卖市场不规范，买家卖家是书友关系，同时也斗智斗勇，也有些不好的行业陋规。讲好了价钱，最后对方不要了，行业里的话叫“拆水”。所以现在拍卖公司也要先收佣金，否则拍卖了你不来拿怎么办呢？还有一种：这书你拿给书店看，他给你估一个天价，你以这个价钱为依据拿到外面去问，人家都不要，你再来找他，他就“拆水”了，不要了。行业里，这叫“插扫帚”。

正式入行前收得胡玉缙藏书

抗日战争中期的一个冬天，有位叶先生来店告知，他家有个亲戚住在光福镇上，准备出让一批藏书，物主是北大教授胡玉缙。

胡玉缙是吴县光福人，晚清时，就读于苏州沧浪亭对面的正谊书院，与章钰都是高材生，后来担任学古堂斋长（即现在学校中的班长）。中举以后到北京当过管理学务的小京官，还在湖广总督张之洞手下做过幕宾，曾奉张之洞及端方之命赴日本考察。辛亥革命以后在北大任教，成为当时的国学大师。出让藏书时他本人已去世，有个儿子在南京邮政局工作。此前两年，日本人高仓正三来大井巷拜访赵诒琛，就曾打探过胡玉缙的消息。

当时祖父就表示愿意去看看，于是叶先生就同胡家联系。隔了没几天，叶先生就打来电话，约好第三天同去光福看书。最初祖父安排他自己同我父亲两个人同往，后来想到要让我去看看到人家收购藏书的过程，所以也叫我随同前往。

到了约定那天，我们就坐了黄包车前往胥门万年桥堍轮船码头，与叶先生会合后，同乘光福班轮船前往。到达光福已经是下午了，定好旅馆，我们就去街上看看，顺便上饭店吃晚饭。

光福靠近太湖，鱼虾之类不足为奇，最好吃的一道蔬菜叫雪里蕻，大家吃了，都说好，连吃了三盆。吃饭时，我就听祖父、父

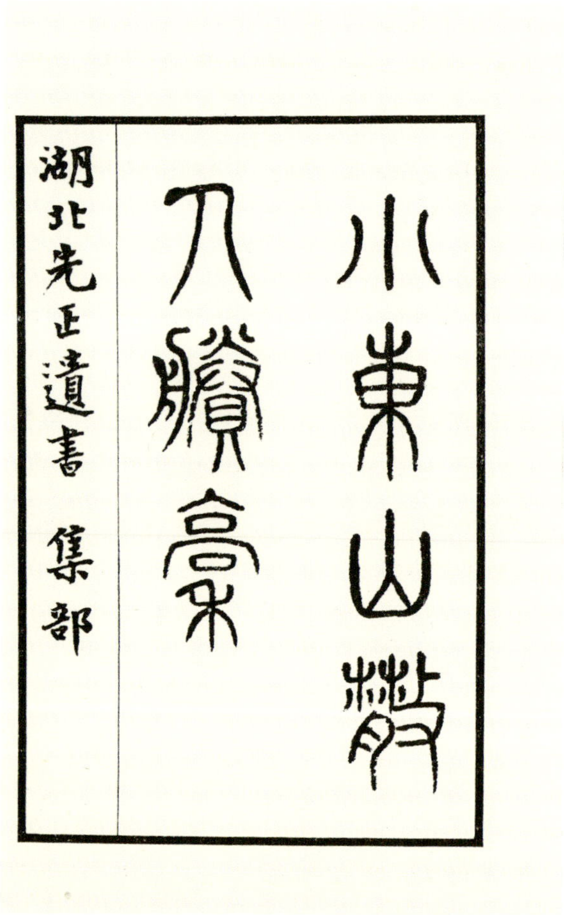
小東山散人賸稿

湖北先正遺書 集部

《小东山散人剩稿》

民国卢氏慎始基斋影印湖北先正遗书本　芷兰斋藏

亲和叶先生闲聊起光福的人文故事。他们说，这光福铜井山下，有一座叫铜井寄庐的藏书楼，其主人叫莫棠。莫棠的父亲叫莫祥芝，是大藏书家莫友芝的弟弟，做过太仓州的官员，死后就葬在铜井山下。莫棠住在光福，广收图籍，他的藏书中有很多明刊本、旧抄本。民国初年，张元济、缪荃孙、叶德辉、曹元忠、傅增湘等大家都和他有往来。他们又说，张元济、傅增湘、叶景葵等人那时节也常来护龙街访书，文学山房接待过多次。此时莫棠故世十余年了，他的收藏也流散出来，被刘承幹、徐乃昌、傅增湘、潘景郑等人收得，坊间所见不多。

饭后，大家就回旅店休息。祖父和叶先生住一间，父亲和我住一间。一夜无事，第二天一早吃过早饭就同去胡家看书。

胡家是在铜观音寺前虎山桥堍一座中式住宅内。宅院中间是客堂，一旁是卧室，另一旁是书房。入了书房，书籍很多，只是都是普通版本的经学和文学类的书，并无古籍善本。

我们不禁有些失望，不过“既来之，则安之”。最后，祖父在其中挑选出《说文解字诂林》《湖北先正遗书》等一批书。谈好价格后，祖父和父亲把书打了八个大包，我也一起帮忙。将书随身带着，我们一行人再坐光福班轮船回到店里。

这是我一生中第一次随祖父和父亲外出去藏书之家收购古书。当时我还没有正式进入文学山房，这次经历相当于现在从学校毕业前的一次实习。

叶先生名锡藩，是大藏书家叶昌炽的嗣孙，是我祖父在吴苑深处品茶时认识的忘年之交。他和文学山房一直保持着很好的关系，抗战后期，他要回了叶昌炽的藏书，文学山房由此经手叶氏藏书卖给潘景郑先生，那又是后话了。

新来的伙计

战乱时，店里伙计各自跑路，只留下束师兄。我们原来铺子里的书也被日本人糟蹋了，清点过后，能上架的书都摆不满架子，于是父亲把三开间的门面隔成了两间，南面一间做了库房。天幔的雅间，书画和桌椅都被毁掉了，祖父和父亲就重新布置：安了一方书桌，布置了几个书橱、两个书架，摆放了红木椅子，于是变成了一个更开阔的雅间。当时整个苏州，像这样布置的书店是没有的。读书人来了，我们就邀他到雅间小坐，若是同来的几人都是熟识的，尽可在这方天地里高谈阔论。

第一年生意极其惨淡，只能说勉强维持。随着时间的推移，苏州社会渐渐稳定，收书人、买书人也稍稍多了起来，仅束师兄一个伙计就不够用了。到了1940年，经护龙街上存古斋老板严瑞峰介绍，常熟人夏淡人进入文学山房当伙计。

夏淡人的父亲原是中医，因吸鸦片，家业衰败，夏淡人小学未毕业就不得不开始打工。最初他在常熟惠记书店当学徒，师从沈惠民。沈惠民在古书业务上不算好，他的书店不大，生意清淡。常熟虽然也是文献渊薮，但论古旧书业的繁盛，还是无法和苏州城相提并论。我以前访书去常熟，见不到几家像样的书店，只是能看到很多书摊——就是在家里摆个摊子。所以当时有很多常熟人来苏州城做学徒、开店，严瑞峰就是其中之一。

严瑞峰原业西药，后随其兄严琢如学习旧书业务，遂来苏州城设店于护龙街怡园北隔壁，那店就在我们文学山房对面，我们两家是交好的。有严瑞峰介绍，夏淡人很顺利地来了我们店里。他进店时二十岁，和束师兄年纪相仿，主要的工作是修补旧书。

同时他还抄书。因为那时我们时常收到一些珍籍，由于版本非常珍罕，为了留存，便会请人抄写。这也算是一种抄本吧。

说起抄本，便多说几句。其实书籍流传，本就从抄本始。到了唐宋有了刻本，用刷印的办法来增加书籍数量，于是刻本盛行，抄本渐衰，宋人抄本可以说十分罕见了。抄本费时费力，数量少，流传不多，容易失传，我们今天能见到的，大多是明清时期的抄本。明人抄本字体自然飘洒，很是漂亮。嘉靖以前都用蓝格、墨格，或者不印格；万历以后逐渐用红格。清初的抄本落落大方，乾隆后，由于受馆阁体的影响，抄本字体工整秀丽。许多藏书家都看重收集旧抄本，自己也抄书。界格、版心或栏外会刻上斋、室、堂名。纸墨都很讲究。书店的抄本除了留存珍稀版本，还有售卖的目的，所用的纸和墨是无法和藏书家用的相比的。

虽然我父亲字写得好，但店内诸多具体事务都要他处理，所以我们只好请外面的老先生来写——有些老先生失业了，愿意抄书补贴家用。夏淡人一次看到了，表示他也能写。他的字确实漂亮。据他说，他在惠记书店时，因为生意清淡，空闲时间多，除了修补，他还练练毛笔字。所以父亲就把一部分抄书的活计交给夏淡人，这样他也增加一点收入。夏淡人抄过几部胡文英的《吴下方言考》，这些书后来销售到了日本。

这时候，店里的伙计就是束师兄、夏淡人和舅公。他们三人三餐都由我家提供，我们吃什么，他们就吃什么。南边库房后面的一个大房间，供他们住宿。工资另算。

夏淡人在文学山房做了三年，到1942年时，出了一个变故。介绍他进文学山房的存古斋主人严瑞峰与北京同业关系较好，常在北京与苏州之间往来。那年，他到北京进货时患了急病，不幸身亡。他的嗣子严永奇继承店务，要请夏淡人去当经理。夏淡人要过去，我们也是支持的，但如此一来，店里就缺人手了。

正式进入文学山房

1942年，我已十六岁了，家里又添了一位弟弟、一位妹妹。三弟学诗念中学了，四弟、五弟都逐渐到了上学年纪。一天，父亲同我商议，让我进店里帮忙。

我向来听话，于是第二天就去向施先生辞行。施先生听说我要进店里了，不停点头，道："蛮好，蛮好。"

文学山房早上八点左右开门。开门要把门板一块一块取下来。门板重，取下来要讲究方法。因为都住在店里，常常是几个人一起干。我虽然是东家，但还是和伙计一起做这些活儿，所以他们对我评价都蛮好的。

文学山房是旧书店，不仅讲求把书卖出去，收到好的古书也是非常重要的一环。我们店门口，除了有招牌，两旁还挂了一对匾，写的都是"文学山房收卖古今旧书"。

进了店，父亲跟我说了一番话，是他当时对书业的理解。他说："我们古书行业是高尚的，经常会有达官贵人来看书买书。举个例子，前清时，北京琉璃厂内的古书店，官居一二品的翁同龢、潘祖荫等人都经常去的，人们看到也不觉得稀奇。假使他们到钱庄或金子店去，别人看见了，就会骂他们是贪官吧。"父亲的话，我一直记在心里。

我父亲是老实人，有着“望子成龙”的思想，所以对我管教得十分严格。我到店中后，他便教我怎么待人接物，怎么写信回信。我们文学山房有特制的红框信笺，上印有“文学山房启事笺”的字样，下面落有地址“苏州护龙街七百零七号”。这是在景德路巷口一个叫文一阁的刻字铺做的。

书店待人接物有许多讲究：客人来了需要上茶；送书到先生府上时，衣着要整齐；第一次上门拜访，要准备好名帖。

清代时，名帖多是木刻的，是做官的人用的。后来呢，用名帖的人越来越多了，写帖的习惯还是保留着：多是用一张红色纸头，在上面用毛笔写上名字。派头越大，名帖越大。如果戴孝了，就贴上白纸或者黄纸再写本人的名字。我买过留园主人盛宣怀的名帖，“宣怀”两个字就是用黄纸贴上的，这就说明他戴孝了。

总之，名帖和现在的名片类似。正式进入书店了，我也需要登门访书，与各位文化人打交道了，我就为自己改了现在的名字：江澄波。

父亲又叮嘱我：对待顾客不能直呼其名。我问为什么。父亲便讲了许博明与叶德辉的一桩故事给我听。

说是有一次，叶德辉到玄妙观西角门内的觉民书社访书，同时许博明已先在楼上看书。店主告诉许博明：“叶德辉在楼下，你如果不想见他，就在楼上等。”等的时间长了，许博明就轻轻地问一声：“叶德辉走了没有？”不料叶德辉听到了，就大发雷霆地说：“我的名字只有父母和皇上叫，你是什么东西？能叫我的名字吗？”一时弄得大家十分尴尬。

叶德辉是清末民初的大藏书家，说起来，他祖籍是吴县洞庭东山，因为太平天国运动逃难，他的祖父迁居湖南。叶德辉中过

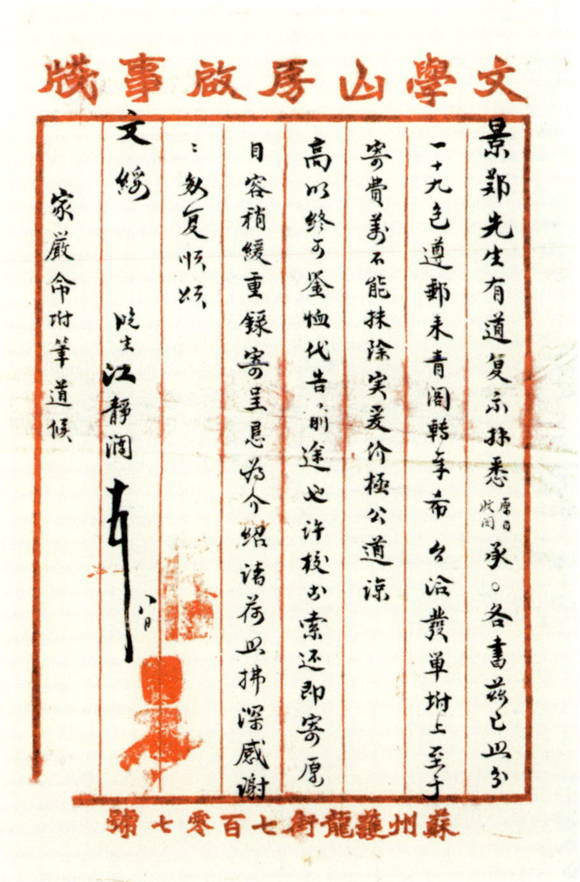

文學山房啟事牋

景鄭先生有道：复示拜悉。原目收阅承。各書茲已照分
一十九包遵郵來青閣轉奉，希 台洽。費單附上，至于
寄費等不能抹除，实爰价極公道，諒
高明終可鑒恤。代告前途也許校出，索还即寄。原
目容稍緩重錄寄呈。恳爲介紹諸荷，此拂，深感謝
：敬复，順頌
文綏
晚生江靜瀾頓　八月
家嚴命附筆道候

蘇州護龍街七百零七號

江静澜致潘景郑札

进士，做过清朝的吏部主事，长于经学，尤其在目录版本学上用功，所著的《书林清话》最为书林所知。曾有一段时间，叶德辉滞留苏城。这件事情应该就发生在这一时期。

听了父亲的讲述，我懂得了待人接物时要讲礼节规矩，避免发生矛盾。

行业内的一些注意事项，父亲也对我有所交代：对买到好书的藏家，绝对不要宣扬，不要泄露出去，以免断了货源。他用祖父从许家买金陵富春堂传奇之事作为例子。事情是这样的：

大约在我出生后不久，祖父从东北街清代江苏巡抚许乃钊后人处收得明代万历年间金陵富春堂所刊传奇五十多种，每种都有木刻插图，很是珍贵。祖父收得后首先面呈的是戏曲大家吴梅先生。由于价格不菲，吴先生考虑再三，只得放弃。此后，时任北平图书馆馆长的袁同礼先生专程来苏州，将这批书全部购去，作为北平图书馆馆藏。为此吴先生耿耿于怀。而吴先生夫人姓许，与许乃钊有亲戚关系。知道这批书是许乃钊家中散出之物后，吴先生就通过他夫人的关系，陆续从许家买到不少明清刊本的传奇。我们的货源从此断绝。

可以说，对藏家身份绝对保密，是传统古旧书业的一大特点。

背书目和抄书目

在忙完店里的生意后，父亲每天抽出时间，亲自教我熟读《幼学句解》和《唐著写信必读》，希望我成为能“一笔写算”的全才。

《幼学句解》和《唐著写信必读》都很薄，是很基础的用书，又有父亲讲解，我学得一点不费力气。《幼学句解》里讲典故，那时写信讲究运用典故；《唐著写信必读》里讲尊称，讲写信的用语。直到现在我写信时都要用从这两本书中学到的知识。

最难的是莫友芝著的《郘亭知见传本书目》，这是父亲交代我看的第一本书目。

莫友芝做过曾国藩幕僚，曾代曾氏收购江南遗书——光福铜井寄庐主人莫棠的父亲莫祥芝也跟随他做过收书的事。兄弟俩在江南见到了不少宋、金、元、明椠本及旧抄本、稿本，大有见识。曾国藩倡办江南官书局，莫友芝成了主要负责人之一，他潜心研究版本目录学，颇有建树，所著以《宋元旧本书经眼录》和《郘亭知见传本书目》最负盛名。

《郘亭知见传本书目》是莫友芝在《四库全书简明目录》上所做的版本笺注，被后人认为是版本目录学史上的扛鼎之作。该书的广为流传，说来和我们苏州书贩侯念椿很有关系。侯念椿是

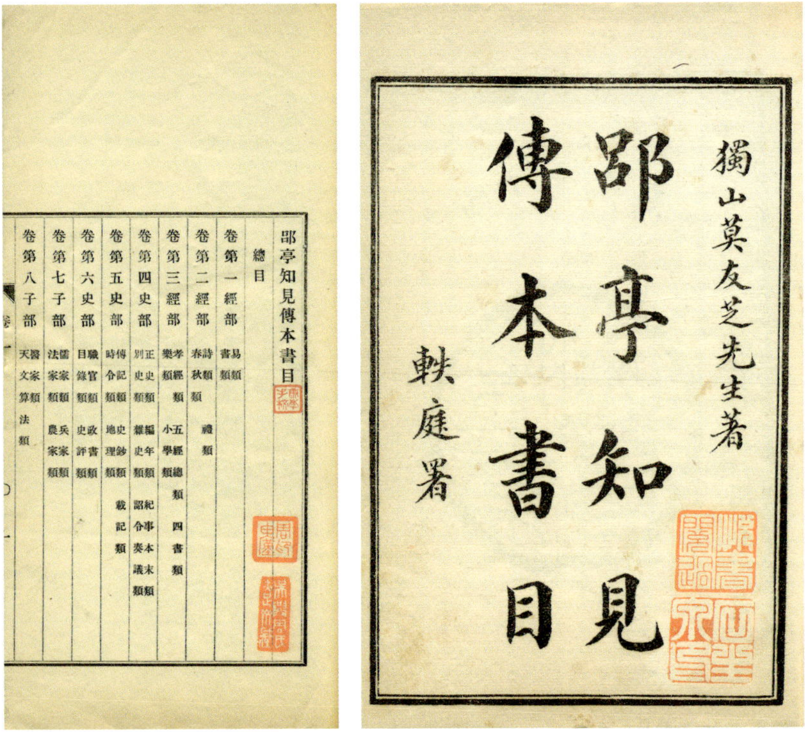
郘亭知見傳本書目

總目

卷第一經部　易類　書類
卷第二經部　詩類　春秋類　禮類
卷第三經部　孝經類　樂類　五經總類　小學類　四書類
卷第四史部　正史類　別史類　編年類　雜史類　紀事本末類　詔令奏議類
卷第五史部　傳記類　時令類　史鈔類　地理類　載記類
卷第六史部　職官類　目錄類　政書類　史評類
卷第七子部　儒家類　法家類　兵家類　農家類
卷第八子部　醫家類　天文算法類

獨山莫友芝先生著

郘亭知見傳本書目

軼庭署

《郘亭知见传本书目》

清宣统元年北京德兴堂印字局排印本　芷兰斋藏

晚清吴门书肆世经堂的主人，个子矮小而偻，人称“侯驼子”。他博闻强识，说到旧抄旧刻，何年何人收藏、何省何处装订、写椠先后、题跋真伪，如数家珍，言之不爽，所以当时四方收藏家到吴门访书，必到世经堂。《郘亭知见传本书目》本是莫友芝之子莫绳孙整理父亲遗著时编成的，莫棠向堂兄莫绳孙求来借抄了一部。侯驼子得到消息，多次至莫家求书抄录。当时侯驼子已是古稀老人，用他的话说，自己是一个远见黄丕烈、近睹袁芳瑛的人了，若能见识这版本荟萃之书，“夕死可也”，这才终于得到首肯，于是录了一部。等到侯驼子去世了，这部书随着其他的书籍被其他书贾收去。什么版本好，什么版本不够好，这本书上一一有记录，因而此书出世之后，书林中人争相传抄。于是此书很快有了排印本，迅速流布书林，成为坊肆间的必读书。

读《郘亭知见传本书目》，父亲没怎么教我，我也就只有硬着头皮看下去。渐渐地，也看出了一点心得。我看这本书目，有两点体会。一是要对照着真书看，没有真书比照，自然看得无趣。当时文学山房书多，我就自己寻着书来看。二是要认真看。我看得认真，没想到就记住了。既然能记住，我就有意去记忆，这样看了一年，四本书目都看完了。最后，父亲考我功课，发现我竟然能背下这四本书目，大为吃惊。

背书目的一个用处，是能掌握经史子集的各种版本。书目会列举一种书的多种版本。遇到难辨别的，就可以通过查书目来确认。最早，书店里的人用的都是张之洞的《书目答问》，后来书多了，这本小书就不够用了。除了《郘亭知见传本书目》，许多藏书家也有自己的书目，其中不仅有版本介绍，还有递藏源流以及评点。如常熟铁琴铜剑楼有《铁琴铜剑楼藏书目录》。如果问我觉

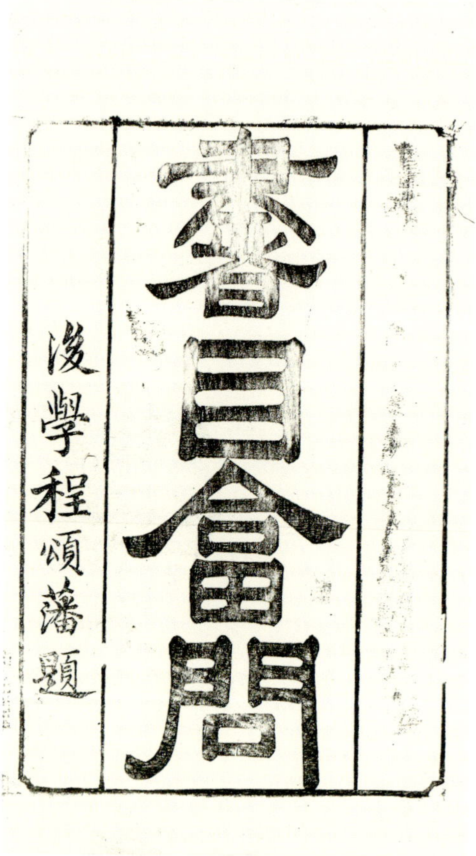

《书目答问》

清末石印本　芷兰斋藏

得哪家的书目最好，我要说，是我的老师潘景郑先生的《著砚楼书跋》。而到现在，我常常用的书目呢，有《中国古籍善本书目》《中国丛书综录》等。

如果收到一批书，我们还需要抄写书目。抄写书目是我熟悉了书店业务后父亲慢慢交代我做的。

在苏州沦陷前，我们文学山房编印过存书目录《文学山房书目》。大概是自1935年起，先后出过三期，这三期书目，分别由瞿启甲、叶恭绰、吴梅题写封面。

《文学山房书目》序言是我祖父写的：

敝房创设迄今倏已四十载于兹矣。专营收卖古今家藏旧籍，印行国学参考用书，颇蒙士林嘉许，而于目录向未编印。迩来文化日兴，图书馆林立，屡承各界纷纷函索，终无以应奉，甚觉歉然。是故今将所存编就一帙，定价低廉，以供惠顾诸公选购。维就中既鲜秘册，尤乏善本，难副雅望，深为遗憾耳。

案：古籍名著日见漫鲜，读者既难得门径，搜求亦属不易。吾业既有传播文化之义，不无保存国粹之心，故敝房随时专人搜访于卑乡旧家，希免古籍埋没。俟有所得，当续钞辑，重订寄呈。再者，尊藏如有重复，以及不适应用而愿割爱者，或请见示，当以重金报命焉。

《文学山房书目》按经、史、子、集、丛刻、补遗分类，何人撰著，是抄本、刻本还是石印本，多少册，多少价格，都尽量罗列。经部前，是寄售书的展示部分。我们的书目还为藏书家叶昌炽专做了“叶鞠裳先生遗著”的广告，分别是《藏书纪事诗》七卷、

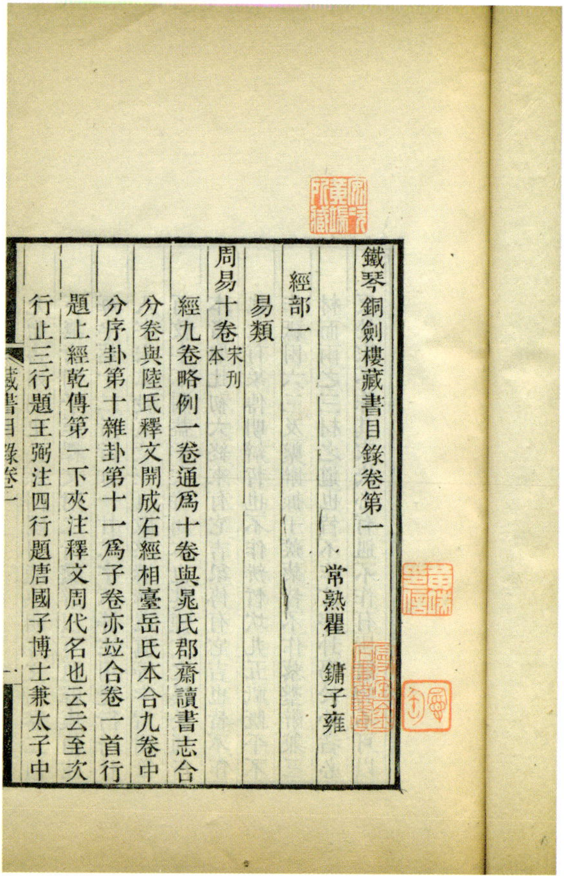
鐵琴銅劍樓藏書目錄卷第一

常熟瞿　鏞子雍

經部一

易類

周易十卷宋刊本

經九卷略例一卷通爲十卷與晁氏郡齋讀書志合分卷與陸氏釋文開成石經相臺岳氏本合九卷中分序卦第十雜卦第十一爲子卷亦竝合卷一首行題上經乾傳第一下夾注釋文周代名也云云至次行止三行題王弼注四行題唐國子博士兼太子中

《铁琴铜剑楼藏书目录》

清光绪二十四年常熟瞿氏刻铁琴铜剑楼丛书本　芷兰斋藏

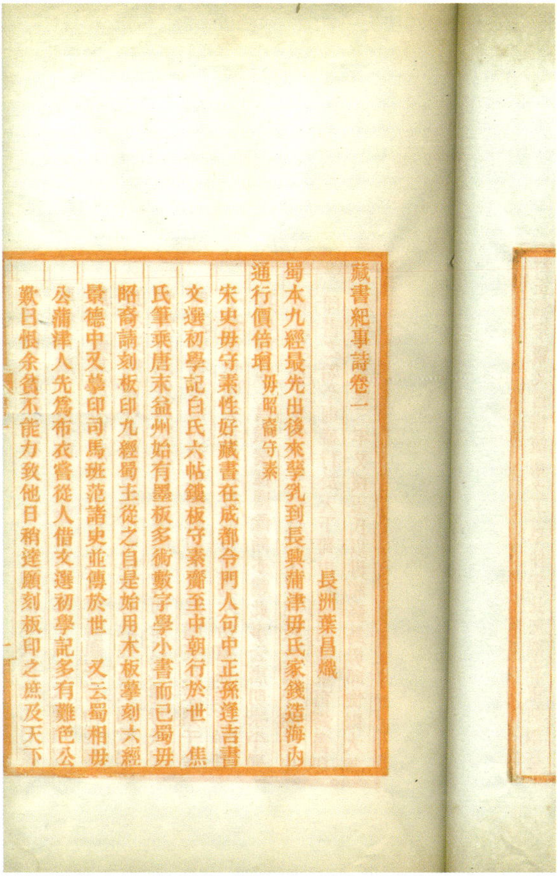

藏書紀事詩卷一

長洲葉昌熾

蜀本九經最先出後來孳乳到長興蒲津毋氏家錢造海內通行價倍增 毋昭裔守素

宋史毋守素性好藏書在成都令門人句中正孫逢吉書文選初學記白氏六帖鏤板守素齎至中朝行於世 焦氏筆乘唐末益州始有墨板多術數字學小書而已蜀毋昭裔請刻板印九經蜀主從之自是始用木板摹刻六經景德中又摹印司馬班范諸史並傳於世 又云蜀相毋公蒲津人先爲布衣嘗從人借文選初學記多有難色公歎曰恨余貧不能力致他日稍達願刻板印之庶及天下

《藏书纪事诗》

清宣统二年长洲叶氏刻红印本　芷兰斋藏

《语石》十卷、《奇觚庼文集》四卷、《寒山寺志》。

这些书目，每次印刷三百册左右，我们会寄送给北平、天津等地的各大图书馆，也会寄送给当时的藏书家，如潘博山、陈乃乾等先生。

苏州沦陷后，刻印书目之事就暂停了，国土沦丧，哪里还能像以前一样，广印书目，往东西南北寄送呢？但往往店里收到一批书，整理、誊抄书目仍是必须做的工作。由于古书的封面和内页的书名常有出入，抄书目时，父亲交代我，要以第一卷第一行的书名为准。我那时已习惯用钢笔，抄写时，用复印纸衬垫，一式两份。一份留店中备份，一份寄送给单位或藏家。如果对方有看中的，则回函告知；如果未看上眼，则连同书目一起寄回；如果只选择几种，也会告知详情，我们便根据情况在自己的书目中勾掉，重新整理后再把书目寄送给他人。同时把一份书目寄送给多人的情况是没有的。

一摞宋代“书饼”

祖父在嘉兴学的修补手艺，极为出色。

这古书，很多时候收来时是零散碎页，修补之后，需将书装订起来。祖父会把散页一页一页像插扑克牌一样一扇铺展开，然后就见他手一挥，散页就整整齐齐变成一本书的模样了。光是这一步，还不算稀奇，稀奇的是祖父这样一挥手整理成的一叠书页，那一页页的黑框是完全对齐的，简直就像变戏法。这样对得整整齐齐的栏线，称为扇子栏。这个本事，我一生都没学会，我父亲也没学到家，我们两个如果像他这样操作，叠出来的栏线总是不齐，被笑话为“蚯蚓栏”。

祖父修补古书的手艺非常高超，但他已不大出手。店里边，束师兄、父亲和我都要进行修补工作。我们各自有桌子。我的桌子在北面，靠着窗户，桌上摆了糨糊和修补古书用的各种工具。有时收到的旧书破损得厉害，给我们修补的时间比较紧张，我们就凑到一起，围坐在一张大桌旁，一起修补、装订。

修补有好几种，补虫蛀、补残页是最常见的。

全国各地的蛀虫不一样。常见的蛀虫是毛衣鱼，就是我们说的蠹鱼，是黑色的，它在纸面上歪歪曲曲地这里吃一口，那里吃一口，吃得花，没什么规则。浙江温州、台州那边，蛀虫是会打洞的，一下子钻进书里去。那洞很小很直，有时能贯穿到底。虫蛀有修补的办法，下面要垫纸。但如果虫吃掉了字，修补后就还需要补字上去。补字这项工作一般由我父亲来做。他的字写得好，原书是楷书，就模仿着用楷体；原书是宋体字，就一笔一画写成宋体字。粗略一看，几乎辨认不出。

虫蛀好说，古书最怕的是白蚁。白蚁能把整本书都吃掉。我自己见到过这样的书。

一次，我去一户人家收书。他祖上是做过福建巡抚的王凯泰。王凯泰从巡抚任上下来，曾寓居苏州。他和俞樾要好，两人做了儿女亲家。只是等到他孙子的时候，家里败落了。我登门拜访的时候，他家仆佣都没有了，女眷也都去世了，家里就剩王凯泰的孙子和曾孙两个男人，没人打理。这户人家的那些书啊，几十年不动，我去看的时候，一套套函套都还好好的，但把它拿下来，一翻开，里边都是空的——全让白蚁给吃掉了，只剩下一张皮。风一吹，函套底部就还有些纸渣扬起，真的是富贵荣华灰飞烟灭。

白蚁太厉害了，他这个箱子里面的东西都这样，全被白蚁吃掉了。这样的情况没办法处理。哎，一户人家，就剩这么两个人。

所以古书需要妥善保管。一般来说，过一段时间就要拿出来通风。旧时苏州人还有习俗，农历六月六日要晒书。实际上，古书不可晒太阳，晒太阳纸张容易碎，我们都是放在通风的地方阴干、透气。存放古书的书箱，放上樟脑丸，一般虫蚁就不进来了。现在我放古书的箱子里，每年都要换一批樟脑丸。以前是放一种香料。

除了虫蚁，老鼠也是会啃书的，所以我们家里养了好几只小猫。我们家的猫很乖，不会动书。

古书怕虫蚁，怕强光，又怕水。江南潮湿，保管不当造成的遗憾时有见到。我所经历的，有一件事我印象特别深刻。

有一年，我到一户人家去看书。入户呢，是从一个五金店走到里面去。物主说，自己家里有绝好的版本。哪知道拿出来的，已经不能称为书了，只能称为“书饼”——纸张全部粘在了一起。再一看，这是一部宋版书，书名我还记得——《后汉书》，大概七八本。哎呀，心里真是痛惜。一问才知，抗日战争的时候，他们把书埋在地下。他不懂啊，纸的东西怎么能埋地下呢？铜的东西、铁的东西都可以的。我们江南气候温润，土壤潮湿，是一定要避免把书埋在地里的，就算埋，也得用油纸好好包起来。

一般的古书书页粘在一起，我们是放在温水里浸泡，取出后，待书半干半潮的时候，再用细针一页一页挑。说起来容易，但古书书页薄，用的力气、挑的角度有一点点不对，一页就毁了。而这本书的情况，温水泡的方法已经不管用了——已经全部粘到一起了，一点不敢动。我当时是真没办法，只好摇头。

对这一摞宋版“书饼”，我一直难以忘记，后来多方打听，得知北京有一位专家有修复的本事。方法是把书放在蒸笼上蒸，然后再怎么怎么弄。我知道后喜出望外，只是等我又寻上门去时，这户人家却已经人去楼空了。

略识鉴定之道

鉴定古书的门道，很多是我自己琢磨的，一些重要的点却一定要请教祖父和父亲。

有时收到了一整批书，祖父和父亲会在整理时就某本书给我讲解其中的奥妙。祖父和父亲也不会避着伙计，束师兄等都可以过来一起听，这虽不是上课的形式，却是最好的关于古书鉴定的教育。因为我们天天和书打交道，要购书又要卖书，不懂这个，是要付出沉重代价的。

我祖父和父亲，从来没有整理过书面的文字，那时候，也没有现在高校里使用的鉴定教材，都是靠自己多观察、多总结、多请教。

常见的纸张，比如竹纸、连史纸等，看多了就会认了。汲古阁用的都是毛太纸，金陵书局刻本用官堆纸。晚清至民初的书籍常用料半纸——料半纸厚一点，等于是一料半，即原来是一料，再加半料。这些都是我自己总结的。比较名贵的难见的纸，如罗纹纸、开花纸等，就需要父亲给我讲了。

明清时，因为藏家重视宋元本，经营旧书有利可图，所以书店有作伪的情况，比如用新纸染旧、挖改序目、抽去年号牌记等手法，以新充旧，以残充全。

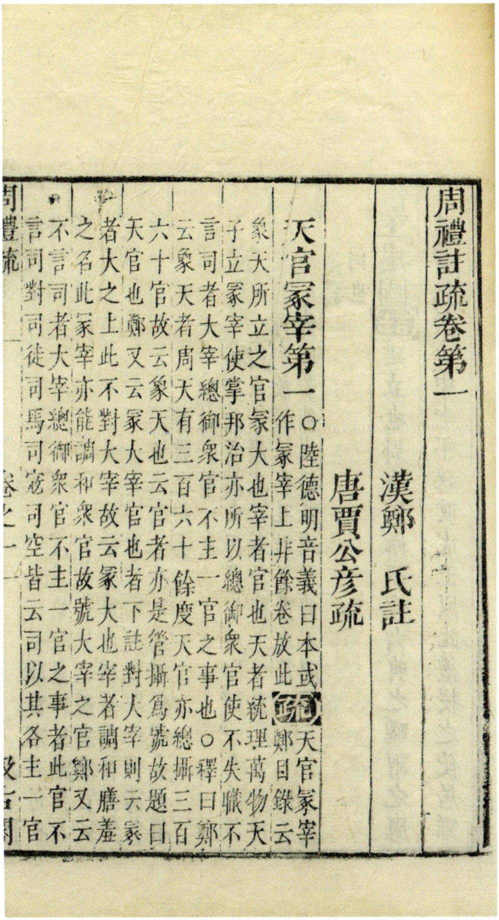

《十三经注疏·周礼注疏》

明崇祯元年至十二年毛氏汲古阁毛太纸递刻本　芷兰斋藏

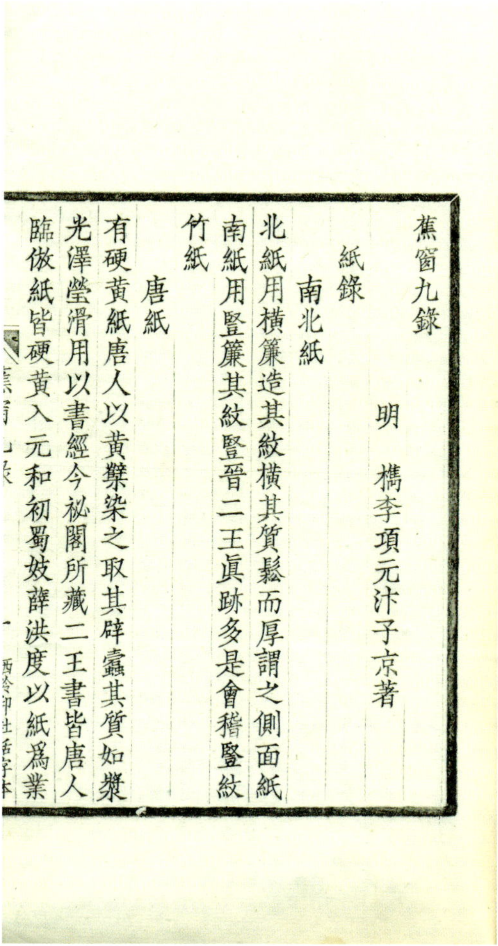
蕉窗九錄

紙錄　　明　槜李項元汴子京著

南北紙

北紙用横簾造其紋横其質鬆而厚謂之側面紙南紙用豎簾其紋豎晉二王眞跡多是會稽豎紋

竹紙

唐紙

有硬黃紙唐人以黃檗染之取其辟蠹其質如漿光澤瑩滑用以書經今祕閣所藏二王書皆唐人臨倣紙皆硬黃入元和初蜀妓薛洪度以紙爲業

蕉窗九錄　一　西泠印社活字本

《蕉窗九录》

民国三年西泠印社木活字罗纹纸印本　芷兰斋藏

比如新纸染旧：这种染的颜色是能够看得出来的。明代人重新刻的宋刻本刻得很好，但纸偏白，就把它的明代序文拿掉，染了颜色充宋版。作伪的人一般是用茶染颜色，染的颜色一定是有深浅的。有的地方颜色深，有的地方颜色浅，就说明是染色的，不是自然的。现在讲起来，假使是明代白棉纸刻本的，你不染色价钱就贵，你要是染了颜色反而价钱便宜了，因为把书本身破坏了。

比如挖改序目：在收书时，一部书的内容是否完整是一个关键问题。作伪者为了以残充全，多卖价钱，会在目录上做手脚：这部书应当是二十卷，现在只存了八卷，或者存了十卷，就在目录上把后面的挖掉，让整部书看起来是一部全本。怎样辨别这样的伪书，父亲都要教我的。根据一般规律，只要按照书上目录查对一下就可以解决了。但是有些书没有序目，或者已失去序目，那就需要找工具书核对。如果在外收购呢，总是难以保证手边就有资料可查，因此对一些常见的古籍，父亲要求我熟悉起讫篇目，特别是最后一篇应是什么。我记得《郘亭知见传本书目》一开始是讲《易》的各种版本。而《易》的起讫，分别是“乾卦”和“杂卦”。“杂卦”有了，就是全了。诗集、文集要看到最后有墓志铭、祭文，那么就是全了。说到分卷，上下就是两册，天地人是三册，文行忠信就是四册。唐诗至少二十册。中国传统观念喜欢好事成双，大部头的书在分函时每一函里面的册数大多是双数，很少会将一函分为七册书。如果一部多本头的书册数是单数的话，那就要小心是不是缺本了。

比如抽去年号牌记：为什么要抽掉牌记呢？所谓牌记，相当于今天的书的版权页，大多有书名、雕版年月、刻家室名等信息，可以据此鉴定刻版的年代。作伪者想以新充旧，所以要隐瞒这些信息。

举几个例子。明代苏州袁褧嘉趣堂有影宋刻本《六家文选》，书上有宋代的年号，刻得特别好。清代书肆就把明代的序抽掉，染一染书页，用这个本子来充宋本。那时候流行送官礼，买书的人用此作为宋本来送。明代崇祯时候苏州赵氏小宛堂刻了一部《玉台新咏》，它是一部影宋刻宋的小字本，也有人把它去掉明代年号，充作宋本。以至于这样的书，有年号的反而少了。明代苏州人王鏊的儿子叫王延喆，他呢，刻了一部《史记》，被称为《王本史记》——把宋代刻的《史记》重刻一遍，很有名的。人家就把他这部书中的序撕掉后冒充宋版。这几个例子，其实都是说有些明本刻得非常好，让人用来充作宋本了。

说到王延喆的《王本史记》，有个小故事，是记在王士禛的笔记里的。说有一天，有人把一部宋版《史记》给王延喆看，问他要三百金。王延喆说："你把书留在我这里，一个月以后你再来。"一个月一过，这个人去了，王延喆把书还给他，说："把原书还给你。"这人当时没看出什么问题，只是过了段时间他又来了，说，还的书不对呀，纸不是原书的纸。王延喆哈哈一笑，告诉他，还他的是刻本，"我就是请人用一个月时间把这部书刻出来了"。这只是个故事，并不一定真实，因为古人做书，是要刻版的呀，三十大本，一个月怎么刻得出来呢？

随杨寿祺拜访上海同行

上海书业的兴起，主要是在近代。以前上海只是个县，归松江府管，后来那里成了开放口岸，商贸发达了起来，古书流通业就转到了上海的三马路、四马路，就是现在的汉口路、福州路。三马路、四马路渐渐成为南方古书流通的聚集地，逐渐取代了苏州在南方古籍市场上的龙头地位，所以我们时常到那里去进货，也有一些旧书商到三马路、四马路去开分号。

来青阁把分店开到上海是民国初年的事。当时杨云溪先生听闻上海书市情况不错，就让孙子杨寿祺去看看情况。经过一番考察，杨寿祺把情况报告给祖父：上海的书店，购书的人很多，但是书的品种完全不能满足读者需要。他还发现，上海的书价比苏州高很多。杨氏筹备了很久，第二年开年，便在上海福州路租定青莲阁楼下东隔壁一间铺子，从苏州整理了大批存货运至上海。上海的书店没开多久，杨云溪就病逝了。当时杨寿祺才二十多岁，上海的店由他的师叔尹君佐主持，杨寿祺主要在苏州联系货源，又派了李惠生四处访书。后来他们就把苏州店作为货源提供之地和仓库，而把经营的重心放在了上海，杨寿祺一家也搬到了上海。二十世纪三十年代初，青莲阁茶楼要拆了建世界书局大厦，杨寿祺考虑再三，就选了福州路北侧汉口路西端一处房屋搬过去。

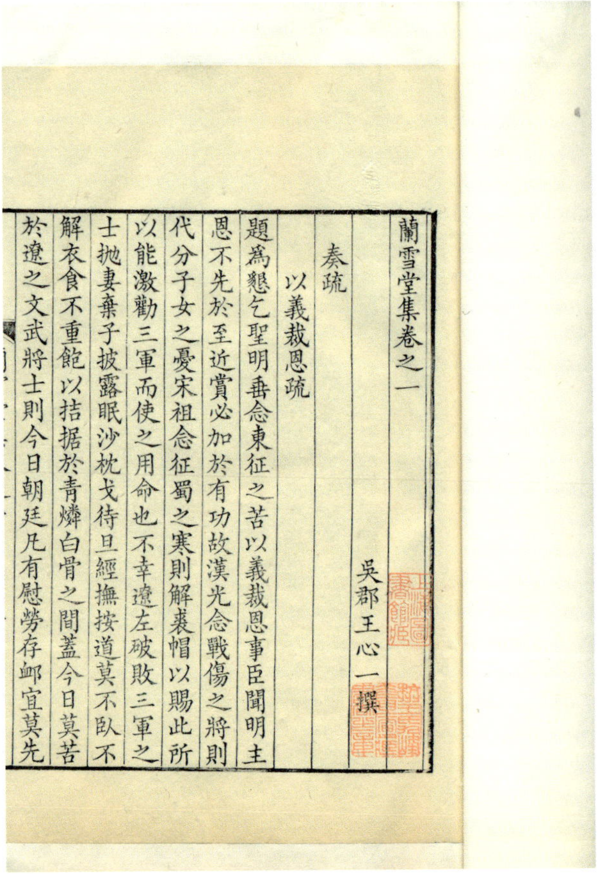

《兰雪堂集》

清乾隆间写刻本，王绶珊九峰旧庐旧藏　芷兰斋藏

1937年的时候，因为苏州被轰炸，很多苏州人往上海逃难，杨寿祺的来青阁里，住满了前去避难的亲友。

杨寿祺先生可以说是我涉足书林时的启蒙老师之一。进书店后不久，我就跟着杨先生到上海增长见识。晚上，我就住在杨先生房内。因为那时上海来青阁书店所在的汉口路和福州路一带十分繁华，祖父怕我经不起诱惑，误入歧途，所以不许我住旅馆，请杨先生对我严加看管。

这次到上海，主要是请杨先生为我介绍上海的同行们。每日，他带我走访大概三家书店。于是我见到了抱经堂书局的朱遂翔先生、来薰阁的陈济川先生、修文堂书店的孙实君先生、富晋书社的王富山先生等书林人物。

汉口路上，来青阁东，有杭州人朱遂翔的抱经堂书局。

抱经堂书局本来开在杭州。朱遂翔主要给大商人王绶珊寻书送书。王绶珊是杭州的盐商，后来住在上海，古书流通处很多书都是卖给他的。他的堂号是九峰旧庐，近二十年，九峰旧庐的书逐渐散出来，品相都很好——这是题外话了。总之，王绶珊是抱经堂的大客户，为了方便给他送书，朱遂翔就在上海开了分店，随着生意越来越好，朱遂翔全家都从杭州搬至上海。后来王绶珊去世，朱遂翔的业务便逐渐萎缩了。

来青阁西有忠厚合记书庄和从北方来的富晋书社。

忠厚合记书庄原名忠厚书庄，店主李紫东是北方人，这个店是北方人在上海开设的最早的一家旧书店。后来李紫东的老乡黄廷斌和袁西江也入了股，书店名字就改作“忠厚合记书庄”了。这几位老板，我比较熟悉的是袁西江先生。

上海富晋书社的负责人王富山是北京富晋书社主人王富晋

的弟弟。北京的富晋书社当时经手了扬州测海楼的藏书，书运到上海时，遭到了阻挠，有人说他们想把书卖到海外，是陈乃乾、董康等人出面才解决了此事。结果这批书运往北京一部分，留在上海一部分，富晋书社借此在上海设了分店。上海分店由王富山主持。王富山本人对书不怎么懂，他怕从自己店里漏掉好书，所以同样的书就富晋书社卖得最贵。富晋书社已在汉口路尽头，再过去就是跑马场了，也就是现在的上海人民广场一带。

来青阁斜对面是汉学书店。我去的那一年，郭石麒和杨金华才脱离中国书店，办了这家书店。杨先生也带我去拜访了两位店主。郭石麒先生是公认的人品好、水平高。杨金华会搞关系、会卖书，因为得钱容易，他花钱也大手大脚，被称为“赤脚财神”。

来薰阁书店的陈济川大名鼎鼎，他是北平书业同业公会首任会长，曾与天津宏雅堂书店主人张树森合伙购进张氏适园的藏书。这批书从上海上船，到天津后，他们找了五六辆卡车，把书送到北京。我拜访他时，来薰阁才开到上海。他身材高大，风度很好，善于交际，被称为“陈大胖子”。上海来薰阁主要卖家谱和地方志类型的书，他们主要和美国人做生意。

修文堂书店的孙实君在上海很有名气，很会做生意——可以说，修文堂的生意是最好的，他卖了很多书给日本人的东亚同文书院。

传薪书店的主人徐绍樵是扬州人，平时大大咧咧的，他也胖胖的，被同行称为“徐大胖子”。他买到书后有点钱赚就卖掉——有了书，摊到台子上，谁出价多，任谁拿走。就算买到好书，他也不研究，十块钱买来的，马上十二块卖掉，很便宜，所以去传薪书店的文人学者比较多。

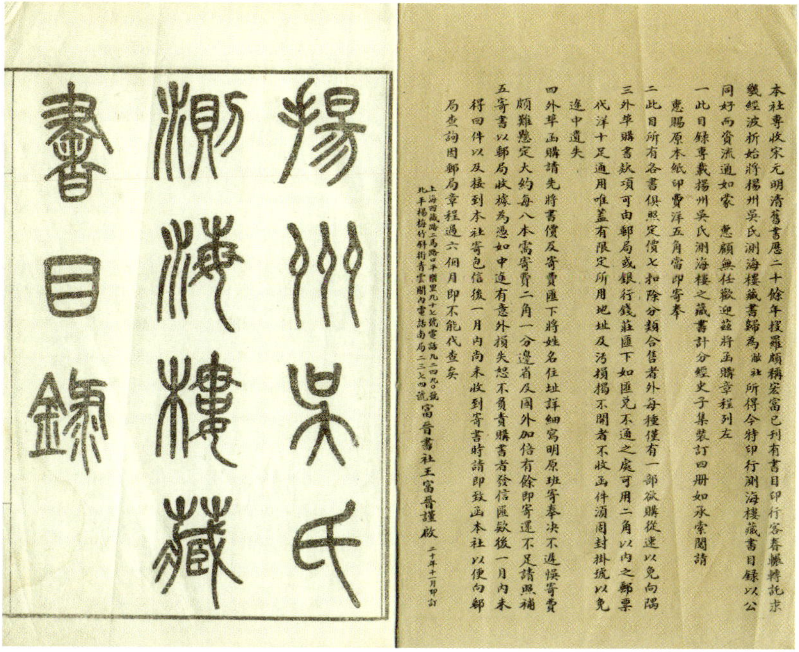

揚州吳氏測海樓藏書目錄

本社專收宋元明清舊書歷二十餘年搜羅頗稱宏富已刊有書目印行客春擬轉託求
燹經波折始將揚州吳氏測海樓藏書歸為敝社所得今特印行測海樓藏書目錄以公
同好而資流通如蒙 惠顧無任歡迎茲將函購章程列左

一此目錄專載揚州吳氏測海樓之藏書計分經史子集裝訂四冊如承索閱請
惠賜原本紙印費洋五角當即寄奉

二此目所有各書俱照定價七扣除分類合售者外每種僅有一部欲購從速以免向隅

三外埠購書款項可由郵局或銀行錢莊匯下如匯兑不通之處可用二角以內之郵票
代洋十足通用唯蓋有限定所用地址及污損揭不開者不收函件須固封掛號以免
遞中遺失

四外埠函購請先將書價及寄費匯下將姓名住址詳細寫明原班寄奉決不遲悞寄費
頗難懸定大約每八本需寄費二角一分邊省及國外加倍有餘即寄還不足請照補

五寄書以郵局收據為憑如中途有意外損失恕不負責購書者發信匯款後一月內未
得回件以及接到本社寄包信後一月內尚未收到寄書時請即致函本社以便向郵
局查詢因郵局章程過六個月即不能代查矣

上海西藏路二馬路口平樂里九十七號電話九二四九〇號
北平楊梅竹斜街青雲閣內電話南局二三七四號 富晉書社王富晉謹啟

二十年十一月印訂

《扬州吴氏测海楼藏书目录》

民国二十年北平富晋书社石印本　芷兰斋藏

艺林书店主人孔里千是北京人，我也见过。他没有店铺，由于上海店面很贵，孔里千就在弄堂中的家里摆点书。我去过他家：石库门的房子，厢房里摆几个书架，摆放一些书。

汉文渊书肆的主人林子厚是福建人。

秀州鼎记书店的老板朱惠泉那时候年纪不大，称不上老前辈，他是杭州人，喜欢吹牛，被大家称为"小牛皮"。

上海的古旧书业很兴盛，既有南方人开的店，也有北方人开的店。当时北方的古书店主要开在北京琉璃厂，那里的古书平均价格比南方贵一倍，所以那些书商纷纷到上海来收书，然后运到北京去卖。南方人的古旧书店，大多是苏州、杭州地区的分店，书店伙计大多来自苏州、杭州、丹阳等地。北方人的古旧书店大多是从北京过来的，书店伙计大多来自河北等地。说起来，北边来的书店资金充裕，买书卖书比较豪爽。

杨寿祺先生带我一一拜访，将我介绍给各位同行前辈，请他们多多关照。

经营古旧书什么的，北京是很早就有了。说到古书的货源，北京以外就是苏州。但经过近代几次劫难，文化人往上海跑，所以书也往上海那边流动了。那么同行相互认识后，如果他们有需要的书，可以找文学山房，我们店里有，就给他们；如果我们书店有客人来买书，店里没有，我就会到上海去逛逛，看看各家有没有货源可以提供。后面的交流是很频繁的。

送书人

文学山房在民国时期就和很多图书馆有合作。比较忙的时候要算收到外地的书单的时候。收到单位或藏家的大书单，大家就要一起找书、清点、登记、打包、称斤（三斤一包），然后寄送。那时邮政局寄送书籍也比较方便，但邮政局不会上门来收件。距离我们最近的邮政局在护龙街闾邱坊，我们可以自己叫黄包车送过去，那时候有邮政马车，倒也很方便。通常这些活儿都由我舅公胡继荣先生做。苏州的顾客，如果有需要的，大批买书的，我们也可以送货到府上。

送书到先生们的府上，有很多的讲究：要穿干净的衣裳；进派头大的宅院，要递上名帖通报。在战前的苏州，给先生们送书，进到园林里或府上，看看先生们的书画，倒是一件乐事。但在敌伪时期，给伪政府的官员和日本人送书，就得万分小心，说话行事，不能出一点错。

有一天，陈璧君来到文学山房访书，购定福建复刻《武英殿聚珍版丛书》一部。随她来的褚民谊购买上海哈同印的《大藏经》残本八十册，买定后关照我们把书送到李士群公馆去取钱。

我们就把书包扎好，由父亲亲自送去。

李士群公馆在护龙街饮马桥南面（也就是现在人民路上的

苏州图书馆南面侧门那边）。父亲把书送到的时候，他们正在举办宴会。父亲就在门外等着，待到他们吃好后，才由用人通知，把书送进去。

当时李士群也在场，父亲放下书后，他忽然拉着我父亲的手臂问："你卖书收新法币还是老法币？"我父亲一个激灵，马上回答说："收新法币。"他们听后都很高兴（因为当时南京也在发行储备票）。

我当时还在读书，这事是父亲回家后对我们讲的。父亲回来了还有点后怕，不知道回答错了有什么后果呢。

李士群虽然是个特务头子，但他手下却有一批文人喜欢买书。黄敬斋原来是上海记者，喜欢买历代笔记小说；余百鲁则喜欢买点明版书；袁殊住在拙政园内，想写《拙政园志》，喜欢买些苏州地方掌故类的书。还有一个报人叫顾天锡，号蔗园，我见过他，大概比我大二三十岁。

等到李士群死后，这些人就不知去向了。袁殊除外。抗战胜利后，我们才知道他是潜伏在敌方的间谍；新中国成立后，他又成了共产党员，所以被称为"五重间谍"。我还记得袁殊的样子：那时他三四十岁年纪，剃着一个光头，穿一身黄衣服，坐着黄包车，很神气呢。

那时候，也有学校的教授来买书。周作人就到我们店里来过：光头，戴一副眼镜。他那次来，是伪苏州图书馆馆长徐沄秋陪同的。只是他买的什么书我不记得了。

徐沄秋也是章太炎的学生，他主持编印过《吴中文献小丛书》，收的都是苏州地方文献。那时候文学山房也给伪苏州图书馆送书。徐沄秋经常来文学山房，主要关注地方文献。他后来到南京博物院去工作了。

苏州沦陷后，原设在可园的图书馆，被日本人改成了医院，图书馆就搬迁到了玄妙观后面的中山堂。早在全面抗战之初，蒋吟秋先生和图书馆的诸位先生把馆藏善本装了多个箱子，移送到东山鉴塘小学、洞庭西山显庆寺秘藏。日本人入城后，曾多次在各处搜寻这批书，始终没有找到。因为不肯和日伪合作，蒋先生避到上海任教，用自己赚来的钱支付留在东西山的文献保管人员的费用，直到抗战胜利才回到苏州。

陈群的泽存书库

陈群出身黄埔军校，曾在上海浦东办正始中学、办图书馆。

汪伪政府成立后，陈群投靠伪政府，任伪政府的内政部部长。他在南京颐和路2号建了一座三层的小洋楼，用来藏书，取名“泽存书库”。他因为是要办图书馆，所以什么书都要，凡别人带过去的，几乎都能留下——真是轰动一时，所以苏州、上海的书店老板都纷纷到南京给他献书，连北京书商亦纷纷南下。那时有个说法，排队等在陈群内政部传达室的各地书商，多得每天都像在开全国同业公会。

李士群死后，陈群当上了伪江苏省省长，到苏州赴任。由此，陈群在苏州的居所也有了一部分藏书。伪江苏省政府的办公地点就是现在的忠王府，那时候叫奉直会馆，拙政园也被包括在伪省政府办公地点内。陈群有时会在拙政园里设宴，款待学者名流。

冀县人孙助廉，是孙实君的弟弟，本来在北京开设修绠堂书店，眼见陈群大量收书，为了捷足先登，孙助廉也来到苏州，向博古斋租下一间店面，就地开设温知书店。与郭石麒合伙开汉学书店的杨金华，经常出入伪内政部，给陈群送书。有的北方书商带书来想卖给陈群，会请杨金华代办，这样一转手，汉学书店也能赚不少钱。

陈群广收古书，十分阔气，但他资金也是有限的，所以卖书给他，其实回款比较慢。文学山房曾收到过管庆祺的家藏，我记得其中有管庆祺过录黄丕烈校本《齐民要术》、过录严可均校本《商子》等书，均卖给了他。

随着战局胜负日益明朗，陈群可能也知道自己时日无多，在抗战结束前一段时间，就停止大量买书了。

南京泽存书库建成后，藏书达四十多万册，其中含有伪政府要员们寄存于此的大批书籍。善本书有四千五百余部之多，还有为数不少的宋元刊本、清抄稿本以及数万册的日文书。据说，为了整理泽存书库的书目，陈群还特别雇了四十名员工呢。

1945年，日本投降，陈群畏罪自杀。他在死前留下一份自剖书，表示愿意把泽存书库的书全部充公。当时泽存书库分为三部分，南京的为一库，上海的为二库，苏州的藏书处是他建的泽存三库，其时尚未完成。南京泽存书库的管理员丁宁等人在没有工资的情况下留守书库，保护了书库藏书，其后顺利交给了中央图书馆，即后来的南京图书馆。上海的二库，由郑振铎、徐森玉等先生整理接管。陈群在苏州也有一部分书籍——说是一部分，数量也相当可观，达到二十万册。据说这部分书籍被国民党军统局接收了，共计四十六箱，一百二十大包。而冲着泽存书库而南下的孙助廉，则将苏州温知书店的存货运至上海，在广西路上以温知书店的名义继续营业。

日本学者访书

敌伪时期，一些日本学者来到苏州访书。这些来苏州访书的日本人，对中国文化有一定研究，对书也比较了解，很多自己会讲中文，沟通的时候，他们也会写汉字表达，带翻译来买书的人不多。

高仓正三这个人，我其实记不太清楚了，因为他来访书的时候，我还没有正式进店里。后来看他的日记，他在我们书店买过《小腆纪年》等书，并曾委托书店把一些书送到邮局，邮寄到日本，书单是：《吕氏春秋》四册、《书钞》两册、《诗经古谱》一册、《古史辨》一册、《文学论集》、《旧诗新话》、《中古文学概论》上、《汉诗研究》、《曹植与洛神传说》、《音乐的文学史》、《超人》、《稻草人》。从这些书目来看，高仓正三除了古籍，也关注当时的学人著作。而我们书店，除了邮寄本店图书，也能帮读者代寄其他书籍。

相比高仓正三，我记得比较清楚的是一个叫渡边的日本人。他跛了一条腿，撑着一根拐杖，走路有些费劲。他公开的身份是“满铁”大连图书馆采购书籍的专员。他专门收中国古典小说——我国的小说，讲起来他算收得极多的。他自己也有藏书目录，看到某小说，如果他的目录中没有，他就收下来。我见到他时，他大概五十岁，梳着一般的西式头，穿西装。他来过一两次，后来就是寄书单来询书，我们只需照书单把书寄给他即可。这批书后来是不是由大连图书馆接收去，我就不知道了。

日本人买书很计较，几乎都要还价。一次，一个日本人来店里，我拿出一部冯桂芬主持修撰的同治《苏州府志》给他看。这部书一共八十本，我们开的价钱比较高。他说："这书怎么这么贵？"我就讲："现在的纸头贵啊。"他翻着书说："这书已经有年头了，用的是以前的纸，不是现在印的，怎么会更贵呢？"他这么一说，我倒没话可讲了。我后来也没有给他降价，这笔生意没做成。那是我刚做学徒的时候的事情。

最早的旧书店，书是不标价的。后来陈乃乾主持中国书店，印制书目，才开始明码标价。文学山房从编书目开始，就等于也明码标价了，因为书目里价格写得很清楚。不过店里放的书，没有压价格签条，伙计心中有数，说了价格，顾客也可以讨价还价。有的北派书店还有自己的暗语，比如用"床前明月光，疑是地上霜"之类的一句诗词代表十个数字，但是只有自己的店员才知道是哪句诗词。

当时，日本在上海的东亚同文书院也专门收中国古籍，不过文学山房没有卖过书给这个机构。

文献保存同志会和合众图书馆

清末，陆心源皕宋楼藏书被日本人购去，这一次古籍外流，让中国学人痛心疾首。三十年后，全面抗战爆发，上海成了孤岛。大劫时期，故家所藏版本古籍，逐渐在市面上出现，京沪书商大肆搜集江南藏家图籍。我们苏州的书店，从零星的售卖中大概能感受到这样的情况；而在上海的几家大书店，尤其是北派书店，主要是将大部头古籍售到美国和日本。身在上海的郑振铎先生等亲眼看到书籍被一车一车送往日本或美国人的单位，更感到留存典籍之任迫在眉睫。

美国国会图书馆东方部主任赫美尔，曾就中国图书输入美国的情形扬言："中国珍贵图书，现正源源流入美国……将来研究中国史学与哲学者，将不往北平而至华盛顿，以求深造。"

于是郑振铎先生等人大声疾呼，要保护中国典籍。这段时间，上海的文献保存同志会和合众图书馆的成立，都是他们为此做的努力。

为了抢救民族文化遗产，郑振铎除了自己节衣缩食购书外，还劝友辈都来购书，以减少外流。他曾和张元济、张寿镛联名向当时在重庆的国民政府建议在上海组织购书委员会，得到回复：现在是抗战时期，筹集巨款非常困难，要汇至上海，就更加困难

位于上海长乐路746号的合众图书馆旧址

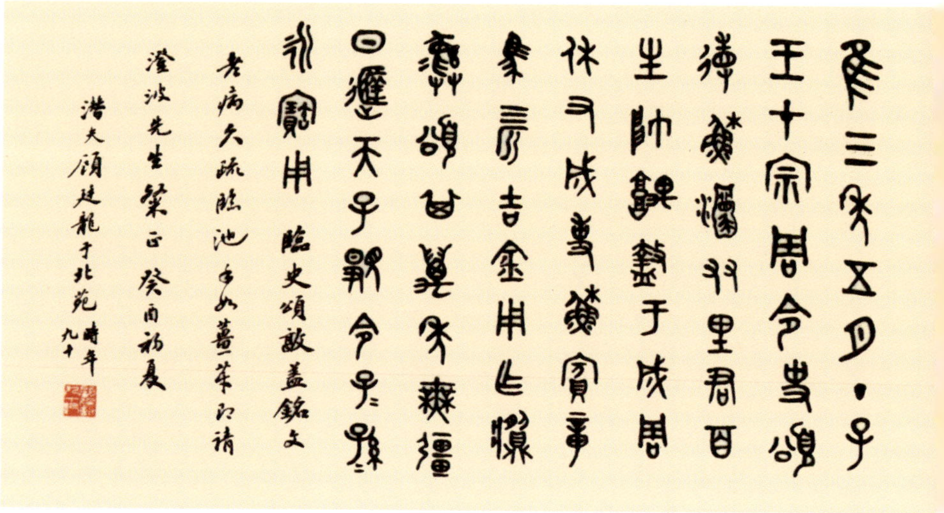

顾廷龙赠江澄波的书法《临史颂敦盖铭》

了，希望由上海热心文化且有能力的人士共同发起一会，筹募款项，先行搜访，将来由中央偿还本利，收归国有。

没过多久，当时的中央图书馆馆长蒋复璁来到上海，准备用中英文教基金董事会的款项购书。此后郑振铎先生主要负责采购，张元济负责鉴定宋元本，何炳松和张寿镛负责保管经费。从1940年至1941年初冬，郑先生为国家先后收得邓邦述群碧楼、刘体智小校经阁、刘承幹嘉业堂、张乃熊适园、张葱玉韫辉斋、徐乃昌积学斋等藏家以及北京、上海各书肆在内的善本书三千八百种左右。而当时《北平图书馆善本书目甲编》收录的才三千九百种。这些书籍不仅数量惊人，质量同样非常出色，相当于创立了一个优质的国家图书馆。郑先生确实也怀着这样的胸怀，他认为替国家买书就是为了建造一座比较完备的图书馆，而不是恢复一座古代的藏书楼。这些图书的征集，除了郑先生联系藏家外，杨寿祺、徐绍樵等书林人士也积极奔走；给陈群送书的杨金华，同时也殷勤为郑先生服务，买纸、印书种种，都能代办。所以郑先生很是感谢这些书林人士的帮助。

郑先生为文献保存同志会购书的时间主要集中在1940年、1941年，那时我还没有正式进入书店，只知道店里收到新书时，父亲常到上海去为郑先生送书。

在全面抗战初期敌人爪牙密布的上海，郑振铎先生不顾个人安危，进行着秘密而又艰难的抢救古代典籍的工作。为了古籍的收购，通信也只能用化名。当蒋复璁先生提出要给予同志会成员一些报酬时，郑先生坚决拒绝。他这种崇高无私的爱国主义精神，确是难能可贵的。

合众图书馆的建立，则是叶景葵、张元济、陈陶遗三人的功劳。上海的图书馆，本来以张元济主持的商务印书馆的上海东方图书馆最为著名，东方图书馆中又以涵芬楼藏书最为精善。不料1932年上海遭日军轰炸，东方图书馆毁于一旦，不仅本馆珍本沦为劫灰，连同郑振铎、杨寿祺、吴梅等人寄存于此的书版书籍也被焚烧殆尽。有鉴于此，加上私人藏书又因战乱而大量流失的情况，叶景葵、张元济、陈陶遗商议发起创办私立图书馆，力邀顾廷龙先生主持馆事，后来又有各界知名人士加入，馆名因此为“合众”。

顾廷龙先生是康熙时苏州著名藏书家顾嗣立的后人。说到顾嗣立，他刊刻的《元诗选》鼎鼎有名。《元诗选》体量极大，可谓一部元代诗总集，是家刻本的代表。顾嗣立的故居秀野草堂位于闾邱坊巷三株弄，大体的位置在今苏州电报电话局旧址对面，也是我们常经过之地。顾廷龙先生住在十梓街5—9号，他毕业于苏州省立二中，又从胡朴安攻小学、训诂方面的学问，后考入燕京大学研究院国文系。接到叶氏、张氏的信后，他南下上海，在图书馆任干事，并邀请自己的大舅子潘景郑先生入馆。1942年，他将黄玢画的《秀野草堂图》捐献给了合众图书馆。合众图书馆仅抄校稿本就有二十五万册之多，其名气可与当时的北平图书馆、江苏省立国学图书馆并称。

合众图书馆成立后，文学山房也会为图书馆寄送书目。一般的版本，顾廷龙先生都不看的，根据书目选择即可。遇到好的版本、要价高的书，图书馆则要求我们送样书过去。为此我曾经多次赴上海长乐路为顾先生送书，送的多是清朝人的诗文集。我去时，见到图书馆有五六位先生在，人不多的。

第三章　书缘渐深

至今，我仍记得那些藏书人家的大门、门厅，藏书楼大多在第二进或第三进。我还记得，夕阳在平江路上斜照时，我捧着古书，踏着青石板路，向着潘景郑先生的藏书楼走去……

累世藏书能几家

在我国私人藏书的历史上，藏书家对书都有着深厚的感情，总希望自己的藏书能代代相传。昆山徐乾学把自己的藏书楼命名为“传是楼”，有一层寓意就是以后把书传给子孙。如果子孙也是爱书之人，确实可以传承而增益之。过云楼三世递传，书籍愈多；宝山楼潘家兄弟的收藏，以先祖滂喜斋、竹山堂所藏为基础扩大规模，为同代藏家所瞩目。宁波范氏天一阁，从明代嘉靖年间一直保存下来，可说是最典型的例子——直到今天，天一阁也是有名的藏书机构，已经有了约四百六十年的藏书历史，是中国留存至今最古老的藏书楼。但也会有对图籍毫不关心的子孙，或是出现家庭迁居、家族败落等不得已要鬻书生活的情况——大多发生在藏家下一代或几代后。冯桂芬家的藏书，就是传到曾孙辈时才出售的。即便是天一阁，从清代到民国，也一直有书陆续流散出来。

我还记得正式进入文学山房后第一次随祖父访书的情景。物主是沈玉麒的后人。沈玉麒做过江苏候补道、电报局总办。当时他已去世，他的孙子先拿点书到我们店里来，交易几次后，就同我们熟悉了。一日他说：“我家里还有书。”邀请我们去看。祖父便带我前往。他家在大石头巷，我们到后看到沈先生已理出一部分书。当时我才十六岁，见识太少，对版本并无概念，全由祖父做主收下。

书买回来后，祖父就会告诉我这里边有哪些书是好的。我现在还记得里面有一本明代万历刻本《汇雅续编》，著作者是张萱。祖父说这书是好的，可惜没有正编。遗憾的是，八十多年了，我从没看到过正编。

三年学徒时光里，我把修补之类的手艺学好了，虽然手艺还远远不能和祖父相比，但与束师兄可以一较高下了。抄写书目之类，我做起来得心应手；送书跑腿的杂务和店里柜台售卖，我也都熟悉了。祖父和父亲便着意带着我四处访书，我在增长见闻的同时，也见证了各家的兴衰。

陈奂遗书中的黄跋本

抗战胜利前夕，我随祖父去阊门崇真宫桥光霁里访书，拜访经学大师陈奂的后人。

陈奂（1786—1863），字硕甫，号师竹，晚号南园老人，藏书处称三百堂。清长洲（今苏州）人。曾师从金坛段玉裁学《毛诗》及《说文》，与王念孙、王引之父子交游甚笃，平生所学以《毛诗》为专长。陈奂所著的《诗毛氏传疏》三十卷，是清代古文经学派集大成之作，是研究毛诗的必读书，曾由潘祖荫、翁同龢进呈御览，光绪帝评曰："该贡生研精诗学，于毛亨训诂颇能阐发，洵属有裨经义。"《诗毛氏传疏》有道光二十七年（1847）陈氏扫叶山庄刻本。此后，长沙王先谦将其收入《皇清经解续编》，于光绪十四年（1888）刻于江阴南菁书院。

陈奂故居扫叶山庄在南园俞家桥，原为元人俞琰隐居之地，后为清代吴中名医薛雪居宅，再为陈氏所得。我们访书的宅子，是陈家其中一房后人的住所。

除了《诗毛氏传疏》，在陈宅里，我们还见到了很多好书，其中有一本有黄跋的旧抄本《周翰林近光集》，我们收了下来，后来售给了潘博山先生。还有一本《管子考证》的原稿，弥足珍贵。

还有一本有黄跋的抄本，书名《汗简》，共七卷，为宋郭忠恕

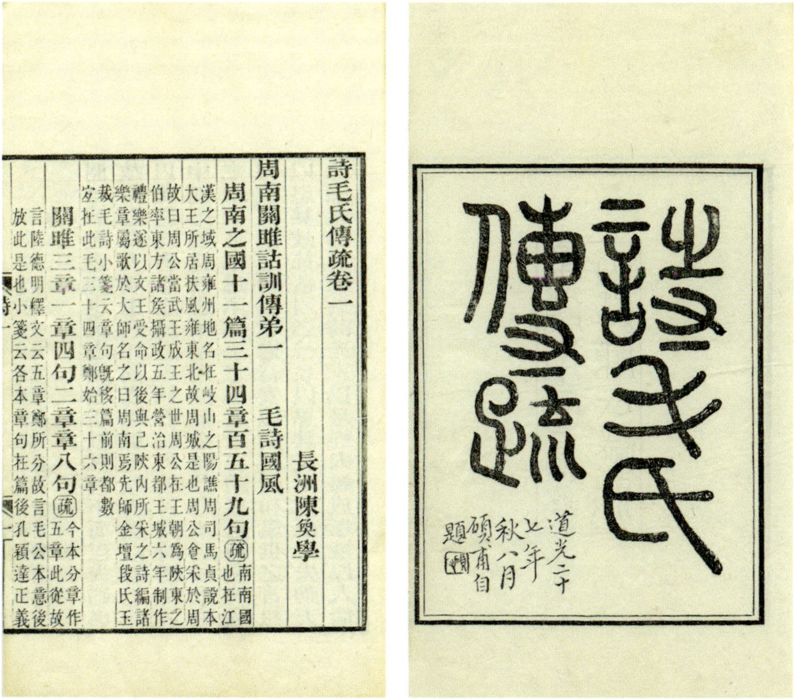
詩毛氏傳疏卷一　長洲陳奐學
周南關雎詁訓傳第一　毛詩國風
周南之國十一篇三十四章百五十九句 疏 南南國也在江漢之域周雍州地名在岐山之陽譙周司馬貞說本大王所居扶風雍東北故周城是也周公會采於周故日周公當武王成王之世周公在王朝爲陝東之伯率東方諸矦攝政五年營治東都王城六年制作禮樂遂以文王受命以後與己陝內所采之詩編諸樂章屬歌於大師名之曰周南焉先師金壇段氏玉裁毛詩小箋云章句既後篇前則都數宐在此毛三十四章鄭始三十六章
關雎三章一章四句二章章八句 疏 今本分章作五章此從故言陸德明釋文云五章鄭所分故言毛公本意後放此是也小箋云各本章句在篇後孔穎達正義

《诗毛氏传疏》

清道光二十七年陈氏扫叶山庄刻本　芷兰斋藏

撰，上有冯舒题识："乙酉避兵莫城西之洋荡村，偶携山西张孟恭本《汗简》，发兴书之，二十日而毕。此时何时，啸歌不废，他年安知不留以洋荡老人本耶？孱守居士。"又有黄丕烈题识："《汗简》一书，钱唐汪立名所刊，出于竹垞藏抄本。旧刻无闻焉。钱遵王《读书敏求记》谓孱守居士藏书率多善本，此殆是也。《汗简》字学中不甚重，潜研老人曾言之。然论古书源流，是书何可废哉！且孱守居士钞于明代，较竹垞所藏更旧，因急收之。己巳冬至后二日复翁识。"

观题跋，此书为常熟人冯舒的抄本。但物主说，此本并非冯舒原本，乃是陈氏三百堂据弘光元年（即顺治二年，1645）冯舒写本影抄的，连黄跋也影抄下来了。由于是先人所抄，要作为传家之宝传下去，无论我们怎样出价，他都不愿出让。

所谓黄跋，指的是清代大藏书家黄丕烈的手跋。黄丕烈是苏州人，十九岁补诸生，二十五岁考中了举人，后来几次参加会试，都没考中，从此无意于科场。他把整个精力集中在搜集和校勘古书上。他一生不仅喜欢读书、买书和藏书，还致力于抄书、校书和刻书。黄丕烈每收到一部书，必写一题跋，甚至三跋、五跋：或校正文字，或辨别版本，或叙述其收藏源流，或评论书之得失。这些题跋都是他经过反复研究以后所得到的体会，内容亲切而富于人情，且学术价值很高，因而凡是黄丕烈所写的题跋识语，都被后来的藏书家当作珍宝。在他去世后，潘祖荫、缪荃孙、江标、王大隆等人将他的题跋辑录汇总刻成《荛圃藏书题识》正编、续编和再续编，总计收录黄跋八百多篇，这是研究清代苏州文化和藏书历史的重要参考资料。现在，但凡是有黄跋的书都可以直接定为古籍善本。

管礼耕藏书中的绛云余烬

管礼耕（1848—1887），字申季，别号操敦，是陈奂的再传弟子，肄业于正谊书院，为冯桂芬所器重，曾助校《说文段注考正》及同治《苏州府志》，与王颂蔚、叶昌炽齐名，藏书室名操敦斋。他的父亲管庆祺，号心梅，曾为陈奂治病。陈奂吃了他开的药，很快痊愈。

管礼耕之子名尚宽，肄业于京师同文馆。民国初年任俄国伊尔库茨克领事。抗战即将胜利时，为补贴家用，管尚宽的岳父陆敦有做主出售了一批图书。

其时管礼耕已经故世多年。我与祖父同往观书，前往苏州菉葭巷中的管氏故居，只见善本极多，感慨管氏不愧是藏书之家。其中绝大多数是管庆祺的手校本，或者有他亲笔过录的文字。比如恬养斋黑格抄本《大唐类要》，上面就有管庆祺过录的朱彝尊题跋和严可均校语。朱彝尊题跋说："康熙己卯七月，湖州书贾有以《大唐类要》百六十卷求售者。反复观之，即虞氏《北堂书钞》也。按《新唐书志》作一百七十三卷，《晁氏读书后志》同，而宋志止百六十卷。是编地部至'泥沙石'而毕，度非完书。今世所行者，出常熟陈禹谟锡玄氏删补，至以贞观后事及五代十国之书杂入其中，尽失其旧，阅之令人生恚。储书者多藏之，而原书罕睹矣。《类要》传写虽多讹舛，然大略出于原书，未易得也。秀水朱彝尊。”说明了该书的难得。

特别值得一提的是严遵（字君平）的《道德指归论》。这本书原系万历间刻《秘册汇函》六卷本，曾经明人钱穀亲笔补抄第七至十三卷。钱穀，字叔宝，是明代的大画家，也是一位大藏书家。因为家贫买不起书，他就自己抄书。他的抄本成为他藏书的一大特色。这本《道德指归论》书法精妙，首面钤有“牧翁蒙叟”印记，可见曾经由钱谦益收藏。末有钱谦益手跋：“嘉兴刻《道德真经指归》，是吾邑赵元度本。后从钱功甫得乃翁叔宝抄本，自七卷讫十三卷。前有总序，后有‘人之讥也’至‘信言不美’四章，与总序相合。其中为刻本所阙落者尤多，焦弱侯辑《老氏翼》亦未见此本，良可宝也。但未知与《道藏》本有异同否？绛云余烬乱帙中得之，属遵王遣人缮写成善本，更参订之。辛丑除夕牧翁记。”另粘附钱谦益写给钱曾的手札一通：“乱帙中简出《道德指归》，专人驰去。此夕持此残书商榷，良可一胡卢也。诸俟献岁面言，谦益再拜。”

管礼耕题跋云：“黄氏《士礼居题跋》云：‘郡城顾氏，为任蒋桥分支而迁居濂溪坊者，有书欲销。余往观之，于丛残中检得严君平《道德指归论》，系钱东涧手跋本，内粘附与尊王札一条。想经尊王缮写既成而倩东涧跋之，以原札附入之本也。后书主欲并他书总去，为他人所得。余踪迹是书所在，假归复勘，中有一二误字及脱校处，复用朱笔正之。时嘉庆甲戌重阳日也。’则兹书为黄氏所欲收而未得者，其宝贵可知。钱跋及原札，黄亦录出，而跋中‘道德’下多‘真经’二字，札中‘再拜’作‘再笔’，盖传写偶异耳。咸丰庚申之乱，我家旧藏都半散佚，此册幸无恙。光绪甲申重付装治。原札几为书贾遗失，迨装来数日检阅始知。亟从其败纸中取得补粘。因喜书数语于后，大雪日元和管礼耕识。”钤有“礼”“耕”联珠印。

常熟人钱谦益，号牧斋，是明末清初著名的文学家和藏书家，早年即是东林党的重要人物。入清后，任礼部侍郎，充修《明史》副总裁。中年时，筑拂水山房存放藏书，后又先后收得苏州刘凤、钱榖，常熟杨仪、赵用贤四大藏书家的旧藏，故又建造了藏书楼绛云楼。绛云楼中有七十三个大书柜，分类编目，时人称为“所积充牣，几埒内府”。可惜的是，顺治年间的一天夜里，他的小女儿上楼玩耍，不小心让烛火烧着了废纸，引起大火，几乎把绛云楼的藏书烧了个干净。钱谦益悲痛欲绝，大呼道：“天能烧我屋内书，不能烧我腹内书！”此后他一面整理少量的绛云楼余烬之物，一面继续收藏。去世前，他把自己的诗文定稿和残书全部赠给了族孙钱曾。钱曾，字遵王，随牧斋学，藏书室先后名为述古堂、也是园。据此，钱曾为钱谦益的《初学集》《有学集》做了笺注，又在其赠书的基础上作《读书敏求记》和《述古堂书目》《也是园书目》，这些都是版本目录学的重要著作。《脉望馆钞校本古今杂剧》就曾著录在《也是园书目》中。

由钱氏和管氏的题跋可见：这部《道德指归论》未遭绛云之炬，而由钱谦益赠予钱曾，再入濂溪坊顾氏家中，然后转由管氏收藏。前后二百七十多年，未出苏州。

文学山房收下这本书后，卖给了著名文物收藏家、鉴赏家张葱玉先生。同时被张先生收去的，还有宋人张有的《复古编》二册。该书系清初毛氏汲古阁影宋抄本，毛太纸，无栏格。首尾钤有“毛晋之印”“子晋”“毛扆之印”“斧季”等印。张有，字谦中，浙江湖州人，是大词家张先的孙子，是个道士。这本书根据《说文解字》辨俗体之讹，以四声分隶诸字，于正体用篆书，而别体、俗体则附载注中，也是难得一见的珍本。

毛晋是和钱谦益同时代的常熟人，钱谦益对毛晋的评价非常高。他的汲古阁，不仅是一座藏书楼，还是一个校勘、刻版的机构。他收藏宋元珍本，主要是为了校勘刻书。毛晋收宋元版本书，在门上贴张纸头：我这里主人愿意出重价收宋元本，假使你拿来的宋元版书令主人满意，主人愿意按页购买；别家出价一千的书，我这里主人愿意出价两千。这样不计成本地收书，书商和一般出让者闻风而来，浙江湖州的书商都乘着船到汲古阁那里，把书卖给他。当地流传着这样一句民谚："三百六十行生意，不如鬻书于毛氏。"就这样，毛晋收到很多书，汲古阁藏书很快达到八万多册。如果是宋本、元本，就用椭圆式的印记区分，并钤"甲"于其首。因为选本至精，又延名士校勘、名工刻版，汲古阁刻书流布天下，名号响亮，在刻书史上占据了显著的地位。

毛扆是毛晋第五子，精于校勘，就我个人所见的毛抄本，绝大多数是并有毛晋和毛扆父子印记的，而且都是细朱文印。毛氏父子花费巨资藏书、刻书，终于力不能支，开始出让藏书。毛扆晚年时曾编《汲古阁珍藏秘本书目》，那就是拟将藏书出售给吴江潘耒时编的一份书目清单。

费善庆乱书中的何焯校本

抗日战争后期，吴江费氏出售藏书，物主邀我们去看看。

这批书的主人是费善庆。费善庆（1858—1939），字伯缘，晚清时震泽县庠生，藏书室名华萼堂。费善庆生前曾与柳亚子、薛凤昌等创建“吴江文献保存会”，目的是保护吴江地方文献。他们汇编县内十二家所藏地方文献目录一册，以“文献流传，后生之责，维桑与梓”十二个字做藏书家代号。例如柳亚子藏本代号为“文”，费善庆藏本代号则为“献”字。这册文献目录我见过，现在也还有油印本流传。费善庆已刊的著作有《垂虹诗剩》《垂虹诗剩补编》《垂虹诗剩续编》等，他又与薛凤昌合编了《松陵女子诗征》，以铅印本行世。

费家的住宅在当时吴江县政府对面的一条巷子里，那时费善庆本人已经去世。他家的书很多，难以随身带走，父亲与我便在垂虹桥边叫上一条小船，把全部藏书装了满满一船，运进苏州城。

回店整理，好书很多。有嘉靖刊本徐师曾纂《吴江县志》、晚明刊本周灿著《西巡政略》、清初刊潘柽章著《松陵文献》、潘耒著《类音》等，以及明嘉靖三年（1524）储良材覆宋陈道人刻本《释名》等古本佳品。另有《垂虹识小录》八卷、《玉壶仙馆备忘录》七卷，是费善庆的未刻手稿。《玉壶仙馆备忘录》这一手稿，我印象深刻，本来只有一部，遗失了就没有了，文学山房收得后请人把它手录下来，总算能多留存几份。

整理快要结束的时候，在一堆乱书中，我发现了一册被虫蛀得几乎揭不开的书。它外形很旧，我先用手扳了一下书口，看到了《谈艺录》三个字。《谈艺录》是明朝人徐祯卿的著作，我便轻轻地把书面和扉页揭去，先在书眉上发现了朱笔评语，因而继续向右面撕去，一看，竟然有何焯的评校，在正书第一行的下角还盖有一方印记："何焯之印"。进一步核对批注笔迹，确定是义门先生亲笔，我不禁为之狂喜。只是好的书页已不多了，我小心翼翼地把每页揭开，用旧纸裱托，修缮后装订起来。

何焯，号义门，长洲（今苏州）人氏，康熙癸未进士，是清代以校勘称于世的专家。他所著的《义门读书记》至今仍是人们研究古籍的重要参考书。其评校之书负有盛名，如他评点的《昭明文选》就有乾隆间苏州叶树藩刻朱墨套印本，即所谓"海录轩"刊本。义门先生批校至精，在世时名气就已经很大了。大到什么程度呢？当时苏州一地甚至有书贾作伪，仿造他的批校，因为有他批校的书，都能卖到好价钱。流传至今的古书中，过录他批校的情况很多，特别是《文选》，有的还盖有伪印，真迹反而很少。我经手过的何焯批校本，还有明刻《元丰类稿》校宋本等。据我个人体会，他亲笔所校之书，除了钤有"何焯之印"外，每册首页有时还盖有一些闲章，如"心要在腔子里""年年岁岁一床书"等，可作为鉴定的一个参考。

与此同时，我还在乱书中发现了一本巾箱本的小书，名为《冬心先生自叙》。每半页四行，行十多字或二十余字，是金农请好友丁敬手书精刻的。版式和无锡王邦采所刊《晁具茨集》相仿，但纸张很旧，颜色深黄，绝不是清初时物。金农，号冬心先生，历经康熙、雍正、乾隆三朝。那康熙时候的书，要么用开花纸，要么用白棉纸，怎么用这种纸呢？不可理解。遍查各家藏书目录，都未发现有相关的著录。后来，我在晚清人徐康（子晋）所著的《前尘梦影录》中看到一则关于此书的记载："旧藏冬心翁著作最备，其《自叙》一卷，用宋纸、方程古墨轻煤研印。……丁钝丁手书精刻，古香古色，不下宋椠。虽在灯下读之，墨采亦奕奕动人。"于是我恍然大悟：这册小书其实是清初时人选用宋代旧纸做的精印本！当然，此书是否即徐氏故物，尚难确证。

以上两种小品，都非常珍贵，后来被一位姓杨的先生买去，他表示自己是代裴复恒收书。这位杨先生是无锡名人杨翰西之子，是大藏书家刘之泗的小舅子。而裴复恒任过上海商学院院长。同时卖给他的还有明嘉靖刻本《合璧事类》一书。新中国成立之初，我在上海来薰阁书店架上又见到了这本《合璧事类》。

费善庆的这批书里我记得还有一本清袁栋的稿本《唐音拔萃》，书眉有沈德潜的亲笔评语，后来卖给了潘景郑先生。潘先生还为此写过一篇题跋呢。

与于右任的一面之缘

苏州是一方天堂，但是近代以来，多灾多难。日本人才到苏州时，四处烧杀掳掠，民生凋敝，民众天天生活在恐惧之中，盼望着早日光复。

随着战事进入后期，日本部队节节败退，经济紧张，他们就在观前街承德里的对面开了一家店，名字叫广野部队物资交换所，把日本人生产的东西拿到这边来卖。记得店里有麻浇鱼、栗子糕等，主要是日本的食品。

1945年，日本投降。苏州人民鼓掌欢呼，街上热闹极了。受降仪式是在谢衙前举行的，仪式由第五师师长李则芬主持。当时的伪江苏省省长是任援道，此人是陈群的亲家。在陈群付不起书款被书贾围堵的时候，据说任援道还曾解囊资助。日本人走了，蒋介石委任任援道为先遣军司令，地方上很快就稳定了。

日本人撤出了苏州，苏州渐渐恢复以前的面貌。新书店在沦陷时期受到的冲击很大，光复之后，生意渐渐恢复，可以摆出一些国民政府时期出版的图书、议论时事之作。就我们古旧书业来说，上架的图书变化不大，但我们走访的门户更多了。全国的学者名流也常来苏州，通常都会到我们书店来看看。

1946年，国民党元老叶楚伧病逝。叶楚伧是吴县（今苏州）

人，生于昆山周庄。早年参加同盟会，是民国著名的报人、南社诗人，曾任江苏省政府主席、国民党中央党部宣传部部长等职，地位和名望极高。叶楚伧病逝后葬于木渎灵岩山。吴县各界为了纪念这位名人，决定在苏州城中大公园北门内种植一些树木，并建造一座牌坊，定名为“叶公楚伧纪念林”。在举行命名典礼的那天，另一位国民党元老于右任老先生也来苏州出席这次大会。

会后他来到了文学山房，后面跟了很多人。虽然不知道他是谁，但一看这阵仗就知道，这位长者是个大人物。当日父亲和我都在店里，我们一起接待他，我于是与他有了 面之缘。至于当时于右任先生买了什么书，因为事隔多年，我早已淡忘。总之是实用的工具书，而不是版本古书。

差点遗落的弘治《大明会典》

抗战刚胜利后的一天，有个单位顾客来到文学山房，要我们找一部明代刻本的《大明会典》。《大明会典》是部大部头书，卷数很多，何况明刻本。我们只好回答“没有”。不料一旁有个读者听到了我们的对话，插话说：“上海有啊，我曾在上海修文堂书店看到过。”

由于之前杨寿祺先生带我拜访过上海同行，我就同父亲讲：“我去一次。”此时我已在书店正式做了三年学徒，书业行内的三年基本功，我都掌握了。店里事务多，父亲想了想，可能觉得我素来做事还算稳重，于是点点头。

第二天，我就乘火车到上海，一路辛苦，来到霞飞路修文堂。这家修文堂是北京人孙实君在上海开的分店，在一条弄堂里。当天孙实君也在店里，我把事情经过讲给他听，问他是否有书。他答：“有是有的，你看看。”

说着，孙实君就走进库房，过了一会儿，他把书拿出来：几十本呢，竟然是明朝弘治刻本，大开本、大字本。

之前，顾客提出的不过是买一部明刻本《大明会典》即可。《大明会典》重修过多次，我本想能找到一部嘉靖或万历本就非常好了，没想到能见到早期的弘治刻本，这可比万历刻本要好很多呢。

一问价格，果然不便宜。若换成现在的价格，至少要几十万元吧。价格这么贵，我当然不敢做主。孙实君看出来我的心思，就对我说："小江，这样吧，我给你两本样书，你给人家看好了。人家看了若是要，你就买下来；人家不要，你还给我就好了。"

听他这么说，我就放了心。于是我把两本书包好带走。

我拿着书上了火车，正要落座时，我想着摆在座位上面的架子上容易忘记，就把两本书放在背后，觉得这样保险一点。

不晓得那时候抗战才胜利，火车出站不正常。上车不久，就听广播说，这列车不开了，到苏州去的乘客到边上一列上车。我见左右乘客都在下车，便赶忙跟随人流也下了车。人们推攘着向着对面列车走去。还没走到那列车的车门口，我忽然看到别人手里都提了东西。我一个激灵，立马想到：哎哟，我的书还没拿！于是赶紧往回跑，气喘吁吁地跑上车，远远看到原来的位置上，我的书包还放在那儿，这才舒了一口气。哎，这书要是遗落了，不知道会赔多少钱呢，让我估算现在的价格的话，大概要赔十万元吧，因为给人家看样的书都是头本，比其他的分册要贵一些的。藏书人最在乎一部书是残是全。比如一百本一套的书，缺了一本，就成了残书，而残书的价格不是下降百分之一，而是一下要降一半以上。更何况每部书的头本是最重要的，缺了头本就不好卖了。

后来这部书成功交易了。刚抗战胜利的时候太乱了。过了一段接收期后，就没有这种情况了。此后我常往上海寻书，收获不少。

来薰阁的陈济川先生是一个爽直的人。一次我去他店里看书，转了一圈，没发现有需要的，他就对我说："小江，你可以去我

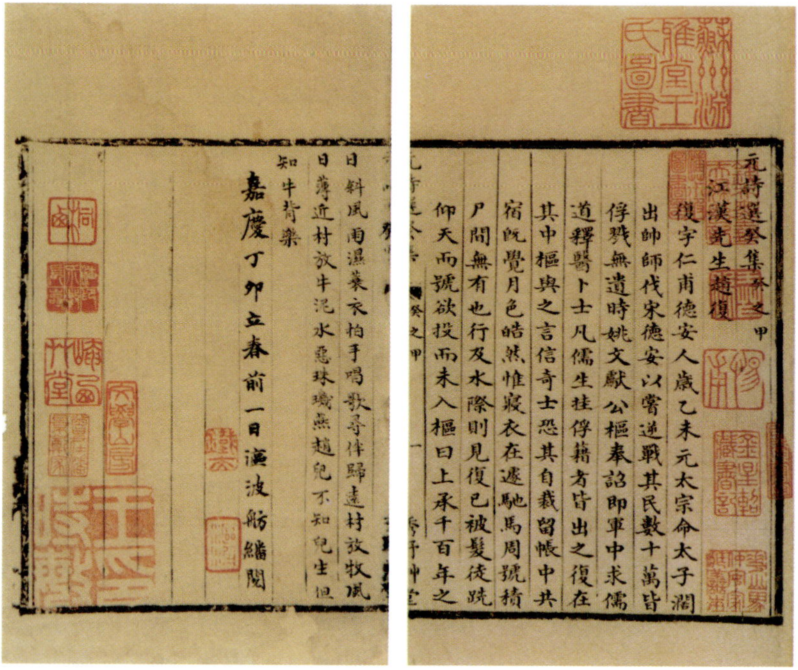
元詩選癸集癸之甲
江漢先生趙復
復字仁甫德安人歲乙未元太宗命太子濶
出帥師伐宋德安以嘗逆戰其民數十萬皆
俘戮無遺時姚文獻公樞奉詔即軍中求儒
道釋醫卜士凡儒生挂俘籍者皆出之復在
其中樞與之言信奇士恐其自裁留帳中共
宿既覺月色晧然惟寢衣在遽馳馬周號積
尸間無有也行及水際則見復已被髮徒跣
仰天而號欲投而未入樞曰上承千百年之

日斜風雨濕蓑衣拍手唱歌尋伴歸遠村放牧風
日薄近村放牛浣水惡珠璣無趙兒不知兒生但
知牛背樂
嘉慶丁卯立春前一日漚波舫繙閱

《元诗选癸集》

清稿本，王芑孙校跋　上海图书馆藏

们库房看看，凡有看中的，你都可以拿走。”来薰阁的仓库和店铺不在一起，而是在隔几条街的一条小弄堂的洋房里，轻易不让外人进去的。承蒙他看得起我，让我去选书。那次，我从书堆里选出了王芑孙校跋稿本《元诗选癸集》、孙星衍校跋的明嘉靖本《白虎通德论》等佳品。陈济川先生看了我选的书，也知道是好书，但二话没说，很爽快地允许我交钱带走。

曹元弼的家刻本

曹元弼（1867—1953），字叔彦，是清末民初时苏州的国学大师。他在光绪年间中进士，官翰林院编修。辛亥革命以后，闭门读经，著述甚富，藏书处称复礼堂。晚清时期，他自刻过《礼经校释》《礼经学》等书行于世。民国时期，则又印了《复礼堂文集》《礼经大义》《孝经学》《周易郑氏注笺释》《周易集解补释》《易学源流辨》《大学通义》《中庸通义》《复礼堂述学诗》等书，其中《礼经大义》用的是铅印，其余诸种均是木刻雕版印刷。这些家刻本名闻海内及日本。曹元弼效忠清帝，明明已经到了民国，但他刻的书用的还是清代的年号。在全面抗战前，他曾放了一些书在我们店里寄售，《文学山房书目》还对其做过专门的介绍。

一天，南京国立礼乐馆殷孟伦先生来到书店购书，全程由我接待。这礼乐馆最早在抗战期间设立于重庆，是抗战胜利后迁至南京的，馆长是我们苏州人，叫汪东。该馆创立之初心，是专门研究“制礼作乐”，所以有购书的需求。殷孟伦先生先是看了文学山房的书，选了几册，最后提出，请我们代买曹老著作，寄至馆中。

当时我只有十八九岁，自告奋勇，准备好名帖，第二天就去拜

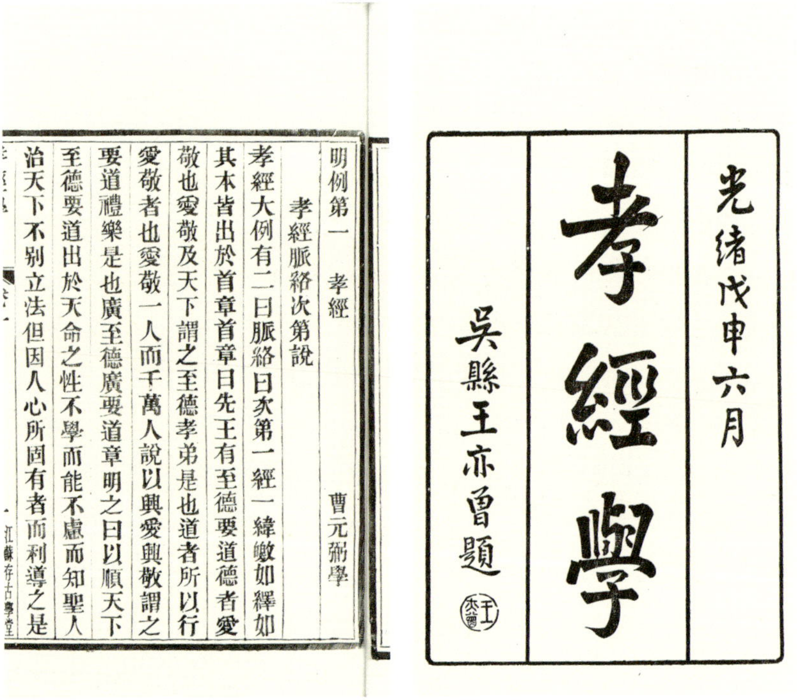
光緒戊申六月

孝經學

吳縣王亦曾題

明例第一　孝經

孝經脈絡次第說　曹元弼學

孝經大例有二曰脈絡曰次第一經一緯皦如繹如其本皆出於首章首章曰先王有至德要道德者愛敬也愛敬及天下謂之至德孝弟是也道者所以行愛敬者也愛敬一人而千萬人說以興愛與敬謂之要道禮樂是也廣至德廣要道章明之曰以順天下至德要道出於天命之性不學而能不慮而知聖人治天下不別立法但因人心所固有者而利導之是

江蘇存古學堂

《孝经学》

清光绪三十四年江苏存古学堂木活字本　芷兰斋藏

访这位经学大家。

曹家在阊门西街，是典型的大户人家。宅子第一进是门厅。我进入曹家门厅时，看到两面壁的木架上，插着红漆金字的“赐进士出身”“翰林院编修”等一块一块的衔牌。旧时，官老爷出来，都要举这样的衔牌，表明身份。那时有家人出来问讯。我就告知来意，让他去通报主人。承蒙曹先生不弃，在客厅接见了我。待他出来，只见他穿着长袍，身后有条长辫，一望而知是清代遗老。我向他说明来意。曹先生听说礼乐馆要买他的著作，十分高兴，立即吩咐家人照我提供的书单，与我检出所要之书，并结算书款。他的书已定出标准价，只需按此价支付即可。我付款以后，就把书扎成数捆，一共七包，然后向曹先生道谢告辞。出了曹家，我叫了一辆黄包车，把书带回店中，再请舅公转寄南京。

这是我进入文学山房后，第一次为读者找书。

曹元弼的族兄曹元忠曾师从管礼耕学习训诂、典章制度，又从定海黄以周学习《诗》《礼》诸经，是光绪年间的举人，做过玉牒馆校勘官、学部图书馆纂修。辛亥革命以后，曹元忠与叶昌炽、邹福保、朱祖谋等人往来，探讨学术。他先后为松江韩氏读有用书斋、常熟瞿氏铁琴铜剑楼、元和顾氏过云楼、吴兴蒋氏密韵楼等做校订工作，于是对旧刻名抄了然于胸，成为吴门一大藏书家，所藏以宋元本著称。他的故居在苏州金太史场，日军占领苏州后，曹元忠的藏书陆续流散。我见过他收藏过的宋刻眉山《七史》，那书装帧非常精美。

曹元弼有一名弟子名叫王大隆，也是一位藏书家，他精研版本目录之学，曾辑曹元忠《笺经室遗集》等书。早前，赵诒琛和王保譿发起，由众人集资，委托苏州文新印刷公司用铅字排印了一

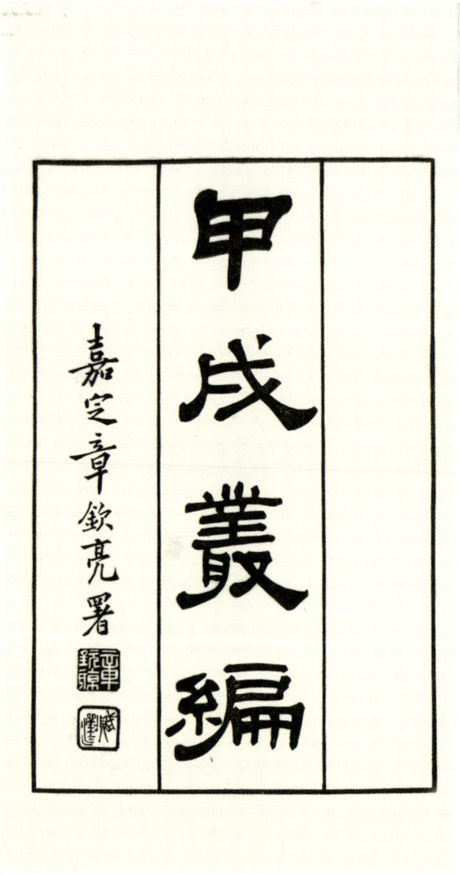

《甲戌丛编》

民国铅字排印本　爱莲舫藏

部《甲戌丛编》，内容以吴门文献中未刻稿本为主，请太仓唐文治作序。王大隆后来也参与编辑，其后《乙亥丛编》《丙子丛编》《丁丑丛编》《戊寅丛编》《己卯丛编》《庚辰丛编》《辛巳丛编》陆续推出，从1935年持续到1941年，即“八年丛编”。嘉业堂主人刘承幹曾为《乙亥丛编》作序，并提供了珍贵的底本。王先生住在西花桥巷，常来文学山房买书。我还曾跟他到西花桥巷去送书取钱呢。

曹大铁雅夺《绛云楼书目》

常熟曹大铁家境殷实。他是画家陈摩的表侄，本来大家都认为他会拜陈摩为师，却不料曹大铁眼界极高，定要向张大千学习绘画，最终成为大风堂弟子。他又拜于右任为师学习书法，从杨圻学习诗词，在诗书画方面都有很深造诣。在古书收藏方面，曹大铁眼光尤准，虽年纪轻，却已被上海一众收藏家肯定。

在曹大铁的收藏中，有一本特别值得称道的书，乃是吴翌凤抄校的《绛云楼书目》，而这本书是我在二十世纪四十年代卖给他的。

那日，张葱玉和曹大铁一起来到文学山房。我没有外出，正在店中修补，见客人来了，便殷勤招待。张葱玉坐下后，问我近来有没有收到什么好书。真人面前不打诳语，我说，有一部吴翌凤抄校的《绛云楼书目》不错。说着便拿出来给他看。

《绛云楼书目》是钱谦益在绛云楼大火之后凭着记忆录下的书目，虽不能体现绛云楼藏书的全貌，但足以证明钱翁收藏之富，是研究钱谦益藏书的重要资料。吴翌凤是清代苏州藏书家，故居在槐树巷一带。因为家贫，吴翌凤常常手抄笔录，与黄丕烈、顾千里等人交往密切。这部书也是我从陈济川来薰阁库房中找到的。

曹大铁赠江澄波画作

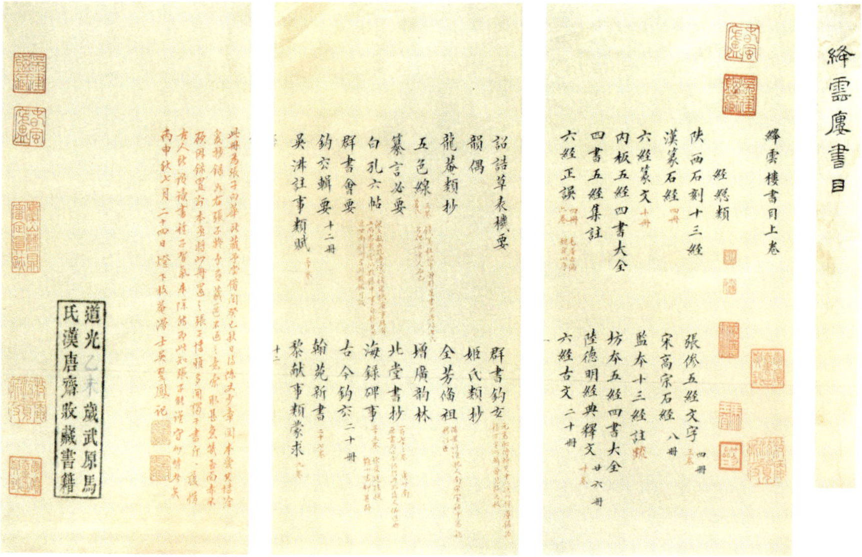

《绛云楼书目》

清吴翌凤抄校本

张葱玉看后，拊掌称绝，正准备掏钱，却发现身上钱不够，便对我说，这次只是偶过苏州，身上没有带多余的钱。临别时张葱玉对我反复叮嘱：“东西收好了，这书我要的。过段时间我再到苏州来付钱取货。”我当然答应，存货静候。

过了几日，曹大铁先生直闯文学山房。曹先生也是我们的老主顾，他一来就说“张葱玉叫我来付钱取书”。曹大铁、张葱玉经常一起在集宝斋看书画，一起逛旧书店，两人关系十分要好，当日也是他们一起来的。我当然不怀疑，没有多想，就把《绛云楼书目》拿出来。于是一手交钱，一手交货，双方皆欢喜。

没想到，曹大铁走后又隔了几天，张葱玉来了。一进门，他便叫我：“快把《绛云楼书目》拿出来吧，我今天来交钱取货！”我愣住了，说道：“你不是已经委托曹大铁先生交钱取货了吗？”张葱玉一听，“哎哟”一声，不再言语了，黑着脸站起身就走了。

我看他脸色不对，马上想到，原来曹大铁之前来，不是为张葱玉买书，是为自己买啊！定是他也看上了《绛云楼书目》，来了个先下手为强。

据说后来曹大铁向张葱玉转让了一件非常之物，才解决了此事。

曹大铁很注重常熟乡邦文献和常熟藏书家旧物的收藏，藏有钱谦益《楞严经蒙钞》手稿本、毛扆精校《四书集注》、翁同龢批校本《老学庵笔记》、陈揆辑《虞邑遗文录》等。他在钱谦益半野堂故址上建半野园，还准备重建绛云楼，那么他这样费尽心思夺得《绛云楼书目》就能够解释了。

张葱玉的一生具有传奇色彩。他出身南浔张家，是大藏书家适园主人张钧衡的孙子。由于自小在古玩堆里玩耍，成年后又有雄厚的财力买进卖出，他在实践中练出鉴别古籍古玩的眼力。张葱玉父亲早逝，祖父去世后，各房叔伯怜惜他，分家产时，特意把上海最繁华富裕的大世界分到他名下。不承想这位公子哥成日豪赌，竟把大世界输掉了。即便如此，常熟还留有张家许多产业，所以张葱玉经常待在常熟，常住在曹大铁家，与曹大铁称得上是小兄弟。两人曾合伙做生意。只是两位鉴赏家时运不济，加上国民政府的金圆券政策，两人越做越亏。张葱玉自己又抽大烟，临近新中国成立时，他的藏品都卖得差不多了。

沈秉成藏书中的明代插图本

抗战胜利以后，有一位买卖珠宝的行商黄云卿老先生给我们介绍说，黄埭镇上一户人家有书。于是我和父亲一起前往。

这户人家门口有一个猪肉摊子。穿过肉摊，进到宅院。主人相迎，自称姓沈，领我和父亲进入一间房内。举目一看，只见一房间全是书，书内都有标签，标签上写着“鲽砚庐藏”。由此可知，这批书之前肯定是藏于耦园的。

鲽砚庐是耦园主人沈秉成的藏书楼名。沈秉成（1823—1895），清归安（今浙江湖州）人，字仲复，号听蕉、耦园主人。他是咸丰年间的进士，做过编修、文渊阁校理、苏松太兵备道等，光绪年间，任安徽巡抚、两江总督等要职。大概在同治年间，沈秉成即隐居苏州，在古城选了一块地建造了耦园。他工于诗文书法，收藏的金石鼎彝、古籍名画名著一时，与过云楼顾文彬、网师园李鸿裔、听枫山馆的吴云以及贵潘家族的潘曾玮等大藏家往来频繁。

于是知道，我们登门拜访的这户人家，是沈氏后人中的一支，早已从耦园中搬出，寓居于黄埭镇。不幸的是，这一房有人抽大烟，把家业给败掉了。因为曾分得一些沈秉成的书，这家人就想到卖了换钱。

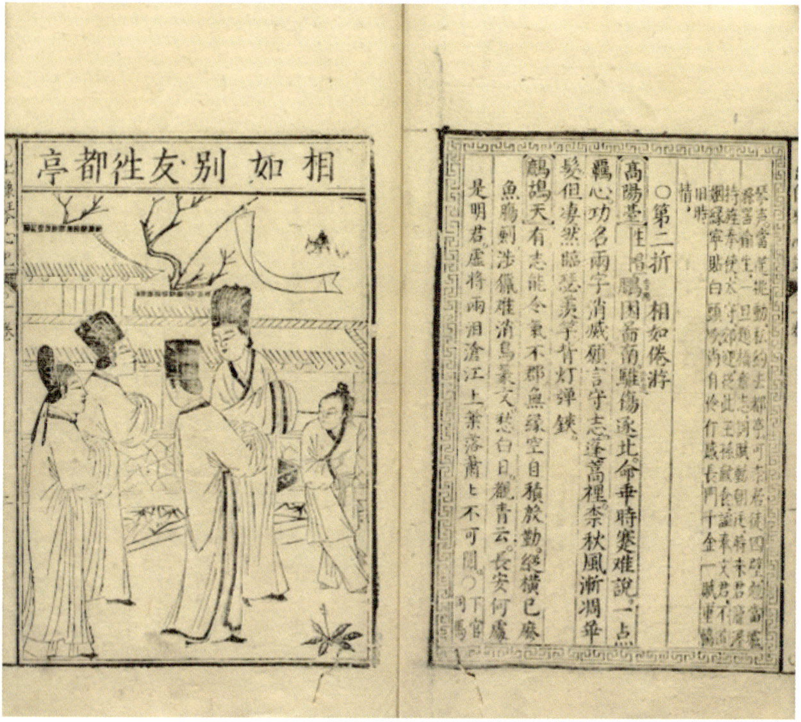

《新刻出像音注司马相如琴心记》

明万历富春堂刊本

这家的书很多，父亲和我打好包，无法随身携带，就找了两条船运回店里。回店里就整理目录，选出珍本。其中最好的是明刻插图本《绿窗女史》和《书言故事》。这两部书，我们在新中国成立之初卖给了郑振铎先生。

《绿窗女史》是明崇祯时金陵坊刊本，首附插图一卷；《书言故事》是明万历刊本，有插图十二页，图绘刀刻，精美绝伦。金陵的刻工多为安徽人，插图的制作十分兴盛，版画雕刻技术在晚明时有飞跃性的进步，几乎发展到了“无曲不图”的境地。我们书的版刻和年画还有不同，书的宽幅比年画小很多，对刻工的要求更高：人物要须眉毕露——胡须、眉毛、头发丝都要刻得清清楚楚，这才可以说是刻得精了。那时南京著名的书坊有富春堂、世德堂、文林阁、广庆堂、继志斋等。因为收到了这两种好书，祖父和父亲又给我讲起家里曾收到金陵唐氏富春堂刻本的往事，说起富春堂插图与众不同的特点：半幅或整幅版面，大人大马，还有好看的回形纹做栏。我还从来没有见过。祖父说吴梅来文学山房时，书店特地给他看。吴梅很想买下这套书，可惜他当时缺钱，没能力购入。后来，他还在《青楼记》题跋里表示过遗憾：“富春刊传奇，共有百种，分甲乙丙丁字样，每集十种。藏家目录罕有书此者。余前家居，坊友江君持富春残剧五十余种，有《牧羊》《绨袍》等古曲。余杖头乏钱，还之，至今犹耿耿也。”

郑振铎先生一直重视民间文学和小说、戏曲、版画的收集，曾出版《中国版画史图录》《西谛所藏善本戏曲目录》等。早在二十世纪三十年代，郑振铎先生就通过来青阁的关系，在苏州东北街王姓后人处，见到了一大批抄本传奇。他在其中拣出了一百种比较少见的，回上海后，在《编辑者》第一期发表了《抄本百种传奇的发现》一文，引起了轰动。二十世纪八九十年代，我受聘编写《苏州戏曲志》时，曾在苏州博物馆书库中，发现了一批红格抄本的传奇，绝大多数是常见的品种，但有一部《传奇提纲》，四册，著录了各种传奇的内容提要，系未刊稿本。这部《传奇提纲》，编写者的大名是张玉森，其室名为莲勺庐。可能这些书，就是当年郑先生选余之书。

到耦园为钱穆送书

钱穆（1895—1990），字宾四，江苏无锡人。钱穆先生是闻名世界的史学大师，早年曾在苏州中学执教。抗战时期，钱先生曾返苏陪侍母亲，在耦园安家。住了两年后，钱先生外出教书。抗日战争胜利后，他任教于无锡江南大学，同时在苏州兼职教学，因此常居耦园家中。那段时间，他几乎每天都要到护龙街各旧书店淘书，时间都是下午两点钟以后。从北到南走一遍，停留时间最长的是觉民书社。

有一次，文学山房从一位藏家手中收得一批书，钱穆先生得知后赶来看。他从中挑选出多种，到付款时才发现带的钱不够，于是要求我们把书送到耦园他的住处，再带回书款。

我把书包好，抱着书，随着钱先生来到耦园，把书送进他的书房。他的书房中有一张大桌子，上面放有石印的《二十四史》的零种，旁边还有一把剪刀和一个糨糊瓶。桌上的书籍，有被剪过的痕迹。当时还没有复印机，写文章时若要引用古注，就需要用笔抄写。看来为避免抄写之劳，钱先生利用石印的史书剪接粘贴。

石印技术是从西方传过来的。上海开埠以后，各种现代的印刷技术如铅印、石印、影印等都在上海兴起。其中，点石斋石印书局用轮转石印机印了《圣谕像解》《康熙字典》《十三经注疏》等，还以随报附送的形式，印了鼎鼎有名的《点石斋画报》。上海同文书局印的《二十四史》《全唐诗》《骈字类编》等都是石印本。另外，五洲同文书局也使用石印术印过《二十四史》。与铅印本、石印本相比，雕版书就显得成本太高了，从事雕版、刻字的店铺渐渐转行，木刻、活字类的新书越来越少。石印的古籍价格便宜，发行量大，时人不以为贵，钱先生用此剪贴治学，也就能理解了。

苏州观前街西面有一家小印刷店，我在那里见到过一块用于石印的石头。这家店的印刷过程是这样的：将一份写得很大的样张反过来放在石头上，用药水处理，拓印时，该黑的地方黑，该空的地方空；印过以后，把石头上这一页内容抹掉，再按此方法印其他的页面。具体的操作，我只见过一次。只是那时我还小，并不太懂，感觉就和刻图章一样，只是不用刻，用药水。

丁士涵藏书流散

“集韵考正十巨卷，经谊杂著一长编。济阳义庄书库荒，清河寓邸遗稿燃。”这是近人王謇先生在《续补藏书纪事诗》中为丁士涵写的一首诗。

丁士涵（1828—1890），字泳之，同治年间举人，也是陈奂的高弟，以经学著名，曾助冯桂芬编《苏州府志》，还做过学古堂的山长。据说他积书数十万卷，闭门谢客，二十年不下楼，专心做学问，著有《管子释文》《集韵》等。

我年轻时随祖父前往丁家访书的情景，至今仍历历在目。丁家本住在悬桥巷，我们上门访书的地方，却在距文学山房不远的富仁坊巷一处房屋中。丁氏后人把书箱都收藏在一间厢房里。我进去后，发现有二十多个箱子。打开看，里面的书绝大多数为经学、小学类的考据书，以及部分地方志。

我收得的丁氏书中，有丁士涵稿本《说文义类》二卷，尾有“咸丰八年丁士涵自序”及印记；《陆音类要》十四卷、《唐韵考补注》五卷、《管子校本》二卷，书上有密密麻麻的朱墨笔补注。还有清戴望著《管子正误》二十四卷，书衣有戴望题“敬赠泳之同门教正望呈”；《龙龛手鉴》四卷，为明人手抄本，钤有“季振宜印”“沧苇”大方印，“季振宜藏书”小印，经吴翌凤手校，并有印记。这些书都提供给了南京图书馆等单位收藏。

戴望，德清人，是藏书家周中孚的外孙，也是陈奂的弟子，所以他称丁士涵为“同门”。诸子中，陈奂最推崇管子，所以丁士涵和戴望也在管子上用功，均有著作。季振宜，号沧苇，泰兴人，乃明末清初的大藏书家，曾收得毛晋和钱曾的藏书，身故后书籍入藏昆山徐乾学传是楼，他留下的《季沧苇藏书目》得黄丕烈看重，由黄丕烈整理付梓，收入《士礼居丛书》。

此外尚有蓝格抄本《重订唐韵考》五卷，分订为五本厚册，既未署著者姓名，又无印记可证，一直留在店中。新中国成立后，王大隆先生任上海复旦大学中国古典文献学教授，一日他回苏州访书，在文学山房见到该书后，向我们询问出处。我们于是告知王先生这是从丁家收得的。王先生非常高兴，重金购去，收得以后，将其定为丁士涵稿本，写了一则题跋，其中说到他的依据有两点：一是丁士涵的蓝格本有自己的特点，这部书符合其特征；二是书中提到陈奂时称“陈征君”而非“陈奂”，可以推测，这是作为弟子的丁士涵对恩师避免直呼名讳之举。

潘景郑先生曾在《著砚楼读书记》中收入“管子案稿本”一则，说他的《管子案》残稿一册“为乡前辈丁泳之先生手稿”，署年“乙亥九月五日”。乙亥系民国二十四年（1935）。由此可见，丁氏的藏书早在全面抗战前就已经流散。我们访得的，已是最后一部分了。

稿本一般分为原稿和誊清稿。原稿大多是著作者亲笔所写的，因此又被称为“手稿本”，大多盖有著者的印记。《说文义类》就是这种情况。原稿有字体端正的，也有不少字迹潦草、涂抹很多的情况。一改再改的稿本虽然读起来费力，却能反映作者的写作过程，所以更加珍贵。誊清稿则是在稿本基础上经过整理后再次誊写的稿本，有的誊清稿是作者自己誊写的，有的是托他人誊写的。誊清稿未能付印，原因是多方面的，有的是内容触犯了封建统治者的利益，有的则是限于经济能力。

丁士涵的兄长丁士良曾任金坛训导，同治年间回苏州后，与丁士涵一起在悬桥巷的丁氏义庄旁建义塾，藏书三万余卷。

王大隆先生的书在“文革”期间卖了一部分给上海古旧书店，又捐献给复旦大学图书馆一部分，他曾在文学山房刷版保存的朱印《汪胡尺牍》就有一部因此归藏复旦大学图书馆。

叶昌炽藏书流散

叶昌炽（1849—1917），字颂鲁，一字鞠裳，清长洲（今苏州）人。他是冯桂芬的弟子，光绪年间进士。官至翰林院侍讲、甘肃学政。平生爱好金石图籍。光绪初年曾为常熟瞿氏校书，得见铁琴铜剑楼之藏；复馆潘祖荫家，对于潘藏宋元古本无不寓目，为潘祖荫校刻《功顺堂丛书》。暮年时，叶昌炽为刘承幹嘉业堂鉴赏古籍，校刻宋版四史，被曹元弼称为“校勘学冠当代”。叶氏不仅精于版本目录之学，还熟悉藏书家故事，所辑《藏书纪事诗》七卷，为研究中国藏书历史的专著，在学术界颇有影响。他虽自恨家贫，不能得异书，却因种种机缘遍观名品，自己也藏书日富。其收藏以明清人文集为主，尤以明人著作占半数，中有世所罕见之乡贤遗著。

叶昌炽三个儿子都早卒，只留下一个女儿。女儿嫁的人叫王心葵，这个人只晓得做生意。叶昌炽这么多书，给到他，他只是闲置一屋，从不阅读。叶锡藩先生是叶昌炽的嗣孙，于是去向姑父要书。王心葵有钱，见叶锡藩来要，只是嫌烦，就让叶锡藩拉了回去。这批书有《治廧室书目》可对照，书目册是用红格账簿抄写的。

把书要回来后，经王佩诤先生介绍，叶锡藩将康熙《长洲县志》《吴县志》等一批地方志乘卖到了上海。其余的书，叶锡藩一直存放于西花桥巷故居，准备继续出让。我的祖父和他是多年的茶友，所以叶锡藩先生首先就考虑文学山房。

一日，祖父叫上我一同去西花桥巷叶家看书。进了叶宅，转到靠西面的一座楼里，只见楼下楼上全是书籍。拾级而上，到了二楼，所见皆是珍本，虽没有什么宋元名抄，但明清佳刻和名人抄校本一摞摞地放在台上或地上，真可说是俯拾即是。

我正兴致勃勃地看书，祖父拉拉我的袖子，叫我陪他去楼下。到了楼下，祖父却把我拉到一边，原来叶先生提出一个要求：他要连放在楼下的普通实用书一起出售，容不得我们挑选。那么这笔款子就是个大数目了，一时哪里筹措得来呢？祖父看到好书，舍不得放弃，但资金不够，又不好在叶先生面前露短，便回避了叶先生，悄悄吩咐我去找潘景郑先生。

当时潘先生在观前街田业银行做行长。我请叶先生给了我一些样本，仔细包了，赶紧到观前街去。

潘景郑先生看了我带去的样本，非常满意，表示大部分都要。我赶紧把好消息带回。有了这个保障，文学山房便把这批书全部收了下来。这也是我和潘先生最早的交往。

送出潘先生所选之书后，我与祖父、父亲细细整理叶氏藏书，发现尚有不少佳品，像明成化间覆刻金晦明轩刊黑口本《重修政和经史证类备用本草》、弘治刊黑口本《元遗山诗集》、嘉靖间吴郡袁氏佳趣堂翻宋刊本《世说新语》、嘉靖川上草堂刊吴江周用著《周恭肃公集》、吴县王宠著《雅宜山人集》、吴门袁袠著《袁永之集》、万历刊本吴县袁尊尼著《袁鲁望集》、长洲申时行著《赐闲堂集》、长洲王穉登著《王伯穀全集》等，都是世不多见的珍本。记得《重修政和经史证类备用本草》后来售给了无锡荣氏。当时无锡荣氏正创办江南大学，广收各类图书。

特别值得一提的是叶家最后出示的旧抄本书目两本，其一为《得月楼·述古堂·传是楼三家宋版书目》合装本，其二是《佳趣堂书目》。

《得月楼·述古堂·传是楼三家宋版书目》首尾二种为黄丕烈命门仆张泰手抄的，卷后有黄氏题识，大意是江阴李氏《得月楼书目》和昆山徐氏《传是楼书目》都从古泉山馆借得，本来是与延令季氏《宋版书目》合装的，题曰《三家宋版书目》，因为黄氏已有延令季氏《宋版书目》抄本，所以只录了李氏、徐氏的书目。这两种书目抄成以后，黄丕烈又从他处亲笔抄得《述古堂宋版书目》八页补入其间，保留了《三家宋版书目》的旧称。

《佳趣堂书目》是清初时写本。佳趣堂为吴县人陆漻室名，陆漻精医术，幼时家贫，喜借书抄写。曹溶、何焯、朱彝尊、顾维岳等人常往借抄。该书书衣有墨笔草书“其清手抄书目”六字，审其笔迹，确认为何焯手书。内容分类著录，有宋元刻本、宋元人抄本、明贤录本、明贤稿本等。中间留有空白，以备增补添入，足以见得这是原主人逐年收书记录的原本。

这两本书的价值都非常高，经当时在上海机联会工作的程守中先生介绍，均被陈澄中先生收去。陈先生名清华，湖南祁阳人，二十世纪四十年代任上海中央银行稽核处处长，他的夫人是浙江财阀之女。陈氏财力雄厚，喜欢买宋版书，所收珍本极多，号为江南藏书第一，与北方著名藏书家周叔弢齐名，有“南陈北周”之称。那时，陈澄中几乎每天都到广东路艾少记古玩店去访古，所以有事即可到那里去找他。

我还记得随着父亲一起到上海将这两本书目当面交给陈澄中先生的情景。其时我只有二十多岁，他已年近花甲。因为呈上的都是清代大藏书家的书目，陈澄中就从藏书家书目打开话题，给我讲述藏书源流。他说："前人所鉴定的宋元版书，现在有的已被否定。究其原因是在乾嘉时期，只有江浙一隅的藏书家互相交流，见闻不广。现在全国的好书都集中在北京和上海，范围要大得多，如有作伪等情况，一比较就清楚了。"这一番话使我受益匪浅，这一条"不迷信著录"，我后来也写进了《怎样鉴别古籍版本》的讲义里。谈后，陈先生当场开支票给到我们，我们去银行兑取时，三百万元之外又多出二十万元。这是因为当时物价飞涨，法币贬值，三百万元数量较大，银行没有好好清点。

陈澄中先生在新中国成立前夕携书到了香港，后至美国。他的书曾由国家图书馆收回。但是我看国图的目录时，并没有找到这两本，便在写文时表达了对这两本图书不知所终的遗憾。过了多年，一日，嘉德拍卖公司的拓晓堂先生打电话告诉我："这两册黄跋的书，已从美国回归祖国，请你放心。"后来得知，因为种种机缘，两书已分归国内两位大藏书家。总之，古刻名抄能够从海外回归，藏于国内，就是一件值得高兴的事。

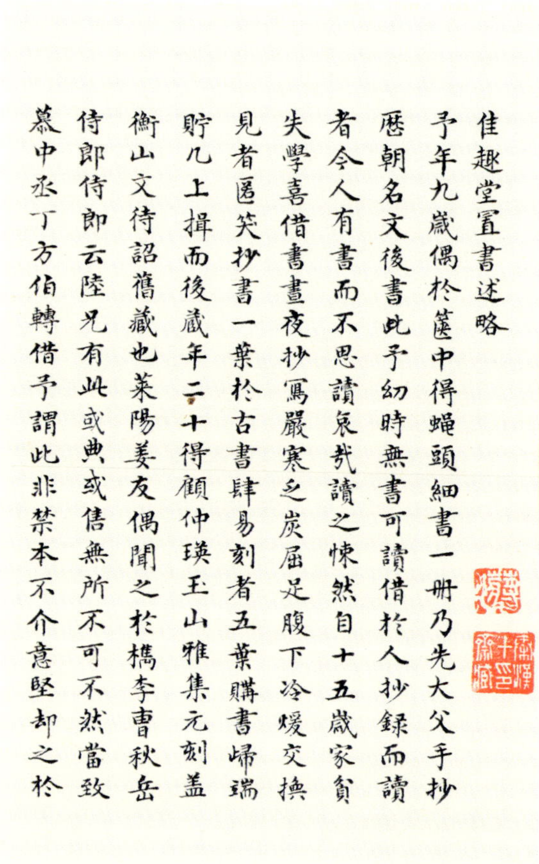
佳趣堂置書述略

予年九歲偶於簏中得蝇頭細書一册乃先大父手抄歷朝名文後書此予幼時無書可讀借於人抄録而讀者今人有書而不思讀哀哉讀之悚然自十五歲家貧失學喜借書晝夜抄寫嚴寒乏炭屈足腹下冷煖交換見者匿笑抄書一葉於古書肆易刻者五葉購書歸端貯几上揖而後藏年二十得顧仲瑛玉山雅集元刻蓋衡山文待詔舊藏也萊陽姜友偶聞之於檇李曹秋岳侍郎侍郎云陸兄有此或典或售無所不可不然當致慕中丞丁方伯轉借予謂此非禁本不介意堅却之於

《佳趣堂书目》首页

清陆漻写本　芷兰斋藏

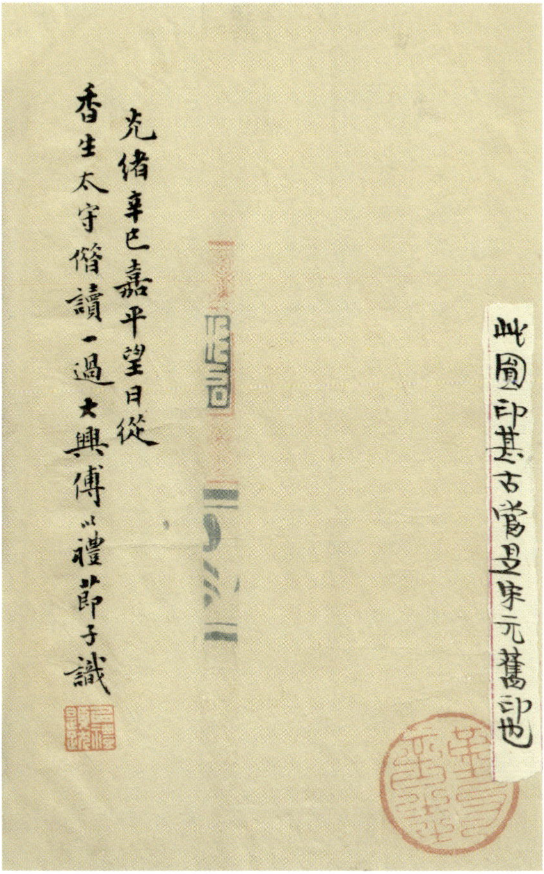

《佳趣堂书目》题记

清陆漻写本　芷兰斋藏

我的老师潘景郑先生

今天钮家巷里的苏州状元博物馆，是“贵潘”家族首位状元潘世恩的故居所在。当年潘家本住在马医科，潘世恩在乾隆朝中状元后，为了奉养老父，特意在此建了宅邸，称临顿新居。潘世恩历经乾隆、嘉庆、道光、咸丰四朝，曾举荐林则徐、冯桂芬等晚清名臣，自己则做到了太傅，被称为“三百年中第一福气中人”，所以这处宅子又被称为“太傅邸”。潘世恩有五个儿子：长子潘曾沂；次子潘曾莹；三子潘曾绶；幼子潘曾玮；还有一子名曾献，早夭。其中潘曾莹有收藏室名小鸥波馆，以收藏书画著名。他著作的《小鸥波馆画识》《小鸥波馆画寄》被收入我们《文学山房丛书》中。曾莹长子名叫潘祖同，就是潘博山（承厚）先生和潘景郑（承弼）先生的祖父。潘祖同也雅好收藏，有藏书楼竹山堂。

潘景郑先生早年受业于章太炎、吴梅门下。抗日战争时期，顾廷龙应张元济、叶景葵之邀，南下主持合众图书馆。其时，潘氏兄弟避难上海，他们与顾廷龙是亲戚，顾廷龙便力邀潘景郑入馆任事。抗战期间，潘博山先生不幸病逝，时年还不到四十岁。抗战胜利后，潘景郑回到苏州，主持田业银行的事务，就住在南石子街潘家老宅里。

经手叶昌炽藏书与潘先生相识后，很长一段时间里，每当夕阳西下的时候，我就带着收到的古籍去拜访他，向他讨教。我称他为“潘老师”。蒙他不弃，把我当学生看待，对我带过去的古书一一点评，为我指点版本目录之学。我对他的藏书也有了一定的了解。潘先生所藏图书以明季史料、明人文集及苏州地方文献为特色。比如，潘先生在叶昌炽的藏书中选取了一批他缺藏的明刻明人集，其中有吴江赵宽的《半江赵先生文集》、长洲刘凤的《刘子威集》、常熟孙楼的《孙百川先生集》、海虞瞿景淳的《瞿文懿公集》、瞿汝稷的《瞿冏卿集》、吴郡姚希孟的《棘门集》、长洲俞琬纶的《自娱集》、吴县伍袁萃的《贻安堂稿》、长洲陈仁锡的《无梦园集》、吴县严果的《天隐子遗稿》、常熟钱希言的《松枢十九山集》、长洲文肇祉辑刻的《文氏家藏诗集》等。此外还有几种清初刻本，为明代昆山人的著作，如郑文康著的《平桥稿》、顾恂著的《桂轩先生全集》、顾潜著的《静观堂集》、顾梦圭著的《疣赘录》《疣赘续录》；以及清代长洲吴翌凤的《与稽斋丛稿》手稿。这些都是罕见的地方文献。

现在，潘先生所居住的潘家老宅的主要院落挂的牌子是“潘祖荫故居”，因为曾存放潘祖荫的收藏而被世人所熟知。

潘祖荫是潘曾绶之子，咸丰年间的进士，晚清重臣，与翁同龢、张之洞等交谊颇深，藏书十分丰富，多有宋元秘籍，收藏室名攀古楼、滂喜斋。叶昌炽曾为潘祖荫整理藏书，由潘祖荫讲述刊刻源流、递藏原委，记述汇编为《滂喜斋读书记》，并应潘祖荫之邀，担任其弟潘祖年的老师。潘祖荫在光绪年间故世，由于身后无子，他的收藏都归潘祖年保管——除了滂喜斋中数不清的古刻名椠，还有攀古楼内价值连城的钟鼎彝器、金石碑版，其中，最为著名的就是大克鼎和左宗棠赠送的大盂鼎。据说当时他的仆从已商议要变卖他的藏书，还好潘祖年及时赶赴北京料理后事，对他们一番呵斥。饶是如此，还是有部分潘祖荫的收藏流入了坊间，而北京琉璃厂书店据此检点出了《滂喜斋宋元本书目》。

潘祖年扶柩归吴，住在南显子巷潘祖同家里，攀古楼和滂喜斋的收藏也归于此处。潘祖年的后人从此居住在这里。说起他的后人，让人感慨唏嘘：潘祖年有两个女儿，大女儿早逝，小女儿潘静淑则嫁给了大画家吴湖帆。他还有两个儿子，长子过继给了潘祖荫，十五岁时就去世了；次子也不幸早逝。后来从另外一支过继了潘承镜先生做潘祖荫、潘祖年共同的嗣孙。只是潘承镜在新婚后不久也去世了，他那年轻的妻子潘达于在一年后送走了病重的潘祖年，从此孀居在家。

因为这种种关系，住在一旁院落里的潘博山、潘景郑兄弟，可以说在拥有竹山堂藏书的基础上，又有滂喜斋藏书寓目，眼光见识之高，自非常人可比。他们极力搜集，年纪轻轻，就能与邓邦述、宗舜年、丁祖荫等大藏家角逐一时，积书至三十余万册。从文学山房收到《后山居士文集》后，他们将藏书楼改名宝山楼。潘景郑先生除收藏图书外，兼蓄金石拓本万余种、砚石五十余方，故后又以著砚楼为自己的藏书室名。

潘景郑先生曾做过国学讲习会的讲师，主持和编辑过国学讲习会的学术期刊——《制言》，在编印图书方面很有经验，尤其注重潘氏先人书籍的整理。他父亲潘亨穀的《耐庵诗存》、他祖父潘祖同的《竹山堂文剩》都留有他校刊的说明。他所辑的《陟冈楼丛刊》甲集中，收录了潘世恩、潘祖荫、潘曾莹、潘曾玮、潘遵礼等人的著作。尤其值得一说的是，潘景郑和潘博山兄弟还为《滂喜斋藏书记》的出版出力不少。

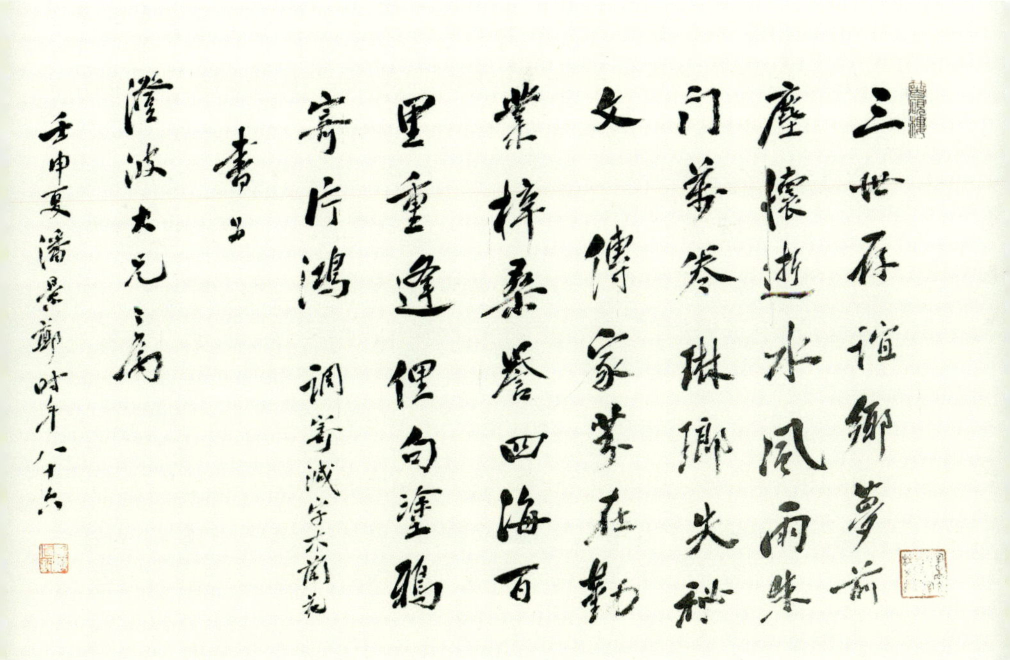

潘景郑赠江澄波墨迹

先前，叶昌炽为潘祖荫汇编了《滂喜斋读书记》，书稿并未梓行，只是传到祖年手中。潘祖年按老师叶昌炽的意见，将《滂喜斋读书记》修订后易名为《滂喜斋藏书记》，鸠资刊刻，拟以潘祖荫的名义付印。版子刻好了，却发生了一桩变故：缪荃孙和潘家素有交往，不知道从哪里拿到了一册样本，从书目中选出一些宋元本，写了一封信来，想找潘家借阅。当时潘祖年还在世，因为各种考虑，拒绝了缪荃孙的请求，双方因此有了嫌隙。由于这次借书之事，潘家大概担心《滂喜斋藏书记》印出后，会有更多的人来借书，所以把印行的事暂且搁置下来。没有想到，陈乃乾在缪荃孙处得到了书稿，于是潘祖年老先生刚故世的时候，坊间突然出现了陈乃乾编印的铅印本。在这本未经潘氏同意就印行的书中，陈乃乾的序文还对潘祖年有所诋毁。当时祖年一支只有孙媳妇和襁褓中的嗣曾孙，无力辩驳。潘景郑和兄长潘博山对陈氏所为十分不满，三年后，他们精心校刊，以潘祖年的旧版重新刊行《滂喜斋藏书记》，不仅修改了陈本错讹之处，还附序辩诬，并请王颂蔚、王谢长达的长子王季烈先生作序。

王同愈藏书和《吴郡文编》

王同愈是光绪年间的进士，是吴大澂的入室弟子，做过湖北、江西等地的学政，辛亥革命后退隐上海。他博览图籍，在苏州时，与吴大澂、陆恢、郑文焯、顾麟士在怡园结社，常常与叶昌炽、费念慈等讨论书画目录之学，是一位大藏书家，以“栩栩盦”名其室。晚年居嘉定南翔镇。

王先生没有儿子，他的书交给了女儿女婿，由此传给了外孙顾翼东。顾翼东先生是学理工的，在上海工作，新中国成立后在复旦大学做教授。他的老宅在苏州建新巷（旧称大郎桥巷），王先生的书也就都存放在那里。抗战胜利后，一天，潘景郑先生写了一封信给我，信中说，顾教授要卖掉王同愈的书。于是我就登门拜访了。

进去后，看到书籍装了二三十箱，书箱上还有封条，封条上写着“江西提学使”。书箱非常精致，与众不同，打开书箱，里面的书上都有“栩栩盦”印记，多是经史实用类的书。我和顾教授商议，将看中的书和书箱一起买了下来。我记得其中有王士禛《带经堂全集》九十二卷，为康熙年间程氏七略书堂精刻本。

顾教授收藏中最为珍贵的书是顾沅《吴郡文编》八十册稿本。这部巨著在《吴都文粹》《吴都文粹续编》《吴郡文献》基础上，去其重复之文一千余篇，又增加三家遗文及清代百余年间名

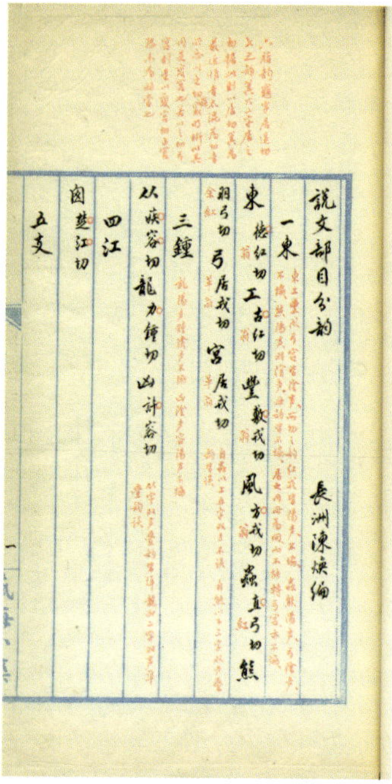

《说文部目分韵》

王同愈抄本并批校　芷兰斋藏

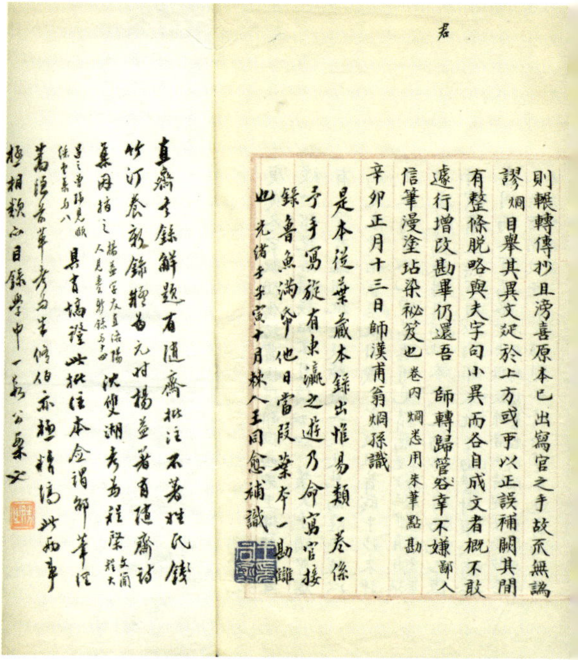

《钦定四库全书简明目录》

朱修伯批本，王同愈抄本并批跋　芷兰斋藏

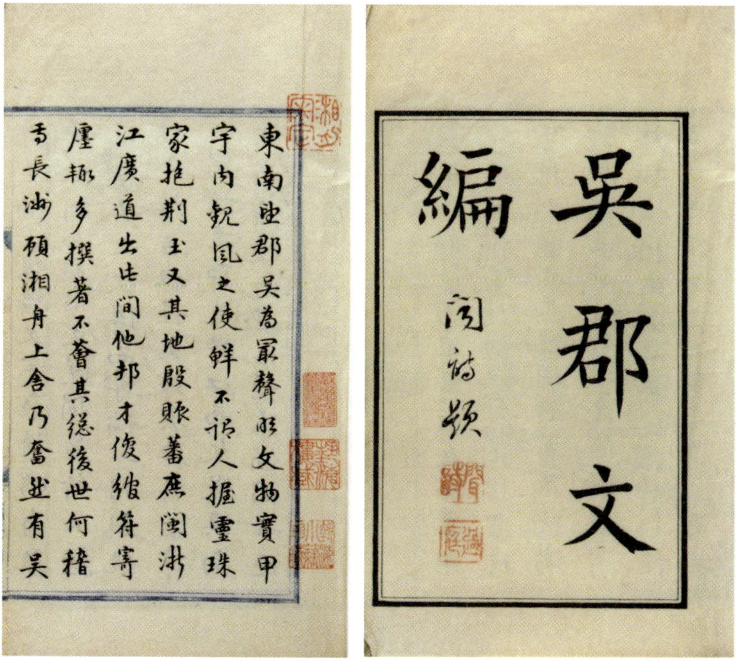

《吴郡文编》

清稿本　苏州博物馆藏

公巨著三千多篇，分类编辑，几乎把道光前有关苏州的文章都收集了，文献价值非常高。稿本为蓝色印格，白口，四周双边。内容分为二十九类，钤有“王同愈”“王胜之”“商角斋”“艺海小筑珍藏”“翼东珍藏”等印记。

这部书的故事说起来让人感慨不已，且和王同愈、顾家渊源极深。

《吴郡文编》上有王同愈的题跋，从题跋可以知道，这部书并非王同愈自己的书，而是他女婿顾浩臣用五百金买下的。顾浩臣即顾翼东的父亲，是《吴郡文编》编者顾沅的曾孙。

顾沅，清长洲（今苏州）人，官教谕。家有辟疆园，位于甫桥西街。其藏书楼称艺海楼。据说其藏书“不及《四库》六百余种，而《四库》未收者二千余种”。有这样的藏书规模，艺海楼主人当得起“吴下嗜古巨擘”之称。太平天国运动时，顾氏后人仓皇逃离，没来得及带走藏书。丁日昌入城后即到顾家的辟疆园一睹珍本风采，并将大部分藏书据为己有，所以丁日昌的《持静斋书目》中有很多都是艺海楼藏书，而这部《吴郡文编》则被江苏布政使吴煦收得。经历此劫，顾氏后人手上的书就不多了。转眼就到了顾浩臣这一代。顾浩臣娶了王同愈之女后，常听王同愈讲起顾家的珍藏，心向往之，于是筑艺海小筑，重新收书。经过辛亥革命，吴氏中落，吴煦“十间书屋”藏书被上海南洋中学校长王植善（培孙）收得。一日，顾浩臣听孙伯南说起在王培孙处看到了这部《吴郡文编》，惊喜若狂，遂“割五百金购归”。

《吴郡文编》命运浮沉，承载了顾氏家族的心血，顾翼东教授将《吴郡文编》视为珍宝，一直没有出售。苏州解放以后，顾教授将《吴郡文编》捐给了苏州文管会，该书现藏于苏州博物馆。

小街旅馆里展示的冯煦藏书

叶昌炽缘督庐藏书十分丰富，我的祖父很是高兴。全部收下后不久，来了一批外地的客人。祖父向来大方，如果有远客到来，必定设宴款待。这次请客后，他又在家里客堂摆了桌麻将，和朋友一边打麻将一边畅聊。可能是太激动、太高兴，打着打着，他突然就不好了。

我们赶紧去请医生。先请的是吉由巷的陈鲁珍先生，他是位西医，长期给祖父看病。他来看了祖父，说："不好呀，是中风了。"

这次中风，好在没有危及性命，后来我们又请了大井巷洪亨利先生来为祖父诊疗。经过两位医生的精心医治，祖父总算能下床了，就是精神、状态不能和以前相比了。

在此之前两年，我的舅公胡继荣先生过世了，祖父这一病倒，店中的事务难以安排。学诗弟弟这时刚二十岁出头，已从苏高中（即江苏省立苏州中学）毕业，表示愿意来店里帮忙。束师兄当时已经结婚，他的妻子和孩子都在丹阳，所以束师兄还是一直住在店里，他见状说，妻子家有一位侄子，十五六岁年纪，之前在南京学做生意——不是古书业，可能和老板意见不合，被老板辞退了，现在正在找活计，愿意来书店做学徒。我父亲当然首肯。过了一段时间，这个小伙子就背着包袱来到店里，他长着圆圆的脸，笑起来有点憨态，这就是后来和我做了几十年搭档的臧炳耀。

从此，祖父再也不能带我访书了。父亲扛起了店中重担，和束师兄一起带学诗弟弟、臧炳耀两个学徒。我则跟着杨寿祺先生四处访书，增长见闻。

敌伪时期，杨寿祺先生一直居住于上海。杨先生是一个很有骨气的人。由于苏州沦陷，进城需要向日本人行礼，所以杨寿祺先生几年来从来没有回过苏州。抗战胜利了，日本人撤出了苏州，无论是教育还是书业，都开始一一恢复。杨寿祺先生也终于又能在苏州和上海间往返。他的妻子、孩子因为更习惯苏州的生活，所以都搬了回来。

在苏州的一日，杨先生同我讲，金坛冯煦家的藏书出世了，正被运至镇江小街的一家旅馆内待售。他邀我同往看书。

冯煦（1842—1927），字梦华，号蒿庵，金坛人。善诗词骈文，尤以词名。光绪年间探花，授编修。历官凤阳知府、山西按察使、安徽布政使、安徽巡抚。晚清金陵官书局初设时，冯煦是校勘者之一。著有《蒿庵类稿》，又辑《宋六十一家词选》行世。我也很想一睹冯煦藏书的风貌，当然一口答应。

我同杨先生乘火车到了镇江，在一条叫作“小街”的小巷子里，找到这家旅馆。书都放在那里展示。仔细看下来，其中有关易类的著作较多，都是旧刻本，非常有价值，我就与出售者议价收归。

我挑了一批书，寄回家。回店里后一本一本看，竟然看到特别的一本，乃是清张尔岐撰的《周易说略》四卷，封面上端有“泰山磁版”四字，卷首有康熙六年（1667）著者自序及康熙己

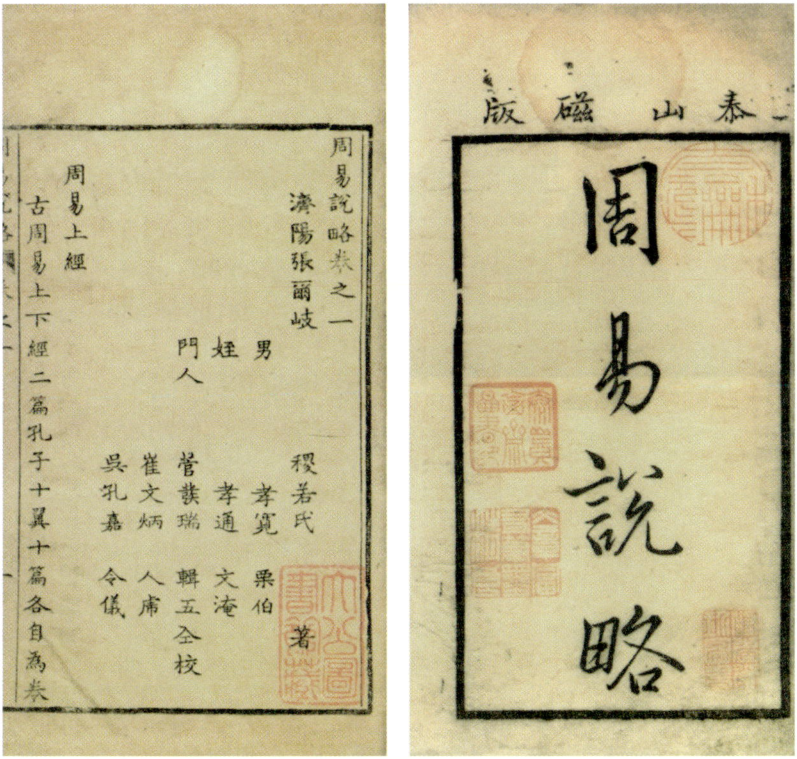

《周易说略》四卷

清泰山徐氏磁活字本　无锡图书馆藏

亥（1719）徐志定的序。徐序称：“偶创磁刊，坚致胜木。”——假使没有这张封面和这篇序文，就看不出是不是磁版。我之前从来没有看见过这样的书，赶紧请教我父亲。父亲反复翻看，感慨地说：“这种书少的。”

当时无锡荣氏正在办江南大学，广收国学基本用书，这一批书，我们把绝大多数都售与了无锡荣氏。现在，这批书大都在无锡图书馆，这本《周易说略》也在其中。

张继购书

张继（溥泉）先生是国民党元老，抗战胜利以后，任国史馆馆长，时常外出访书。

有一天晚上，张继一行人来到文学山房。由于已在晚上七八点钟，店已打烊，他就叫开店门而进入店堂。陪同他来的是上海市市长钱大钧。那时文学山房店堂后面的客堂里，我们一家正在焚香点烛——按苏州风俗，在农历岁末要拜神，希望来年一家平安。钱大钧是苏州唯亭人，他看到后就说："你们在过年，我家里也过的。"

客人到来，我家里就停下拜神的仪式，祖父、父亲都来到店堂接待。接下来看书时，张继发现没带老花眼镜，便嘱咐随从回去取来。那时美式吉普车在苏州还很少见，车停在门口后，孩子们都感到新奇，围了一圈，都想看一看，摸一摸。我五弟文浩还是个小学生，好奇心强，他站在车旁看得起劲，刚巧那名随从自店中出来，见状就对他说："小朋友，上车来，我带你到平门兜一圈回来。"——原来张继那时候就住在钱大钧家里，在平门那边。我文浩弟弟也不害怕，真的随他上了车，开了一次"洋荤"。我的几个弟弟妹妹中，就属文浩弟弟胆子最大，他后来成了一名出色的外科医生。

张继先生曾在文学山房购过很多书。我比较有印象的是《百城烟水》九卷。该书由清人徐崧、张大纯同辑，前有尤侗序，亦是叶氏缘督庐旧藏。

张继先生在离开大陆之前还做了一件抢救国宝的好事。事情是这样的：

在抗战胜利的前一两年，某藏家携书逃难，在兵荒马乱之际，把一部宋版《南宋群贤小集》遗忘在了长途汽车顶棚上，被人拾到后售与长沙书商李某。李某先是告知北京邃雅斋的刘英豪，但刘英豪并没有重视，认为不过是民国时期的汲古阁版，不相信这年头还能收得这么大部头的宋版书。李某便把消息传到上海。

杨寿祺先生当时在苏州，因为书市萧条，他整日以整理苏店残存旧书为消遣，其中有早年收的天一阁旧藏残本，理出后转让给我。正在此时，沪店要他速返，请他回去决定这部《南宋群贤小集》的收购事宜。杨先生立刻返沪，先让对方将样本寄来，但对方不肯，杨先生于是请对方先寄来书的纸样。纸样寄到后，杨先生认出是宋纸，便决定让李某携书到上海。

拿到书一看，此乃南宋书棚本，卷中还有曹寅的藏书印，尾有朱竹垞的跋文，杨先生当机立断，由来青阁一力拿下。收得后，杨先生请来文物专家徐森玉先生鉴定。徐老见到全书，连声叫好。郑振铎闻讯赶来，细看之后，也赞不绝口。这一消息轰动书林。

这部宋版《南宋群贤小集》共六十册，价格昂贵，中央图书馆准备收购入藏，却缺乏经费。郑振铎、徐森玉等人积极奔走，四处筹集资金，还是无能为力。这件事被张继知道后，张继自告奋勇，面见当时的最高领导，据理力争，终于为中央图书馆争取到黄金一百七十五两，把这书买了下来。因为这时国民党已在做败退之准备，中央图书馆收藏的善本古书，经挑选被运往台湾，所以这书现藏台北。

惠中旅馆的一次标卖

从镇江回苏州以后没过多久，杨寿祺先生告诉我，他接到上海来信，那里的同业合资从常熟收进一大批藏书，准备采用标卖的方式出售。他邀我一同去沪选购。

这次赴上海，我和杨先生一同住在三马路惠中旅馆。其实杨老的来青阁就在附近，之所以住在旅馆，是因为标卖的书也放在此处。

到开标时，上海从事古籍工作的老前辈都来了。上海的书店分南派、北派。这次来的，南派有来青阁的杨寿祺、汉学书店的郭石麒，北派有来薰阁的陈济川、修文堂的孙实君、温知书店的孙助廉、富晋书社的王富山、忠厚合记书庄的袁西江等人。

那时，郭石麒和杨金华已经散伙了。因为杨金华在抗战时期卖了很多书给陈群，所以在陈群自杀后，杨金华就回了老家。

这次拍卖的书来自常熟沈煦孙家，是一个上海人到他们家去买来的。沈煦孙（1842—1910），字成伯，一字师米，是常熟著名的藏书家，其藏书室号师米斋。听说日军进入常熟的时候，拿他家的书当柴火烧，用来烤火，真是可惜啊。

当时标卖的办法，是在房间中央放一台子，各人可围着台子而坐，由当事者取书放在台上。这批书以旧刻本和批校本居多。大部头书取一段样本（四、六本）展示，小种则以一捆为单位，任人翻阅。各人看后，都可以报一个估价，出价最高者得之。

这种标卖，北京那边是有类似的活动的，名为“封货”：大家同聚在书业公会，把书陈列出来；先拜文昌帝君，然后由书业公会会员随意看书；会员看书后可记录下自己要买的书的名字和自己开的价格，密封后投入一个票箱。看书的时间有两三天，之后没有人再来了，就由公会开封，根据各家的要求提供图书。如果有几家看中同一种书，则价高者得。这种形式是从日本传过来的，我们南方几乎没有进行过。有意思的是，这些年我听到很多人到日本去参加古籍拍卖会，他们称之为“入札会”，其做法还是封货形式。封货跟拍卖其实不同：拍卖是什么人都可以参加的，交竞买押金就可以了；但是封货必须是会员才能参加，外人买书，要请会员做代理，然后再付一点佣金。

这次标卖的书，大多数为孙氏兄弟和郭石麒标去，丛书则均为陈济川所得。

由于当时正值国民党发行金圆券，每两黄金限价廿元，因而书价在无形中提高了不少。

用金戒指买书

曹菊生先生是常熟的一位小藏书家。我与他相识是在抗战刚胜利时，最早是在戴祖德先生的旧书店中。接触多了，他就邀我到他家去看书，他家住在方塔附近一条叫“塔弄”的小巷里。

曹菊生先生成年时生过一场大病，终生未娶；因为要侍奉老母，也未外出工作。他忠厚老实，办事公道，得到大家尊敬。那时物价飞涨，生活艰难，一般藏书大家后人准备出让藏书，但又怕自己抛头露面，于是纷纷委托他代销。

有一天，我接到曹先生来信，信中说有人家有一批古书转让，要我过去。

由于当时物价高涨，国民政府发行的金圆券人们都不认了。那时候我们去扫墓，路过枫桥，去的时候一个价钱，回来的时候又是另外一个价钱。有时才吃了一顿饭，金圆券的换算又不一样了。所以我们拿到金圆券后要立刻换成黄金。出门进货要准备好金戒指多个——也不是戴手上，而是放在包里，谈妥价格后，以当天物价换算。

那天我到曹先生家中看书，他给我看的古书质量很好，都是明清精刻本，其中有一部《牧斋有学集笺注》，乃是清初黑格本。书眉行间，都有人校过。书尾有跋。我就一起议价收购，把包打开，把戒指一个一个取出付款。

到家后细看，发现这本《牧斋有学集笺注》上署款是“书魔”。我心中激动，怀疑此乃黄丕烈的手校本。黄丕烈字绍武，号荛圃，他的别号很多，被大家熟知的有荛夫、复翁、复初氏、复斋、复见心翁、一阳更生、廿止醒人等。五十岁后，他自号知非子，晚年又自号抱守主人、秋清逸叟、六十老人、独树逸翁、龟巢老人，其他还有荛圃主人、士礼居主人、小千顷堂主人、黄氏仲子等。“书魔”这个别号较为少见，但我记得自己在《士礼居藏书题跋记》里曾见到过，于是我去黄丕烈的题跋中查找，果然找到了出处，再比对笔迹，确认这是黄丕烈的手校本。

书籍流传，或写或刻，总不免有误。无论是刻本还是抄本，误字少、无脱文的才称得上善本。已刻的古籍，经过校勘的，更为可靠。如果要辨别校本的价值，还要看校书人是否为专家。黄丕烈以校勘闻名于世，被誉为“清代三百年间大江南北之巨擘”，他的批校本地位甚高。只是因为他用了别号，物主和曹先生都没有发觉，把该书当成普通书卖给我了。

我们把此书一直留在店中，新中国成立以后，经顾颉刚先生介绍，提供给了上海图书馆收藏。

护龙街上旧书店

从辛亥革命至苏州解放前的这一时期，苏州的古旧书店，除了文学山房、来青阁等几家老店继续经营外，其他尚有三十家之多。阊门一带经历兵燹后，旧书店便逐渐迁往古城中心，大多集中在古城的玄妙观、景德路、护龙街三个地方。其中，护龙街上的旧书肆可谓鳞次栉比，声名最著，护龙街也因此成为民国时期全国闻名的文化街。民国初，上海张元济、孙毓修、叶景葵等，每逢星期日都会结伴来苏州买书，他们沿着护龙街一路看过去，只看书，不会去游山玩水，买了书当天就回去。傅增湘在苏州也有熟悉的书坊友，他的日记里就有在苏州买书的记录；南浔大藏书家张钧衡委托费景韩来苏州代寻善本；刘氏嘉业堂则委托沈醉愚来苏州各大书店搜寻善本。那时，护龙街的书店里便来往着这些人物。我曾经在《苏州古旧书店志》里记录过当时的书店，如果没有这些记录，我现在也记不清具体的情形了。

子承父业的旧书店

程雍之初设觉民书社在玄妙观西角门内。除了收卖旧书之外，觉民书社还兼营租借小说书的业务，店主有时还到外地去售书和进货。程雍之去世后，他儿子程汉芳继承父业。在抗战时期，程汉芳将店铺迁至护龙街尚书里南面。觉民书社曾收到一部抄本《天文大成》，在书的衬纸里，竟然拆出了明刻本《晋溪本兵敷奏》和《罗龙寨略》。后来还收到一部明刻百回本《水浒传》，售与北京来薰阁的主人陈济川。

灵芬阁的主人名叫徐明甫，是苏州洞庭西山人。灵芬阁最初设在护龙街嘉余坊北，曾用活字排印《爱日精庐藏书志》，由费念慈题写封面。徐明甫善于搜访古籍，能识版本，通目录学，与藏家交往密切。我曾看到过藏书家郑文焯写给徐明甫的手札，郑文焯不仅请他寻访任渭长等人的画谱，还请他帮助自己搬家。从书札中可以看出，郑文焯的书籍之类都请徐氏收拾。徐明甫在民国初年去世，他的二儿子叫徐玉麟，人称徐老二，长期在外地厘卡工作，后来失业回家，就在店内帮忙。全面抗战爆发前夕，徐氏把灵芬阁迁到乐桥南面自己家中，不久后玉麟病故。

徵汉阁系民国初年卞镜铭所创设，地址在护龙街禅兴寺桥南面，以代人刻碑为主要业务，另外还自拓一些碑帖出售。卞镜铭在抗战时期过世，店就由其子堪生继承。由于当时社会不安定，刻碑业务基本停顿，卞堪生也逐步转向经营旧书。

博古斋书店初设在上海，为苏州洞庭东山人柳蓉春所开设。柳蓉春原为茶叶店伙计，后转业学旧书业务。由于苦心钻研，他对鉴别古书有相当经验。他曾以卖预约券的办法，影印了《津逮秘书》《士礼居丛书》等十一种书，蜚声书林，做得非常成功。柳蓉春去世后，过了几年，博古斋由沪迁苏，在护龙街闾邱坊口购进房屋一所，布置成连家店，后面是住宅，前面开设书店。继承书店的柳元龙对古书不感兴趣，他终日念佛，在全面抗战爆发前夕就病故了。这时，柳家只有柳蓉春的夫人、一个女儿及儿媳，几个女人维持家里、店里的事务。儿媳妇和婆婆、小姑子闹矛盾，曾把书都搬到自己房间，把小姑子逼到寺庙里去住。敌伪时期，因为孙助廉南下，她们就把一半的店面租给了温知书店。待到温知书店在抗战胜利后搬至上海，博古斋还在营业。直到新中国成立初期，博古斋才停止经营，我对他们家的几位妇女的情况也就不知晓了，只是听说柳家有个孙子很有出息，后来成为一家造纸厂的厂长。

在抗战时期，我曾在博古斋中见到过宋刊本《西山读书记乙集》，书上尚有“弇山毕氏”朱记，乃是毕沅经训堂中旧物。《西山读书记》是宋人真德秀的著作，原书分为甲、乙、丙、丁四集。甲、丁二集最先刊行，乙、丙二集有些神秘——在陈氏《直斋书录解题》里就没有。直至开庆年间，真德秀的门人汤汉从真德秀之子仁夫处得了真氏遗稿，厘为二十二卷，题曰“乙集下”，在福州刊行，即是此本。这本书晚出，传播不广，所以行世的《西山读书记》绝少完帙。连虞山瞿氏铁琴铜剑楼也只有甲集，钱塘丁氏仅存乙集上及丁集残卷，适园张氏只有乙集下五卷。这部书可以说极为珍贵。当时柳家儿媳就在店中主事，我向她求购，她不愿意卖出。我印象中，她非常能干，能识文字，也懂得哪些书是好书。

学徒们的书店

我的曾祖是扫叶山房的学徒，祖父曾在嘉兴做学徒。旧社会学徒地位低，工资少，只能勉强维持生计。但是书店行业内，若是师傅肯教，学徒只要愿意学，多看多跑多做事，就能积累经验，学得一身本事。有一定的机遇时，书店学徒常常自立门户。

适存庐主人丁志伟早年跟随老中医孙禧年学习中医，后来进了灵芬阁做徐明甫的学徒。出师后，丁志伟也开书店，初把适存庐设在护龙街嘉余坊口，后迁至马医科内，经常给赵诒琛送书。为了做生意，他常在那些先生们吃茶的时候，把书带一些去给人家看。苏州解放前夕，他以儿子丁俊生的名义在护龙街九胜巷口开设大成书店。

来青阁书店在苏州和上海都做得很好，很多在来青阁做过学徒的，出师后都继续从事古书行业。其中，国学书社的店主尹言顺、苏州书林的店主费根生、瀚海书店的店主吴瀚都曾拜师杨寿祺。国学书社设在玄妙观后牛角浜内，全面抗战爆发后即停业。苏州书林设在景德路黄鹂坊桥西面，偏重售卖医卜星相及平装旧书。费根生染病早故，苏州书林之后便由尹仲彬主持店务，继续经营。求智书店的孙耀昌，也曾是来青阁的学徒。求智书店在文学山房隔壁，孙耀昌是集宝斋主孙伯渊的堂弟，孙伯渊为他开店提供了各种便利：不仅提供房屋，还提供给他一批文素松的藏书作为底货。后来，孙耀昌收到了一批许博明的佳品，一时架上生辉。

瀚海书店店主吴瀚，原在徐松甫开设的欣赏斋学习业务。徐松甫是本地人，经营欣赏斋时，收到的善本书大多卖给了顾麟士。抗战期间，徐松甫去世，欣赏斋结束营业。吴瀚后来到来青阁当职员，因为业务做得好，过了一段时间被提为经理，主持苏州店工作。抗战胜利后，杨寿祺先生从上海回了苏州，吴瀚先生就辞了职，在护龙街慕园对门开设了瀚海书店。当时，许博明的书陆续散出，比较大的一笔交易——晚清词人郑文焯的女婿、四川金融巨子戴亮吉购买的一批，就是由瀚海书店做成的。凡遇大批书而感资金不足时，吴瀚就联络几家书店合作购书。比如卫道观前沈惺叔的藏书就是这样被他们买下来的，其中有明代嘉靖时刊、谢纯编的《漕运通志》四册，为国内罕见之本——此书我也经眼过，当时是王士凯先生陪我到沈家访书，沈家的一批书中，最好的就是这部《漕运通志》，但是物主要求连同其他书一起处理，我没有这么多资金，只好放弃。

文庐书店的主人名叫李德元，原是文津书林周清臣的学徒。文庐书店初设在玄妙观内三清殿西侧。李德元年轻时常去无锡县属甘露、荡口等镇，善本时有所获，大都为王荫嘉（王大隆的兄长）以及潘博山、潘景郑兄弟收去入藏。

曾在文学山房做过伙计的夏淡人本来进了存古斋做经理，做了几年后，小店主严永奇亲自接过店务，只是没支撑多久，存古斋就关了门。抗战胜利后，夏淡人在吴瀚的瀚海书店门口摆了个书摊，自己常常到常熟、无锡收购、售卖，随收随卖，有了一定的积累，就借黄慰萱金石山房碑帖铺半间店面，开设了琴川书店，并请书画家张星阶和吴湖帆题写店招。苏州解放前，吴大澂藏书散出，夏淡人和同行七八家合购吴家遗书，所获颇丰，于是夏淡人把书店迁至吉由巷南。夏淡人在文学山房学了不少版本目录知识，自己访书开店，业务精进，生意越来越好，把侄子淦年招进店里协助打理店务。他的店有两层楼，第二层不轻易邀请人上去。黄裳访书时就能得到特殊招待，可以到二楼一览稀罕的版本。夏淡人前后收到的珍本古书有：宋刻残本《柳河东集》、明蓝格抄本《华夷译语》、钱谦益手写《楞严经蒙抄》残卷、明刻插图本《吴骚合编》《顾氏画谱》以及清乾隆刊本《长洲县志》《元和县志》

《吴县志》等。很多藏书家到苏州时，时常到他的店里选书呢。

文人学者的书店

在清中期，黄丕烈在玄妙观西察院场开设滂喜园书铺。黄丕烈是举人，在古代就是有功名的人了。他的藏书水平很高，受到与他同时代的学者的推崇。他热衷宋元版，有书房名百宋一廛，意思是收藏了百余部宋版。翰林学士顾莼为他的书房题写匾额，校勘家顾千里特别为他作《百宋一廛赋》。他终生购书、抄书，只要听到哪里有好书，就竭尽全力访求，所收得的善本都是他的挚爱，他怎么愿意散出呢？只是到了晚年，为了长孙习业才开设书铺，把家中收藏用于售卖。这样的收和卖，和一般书商是不一样的。开业的第一天，他给常熟的小琅嬛仙馆主人张蓉镜写信，大意是说：我这个书铺以市道待人，今天是挂牌的吉日，为取生意兴隆的彩头，所奉之书，请付十金。信中提到的书有元版《通考》及《吕衡州集》。

民国时期，也有这种由当时名士开设的书店。护龙街上有一家两位文人合开的书店，主人乃是邹绍朴（百耐）和屈爔（伯刚），取名百双楼。店开设在护龙街怡园北面，由常熟人张石生当经理，还收有两名学徒，即李光皓和华开荣。

两位主人讲起来都大有来头——

邹百耐是榜眼邹福保之子。邹福保在光绪年间一甲第二名进士及第后，授翰林院编修。后来江苏师范学堂成立，他在里面做监督，本来可以领一笔不菲的薪酬，但他不要，愿意义务工作。他是当时的大藏书家，经常来文学山房买书。我祖父同邹福保关系很好。为了抢先看到书店新收的书，每逢过年过节，邹先生还给我家送些点心过来。邹百耐继承了他父亲的书后，开了书店，主要售卖的就是他父亲的藏书。我祖父向邹百耐买过一部抄本的《明史列传》，一共七八十本呢。

屈爔，字伯刚，号是闲，又号弹山，浙江嘉兴平湖人，早年留学于日本早稻田大学，归国后任商务印书馆旧书股主任及馆外编辑。他游历四方，见多识广，后寓居苏州，也是一位有名的藏书家，并长于校勘，有《水经注》及《老子道德经》校记甚精，原藏苏州振华女校，只是早已不知所终。

邹百耐和屈爔后因意见不合而分开。屈爔在五卅路言桥堍开设国学小书摊，请王云甫任经理。邹百耐则把书搬回塔倪巷西段自己家门口，改招牌为百拥楼；还开了一个礼堂，叫作百双礼堂，供人婚嫁租用。邹百耐曾根据松江韩氏藏书，整理出顾千里题跋，辑为《思适斋集外书跋》，所收的文章都是顾氏文集中没有收入的。有意思的是，这本《思适斋集外书跋》末尾留有空白格纸，读者如果发现新的跋文，可抄录寄回书店，供店主增订。全面抗战爆发以后，两家书店都停业了。邹百耐逃难到上海。屈爔将自己的精本装了十余箧，寄存在王謇的海粟楼，后收回藏于王长河头新居，现已流散无存。

百双楼拆伙后，经理张石生自己又开了一家店，店名叫松石斋，就开设在护龙街慕园斜对面。抗战以前他收到过一部金版《地理新书》，那真是难得的秘笈。新中国成立初期，张石生病故，所有存货、家具、杂物均被李光皓购进。李光皓收了这些书，将它们和自己的存书一并上架，以百城书店名义继续营业，这个店设在护龙街尚书里口。他还收到过毛晋世美堂刊本《杨大洪先生忠烈实录》和明刻插图本《顾曲斋杂剧》等。李光皓有一个弟弟名叫李光耀，在玄妙观西角门开设了百城耀记书店。华开荣则做了画家陈子清的学徒，新中国成立后曾在南京博物院任职，后进入苏州图书馆工作。

早年时，陈三立之子陈方恪在护龙街宜多宾巷口设含光阁书肆，以家藏图书陈列店中，望之堪称琳琅满目。陈方恪出身望族，不懂经营，具体的店务全都交给店中伙计主持，结果店里善本都让沪上书商给购去了，书肆没过几年就停业了。

邹百耐、屈爔、陈方恪都是富家公子，同时自己也是学者名流，他们开设旧书店和我们有一个很大的不同：他们主要是为了收书，而不是卖书。

古玩店里的旧书

在古旧书店中，有一些是由古玩店兼营转向卖书的。集宝斋虽然没有成为专门的古旧书店，但也经手了大量古书。由于来往的都是收藏大家、行内名流，所以店中既收卖书画古玩，也出售珍本秘笈。黄裳就曾在集宝斋里找到女词人徐灿的《拙政园诗余》。是书为清初刻本，原属刘履芬。黄裳为此非常高兴。

苏州景德路一带，本有许多旧货店，这些旧货店什么都收，收的书多了，就渐渐转型，转向卖书。比如开在景德路西段（现儿童医院西面）的敬古斋、景德路环秀山庄西面的养庐书店，本来经营古玩杂件，后兼卖旧书。开在景德路中段的和记书店，起初是在收古玩时，附带收些旧书回来，后因情况不断变化，店主郁恩锡反过来以收书为主了，附带做做古玩生意。景德路道堂巷西的万象书店店主浦元祯，曾收到过吴江倦圃野老王元榜所著的《庚癸纪略》、近人许云樵的《姑胥》散片书页一批。

中编

剪綃集卷上

荷澤李龔和父集唐人句

謫仙吟

空白凝雲頹不流牧龍丈人病歌秋尋詩北

截珠樹老夫饑寒龍為愁呼龍耕煙種瑤草

為失意居蓬島泓泓水繞青台洲鯉魚風起

落老

李賀 陳陶 陳陶 李賀

公無渡河

第四章　新天地

新中国成立后，古旧书业进入一片新天地。

人民路326号

我爱人是荡口人，名叫华国英。我们相识，是由华振祥先生的夫人介绍的。见面之后，我们就通信联系。情谊渐深，于是在1949年年初的时候成婚。

我们办的是新式婚礼。我穿西装，爱人穿婚纱，我们在新村照相馆拍了结婚照，选了乐桥附近的天来福酒楼的礼堂办婚礼、摆喜酒，请了十来桌亲友。病中的祖父那几天特别高兴，精神也很好，撑起病体，给我们做主婚人，还特地请了沈飚民先生给我们证婚。

我爱人是非常贤惠善良的女子。那时我家的保姆已经嫁人，我爱人到我家后，就和我母亲及姑母一起操持家务。

这一年，我个人的生活是全新的，苏州城也换了一个全新的面貌。因为4月，苏州就解放了。

解放军开到苏州是很平静的。和解放军在铁铃关接触了一次，国民党的军队马上就逃跑了。逃得有多快呢？说个笑话。在解放军进城之前一段时间，束师兄因为某事向一个商店捐了钱，这个商店就发给他一张电影票，持票可以去大光明电影院看电影——别人都不敢去看的，你想，半夜炮声隆隆在打仗了，常人哪有心思看电影呢？可我的束师兄不在乎，他还是要去。他进电

江澄波结婚照

江母（左一）与两位姑姑（二十世纪五十年代）

影院的时候，解放军还没进城；等他从电影院出来，正遇到解放军进城了，大部队在护龙街上走着。束师兄回到店里时，我们正倚着门看解放军。束师兄啧啧称奇，说："这么快！我进去的时候还是国民党的天下，出来就是共产党的天下了。"我笑着问他："电影院有多少人啊？"他说："不到十个人。"

之前听说，解放军解放大上海的时候，都露宿街头，不占据人家的房屋。在苏州，解放军也没有进过百姓的家里。宁可苦自己，绝对不扰民，人民子弟兵果然名不虚传！

解放军进了城，就贴安民告示。之前苏州就有很多地下党，解放后，他们都一一公开身份了。我们这里钮家巷巷口，有位先生姓武，叫文斌。之前呢，他推着一部车子，车子上装着些零散的东西，什么都有，到菜市场那边去叫卖，"卖洋袜，卖洋袜……"这样吆喝。哪晓得一解放啊，他就当了长风机械厂的厂长，我们这才知道，他以前就是做地下工作的。后来公私合营的时候，家里的女人也需要出来工作了，我爱人就是进了这个长风机械厂当工人。

给我做证婚人的沈瓞民先生，我称呼他为公公。他本是浙江人，大名祖绵，早年客居日本时，与孙中山、章太炎、陶成章、黄兴等交往，并参与筹组光复会。后来定居苏州，曾在章太炎的国学讲习会做特约讲习。沈瓞民在苏州定居后，在富郎中巷修筑他的寓所德寿坊，苏州解放后，他的德寿坊顶部出现一个红星。后来才知道，这颗红星是叶天底给他设计的，建造房子的时候就有了。叶天底牺牲后，沈瓞民就用泥把坊顶封了起来。直到解放军进城，沈家才把泥敲掉，红星就露出来了。沈瓞民的子女很多，其中一子叫沈延平，在读书期间就加入了共产党，属于苏州最早入党的学生。后来他们家多人入党，这让沈瓞民很自豪，他说，他这几个子女，可以成立一个党支部了。

沈家子女中，我最熟悉的是沈延国先生。沈延国先生是章太炎的学生，曾与章太炎夫人汤国梨在上海筹建太炎文学院，担任教务长，主讲中国文学史。抗战时期，他与沈瓞民都曾在“长江商行”做事，暗中帮新四军运送物资，做了很多贡献。

我记得但凡沈公公来，祖父就要请他下馆子。一次祖父请沈公公去松鹤楼吃饭，点了一道炒蟹粉，沈公公吃了一碟，直呼好吃，还要一碟。这炒蟹粉啊，就是把蟹肉、蟹黄、蟹膏剔出来单独炒，你想要用多少蟹才能有这么一小碟，能不好吃吗？就是这个价钱太贵了，祖父讲的时候很心疼的样子。松鹤楼这种大馆子，祖父难得带全家去一次，他说起这件事，把我们兄弟几个听得口馋，至今都念念不忘这道菜。

在日本时，沈瓞民和鲁迅是室友。我曾在他家书房看到有一篇鲁迅写的东西挂在墙上。我便对他说：“公公，您看这幅东西能卖给我吗？鲁迅博物馆正在征集藏品。”他说：“哦，这个不卖。”他说自己要留作纪念的。到今天，这件物品也不知道是否还在。

新中国成立了，就实行新的政策。由于之前金圆券的发行已经造成经济的崩溃，为了调整经济，政府就实施兑换金圆券，一万元兑一块。一系列政策下来，金融秩序渐渐就稳定了。

1949年这一年，我家还发生了一件大事。我的祖父自从中风后身体一直不好，苏州解放后大约两个月，祖父的高血压没有控制住，心脏病突发，一下子就去世了。他去世时，我妻子已经怀孕，可惜祖父还是没能看到自己的曾孙。

两年后，护龙街由三元坊延伸到新建的人民桥，正式定名人民路，我们店的门牌号由护龙街707号变成了人民路326号。

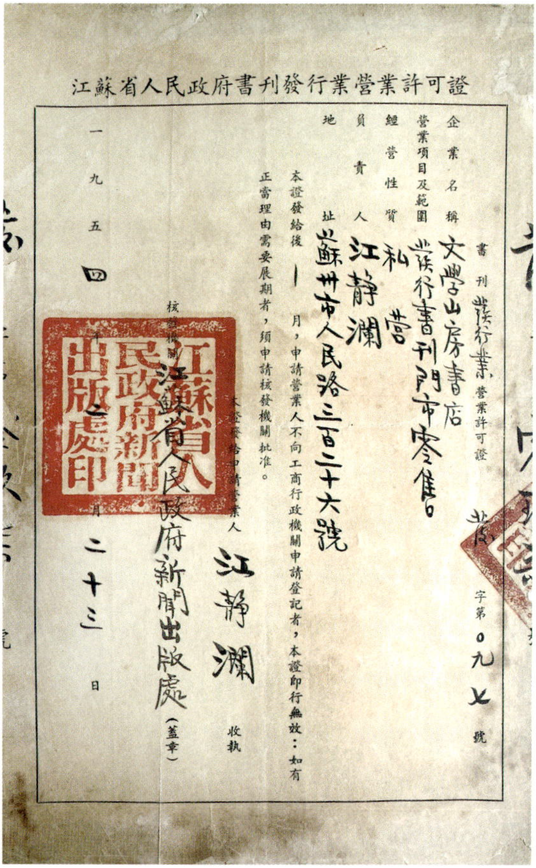
江蘇省人民政府書刊發行業營業許可證

書刊發行業營業許可證　蘇字第〇九七號

企業名稱　文學山房書店

營業項目及範圍　發行書刊門市零售

經營性質　私營

負責人　江靜瀾

地址　蘇州市人民路三百二十六號

本證發給後一月，申請營業人不向工商行政機關申請登記者，本證即行無效；如有正當理由需要展期者，須申請核發機關批准。

本證發給申請營業人　江靜瀾　收執

核發機關　江蘇省人民政府新聞出版處（蓋章）

江蘇省人民政府新聞出版處印

一九五四年[illegible]月二十三日

文学山房营业许可证

从废品收购处找到的珍本

西山访书记

我家的保姆叫邹春娥，我们都称她阿妹。她在我妻子过门前嫁到了西山。由于我们一直对她很好，嫁人后，阿妹像回门一样来看望我的母亲和两位姑姑。闲聊中，她说起夫家在西山鱼池村，姓顾。当地有一户藏书人家，祖上是画家秦敏树。她又说那边有一个很大的废品回收站，总见有很多书送到废品回收站里去。

说者无心，听者有意。我在一旁陪着说话，听到有这样的事情，当即表示："我想去一趟西山瞧瞧。"

于是尽快成行。到了西山，我就住在阿妹家里。第二天，我到西山最大的废品收购站——东河镇废品收购站去看书，从中挑出了祝枝山的《祝子志怪录》以及杨循吉等人著作的一批古书。

隔了一天，阿妹的丈夫顾先生陪我到秦敏树家访书。秦家住在洞庭西山堂里，我们步行过去，一路太湖山水风光很是怡人。到了秦氏府上，我看到不少古书，于是买下一批。整理的时候，看到秦翁有一部自己的笔记，名字叫《小睡足寮随笔》，共二册，其中提到，秦敏树曾得到过蔡羽所著的《林屋集》棉纸印本四册，因为女婿姓蔡，所以赠予女婿了。

当时阊门吊桥堍有一家麻线店，店中人都是西山籍的林屋村民。麻线店门口摆了一个书摊，摊主是南京人，姓恽。我经常去恽先生的书摊闲逛。看了秦翁的笔记后，我便告诉恽先生："西山秦敏树的女婿姓蔡，他家有一部书，是秦敏树送的，可否请您打听一下。"时隔不久，恽先生邀请我去一趟。到了他的书摊，他从摊篷下面掏出一个包裹，打开一看，真是《林屋集》。原来他听我说后立刻四处打听，因为同西山人非常熟络，竟然真的找到了。我翻开封面，只见书品洁白完整，品相很好，就与他议值携回，后来提供给了上海图书馆。

称斤买书

在临近苏州解放的那几年，社会动荡，物价飞涨，旧书店更是生意萧条，那时就有人想出来，把旧书当作废书来处理，买进卖出，都以斤两计称。这办法实行了很长一段时间，到新中国成立初期才停止。

大约1952年时，乐桥南堍的一家旧货店的主人，人称"郁阿四"的，来到文学山房，自称从吴江买到一批旧书，准备出售。我答应他半小时后前往。待他走后，父亲对我说："此人是旧货行业中老手，生意恐怕不会成功，故不应急于选书，以免暴露目标。"因此我在思想上有了准备。

去后，请郁阿四陪我看书。书堆在地上，有十多捆。他告诉我，这是他出高价称来的。接着我就逐捆看书，但不把重要的书挑出来。看完书后，他问我要不要。我说："要是要的，但不是全要。"他问道："你要多少？"我说："大约一百斤，价格按当天的废书价格的十倍来算。”他听后想了一想就同意了。接着我开始挑书，结束后一称，只有八十多斤，因为我已说过要一百斤，所以我说，就当作一百斤计算好了。最后付清书款，将书运回店中。

经过细查，这批书主要是清初刊本的吴江人诗文集、吴江的地方文献等，其中最有价值的是明代嘉靖年间徐师曾所著的《吴江县志》；还有一部明隆庆刊本《今文周易演义》，我也有印象。根据印记和署款等，我知道了这批书原是柳亚子堂弟柳率初先生的旧藏。后来这部《吴江县志》被售与在上海办厂的吴江富商徐子为先生。

之前，集宝斋的孙伯渊先生定居上海，由于各种情况，一直未曾回苏州。我买书不久后的一天，孙伯渊先生终于回苏州一次。他来我家探望我父亲，两人闲聊，孙先生就说到了我这次从郁阿四店里以十倍废书价购得一百斤线装古书之事。原来我这次这样买书，书坊间也传开了消息，以至于孙先生才回苏州就听到了传闻。在我父亲面前，孙先生赞我这样买书是一次创举。这就是我见到他的最后一面。

有了独自去西山购书和在郁阿四处购书的经历后，我更加有了信心。有时候，我随着父亲一同外出访书；有时候，我独当一面，自己四处访求。

访书其实是一件不容易的事，需要有广泛的人脉，知道哪家有书，哪家准备出售。仅有消息还不够，还需要懂得版本，能知鉴别。物主会抬价，掮客会在中间拿费用，旅费、运费等杂费全部加上后，书店的利润并不高的。版本目录学的知识，我因为自幼跟在祖父、父亲身边，耳濡目染，自己又很有兴趣，所以也算有了很多经验。祖父去世后，如果店里实在忙，有时就我做主访书了。

李一氓访书记

一日我才开店门，就见观前派出所所长来到文学山房，他静坐在椅子上，并不言语，让我们心里一阵紧张。

不多时，一位中年人进到店里，所长立刻站起来迎接。我当时就意识到：这位客人来头不小。

客人先是看了下书店上架的书，然后提出需要各种词集。因为当时古籍存书尚多，我就向他推荐了十多种清初人所著词集。客人很高兴，全部买下以后，还问我："还有没有？"我说："请您留个地址，以后发现新的，我随时写信告诉您。"他马上写了名字和地址给我。我这才知道他原是抗战胜利后的苏皖边区政府主席李一氓。

此后他出使缅甸，访书之事暂时中断。后来听说他回国后在外交部任职，我就写了封信给他，并附去所存明清人词集目录一份。这信是寄到外交部的。

只隔了一个星期，我就收到了一个印有"中华人民共和国国务院"的信封，拆开一看，信上说："经理同志：书目所列各书全部购下，可将书寄至北京国务院外事办公室李一氓副主任收。书款另行邮汇……"因为我给他写的第一封信没有落我自己的名字，落款是"文学山房"，所以他这样称呼。从此以后，我每隔一

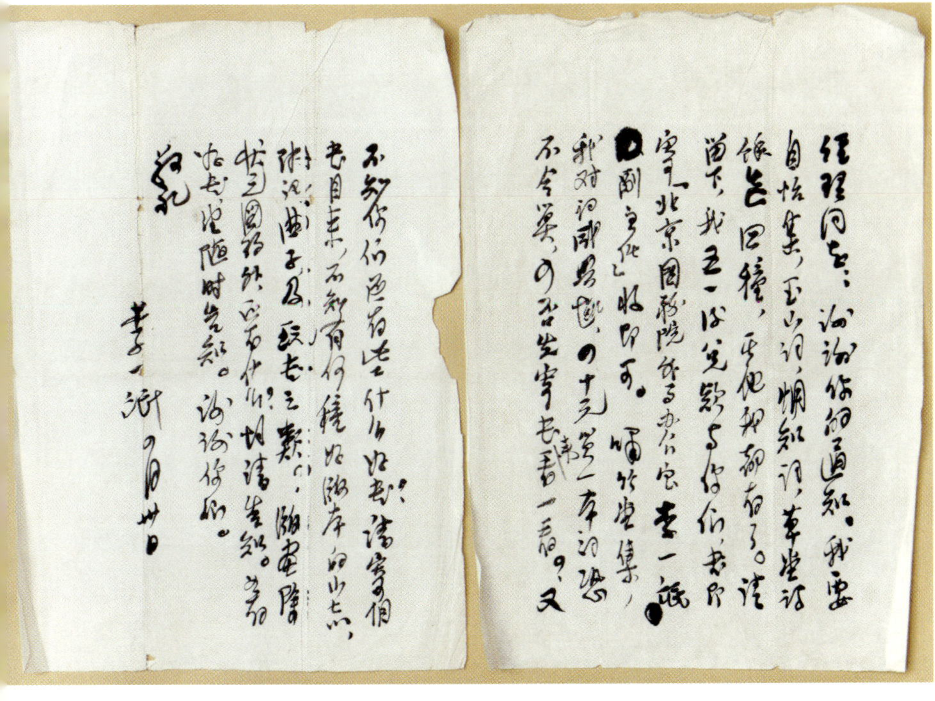

李一氓致江澄波札

两个月就抄一次新收书目给他。他也把收集的范围告诉了我，从词集扩展到版画、山经水志，以及少见的明版和清初旧本僻书、名人抄校本。如果购书金额大了，他就要求分期付款（每月至多付七八十元），足见他为官清廉。如果我较长时间不写信去，他就主动来信索要书目。这样的关系保持了较长一段时间。待到公私合营后，我们依然保持联系。

一日，李老又来信说："为方便起见，书可直寄北京东城艺华胡同三十号。……"这是他家的地址。这次通信后，我署了自己名字，从此后他都直接写信给我了。他热爱古籍，如饥似渴，甚至离开北京去山西工作时也来信通知我，若有好书可写信到山西文水县胡兰公社去。他先后购去清人词集极多，为后来选编《全清词》收集了大量的资料。

李老藏书，在词学上用功极深，可以说是这方面的专门名家。有一次我寄去一种书，他在回信中指出："《词谱体辨》乃从《文章体辨》中拆出，《李清照诗词集校注》的参考书已引用，此本称为明本，乃明本中常见书，并非僻书。且《词谱》一类无多大发明，自康熙《词谱》以后，此类已无甚参考价值……"使我受益匪浅。

二十世纪四十年代，我从景德路万象书店购得明代潘季驯的《河防一览》。父亲看后说："这书前面有毛笔楷书《四库全书提要》一篇，这是无锡朱达夫的藏书。"原来当年祖父从无锡收来的朱达夫的藏书上，每种书前面都有该书的手写《四库全书提要》，所以父亲认得。由于"达夫"是字号，不是大名，我遍查工具书也没有查到其人的具体信息，为此我还请教过潘景郑先生，他也说不知道。与李老相识后，我看到了他所写的《花间集》题跋，这才知道，朱达夫大名是朱鉴章，是清代同治年间进士，曾任浙江余姚县知县，喜书法，喜藏书。我的这个疑惑得以解开。

新中国成立初期，像李老一样来苏州访书的名人有很多。我记得见到过章伯钧一次。当时他任商业部部长，由苏州市委统战部部长马崇儒陪同前来文学山房买书，具体买的什么书，我已不记得了。

丁祖荫藏书流散

土地改革前，由于社会的变化，苏州许多藏书人家纷纷散书，因此我们时常能接到信函或电话，邀我们前去收书。

一日，我接到常熟戴鹤秋先生的来信，得知丁氏淑照堂藏书亟待出售，我与学诗弟弟立刻同往常熟。

淑照堂藏书主人丁祖荫，原名祖德，字芝孙，号初我，别号初园居士，常熟人。常熟是毛晋和钱谦益的故乡，藏书风气浓郁，代不乏人。丁祖荫受其影响，访书、藏书、抄书、校书、刻书，终生不倦。他早年留意地方文献，尤其是常熟乡贤的著作，可谓见到即收，常游走书肆间。他有一册稿本名《购书记》，其中就有在中国书店、集宝斋、觉民书社、文学山房买书的记录。丁氏藏书中的精品，有一部分得自莫棠铜井寄庐，有一部分得自赵宗建旧山楼。比如那部《脉望馆钞校本古今杂剧》，就是丁氏从旧山楼后人处收得的。丁祖荫还曾辑《河东君轶事》，编印《虞山丛刻》。其藏书室除了淑照堂，还有缃素楼和密娱小筑。丁祖荫晚年住在苏州古城公园路，日寇来时，他已去世，他在公园路的藏书先散了出来，除了《脉望馆钞校本古今杂剧》，还有不少佳品在旧货摊上出现，其中就有鲍廷博、劳格所校的旧抄本《宋刑统》和《静春堂诗稿》，丁祖荫校跋的《林外野言》。《宋刑统》和《静春堂

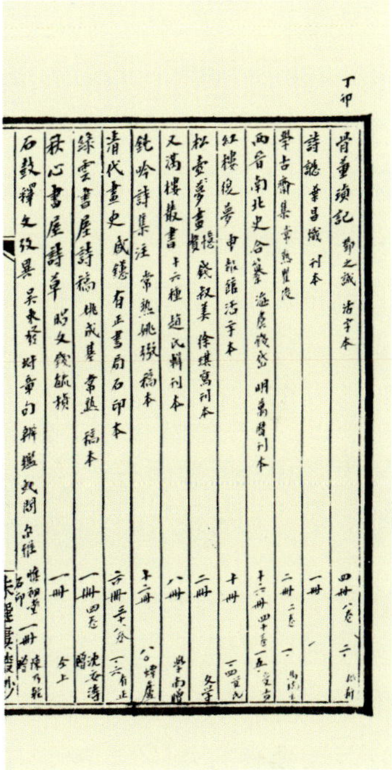
丁卯
骨董瑣記 鄧之誠 活字本 四冊 八卷
詩態 葉昌熾 刊本 一冊
學古齋集 二冊 二卷
兩晉南北史合纂 明萬曆刊本 十六冊 四十卷
紅樓復夢 申報館活字本 十冊
又滿樓叢書 十六種 刊本 八冊
鈍吟詩集注 常熟 稿本 十二冊
清代畫史 有正書局石印本 十六冊
綠雲書屋詩稿 稿本 一冊 四卷
秋心書屋詩草 一冊
石鼓釋文攷異 一冊

《购书记》

丁祖荫稿本　芷兰斋藏

诗稿》属士礼居旧藏，上有黄丕烈的校跋，十分珍贵，均被觉民书社主人程汉芳购得。

新中国成立初期，丁氏在常熟的藏书由后人陆续售出。瀚海书店主人吴瀚和求智书店主人孙耀昌等合伙购书，首拔其尤。我还记得他们收的书中，有明蜀藩铜活字印本《栾城集》、清初旧抄本《藏说小萃》以及明刻名人集多种。这批书大多被他们携往上海出售。

在常熟，有很多相熟的朋友帮文学山房联系货源。我祖父在的时候，常熟戴梅生先生就常常来苏州城。到新中国成立初期，戴梅生先生已经故世，他的三个儿子，祖德开有一间书店，鹤秋、祖元都做了行商，买进卖出，没有店铺。鹤秋并不懂书，但他同人家的关系维护得很好，知道哪家有书，哪家准备出手，有消息就主动联系我们。这次接到他的信，我们立刻赶到常熟，到达后就请戴鹤秋先生帮助介绍。

我们一行人前往丁氏后人处。丁祖荫之子叫丁剑峰，毕业于东吴大学，中西学俱佳，这次卖书，他提出每部书的价格按当时一斤大米的价格计算。虽然之前丁氏的书已经流出多种，但我们看后还是发现好书不少。我们就在其中选了四百余册古书，其中颇多佳品。比如有姚元之手校的《水经注》、吴骞校跋的《世说新语》、朱邦衡手校的《淮南子》、严虞惇校汲古阁本《晋书》以及汲古阁毛氏所刻的《元人十家集》、汲古阁原刻初印本《唐人汇集》及爱日精庐抄本《班马字类》等。《班马字类》这部书为宋人娄机所撰，是张氏爱日精庐从吴门黄氏士礼居藏旧抄本中传录的，首有宋楼钥序、洪迈序、娄机自序。这部书还附有《补遗》，为宋人李曾伯撰。以原书列前，补遗就附于每字之下，可以辅娄氏原书阅读。

这批书中，还有常熟人陈祖范所校的《文献通考》，总共有八十本之多。但我和学诗弟弟已经挑出了几百册，因嫌分量过重，故没有将其买下。因为那时候在苏州城和常熟间往来的是木炭汽车，我们买下的几百本书都要打包放在汽车顶上，实在不方便。没想到，后来这部大书竟被拆散卖出，分归几个单位。一部全书，散成了各地的零种，现在想来，不禁感到内疚啊。

铁琴铜剑楼往事

我们热爱古旧书的人，见不得好好的一部书被拆分。这种心情，常熟铁琴铜剑楼主人瞿启甲就表达过。他曾对子孙说，书勿分散，不能守则归之公。既然说到常熟，这里就介绍一下常熟藏书的源流和这个近代常熟声名最赫的藏书楼——铁琴铜剑楼。

常熟是藏书之乡。明代末年，常熟钱谦益的绛云楼和毛晋的汲古阁最为有名。顺治年间绛云楼遭火灾以后，牧斋把烬余之书，大半赠给他的族孙钱曾述古堂。毛氏后人和钱曾都曾准备将藏书售与顾炎武的弟子潘耒，可惜交易没有成功，于是转售给泰兴藏书家季振宜。此后季氏藏书一部分由昆山徐乾学传是楼转入清内府，另一部分流散在民间。乾嘉时期，苏州周锡瓒、顾之逵、黄丕烈、袁廷梼竞收绛云楼和汲古阁宋元版本，号称吴门四大藏书家。而常熟则有张金吾爱日精庐、陈揆稽瑞楼、赵宗建旧山楼等藏书楼，传递着虞山书香。

这样传承有序的情况下，铁琴铜剑楼在古里横空出世。铁琴铜剑楼初名恬裕斋，其创办人是瞿绍基。他曾任阳湖县学训导，读书乐道，广购经史善本，旁及金石。瞿绍基故世后，其子瞿镛因得到一张铁琴和一把铜剑，乃是汉唐古物，故而得意非凡，就请孙星衍书写了一块“铁琴铜剑楼”的匾额。瞿镛在父亲藏书的基

江杏溪收藏名人赠扇：瞿启甲题字，陈摩绘图

础上，继续增加收藏，铁琴铜剑楼藏书在他手上已有十多万卷的规模，与山东聊城杨氏海源阁齐名，并称“南瞿北杨”。

铁琴铜剑楼第三代传人是秉渊、秉清兄弟。咸丰兵燹时，许多藏书人家书籍流散，连天一阁都不能幸免，但瞿氏兄弟却能排除万难，千方百计转运藏书，东奔西跑，在各乡躲避，甚至渡江藏于海门大洪镇。待兵退后再回古里时，铁琴铜剑楼的藏书竟基本保存完好。为纪念此事，他们特意请人绘制了一幅《虹月归来图》。

第四代传人瞿启甲，字良士，是秉清之子。据说清末时两江总督端方曾以三品京官、白银三十万两作为交易，希望瞿启甲交出藏书，被瞿启甲拒绝。辛亥革命后，瞿启甲出任北洋政府众议员，创办了常熟公共图书馆。1923年，他因拒绝曹锟贿选总统而回乡。日军入侵苏州时，他妥善地把书转运至上海保藏。

铁琴铜剑楼几代主人都精心护书，他们家的书流散到坊间的很少，我见得不多。只知道民国时期，朱遂翔、李紫东曾经手铁琴铜剑楼的书，卖给了王绶珊。

瞿氏曾得当地陈氏稽瑞楼和张氏爱日精庐两家善本，并收得汪士钟艺芸书舍的珍藏。由于汪士钟收集黄丕烈书籍尤多，所以，可以说黄丕烈所收藏的汲古阁、绛云楼宋元本，有很多又重新流回了常熟。

瞿启甲有三子：济苍、旭初、凤起。其中瞿凤起最爱书，常与曹大铁、张葱玉讨论版本目录。新中国成立之初，政府征粮征税，瞿家土地已被收走，无粮可缴。张葱玉把这个情况反映给郑振铎，郑振铎便提议，由政府出价收购铁琴铜剑楼藏书的三分之一，瞿家可以用这笔钱上交累进税。瞿家因此渡过难关。瞿凤起还因此解决了工作问题，被安排到上海文管会善本组任研究员。后来，瞿凤起与二兄商量，决定化私为公，把所有善本古籍全部捐赠给北京图书馆（即现在的国家图书馆）珍藏。

文物管理委员会

国民党统治后期，由于金圆券政策，经济形势相当差，就有许多家藏文物流散出来。新中国成立初期，土地改革、“三反”“五反”运动中，很多图书、文物被损坏、丢弃。有鉴于此，时任苏州市各界人民代表会议副主席兼秘书长的谢孝思先生便提出成立文物管理委员会以对文物进行收集管理的建议，得到时任市长王东年的认可。于是，谢先生主动担任文管会主任，聘请了钱镛、黄慰萱等临时工作人员，争取了一点经费，刻了一方“苏州市文物管理委员会”的印章，也没有挂牌子，就这样在临顿路“荣社”开始了工作。

1951年，李根源先生离苏去京，他对谢孝思先生等人对苏州文物的抢救工作十分赞赏，便把十全街阙园里的文物和图书都捐献出来，其中仅图书就上万册。过云楼后人顾公硕、画家吴湖帆以及蒋吟秋、顾翼东等几位先生也纷纷捐赠所藏。不几年，文管会的藏书就达到了三四万册，各类文物八千多件。这些文物暂放在人民文化宫里。1953年时，苏南区文物管理委员会把八千多件文物调到了南京，现在它们已是南京博物院的收藏了。

1954年初，苏州市文管会终于正式成立，在狮子林办公。谢孝思任主任，周瘦鹃、王言任副主任，聘请了胡觉民、张晋、尤墨君、潘圣一等二十多人作为委员，汪旭初、沈颷民、陈从周、顾颉刚等八位名流作为顾问。

文管会征集文物的方式，除了赴被抄人家接收文物和接受捐献外，也会购买旧书店的书籍。那时节，个人买书的不多，单位买书的也不多，所以我们有好书也会送到文管会去。比如当时我到东山叶氏府上收到的一部清钮树玉《说文新附考》，乃是蓝色印格手写稿本，内容与刻本大有不同，勾勒涂抹，校改甚多，眉间有墨笔批注，非常珍贵，就是由文管会收去的。另有《采风类记》十卷，为清人张大纯所编，光绪年间，清河人王锡祺曾摘录此书名胜古迹部分内容，命名曰《三吴采风类记》，收入《小方壶斋舆地丛钞》中。这是有关吴地的珍贵地方小志，我们也提供给了文管会。

潘景郑先生在新中国成立后就定居上海。南显子巷故居中，有一座潘家的佛堂，宝山楼的书大多存在此处。由于各种运动，潘先生不方便回苏州，便让夫人到苏州来，叫上我一起到他家佛堂里去看书。潘先生托我选出其中的善本，分批送到上海。我每次都打五六个大包，一包四捆书。潘夫人找了一只船，让船主一起来搬书，这样通过水路送到上海去。这样运送了五六次后，我们发现这个佛堂不行了——因为年久失修，房子漏水严重。眼看着佛堂里的书全都要毁掉了，这时潘博山之子潘家嵘就在苏州，他便决定把所有书全部当作废纸处理掉。宝山楼的藏书归潘博山、潘景郑兄弟二人共同所有，潘景郑先生也不好多说，这批书就这样被卖到了废纸店。还好当时有人报告了文管会，文管会就以收废纸的价格，把这批书买了过去，里面有很多稿本。现在苏州博物馆中所藏的潘氏书籍，很多就是这一次收入的。

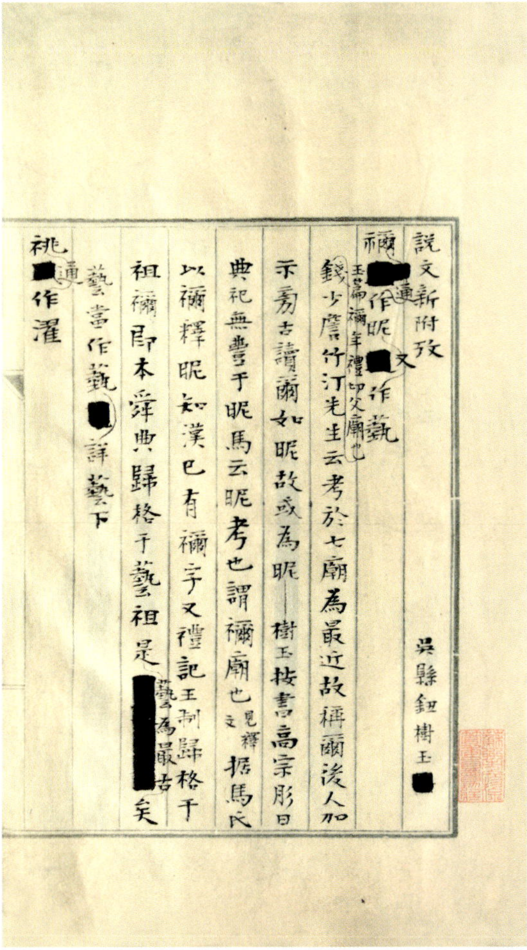

說文新附攷
吳縣鈕樹玉[redacted]
禰[redacted]通作昵[redacted]文作藝
錢少詹竹汀先生云考於七廟為最近故稱禰後人加　玉篇禰年禮切父廟也
示旁古讀爾如昵故或為昵　樹玉按書高宗肜日
典祀無豐于昵馬云昵考也謂禰廟也見釋文據馬氏
以禰釋昵知漢已有禰字又禮記王制歸格于
祖禰即本舜典歸格于藝祖是[redacted]藝為最古矣
藝當作蓺[redacted]詳藝下
祧[redacted]通作濯

《说文新附考》

清稿本　苏州博物馆藏

文管会工作人员中，潘圣一先生之前就有很丰富的图书馆工作经验，他自己也是藏书家，尤其关心乡梓文献，也常到文学山房买书。尤墨君先生是退休老师，他从三四万册图书中整理出八百多部有关苏州的书籍。他们曾经提出成立“苏州文献室”的想法，这对今人也有借鉴意义呢。

当时全国很多城市都成立了文管会，文管会成了当时重要的文化部门。我外出访书时，如果收得的古书数量很大，通常会有当地文化部门的工作人员前来检查。比如我到常州一户人家去买书，买好以后，要向当地的文管会报告：“我买了这许多书。”然后他们派人来看一看，如果有他们要留下的，我就带不走，需要给地方上留下。他们大多是要留下地方文献。

以书相托

祖父去世后的几年时间里，杨寿祺先生一直待在苏州。一日，他来到文学山房，胳膊下还夹了一个油布包。

到天幔雅间里坐下后，杨寿祺先生对我说明了来意。原来，他准备对苏州来青阁的业务做一个了结，离开苏州后，就长期待在上海了。杨先生一直在整理苏州的图书，其中有两部书，他视为至宝，但由于一些情况，不便带到上海，留在苏州又不放心。说着杨先生就把油布包放到桌上，推到我面前，告诉我这是他最珍爱的两部书，让我代为保管。

打开包，便看到《虎丘山志》和《三国志通俗演义》。这两部书，我都曾听杨先生提到过。

《虎丘山志》是明成化刊本，长黑口，黄棉纸印。原为宁波范氏天一阁旧藏，著录于阮元所刻《天一阁书目》，共二册，乃是民国初年天一阁被偷盗后流入上海的珍本。由于此本系吴中文献，“隐毁已久，吴地几无二册”，故杨先生视之为孤本秘笈，早已取出保存于苏州店中。

另一本《三国志通俗演义》的来处也大有说头。话说1930年左右，文庐书店主人李德元和李惠生到无锡收书，在甘露大庙（道士观）里，遇到一个道士。道士看到他们在收书，便说自

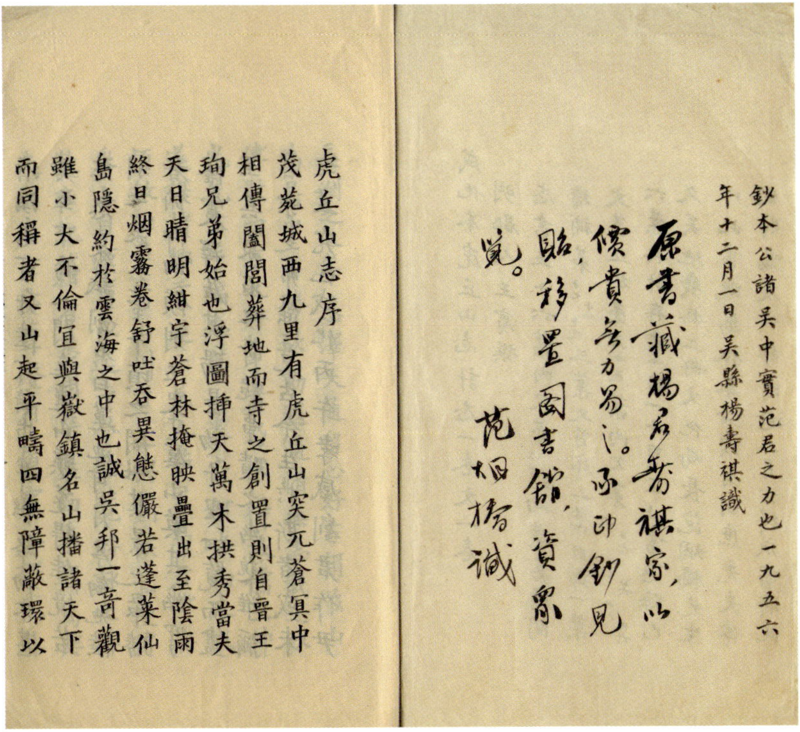

《虎丘山志》

抄本　苏州博物馆藏

已有一部《三国志通俗演义》。待得道士从庙里拿出一册头本出来看时，竟然是明刻黑口本，白棉纸写刻，开本有骨牌凳那么大。道士说全部有三十册，问二人价格。李德元和李惠生商议后，出价四十元。

这个道士是个懂得察言观色的厉害角色，原来这套书是几年前一个抽大烟的以三五元的价格抵押给他的。二李的出价，大大超过他的预期，他心里就有了另外的打算。他知道了这是好书，便不肯卖了。二李回到苏州，正好遇到杨寿祺先生，谈及这部明版《三国志通俗演义》。杨先生喜出望外，要二李再去同道士商量，愿出价二百元。于是次日再去，但道士拿定主意还是不卖。其实他找了一个在商务印书馆做事的外甥，还是把头本给人家，让人家带到商务印书馆去估价。商务印书馆一下子就开价一千元。这个外甥呢，可能想从中间拿点好处，对道士说价值八百元。杨先生也是愿意出八百元的，所以最终道士以这个价格卖给了杨先生。商务印书馆闻讯后来找杨先生交涉，经过调解，书还是归来青阁，但要无条件借给商务印书馆影印出版。其中有一些缺失的书页，商务印书馆就从日本找来书页复制补齐，出版时一共是二十四册，用两函分装。

这样两部珍贵的书籍交到我手上，我有些诚惶诚恐。我问他："杨伯伯，你为什么交给我呀？"杨先生叹了口气，说，苏州店里没有自己人呀。原来，杨老三个儿子，大儿子做医生，二儿子留学美国，1949年后回国，在江苏师范学院（后更名为苏州大学）做教授，小儿子在常熟当老师，没有一个接杨先生的班。

杨先生如此嘱托，我也要对他负责，于是向他保证一定妥当保管。杨先生把两部书交给我，也没有要我写一张条子，彼此没有任何的凭据。此后我一直把这两部书放在自己房间。

就这样，杨先生完全放弃苏州来青阁的业务，专注沪店生意。那一年当是1952年。

单镇和陆润庠的藏书

收得单镇藏书

二十世纪五十年代初，我随父亲去皮市街雅园里单镇家访书。

单镇字束笙，光绪进士，曾任工商部佥事。抗战胜利后，出任吴县临时参议会议长。善书法，喜藏书，室名桂阴居。

单镇家中古书不少，他的家人准备将书全部出让。谈妥书价后，我们将书运回店中，细寻出众多佳品。

其中最好的是明正德时王鏊所修《姑苏志》，白棉纸印本，惜已佚去一册；还有黎庶昌在日本所刻《古逸丛书》零种。每种书都有单老先生楷书精写的标签。印记有“吴县单氏桂阴居藏书印”“单镇之印”“束笙”等。

《古逸丛书》共二十六种，全套有二百卷。黎庶昌在光绪初年出使日本，经常留意逸书，访得了一些国内没有的古籍，他就从中选出特别有价值的书，委托杨守敬刊刻。归国后，书版被运至苏州，归藏江苏官书局。江苏省立第二图书馆成立后，江苏官书局的书版都归到了图书馆，当时曹允源任馆长，看到《古逸丛书》的书版磨损严重，特地重新招募刻工修复。

这两部书一直留在文学山房，公私合营时转入苏州古旧书

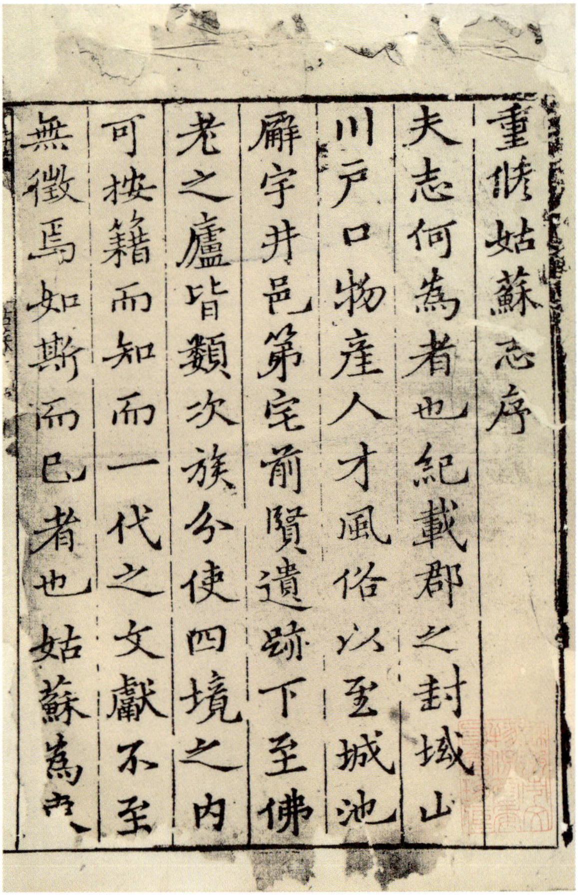
重脩姑蘇志序
夫志何為者也紀載郡之封域山
川戶口物產人才風俗以至城池
廨宇井邑第宅前賢遺跡下至佛
老之廬皆類次族分使四境之內
可按籍而知而一代之文獻不至
無徵焉如斯而已者也姑蘇為志

《姑苏志》

明正德刻本　苏州博物馆藏

店。1959年庆祝新中国成立十周年时，我建议领导将《姑苏志》连同《向导》一卷合订本一起捐献给苏州市文管会。经过多年搜访配补，《古逸丛书》已仅缺几种而已，2001年我离开时应当还在店中。

收得陆润庠藏书

陆润庠，字凤石，号云洒，为康熙乙丑科状元陆肯堂七世孙。同治十三年（1874），陆润庠也考中状元，授翰林院修撰，后在苏州创办苏纶纱厂。辛亥革命后，他还留在清宫中为宣统皇帝侍读。后溥仪退位，他就回到苏州，以读书写字颐养天年，卒年七十四。生前曾补编其父陆懋修所编《苏州长元吴三邑科第谱》四卷，并校勘其父所著《世补斋医书后集》九种传世。

陆润庠的故居在苏州阊门下塘一个大宅院内，藏书极多。他的藏书楼我曾去过，是用书箱堆放的，靠窗和中间都放书。中间一排，两面都放有书箱，几乎成为一个亚字形，中间留有两个门，可以出入。当时我挑选了一部分，其中较好的书还能记得起：一种是明晚期墨绘斋刻本《名山胜概记》，首有木刻版画《名山图》一卷，是合页连式，共有五十五页，雕刻精美，有“墨”“绘”二联珠木记，钤有“小怀鸥舫所藏金石书籍印”；还有一种是明代宁波天一阁主人范钦所刻《熊士选集》，也是罕见佳品。

《与斯集》和《吴郡志》

《与斯集》，即庄廷鑨版《明史》中明理学诸儒传部分的专辑别名，为吴江张隽所撰。二十世纪五十年代时，我曾在侍其巷张姓人家见过旧抄本，全部六册尚完整。同时还有《象纬》两册，系张隽手写原稿，并有印记。因是其祖上手泽，故物主不愿出让，只是卖给我许多清初吴江人的诗文集。后来，这位姓张的同志迁居上海，曾留给我地址，我一度去信联系，邮局将原信退回，原因是对方又已搬迁，已难觅踪迹了。

关于张隽的事迹，见于叶昌炽《藏书纪事诗》："隽字非仲，吴江人，一名僧愿，又字文通，楼居积书甚富，手录者千余卷，拥列左右。南浔庄廷鑨聘修《明史》，为作有明理学诸儒传，其稿别行，名《与斯集》。史案未发，自觉其非，逃于僧舍，年已七十，后与潘柽章、吴炎诸人同伏法于杭州。"

庄廷鑨《明史》案是清初惨绝人寰的文字狱，张隽受牵连，最后与潘耒之兄潘柽章一同被杀，令人唏嘘。张隽能列名叶昌炽《藏书纪事诗》，可见并非普通藏家。他所收藏过的书中，有一部《吴郡志》，乃是苏州乡贤南宋范成大撰写的志书，其中的刻版流传故事值得一说。

《吴郡志》五十卷，绍定二年（1229）平江（今苏州）府学刻本。当初范成大完稿后，平江知府筹集了木版准备刊行。有人想把某些内容加进志里去，但未能达到目的，就编造这部书“不是范成大作”的谎言。知府为了息事宁人，就把志稿藏于府学。隔了三十七年以后，李寿朋以直宝谟阁任平江知府，核实付梓，书版藏于学宫，直至明末尚存。当时常熟大藏书家——汲古阁主人毛晋，在他重刻的《吴郡志》的跋里还叙述了一段故事，说他在十多岁时应童子试，到苏州府学拜高伯玮为师。老师是府学博士员，带他到大成殿朝拜孔子像，然后至韦应物祠堂。毛晋看见西面廊下放了木刻的版子，但他不知道这是宝贝，不知这些书版内容为何人何时所刻。即便从钱谦益荣木楼购得宋版《吴郡志》时，他也不知道书版在哪里。后来，松江知府纂修府志，聘请毛晋去和陈继儒同事，毛晋携带此志到陈继儒的书斋顽仙庐。陈继儒观后击节叹赏，就在书后作了题跋。当时有位老者在座，名叫史辰伯。陈继儒对毛晋说：“贵郡文献都在此老腹笥中。”史辰伯掀髯纵谈，抚卷说，此书版就在学宫韦刺史祠中。毛晋一想，哎哟，以前年轻的时候看到过几架木版子在那里的。他赶紧赶到苏州来。在文庙里，他发现韦应物祠堂香炉的下面，还有朽木五片，版框款行与藏本无二，是宋版《吴郡志》的雕版无疑；再寻访其余的版片，被告知已经烧掉了。

晚明时，张隽就收藏了一部《吴郡志》，其上钤有“张隽之印”。后归吴门张氏茶交庵。民国二十六年（1937）曾在可园苏州图书馆举办的吴中文献展览会上展出。

吴门张氏是做米行生意的，新中国成立之初，茶交庵的张氏后人给我看过这部《吴郡志》。我一看啊，里面有的地方是模糊的，想来就是因为书版都烂掉了。其纸墨已是明初之纸墨。其中

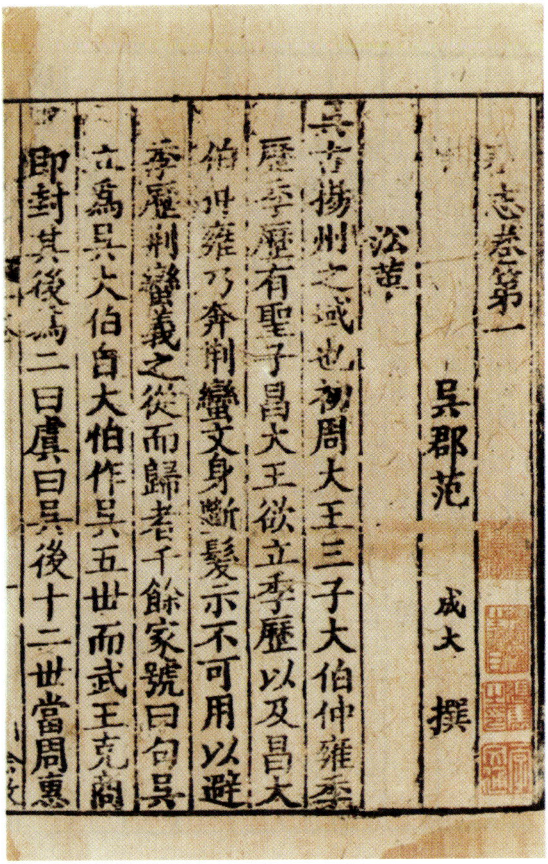
吳郡志卷第一
吳郡范　成大　撰
沿革
吳古揚州之域也初周大王三子大伯仲雍季
歷季歷有聖子昌大王欲立季歷以及昌大
伯仲雍乃奔荆蠻文身斷髮示不可用以避
季歷荆蠻義之從而歸者千餘家號曰句吳
立爲吳大伯自大伯作吳五世而武王克商
即封其後爲二國曰虞曰吳後十二世當周惠

《吴郡志》

宋刻本　南京图书馆藏

有抄补之页，乃是抽换明代补刊之页的。本来这部书，部分是宋版明印，部分是汲古阁重刻重印的内容，这样消除明印痕迹，想来是准备冒充宋版原书。那怎么行呢？我就没有要。后来这部书经过上海的书店被卖到南京图书馆去了。

近水楼台先得月

我祖籍湖州吴兴，吴兴也是典型的江南水乡，水路纵横，自明代以来，涌现出诸多藏书大家和刻书家。织里书船如织，负有盛名，张钧衡就曾提到织里的书贾携书往拜的事。书籍很重，在旧时，船就是最好的交通运输工具，江南书业之兴盛，与此不无关系。专门在江南各乡镇及城市间往来收售图书的船，称书船，有篷，宽敞的书船上能摆放书架。书船的主人，因为走的地方多，能收到不常见的图籍，很受藏书家和书坊主人的欢迎。苏州一带，吴江同里书船较多。有一个叫梅舜年的，常年雇一条画舫，他以收购旧书为主，兼收字画古玩，不需要住旅社，以舟为家。舟上放一些实用品，到了乡镇上，如果乡镇上的人想买，可以拿书来换。梅舜年生活的时期较早，杨寿祺先生对他有过记录，我并没有见过他。

在人民路尚书里口，就是现在古旧书店对面，曾有一个碑帖店，叫文宝斋，主人邹念生从小学习刻碑和拓碑技术。一天，邹念生老先生告诉我："现在，在桃花坞河西岸边有一条船，船上有古书。你如果想要，我陪你一起去。"

我同他说："马上去，马上去。"我就带了一点钱，乘公交车，到北寺塔，再走过去。一看，真有条船，里面有书。船主说是自浙江而来的。我看了看，有十多捆书，就选购了七八捆，坐人力车带回家。

细细清点，所获真是不少，其中有一部书是很好的，可称其中白眉，乃是清金惟骏稿本《金昂千诗集》三种，含有《排闷集》四卷、《野庵诗钞》四卷、《翡翠兰苕集》五卷。书上有沈德潜、张鹏翀亲笔写的序文。

邹念生其实也懂古书，在抗战时期，他的碑帖店就渐渐转向做古书了。他曾从大石头巷沈家陆续收购到意大利人郎世宁所绘《平定新疆图》影印大画册多本。

有的书船上的货品，并非只有图书，还有其他古玩物件或生活用品。那时候，书船经常来的，大都停在金门或是阊门那边，因此靠近金门、阊门的景德路一带的书店常常近水楼台先得月。

景德路西段（现儿童医院西面）有一书店名敬古斋，本来以经营古玩杂件为主，后来兼卖旧书。土改时期，吴江同里等地的人用船将书运来苏州城出售，一次就有数百斤之多。惜乎当时书业不景气，敬古斋老板王赓麟收到书后，挑出少数留在店中，其余仍当作废纸处理掉。有一次他在废书中检出明万历刊本《烟花小史》和崇祯刊本徐鸣时《横溪录》。《烟花小史》是讲明末名姬的；《横溪录》是关于横塘镇的地方小志，分为十九门，体例略如郡县志。我看到后一起收入文学山房。

景德路黄鹂坊桥那边的旧书店苏州书林，地处金门内。金门是当时轮运码头进城的必经之地，因此常有外地旧货商人将收来的旧书由此运往城内出售。一次，苏州书林的老板尹仲彬打电话来，叫我过去，说是有急事商量。我过去后看到一大批书，他告诉我，这是他刚从船上买下来的。这批书中最好的是《大明会典》。初看觉得尚未齐全，仅有九函。我把书一本本排开，逐本细看，理出有虫蛀者一部分，发现竟然是一套完整的书，大概四十本，心中真是高兴极了。后来看书中钤有“金匮华氏藏书”印记，于是知道这批书都是荡口镇上晚清科学家华蘅芳之物。华蘅芳的藏书室名行素轩。我曾收到的赵之谦校抄本《韩诗遗说》也是华家故物。

与顾颉刚交往二三事

抗战前，顾颉刚先生在广东任职。后鲁迅先生受聘到中山大学任教，因为两人素有嫌隙，为了避免起冲突，中山大学便把顾颉刚派出来买书。顾颉刚和文学山房最初的交往就在这个时间段。相识之后，我父亲就经常和他通信，向他推荐书目。而我和他接触是在抗战胜利以后。

当时他已回苏州，在他家里办文通书局编辑所——他家在顾家花园那边，地方很大，就拿出一部分用来办编辑所。负责编辑工作的有方诗铭先生、金兆梓先生等。方诗铭先生是顾先生的亲戚，他个子不高，但学问很大，曾任上海社会科学院历史研究所所长，编了一本《中国史历日和中西历日对照表》。他常常到书店来买书，和我们都很熟悉。而金兆梓先生在1951年还被选为苏州市副市长呢。

顾颉刚先生时常来店访书，我记得他需要的多是古史和民俗方面的线装古籍，同时他也注意收集像《桐桥倚棹录》那样的苏州地方文献。有的时候则是我带书去看他。

新中国成立初期，常熟丁祖荫淑照堂藏书散出。我曾收得善本书数十种，其中有一部《水经注》，是乾隆时天都黄晟刻本，原衬订二十册，曾经桐城姚元之用朱笔校注，并有印记。顾老看到以后，爱不释手地要求买回去，但又提出能否分两次付款。我们同意了，他感到很高兴。

他自己不买价格贵的书，看到贵的书，如果价值高，他就介绍别人买。文学山房曾从万象书店买到一本《庚癸纪略》，是吴江人著的，署名为“倦圃野老”，是一册稿本，里面讲的都是太平天国的历史。他看到后就写了一封信，又取出自己的名片，写上几句话，叫我跟罗尔纲先生联系。这本书由罗先生买去后，被印到《太平天国资料》里了，让更多的人看到。

后来，顾老去上海大中国图书局任总经理，兼任复旦大学教授，仍常在星期日与胡厚宣先生等五六位教授，结伴同来苏州访书。那时古籍货源充沛，他们每次都能满载而归。

有一次我给他看了文学山房珍藏的部分珍本，有从陈济川来薰阁收得的孙星衍校跋明嘉靖刊本《白虎通德论》、从曹菊生先生处收得的清初旧抄本《牧斋有学集笺注》、从书船上收得的乾隆时人稿本《金昂千诗集》三种，还有明初刊黑口本《南极地理》和代王府刊黑口本《谭子化书》、明万历精刻插图本《净明宗教》（残存九卷）、明万历刻本《北西厢记》（吴门殳君素绘图版画）、万历精刻插图本《古本荆钗记》、沈炳垣手稿《斫研山房诗抄》等。他兴致勃勃地看完了书，觉得都很好。那时候上海图书馆刚刚成立，顾老认为这批书适合由上海图书馆收下，就写了一封信，让我凭他的介绍信去上海找李芳馥馆长联系。后来这批书都提供给了上海图书馆。

1954年，曹元弼家放出话来，准备将曹元弼先生的藏书全部出售。顾颉刚和沈维钧、范祥雍等约着一起去看书。顾颉刚先生让沈先生、范先生先选，他表示，自己会将他们选过后剩下的书全部买下来，以免这些遗书被送到纸厂打成纸浆。这样的风格是值得令人学习的。那次他购的书非常多，总计有五千册左右，于是约好时间，我和束师兄、臧炳耀也一起去帮忙打包。曹家卖书，是因为曹元弼先生1953年去世了。这次我走进曹宅，只见门厅空空如也，红漆金字的衔牌都已经不见，由于书都被堆放出来，家中一片狼藉，不禁一阵感伤。

打包工作结束，顾颉刚先生请我们在阊门附近的六宜楼吃饭。席间他介绍了去西北地区考察时的见闻，还讲“吹牛皮”和“拍马屁”这两句话的起源给我们听。他告诉我们：吹牛皮啊，是人们过黄河时，要吹牛皮做筏子；拍马屁啊，是人家骑了高头大马来，主人要出来迎接，出得门来，见到客人的马，要拍拍马屁股，夸奖说这马很好啊，很肥啊。他讲得很生动，我们听得津津有味。

没过多久，顾老调任中国科学院历史研究所研究员，全家迁往北京，并决定将留在苏州的藏书全部带去，就包了一节火车，请我们帮助解决包装问题。我们文学山房一共去了三个人，是我、学诗弟弟和臧炳耀。我们先用牛皮纸为书打包，牛皮纸外加一个蒲包，再用麻绳捆起来，四捆书一包，整整工作了一天。

此后顾老虽然很少回苏州，但仍和文学山房保持着联系，他经常来信索购在北京不易买到的书。我们的信函往来至“文革”前夕才中断。这些信留在了古旧书店，但不知道什么时候流散到了外面，前几年还有人拿着这样的信来问我呢。

上海见闻

顾颉刚先生介绍我送书到上海图书馆，中间还有个小故事。

那时候是新中国成立之初，火车站查得很严。我带了两包书，到上海火车站时，没想到火车站的工作人员强行将两包书都扣留了下来，并要求我拿出证明，说明这批书的来历和去向。我说："这些书，我都是要送到上海图书馆的。"那位工作人员说："那你把东西放下来，到上海图书馆去开好证明再过来。"我只好空着手到上海图书馆去。那时上海图书馆在南京西路，乘公交车到达后，被告知李馆长在开会。我在会场外面等着，转眼饭点到了，我也不敢去吃饭，怕一走开李馆长又出来了。一直等到图书馆工作人员下午上班了，我才见到李馆长。李馆长帮我开好证明后，我担心放在火车站的书有闪失，也顾不上吃饭，便赶紧过去取书，直到把这批书安全送到上海图书馆后才去吃饭。这一次送书，上海图书馆把书全部留下，具体办理购书手续的，就是铁琴铜剑楼的后人瞿凤起先生。原来此时瞿先生已经从上海文管会调到上海图书馆工作了。此后，我常与瞿先生联系，售给上海图书馆的书大多由瞿先生经手办理。瞿先生和潘景郑先生住得很近，潘先生的宅子在西康路181弄1号，我常去拜访他们。

那段时间，因为各处流散出来的书籍实在太多，货源过剩，所以我也很难得为了找货专门去上海。但因为有上海图书馆、合众图书馆这样的机构，所以我还是会时常去上海送书，送书后若有时间，我会到汉口路、福州路去逛逛，和上海的同行聊聊近况，于是也得知了上海书林的一些情况。

孙实君和孙伯渊都是厉害人物，当时他们合伙买到了无锡孙毓修小绿天的藏书。孙毓修收藏了很多明版书，尤其重视无锡安氏活字本及家集。这些好书在上海书肆出现时，很受关注。

王绶珊去世后，朱遂翔的抱经堂曾收入一些出自九峰旧庐的书。抗战胜利后，抱经堂就慢慢转向做文具生意了。因为金笔（也就是钢笔）销量好，他们代销金笔，获利很多。那时候，孙助廉常在上海活动，他很会社交。他找到朱遂翔，说金笔销量好，应该扩大卖金笔的生意。一番言语后，朱老爷子心动了，把珍藏的书都批给了温知书店，所得的钱就用来开金笔厂。后来朱遂翔的儿子继承事业，朱遂翔老先生就退隐杭州了。

郭石麒先生那段时间的生活很艰难，他人太老实，不像他从前的搭档杨金华那样会搞关系。国民党统治后期到新中国成立之初，旧书生意不好做，所以郭先生在1952年就关了汉学书店，只是做掮客，游走在书店故家之间。因为没有店铺了，所以有什么事，他就到来青阁去商议。

这段时间里，郭石麒先生又做了一件好事。原来山阴祁彪佳澹生堂遗书出世，竟被当作废纸论斤卖出。郭石麒首先发现后，告诉收书的先生们，这才将这批宝贵的古书保护下来。此事轰动书林。

与黄裳结缘

二十世纪五十年代初，传统的藏书家纷纷捐献或出让藏书之际，也有新藏家崭露头角，开始积极收藏，黄裳先生就是一位代表。

黄裳先生原名容鼎昌，黄裳是笔名，当代散文家，高级记者。临近新中国成立之时，他因工作调动来到上海。因为社会变化，大量古书流入书肆，他抓住古书大聚散、大组合的时机，十分积极地淘古旧书，即便是冷清的书店和书摊也不放过，成为上海各大书店的常客，很快就与郭石麒、杨寿祺、孙实君、徐绍樵等书林人物熟识。而且他很有先见之明，不但购藏全套，连明版僻书的残本也兼收并购。随着时间的推移，现在这些残本也已成为宝物了。

二十世纪五十年代初，黄裳在上海《文汇报》担任主笔，每逢星期天休息，就偕同夫人小燕来苏州访书，我与他因此得以相识。我们彼此熟悉以后有了默契，我每次收到新书多会留给他先看。他觉得好的就收下，他不要的我才另行销售。

一次，藏家送来一部明代坊刊的《枝山先生柔情小集》，题“异香掾吏”著，共有“醉红”“窥帘”等集四卷，我就写信向他请教。隔了两天，收到他的回信。他告诉我这书是明代苏州人祝枝山所作的，在黄虞稷《千顷堂书目》中有著录，名为《祝氏小

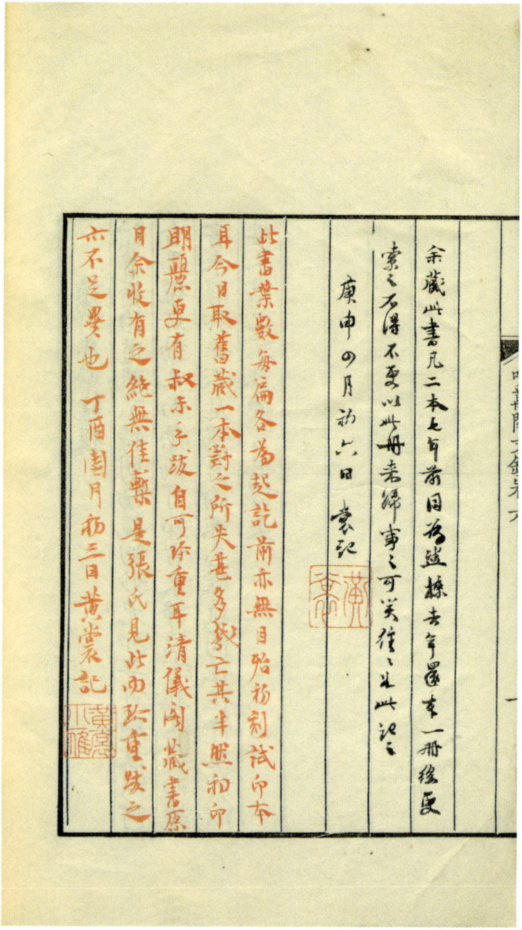

《吹万阁文钞》

清乾隆间写刻本，有黄裳跋语　芷兰斋藏

集》，应有“金缕”“醉红”“窥帘”“畅哉”“掷果”“拂弦”“玉期”等七卷才完全。祝枝山是苏州人，以风流不检传于里巷之间，又被谱入弹词，与唐伯虎同为浪子典型，由来已久，“今观此小集，知非无因，所著《祝氏集略》及《怀星堂集》尚有藏者，此为其佚著，亦可收”。我因此与物主协商买下以后提供给他。

还有一部明人王路辑、万历时刊本的《烟花小史》八种，是我从敬古斋老板王赓麟处收来的，虽然是残本，却是人间孤本。黄裳先生当机立断收入囊中，可见其版本学识之广。由此，我对他愈加敬佩了。

他连续得到好书后，十分高兴，就不断给我写信：“澄波同志：又剪下邮票几枚寄奉。上月本拟去苏，因故未果。不知道近来收到什么书？有可见让者否？希随时见告，不胜感激！又，新文艺书之旧本、毛边书，如鲁迅等著作，也很想买一点。匆祝冬安。黄裳。十二月七日。”

我从二十世纪五十年代就开始集邮，黄先生对我很好，平时帮着我收集邮票，他收到人家寄给他的信，上面有邮票，他就剪下来寄给我。除了邮票，我还收集火柴盒和香烟盒子。

黄裳先生说的“新文艺书之旧本”，是指二十世纪三十年代出的民国文艺书初版。毛边本是指新书装订后，不切边，可在读书时裁开，有一边、两边或三边毛边的，鲁迅的书就做过毛边本。这类书，是新印刷方式的产物。古书没有毛边本，只有毛订本：就是不穿线，打四个洞，用蚂蟥襻也就是纸捻穿过去，打结，比穿线还牢固呢。

我记得黄裳先生一次来书店，购买了一部《碧城仙馆诗钞》。该书共十卷，清钱塘陈文述撰，为清嘉庆刊本，钤有“江东小陆”“陆敞所读之书”印记。黄裳先生后来写了题跋，说因为书中提到了钱塘陈端生姊妹的故实，所以寄送给了郭沫若先生。他还说：“此书飞海南，又飞京师，近始寄沪，不图一嘉庆刻而蛀裂如斯，乃得寄鹏翼入文豪之手，实有胜缘。”我后来把这段题跋编进书里，黄先生看到了，他说：“飞海南，飞北京，你把我这本带得太高了。”他认为自己还有更多版本更好的书，这本不算很特别的。

黄裳先生不仅买书，有时也会出让一些他的珍藏。我曾到他的上海住所来燕榭拜访，他在会客厅接待我，给我看书。当我向他索购善本，与他商谈价钱时，他夫人小燕总是帮我说话。

赵万里苏州之行

赵万里先生是我国近现代著名的词曲家和古籍版本目录学家。二十世纪五十年代，他在担任北京图书馆善本特藏部主任期间，来苏州文学山房访书时与我相识。

那时他年纪在五十左右，我还不到三十岁。当时赵先生在店里选购了一部分古籍，因为时隔多年，所以具体书单我已记不起来了，只记得其中有一部程穆衡著的《水浒传注略》二卷，是道光时刻的巾箱本，他最喜欢，并且告诉我："这是研究《水浒传》的第一部专著，也是很少见到的注释通俗小说的书。或许这书版刻成以后，遇到太平天国战乱而被毁，所以传世甚少，在北京从未见到过。"接着他要我提供善本古籍，最好能找到一百部明版地方志。我对他说："现在已很少了。"他就说："你们江南地区是全国藏书数量最多、质量最好的地方，我们馆中善本部里，有一半以上的藏书都来自苏州地区。"

我听后很受鼓励，因此第二天一早就乘车前往常熟去访书。首先收到的是一部明代嘉靖刊本、邓韨编的《常熟县志》，内有一本抄配；接着由戴鹤秋先生陪同前往拜访藏书旧家；最后在诒经堂张老先生处见到了不少佳品。

这位张老先生是爱日精庐主人张金吾的后人，为我出示了一部《张月霄遗像》，其首有清中期著名人物画家胡骏声手绘的像，接着就有孙原湘、郭麐、屈轶、周彬等人作的像赞和黄廷鉴、钱泳、黄丕烈、唐仲冕、王鼎、褚逢椿、吴宪澂、郭忠谐、丁祖荫等人的亲笔题赠之诗，真是名家满目。老先生又给我看了一些张金吾著作的稿本，有黑格写本的《释龟》二卷，内容是采集《三礼》《尔雅》《左传》《史记》《太平御览》等书所引纬候之说，以存三代卜筮遗法，前有吴江郭麐序文。还有一册是绿色印格的手写本，书名《丝缀积闻》，也是张金吾的稿本。见到这些好书，我心想：这下总有所获了，也不辜负赵先生的嘱托了。于是与物主议价收购。当天下午我即赶回苏州。

吃过晚饭以后，我就到赵先生所住旅馆皇后饭店三楼去拜访他。看书后，他表示："嘉靖本《常熟县志》馆里已有入藏，不要。《张月霄遗像》决定买下。"接着承他不弃，我与他进行了一个多小时的长谈。他告诉我他去过安徽歙县和屯溪，在那里见到的明版家谱和鱼鳞册特别多，曾经运回北京一车呢！

赵先生还向我打听苏州高师巷里藏书家许博明先生的情况，想要见见他。他说："许先生年轻时家里很富裕，别人讥其文化不高，于是他发奋读书，进而斥资广收宋、元、明本古籍。当时上海古书流通处主人正收得四明卢氏抱经楼藏书，同时宁波范氏天一阁藏书被窃，也有部分流散上海，所以许博明在此时购得善本甚多。抗战以前他还请我到他家里看书吃饭呢！其中有明代弘治刊本《严州续志》、正德刊本《博平县志》、嘉靖刊本《恩县志》、正德刊本《襄阳府志》等，都是窃贼从天一阁偷出后售与上海各书店的。"

听他讲后，我恍然大悟，原来他说要我找明版地方志的目

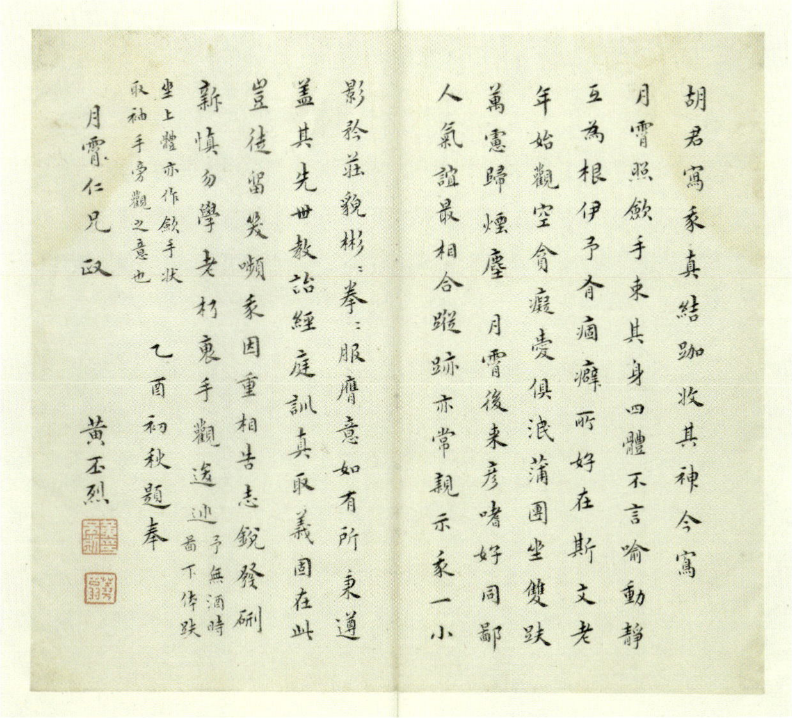

《张月霄遗像》

清胡骏声绘，有黄丕烈题诗　国家图书馆藏

的地就是许博明家了。我就告诉他："许老先生晚景不好，所有藏书都已流散，数量较大的有三次：第一次是在抗战初期，日机轰炸苏州，他准备避难到云南，去投奔国民党元老李根源，带去藏书一批，交给驻苏炮兵团团长马某负责运往云南，由李介绍赠予云南省主席龙云，龙云委任他为大理县长。后因其夫人到了武汉，经不住流离颠沛，回归苏州，故其本人也未往就职而返回苏州。"这些情况是曾任吴县商会领导的张寿鹏先生告诉我的。

"第二次流散是在抗战胜利以后，由瀚海书店主人吴瀚介绍，四川金融巨子戴亮吉购去一批。听说打包后由水路运去，当时正值长江大水，是否有损失，情况不明。第三次是临近苏州解放时，上海来青阁主人杨寿祺将宋版《南宋群贤小集》售与中央图书馆后，以所得书价半数，将许家藏书全部买去。内有部分明刊善本，为明内府刊本《大明一统志》、嘉靖刊本《大明集礼》、正德刊本《山堂考索》等，由国民党元老张继作主，售与国史馆。剩余之书就放在孙耀昌开设的求智书店里，这店里尚有一书架的清代早期地方志和一套完整的《东方杂志》呢！苏州解放以后，许老先生家里多事，且已陷入困境，最后只得身背木盘，叫卖面包于大街小巷，自食其力谋生。你如果要见他，明天下午三时左右到我们店里，我来招呼他好了。"他听后了解到许氏已经没有书了，随即表示："那就不去惊动他了。"当我向他告辞时，赵先生叮嘱我："今后收到好书不要忘记我们。"

赵先生在1962年2月来苏州时，还曾到文管会参观，看到了我卖给文管会的《说文新附考》。这本书上批校极多，但批校并没有款识和图章。赵先生细审后，认为是元和顾千里亲笔。

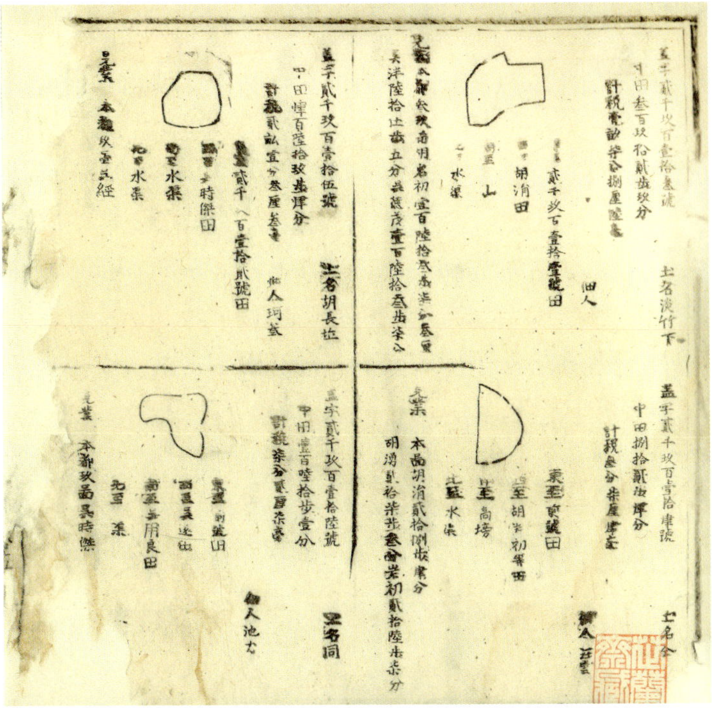

《休宁县贰拾叁都叁图盖字号鱼鳞清册》

明万历泥活字本 芷兰斋藏

我和赵先生的会面时间虽然不长，但赵先生访书的敬业精神、在古书鉴别上的专业程度，已给我留下了深刻的印象，让我深感钦佩。

徽州圆梦

我进入文学山房学习以后，常听人说徽州是个古书的大宝库，早在民国初年就有人去访书淘宝，有的是传说，有的是有书可据，因此我那时心中就种下了一个“徽州梦”。只是由于苏州与徽州在那些年交通不便，乘汽车前往也要翻山越岭近一天时间，所以一直没有成行。

赵万里先生来苏州，跟我讲起他曾经到徽州访书的经历，让我又起了徽州寻梦的念头。

学诗弟弟本来中学毕业后留在店里帮忙，因为快公私合营了，他就报考南京大学化学系，一举成功，收到了录取通知书。见距离指定报到日期还有一段时间，他就主动提出陪我前往徽州访书圆梦。征得父亲同意后，我们稍做准备就出发。

第一站是杭州。在杭州，我们停留了一天，遍访旧书店，得识松泉阁主人王松泉先生。他是朱遂翔的学生，常给朱遂翔提供货源，常常帮阿英先生找书。杭州还有严宝善先生所开的宝贻斋，我们也前往拜访。

在松泉阁里，我们买到了一部《黄山志略》，这是明代万历时安徽所出的插图本，买价是一百五十元；还有一部是清初抄本《历代内侍考》。我们买下后，连同在其他书店所得之书，一起打包寄回苏州。另外还在商店买好两把洋布伞，以做遮太阳之用。一夜无事，第二天早上去车站，登上去歙县的长途汽车。车开出杭州一段时间后就进入山区，有时在两山之间行驶，有时在环山公路上盘旋。路旁不断出现“谨慎驾驶”的警示牌子，所以车行极慢。上坡，下坡，颠簸，盘旋，坐在车上，摇摇晃晃，让人有昏昏欲睡的感觉。这条公路造得不宽，只容一车通行。开到昌化时，有休息区可以吃饭，并可让开往杭州和开往歙县的车交会。下午三时左右，我们到达目的地——歙县。

下车后先去寻找旅馆，安顿后就去找吃饭的地方，可惜仅见到一个小饭店。苏州有老丹凤徽菜馆，大家都觉得好，我和学诗弟弟本想住宾馆，吃点正宗徽州菜，这下希望都落空了。再往街市走走，除了一座太白楼和一个明人许国的石牌坊确是古建文物外，就没有更多名胜了，我们不禁大为扫兴。见有先生模样的人在街上走，我们便上前问询：“请问哪里有古书可买？”这个人答道：“岩寺车站对面有家旧书店。”

第二天一早，我们就到车站乘车前往岩寺，下车后，看到对面果然有一家小小的旧书店，进去一看，大都是四书五经之类的读本书。我们在店中选了一部旧刻的当地人的诗文集以及一些家谱。经过讨价还价，购定之后，大家交谈起来。我们自报家门，说是从苏州来买古书的，最好是能找到明版书。店主也自我介绍，说他名叫汪瑞庭。他说：“离这里十多里路的地方，有个‘雄村’，那里有位赵先生，藏书颇多。你们如果想去，我可以做向导，带你们过去。”

于是我们决定当天就住在这里，请他第二天一早陪我们去。问他旅馆在哪里，他说：“这里没有旅馆，只有茶馆店，晚上可借宿。”那时还是大热天，那茶馆的住宿条件太差了。正在为难时，汪先生提议马上乘汽车到屯溪，住在那里，第二天一早乘首班汽车回岩寺来。他说：“这样安排的话，我陪你们去雄村。不过需要在下午三时前回到岩寺，乘末班汽车回屯溪去。”

我们马上乘车去屯溪，出站后一路看去，只见街上商店林立，繁荣的情况和江南的县城差不多。原来，屯溪在抗战时期没有受到战乱的破坏。那日本人为什么不打过去呢？因为出杭州往歙县的这一路两边都是高山，日军入侵，容易受伏击。这里又有黄山这个大景点。种种原因，这里的古物都被保存得很好。

找好旅馆，再去尝徽菜，味道和我们大成坊的老丹凤、皋桥旁边的六宜楼的差不多，但总算一了心愿。回去洗澡睡觉，第二天一早乘车赶到岩寺。汪先生已做好准备，陪我们前往雄村。虽然烈日当空，但我们靠着洋布伞遮阳，倒也还可以。走了一个多小时，汪先生对我说：“江先生，你看田里的农民都在阴凉处休息了，你还要跑，太辛苦了。”我对他说：“不是你说一定要在下午三点钟以前赶回岩寺，乘车回屯溪吗？”他听后就不再说了。哪知到了雄村赵家一问，老先生外出探亲去了，不在家中。我们听了也无话可说，只能在那里的小饭店吃了中饭就赶回去。在回程途中，见到路边一大景点，气势宏伟，风景秀美，它的名字叫作“小南海”。由于急着赶路，我们没能上去游览一下。后来有安徽人来苏州，我问起小南海，他们说这处景点已经不存，想来真是一大憾事。

回到旅馆，吃过晚饭，洗过澡，正休息时，来了一位不速之客。他自报家门，姓桂，名叫长贵，是在本地经营文玩古董的行商，得知我们到徽州收古书的消息后专程赶来。他带来一部明代医书，书名是《重刊巢氏诸病源候总论》。这是嘉靖年间新安汪氏主一斋的刻本，原装八册，索价二百元。因为经过几天的实际体会，我感到搜访古书很不容易，所以在收的价格上适当提高，最后以一百六十元成交。通过这次交易，双方建立了关系，以后通过书信往来，我又搜访了不少鱼鳞册和明代家谱等图书，直到“文革”时才中断。

那天一日奔走，十分辛苦。睡后一觉醒来，已是东方发白。因为学诗弟弟要赴学校报到，我们只得早作归计，决定那天上午到屯溪老街参访旧书店，在那里买到了一些中医书和家谱，打包后交邮局寄回苏州。然后到车站买好第二天去杭州的车票。一夜无事，第二天一早去汽车站，坐上去杭州的长途汽车，又乘火车到嘉兴，再乘汽车返回苏州。首次徽州圆梦之旅告一段落。

经过这一周左右的实际考察，我深知那里地处高山之中，交通不便，故而男子成年以后，都外出经商或继承祖业，到了年老以后才回到老家，将一生积蓄用于买田地，建宅院，修祠堂，编家谱，实现“衣锦还乡，荣宗耀祖”的传统愿望，所以明清两代的家谱、鱼鳞册特别多。

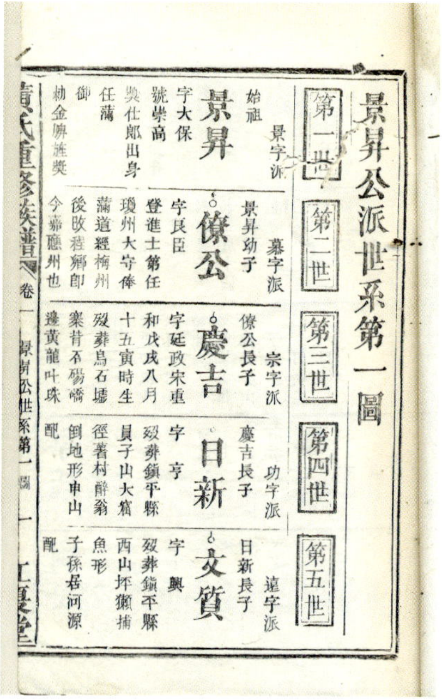

景昇公派世系第一圖

第一世 第二世 第三世 第四世 第五世

景字派 始祖 景昇 字大保 號崇高 奥仕郎出身 任蕅 御 勅金牓旌奬

慕字派 景昇劝子 僚公 字良臣 登進士第任 瓊州大守俸 蕅道經梅州 後致稚鄉卽 今嘉應州也

宗字派 僚公長子 慶吉 字延政宋重 和戊戌八月 十五寅時生 殁葬烏石壋 棄背不碭嶠 邊黃龍叶珠

功字派 慶吉長子 日新 字亨 殁葬鎮平縣 員子山大窩 徑著村辭翁 倒地形申山 配

遠字派 日新長子 文質 字興 殁葬鎮平縣 西山坪獺捕 魚形 子孫居河源 配

黃氏重修族譜 卷一 景昇公世系第一圖 一 江夏堂

《黄氏重修族谱》

清康熙五十二年江夏堂木活字本

芷兰斋藏

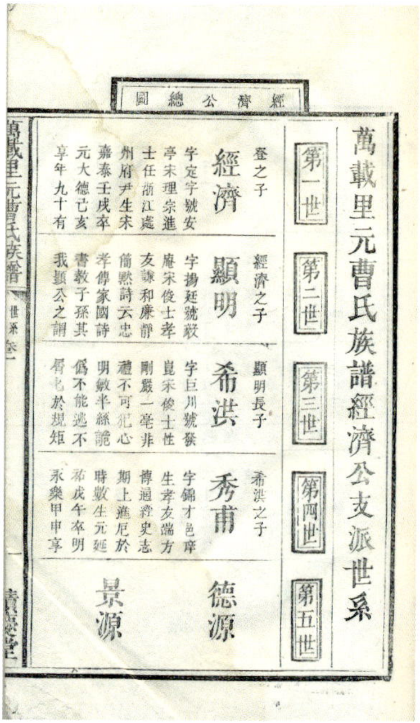

經濟公總圖

萬載里元曹氏族譜經濟公支派世系

第一世 第二世 第三世 第四世 第五世

登之子 經濟 字定宇號安 亭宋理宗進 士任浙江處 州府尹生宋 嘉泰壬戌卒 元大德己亥 享年九十有

經濟之子 顯明 字揚廷號毅 庵宋俊士孝 友謙和廉靜 簡默詩云忠 孝傳家國詩 書教子孫其 我顯公之謂

顯明長子 希洪 字巨川號發 崑宋俊士性 剛嚴一毫非 禮不可犯心 明敏半絲詭 僞不能逃不 屑屑於規矩

希洪之子 秀甫 字錦才邑庠 生孝友端方 博通經史志 期上進厄於 時數生元延 祐戊午卒明 永樂甲申享

德源 景源

萬載里元曹氏族譜 世系 卷一 一 積慶堂

《万载里元曹氏族谱》

清乾隆五十八年序刻积庆堂木活字本

芷兰斋藏

第五章　古旧书店往事

长期访书的郑振铎先生对古旧书业尤其是上海、江苏的古旧书业了如指掌。对于公私合营，他曾表示：“对私营古书业改造必须慎重进行。”对古旧书业，他曾指出：“古旧书业既是企业，又是事业……”

公私合营

1956年1月，在全行业实行公私合营的高潮中，苏州全市的私营新、旧书店都被批准实行公私合营。

至此时，苏州古城存有二十多家古旧书店，此外还有旧书摊四十多户。根据当时国家文化建设的需要，同时考虑到这个行业的人员过剩，市文化部门和新华书店将苏州来青阁书庄合并到上海来青阁总店，由上海新华书店管辖。

在此之前，我写信寄往上海，请杨寿祺先生回苏州一趟。我请他到店中，取出他曾托付给我的两部书。我告诉他说："杨伯伯，马上公私合营了，这两部书，您还是拿回去吧。放在我这里，我怕说不清楚。"杨先生很理解我的顾虑，便把书收回。

关于《虎丘山志》这部书的归属，还有过一段小插曲。原来1955年，范烟桥出任苏州市文化处处长，曾屡次欲出资将《虎丘山志》收归公家保藏，终因杨先生索价过高，双方没有谈拢。现在情况发生了变化，有感于范老为苏州存文献的热情，杨先生在把书带往上海之前，特地请人影抄了一本《虎丘山志》，赠留吴中，并作一题跋，对影抄缘由做了一个说明。他说这本书的珍贵之处在于是孤本。范老也题跋于上，说会将影抄本放到图书馆，以资众览。这部书和弘治刊本《三国志通俗演义》被杨先生带到上海后，现在已下落不明。

公私合营，是旧书店自愿提出的。1955年的时候就开始学习精神，店主并没有意见。

经调整，百城书店的李光皓、他的弟弟百城耀记的店主李光耀、瀚海书店的吴瀚三人到上海复旦大学图书馆工作，苏州书林的尹仲彬到上海市历史文献图书馆工作。夏淡人也自找门路，去江苏师范学院图书馆工作。束师兄则被调到上海图书馆。

公私合营后，店面就得交出来了。文学山房家店合一，所以我们家必须得搬走。这时有人给我们介绍吴玉麟先生的房子。那房子在平江路钮家巷西大园，环境很幽静。于是父亲付了租金，定了下来。

搬家时打包收拾东西就花了好几天。

我家二楼有一个房间，放置了各种雕版，是文学山房买下的。其中有叶昌炽的缘督庐遗书书版（含《藏书纪事诗》七卷、《语石》十卷、《寒山寺志》三卷、《辛臼簃诗谳》三卷、《奇觚庼文集》三卷《外集》一卷）、谢家福的《望炊楼丛书》书版（含《吴中旧事》一卷、《平江记事》一卷、《烬余录》二卷、《邓尉探梅诗》四卷、《五亩园小志》一卷）。我印象尤其深刻的是叶昌炽助蒋凤藻校刻的《心矩斋丛书》书版——因为后来江苏人民出版社曾借去刷版。既然要搬离故居，父亲就做主把家里所有书版捐献给了文管会。

离开老宅的那天，我雇了一辆车，把自家的物品等都装箱封好，家具捆扎好，来回运了好几趟。车开到新宅巷口，巷口太窄，进不去。妻子从车上下来，一手抱着大儿子延令，一手牵着大女儿娟娟，默默地往巷子里走。就这样，我们一家人搬到了西大园，也就是现在我们住的地方。这一住，就六十余年了。

房主吴玉麟是从美国回来的留学生，新中国成立前在戚墅堰电灯厂做厂长，那时候他的月薪就达到七百块，生活宽裕——你想，普通人一个月才几块钱工资啊。当时他住在第四进楼上，第三进、第二进都有大厅，第一进则是轿厅。我们起先讲好，我们家租第一进（即轿厅）、第二进，房租每月十块钱。吴先生收入高，见我家人口多、东西多，他就说："这样吧，原来第三进的大厅到晚上要组织居民读报的。读报结束以后，门可以关上，这个大厅你们也可以用起来，随便你加多少钱——加一块钱房租也可以。"所以我们加了点钱，把第三进也一起租下来了。第一进仍是轿厅、柴房。第二进有正厅和左右两间厢房，两位姑姑就住西厢房，东边的厢房是弟弟妹妹们的房间。我和爱人以及孩子们住在第三进的西厢房，父母就住第三进东厢房。

在搬到西大园的这一年，我的小儿子益林出生了。

江氏全家福（二十世纪六十年代）

后排左起：江馥根（八弟）、江惠英（六妹）、江学诗（三弟）、江林根（四弟）、江文浩（五弟）、江澄波、华国英（妻）、邹惠娟（五弟媳）

中：江延令（大儿子）、江丽珍（小姑姑）、余芝英（母）、江静澜（父）、江丽华（大姑姑）、江娟娟（大女儿）

前：江承浩（五弟之子）、江益林（小儿子）

郑振铎在苏州

1956年冬，时任文化部副部长的郑振铎先生到苏州等地考察工作。

苏州才解放的时候，卖书的多，买书的寥寥无几。旧货店收到书后，若有识货的就保藏起来，不识货的，就把书论斤卖掉，当作卖废品一样。我们做旧书生意的，能抢在书被化成纸浆之前救下一批总是好的，但每每想到还有自己没见到的书沦为废纸就很心痛。还好当时郑振铎先生奉中央之命，负责全国文物工作，来到江南后，他不仅仅听汇报，还进行实际调查。当听说有古旧书被送到破布废纸生产合作社时，他立即给李芸华市长和范烟桥局长去信，请他们及时处理。

范烟桥那时是苏州市文化局局长，接到郑振铎先生的建议，就去向市里反映，这一次，便抢救下来一批有价值的书，其中有一套书，是潘氏滂喜斋所藏的《缙绅录》。有人就把这套书给郑振铎先生看，问郑先生："您看这书好不好？"郑先生一看，说："好的呀！应该买下来。"然后解释：所谓《缙绅录》，记录的都是古代做官的人的籍贯、官阶、住址等，相当于当时的官员通讯录。滂喜斋潘家的这一套《缙绅录》，非常齐全：上至一品大员，下至地方各级行政官员，都有著录。又因滂喜斋潘家属于四朝元老潘世恩贵潘一支，所以《缙绅录》所收不止一朝，年代跨度大，所收人物多，具有极高的档案价值。

说起来啊，郑振铎先生所鉴的这部《缙绅录》，也是我经眼之物。在那不久前，潘家在处理佛堂的一批书时，我看到有这套书，就写信告知合众图书馆的顾廷龙先生。顾先生出的价钱很低，物主就不愿意送到上海了。这套书部头很大，若要购买，价格确实不便宜，而合众图书馆是先生们自己出资的，对经费的使用比较谨慎。

因为有郑先生的建议，苏州市文管会就把这部《缙绅录》购买下来了。只是可能中间有什么变故，据说现在苏州博物馆里并没有这部书。

1956年11月18日下午，郑振铎先生来到我们书店，其时我刚从甪直镇收购到一批清代中期刊印的道教中做“给箓”法事用的文书，上面印有彩色版画。他看后非常高兴，并告诉我，这些东西是随着法事而焚化的，所以流传下来的已经极少，不比佛经是藏于名山而历久保存的。这使我增长了新的知识，深受教益。

我之前在西山东河镇废品收购站收到过一部杨循吉的著作，借此机会也给郑先生看。这部书是明万历间刊本，竹纸精印，有《菊花百咏》《庐阳客记》《斋中杂咏》《灯窗末艺》《攒眉集》《金山杂志》《都下赠僧诗》各一卷。其中既有杨氏的诗文集，又有他整理的地方小志。郑先生出资收下，为之题名为《南峰杂著七种》，并写了题跋。他在题跋中说这是一部“人间孤本”，说如果要做明代弘正时期的文学史研究，此书可以为之“增添若干新页”。

长期访书的郑振铎先生对古旧书业尤其是上海、江苏的古旧书业了如指掌。对于公私合营，他曾表示："对私营古书业改造必须慎重进行。"对古旧书业，他曾指出："古旧书业既是企业，又是事业……书存得越多越好，不要一下子卖光……"1958年，郑先生出国访问，因飞机失事而殉职。他的夫人高君箴同志遵照他生前遗志，将他的全部藏书捐献给了中华人民共和国文化部，转送北京图书馆庋藏。所以文学山房卖给郑先生的很多书籍，包括这部《南峰杂著七种》，现在都藏于国家图书馆。

郑先生一生如饥似渴地搜访古书，抢救民族遗产，保护国家文物，大公无私，贡献巨大，令人钦佩。

“这一架子我都要了”

1956年公私合营时，苏州的旧书店只是在招牌上加了几个字，没有在经济上进行“改造”，没有进行清产核资，其实各家还是如以往一样经营，还保留着原有的店号格局。之所以这样，是因为古旧书业和新书业不一样，古旧书货源等不来，全靠旧书店的人自己去找。苏州的旧书店多，除了文学山房，其他多家旧书店的经营状况并不好。新华书店觉得这是一个沉重的包袱，怕都合营过来，负担不了这么多人员。所以1956年至1957年这段时间，文学山房只是招牌改成了“公私合营文学山房”，实际上，仍作为我们江氏自己的店来营业，盈亏自负，只不过我和父亲每天需要从西大园赶到人民路上班。而臧炳耀因为在苏州还没有住处，仍然住在店中。

在此期间，国家经济和文化建设掀起高潮，文化学术单位大量收购有历史价值的图书资料，给当时的旧书业打了一针强心剂，古旧书市场逐渐繁荣。

汪青辰购中医书

一天，有位同志进入店中，说要买中医书。我就向他介绍：“这一架子都是中医书。”他一看，便说：“这一架子我都要了。”

这么阔气的主顾是不多见的。我实事求是地同他说：“这一个书架里，其实有的书是重复的。”但这位同志并不在意，他说：“不碍事，现在国家提倡发展中医事业，让西医都要有中医教科书，多几本可以的。”他让我开好发票送到苏州医学院。我这才知道他是医学院的负责人，名叫汪青辰。

苏州医学院是由南通医学院改办的，1957年才迁至苏州，资料室需要扩充，所以即便是书有重复也不要紧，估计是要建一个图书馆。这样一下子买一整架书的情况，我一生里面也只碰到过一次。

这一批书里，我记得也有好的名人稿本。后来苏州医学院并入苏州大学，这些书也都到苏大图书馆了。可能在古医书的收藏方面，全国的大学图书馆很难有可以跟苏大相比的。所以说，汪青辰先生是很有见识的。

1957年古本中医书籍销路奇畅，可见一斑。

石韫玉批注本《红拂记》

来青阁春记书店的小主人陆德荣时常外出访书，他经常去吴江同里，总有收获。我曾在他那里看到过一本张凤翼的《红拂记》，乃是明末毛氏汲古阁刊本。白口，无鱼尾，左右双边。全书曾经由吴人石韫玉用朱笔批注。确认为惊人秘笈，我于是与他商议后收下。

张凤翼与弟献翼、燕翼并有才名，号“三张”。他是明嘉靖年间的举人，会试不第，晚年鬻书自给，其故居就在今干将路上。

《红拂记》是他青年时候的作品。石韫玉是乾隆时的状元，曾在苏州紫阳书院做主讲，道光时主修《苏州府志》，为世所重。此书为晚明时常熟毛晋所刻《六十种曲》中的一种。此次共收得二十六种，绝大多数有石韫玉的朱笔批语，具体书名是：《红拂记》《幽闺记》《明珠记》《还魂记》《紫钗记》《邯郸记》《南柯记》《春芜记》《琴心记》《玉镜台记》《怀香记》《彩毫记》《三元记》《鸣凤记》《飞丸记》《红梨记》《千金记》《玉环记》《龙膏记》《白兔记》《节侠记》等二十一种，另有圈点《投梭记》《昙花记》两种，仅有藏印者为《杀狗记》《香囊记》《四贤记》三种。

当时高等院校图书馆都派人到苏州来购书，对这类书的需求量很大。这批书就在这段时间售给了上海复旦大学图书馆。需要说明的是，李光皓、李光耀、吴瀚虽然已调至复旦大学图书馆工作，却并不负责采购，他们主要做修补方面的工作，和苏州书店的联系并不多。

经济改组

1957年，以经营废书废纸为主的庆记书店、同泰昌、森昌以及五户书摊，被划归市手工业合作社管理。

到了1958年，苏州市文化部门对古旧书业开始正式进行经济改组工作。也就是说，苏州古旧书店的经济改组，实际上比其他行业晚了两年。先将文学山房、大成书店、觉民书社、文庐书店、徽汉阁书店等五户合并，再将大众书店、东方书店、万象书店、敬古斋书店、养庐书店、和记书店、文宝斋书店、来青阁春记书店、信记书店及书摊等十三户合并，并根据业务需要，重新调整了机构布局。改组后的店号为“公私合营苏州市古旧书店”，分设文学山房、东方、大众、来青阁四个门市部。

文学山房门市部用的是文学山房老铺子，位置仍是人民路326号，专营古籍，除了父亲和我，员工还包括文学山房原伙计臧炳耀、觉民书社原店主程汉芳、徽汉阁原店主卞堪生。1956年，文庐书店店主李德元将店迁至景德路王天井巷口，与妻兄许仲英一起经营。这次经济改组，李德元和许仲英两人也一起合并过来。故而文学山房门市部共有工作人员七人，由我父亲任负责人。

东方门市部专营旧期刊，在景德路252号，有员工五人，原万象书店店主浦元祯为负责人。大众门市部专营旧书，在观前街山门巷口，有员工四人，原大成书店店主丁俊生为负责人。来青阁门市部所用的铺面是来青阁春记书店，地址就在东中市，专营废旧书，员工有陆德荣、郁恩锡等四人，陆德荣为负责人。郁恩锡以前主要做旧货生意，他对小古董之类的玩意是精通的，但对古书不怎么懂。

因为合并，需要对各家的存货统一清点并核算资产。不仅图书合并归公家，店里的招牌、书版甚至修补的工具等杂物都要一起合并过去。核定资产后，公家根据各家的资产情况，每年发放定息给原店主，到“文革”时终止。

杨寿祺先生开在嘉余坊口的来青阁，本应该参加上海的公私合营，留存的许多书应移交上海，但这些书最终被赠送给苏州古旧书店。这批书是臧炳耀去接收的，接收回来后，由我们一起整理登记。

在清点时，我发现了三箱玻璃版片。另外还有一包已经印好的书页，是用棉连纸印的。一看，玻璃版全是来青阁《礼记郑注》的珂罗版，书页内容也是《礼记郑注》。说起《礼记郑注》，这部书我是熟悉的。宋本《礼记郑注》原为清代同治十三年（1874）状元陆润庠旧藏。二十世纪二十年代后期，杨寿祺前辈在陆氏后人处购得这部宋代福建书林余氏万卷堂刊本《礼记郑注》。1937年时，杨先生用珂罗版将书影印传世，订成十册，分装两函，署名杨彭龄，即寿祺先生之大名。当时用了两种纸刷印，定价也不一样：美浓纸刷印的，售价二十五元；棉连纸刷印的，售价十六元。分别印了一百部。

整理时我发现一个问题：这三箱版片并不齐全，印好的书也缺失好多页。是保管不当吗？我想起父亲曾说过，由于怕刷印者多印，所以旧时的书店在印过一定版后，有时会取回几块，杜绝后患。看目前的情况，应该是杨先生待这部书全部印好之后，取走了几块版片，没有归到一处。

为了让残页合成全书，不引起麻烦，我就设法借来一部影印版的，将我们所缺之页采用复印技术补印，再将这些书页装订进去，大约成书五十部，效果很好。而这些珂罗版片，现在应该都还留在苏州古旧书店里。

早在1956年，上海的古旧书业就进行了公私合营和清算核资，当时组建了上海图书发行公司，下面有上海古籍书店和上海旧书店两个单位。孙实君做了上海古籍书店的副经理，传薪书店的徐绍樵在上海古籍书店负责定价工作。郭石麒先生生了病，日子很艰难，郑振铎先生知道他的情况后非常关心，便安排他在上海古籍书店做顾问。杨寿祺先生则被聘为上海旧书店的顾问。到了1958年，这两个单位合并为上海古旧书店。

来薰阁的陈济川先生则回了北京。听说北京琉璃厂的各种古旧书店被合并到一起，成立了中国书店，陈先生任副经理。

章太炎藏书出世

通过经济改组和机构调整，各个门市部的业务各有所专，人员也能各显其长，一定程度上扩大了旧书收售业务，加强了古籍的搜集、整理和供应。我们想了很多办法：比如把著名的藏书家整理编册，主动拜访；比如和本市及外地的废品回收站通信联系，以便及时抢救；比如到旧货店去寻书……这些行动都收到了很好的效果。另一方面，古旧书店都合到一起了，本地藏家要卖书时，也非常简单，只需要联系古旧书店即可。当然，有的藏家不想抛头露面，也有托别人经办的。

记得才经济改组不久，书店的李德元同志就接到了消息，前往收购章太炎遗书一批。

章先生晚年定居苏州锦帆路南段。原本他已在侍其巷购置了一所宅子，称双树草堂，因旁边有织布厂，章太炎夫人汤国梨嫌机声喧闹，所以改置锦帆路。

举家迁苏后，章氏国学讲习会在苏州再办，影响很大。屈伯刚先生曾为此在五卅路言桥堍开设一家旧书店，取名国学小书摊，专为国学讲习会的学子提供国学类书籍，直到全面抗战爆发后才结束营业。《制言》社也同时筹办。《制言》是半月刊，在苏州出版了第一至第四十期。章太炎及其弟子如王謇、诸祖耿、潘景郑、沈延国、朱季海等人都是这份杂志的撰稿人，杂志的扉页上还会刊登抗日歌。

我小时候，曾见过章太炎先生一面，隔了一年，他就去世了。听说为他办后事时，汤国梨买了一口楠木棺材，仅这一口棺材就花去九百九十九块大洋。因为没有墓地，就把棺材暂厝在家中的花园里面。接着全面抗战爆发，一直拖到新中国成立以后，才由国家安排，将太炎先生的棺木下葬于杭州西子湖畔风景区内。

新中国成立之初，汤国梨生活比较艰难，于是开始卖书。

李德元将书收回书店后，我们一起整理。这些书大多是当时的常见书，多是经学书，上面有“余杭章氏藏书”印记，有的有他的批注。

章太炎先生做学问的时候还没有复印机，所以我看到这一批书中有这样的情况：一些书的书页被撕掉了，贴在了其他的地方。印象中，还有一部明崇祯版的《汉魏丛书》竟然也有被剪掉的情况。

之前我在钱穆先生书房中，曾亲眼看到他案上的残页、剪刀和糨糊。民国时期很多学者都这样剪书，剪掉的书大多是很普通的版本，比如钱先生剪的是铅印本，珍贵的书他们也不舍得剪。我看到过一些老的出版社散出来的线装书也是这样的——听说也是物主将自己觉得有用的内容剪下来编书用。我们在收书时会小心翻阅书内有没有被剪掉的情况，因为书有缺损就很难卖出去。当然，像章太炎先生这样直接剪明版书的是十分少见的，今天这么做就不合适了，这是破坏古书啊！

这段时间，我也外出拜访大家，所获不少。

有一次，东北街汪星伯先生的一批家藏出售，我前往收购。

他的书中，我记得有两本尤其出色，书名为《纶扉奏草》《纶扉笥草》，乃明代苏州人申时行所撰，万历刊本。纶扉系指内阁，以为皇帝撰拟诏制之地而得名，申时行做过万历皇帝的内阁大臣，故有此名。因为做宰相的不止他一人，所以就出现了与他的书同名的明人叶向高的《纶扉奏草》，不可不辨。此书历来罕见，《千顷堂书目》与《四库全书总目》均未收，可见其传世之稀。

汪星伯对医学、绘画都很精通。绘画方面，他曾向姑丈陈师曾学习，深得吴昌硕赏识。在上海的时候，他与陆小曼相识，陆小曼曾拜他为师。苏州市文管会成立后，他也加入，不仅参与文管会书画文物的征集鉴别，还和谢孝思先生一起为园林修缮积极奔走、谋划，做出了很大贡献。

《归庄手写诗稿》的故事

正式公私合营了，领导一再强调："古旧书经销，不要谋取暴利。"当时就发生了一件事。

李德元先生1958年前往洞庭东山进行收购工作，在东山造纸厂的原料堆里抢救出一捆古书。我细细查看，发现其中有六卷手写稿本，衬订六册，书名是《恒轩诗稿》。书的天头和行间还有朱、墨、蓝、黄四色笔批注，钤有"归庄之印""字玄恭""君子豹变"等印记。具名是"昆山归祚明"。经过考证，这是明末与顾炎武齐名的名家归庄亲笔所写的。

归庄字玄恭，一名祚明，号恒轩，昆山人。工文字书画。入清后野服终生，往来湖山间。与同邑顾炎武友善，两人有"归奇顾怪"之目。归庄晚年寄食僧舍，年六十卒，有《悬弓集》《山游诗》《寻花日记》等。

这部具有文学价值和文献价值的稿本，原内容为归庄在崇祯庚辰（1640）迄顺治壬辰（1652）这十三年中创作的作品，但仅存《庚辰诗稿》《澄庵诗》《隆武集》《勃斋诗》，主要是作者写于庚辰、辛巳、甲申、乙酉、己丑、壬辰这六年之诗。这些诗除极少数外，都是《归玄恭遗著》所未收的，且写作时间正好在甲申、乙酉大动乱前后，对当时的社会变化和作者的思想状况都有深刻的反映。其中《悲昆山》等篇，以生动的笔调描述了国破家亡的惨象，反映了作者的爱国思想和鲜明的爱憎之情。当时南明虽然已经崩溃，但归庄还是不忘故国，强烈地希望自己的国家能够复兴，因此在这部稿本的《隆武集》上题“昆山归祚明天兴父著”。这部湮没了三百多年的作品重现人世，不但让人们对归庄有了更多的了解，而且为明季社会政治情况的研究增加了一份宝贵的资料。

这部手稿价值很高，我本来想定价三百元，但领导又强调不能高定价，这让我觉得很难办。最后向领导汇报后，定价人民币一百元。

没隔多久，路工（本名叶枫）先生作为文化部的“访书专员”来苏州访书，这本书被他买走。他把书带到北京，这书就引起了专家们的重视。经过北京专家评定，北京图书馆最后以人民币五百元将此书收去。

我家庭成分不好，在收书售书时，我知道要担负的责任很大，如果定价有失误，轻则被批评，严重的话，可能会被定性为政治问题。好在我事先请示过领导，所以没有受到指责。

古书的定价，说难也难，因为要懂得版本，要深入研究。徐绍樵进入上海古籍书店后，常常被孙实君责骂，就是因为他常常把价格定得太低了。而这定价，其实说简单也简单——认得好书，定价就不会离谱。只是当时领导对我们古书业的情况不了解，我们的工作就不好做。

此书已由中华书局于1959年影印出版，彩色精印线装二册，取名为《归庄手写诗稿》，首印的一千六百册中，有特藏本六百册。至今六十余年过去了，连这影印本也很少见了。

周贻白的戏曲类藏书

1958年年底，八户个体书摊联合组成了沧浪、平江两家合作书店。这两家合作书店办得并不成功：设在凤凰街中段的沧浪合作书店在1959年5月整顿发行网时，划归区民办总店领导，史依仁同志被吸收到古旧书店就业；设在临顿路旧学前北的平江合作书店至1960年5月停业，洪侠等同志被吸收到古旧书店就业。

文学山房、东方、大众、来青阁四个门市部中，文学山房门市部专营古籍，通过整合，业务有很好的发展。古旧书店人员多，会修补、会拓印的人才都有。我就能抽出时间，和李德元、程汉芳等同志一同到本市城乡以及外省收购古书，到废品回收站、造纸厂的废纸堆中收罗挑选也是经常的事，曾收得不少珍贵文献和有价值的书刊资料。

1959年9月开始，新华书店让钟尚康和李德元两位同志成立了一个工作组，让他们专门到苏州专区各县（市）开展整理古籍古画的工作。先以吴江为试点。李德元曾讲，在吴江同里，他见到一户人家，藏有大批古书。那家只有一位七十多岁的老太太，那老太太既不懂古书，又无力整理，只能任古书霉烂虫蛀，甚是可惜。通过帮助整理，李德元和钟尚康抢救出了价值两千多元的古书，其中有珍贵的明刊插图本《元曲选》、明刊《文苑英华》以及《古列女传》《吴江县志》等。

这年年底，废品回收工作进入高潮。书店配合文管会组织了一批人员到回收站、造纸厂，从废书堆中抢救出了有参考价值的古旧书十余担。苏州专区文物会议代表亦到店中参观。

1960年时，李德元到洞庭东山民间访书，收到了明万历刊本《吴骚二集》。全书四卷，题武林张琦、王辉合编，系明万历四十五年（1617）刊本，首卷卷端钤有“洪声”“费氏鏕”二印，书内附有插图二十余幅，雕镂精绝，堪称明代版画代表作。我们将其修补装订以后，提供给了本市戏曲研究室。

苏州市戏曲研究室是1959年成立的，由顾笃璜先生主持日常工作。说到提供给戏曲研究室的书，周贻白先生的藏书是重要的一部分。

周贻白是著名戏剧理论家，曾在香港永华影片公司任编剧，新中国成立后，应田汉、欧阳予倩的邀请，赴北京中央戏剧学院执教。他的家属在苏州的小学里当老师，所以他每逢假期就从北京回苏州探亲，几乎每天下午都来书店坐坐。二十世纪六十年代初，周贻白先生因家属随他迁居北京，遂出让部分藏书，邀我往观。我将这批书带回，有几十捆之多，全是线装古书，绝大部分都是戏曲类书。其中有一部《白雪斋选订乐府吴骚合编》尤其出色。该书内附《曲律》一卷、《衡曲麈谈》一卷，明张琦选辑，张旭初删定，乃明崇祯十年（1637）张师令刊本。白口，四周单边，附有插图。前有许当世序及张琦自序。张琦在序中说，自所编《吴骚》前三集梓行后，洛阳纸贵，仿刊者甚多，遂与从弟旭初重加选定，编为《吴骚合编》四卷，共收套数二百余篇、小令四十余首，多为南曲。李德元在洞庭东山收得的《吴骚二集》就是张琦序中说的

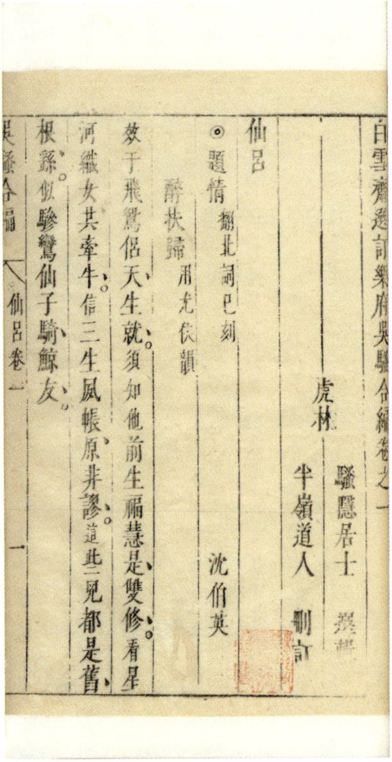

白雪齋選訂樂府吳騷合編卷之一

虎林　騷隱居士　選輯

半嶺道人　刪訂

沈伯英

仙呂

◎題情　擬北詞已刻

醉扶歸　用尤侯韻

數于飛鸞侶天生就。須知他前生福慧是雙修。看星河織女共牽牛。信三生鳳帳原非謬。道此二兒都是舊根蒂。似驂鸞仙子騎鯨友。

吳騷合編　〈仙呂卷一　一

《白雪斋选订乐府吴骚合编》

明崇祯十年张师令刊本　苏州图书馆藏

"前三集"之一。

遵照文化局钱璎局长的指示，周贻白的书凡涉及戏曲的，都被及时提供给了苏州市戏曲研究室。古旧书店则留下了其余的图书。"文革"时，苏州市戏曲研究室的图书全部被转交给苏州图书馆保管。

与阿英结缘

阿英原名钱杏邨，生于1900年，安徽省芜湖市人，是我国著名的现代文学家和收藏家。早年参加过五四运动，1926年加入中国共产党。毕生从事革命文艺活动，曾任全国文联副秘书长等职。

二十世纪三十年代，阿英作为中国共产党创建的电影小组成员之一，与战友们一起进入上海明星电影公司。1933年，他为了拍摄反映沿海渔民生活的进步影片《渔潮》来到苏州，这座城市给他留下了美好的印象。拍摄完毕返回上海之后，他曾向家人表示了今后要到苏州安家落户的愿望。

他起初因工作需要而收藏古旧书籍，后来将寻访古书当成了习惯和爱好。苏州因是明清以来刻书和藏书最发达的地区，于是成了他访书、买书的主要地方。在他所著的《苏常买书记》中，就记载着不少在苏州访书的故事。全面抗战期间，阿英服从组织安排，前往苏北新四军根据地工作。新中国成立以后，他的女儿钱璎、女婿凡一长期在苏州担任市里主管文化工作的领导。儿孙绕膝，他与苏州的关系也更加紧密了。

他一生热衷访书，凡稍有用的都兼收博取。他尤其注重晚清文献资料的收集，目的是用于当时与将来的研究，因而常有“人弃我取”的情况。晚清文艺和戏曲小说等通俗文学作品，在二十世纪二十年代时，属于“不登大雅之堂”的小书，也可以说是“曲低和寡”，若非自己买，是不可能从别处借到的。因而他积数十年之精力，大量收集此类古书，成为坐拥书城的大藏家，其藏书内容之丰富，足以超过一个公立图书馆。因为当时这些书“时近量多”，不为图书馆所重视。

我与阿英同志的相识，是由周贻白同志介绍的。1958年，我们从洞庭东山收购到一批晚清时期用土纸或油光纸石印的《飞影阁画报》《图画日报》《游戏报》等，周贻白看到以后，就叫我暂为保留，他立即与阿英同志联系。大约过了三天时间，就接到由北京发来的“画报决购”的电报，速度之快，出乎意料。从此阿英就经常写信给我，附上拟访书目，提出具体要求。他所要的不是宋元明刻及名人抄校古本，而是一向不为人所注意的铅印本、石印本小册子，包括笔记、小说、评弹、唱本、画报、杂志、诗文集等。由于我们陆续不断地向他提供了大量的图书资料，他很高兴，一再提出要来苏州的愿望。后来他购买了不少《竹枝词》，准备汇辑一册。其时我正受中国科学院文学研究所之托大量收集明清人诗文集，因此利用抄写书目之机会，顺便翻阅一下，如果书中内容有《竹枝词》，就抄下来寄给他。日积月累，数量较多，他很兴奋，以感谢的心情，赠予我他自著的《雷峰塔传奇叙录》《鸦片战争文学集》《反美华工禁约文学集》等书，扉页上还有他的亲笔签名。

我和阿英同志不仅仅是营业员和读者的关系，还可以说是学生和老师的关系。这之前，我在浙江平湖收到简社主人著的《麟阁待传奇》，因为是人间孤本，所以想进行传抄，就去信征求他的意见。他很快就回信：“澄波同志：书收到，谢谢！《麟阁待传奇》

我没有见过。问贻白同志，他也没有见过。不明内容，很难说话，最好请范烟老看一下。同时希你注意一下，如果涉及李闯部分而内容又太坏，最好能加以斟酌，然后决定是否抄传。范老看后，当能最后决定。余再函告。匆匆敬礼！阿英，七日。”这本《麟阁待传奇》最后也提供给了苏州市戏曲研究室保藏。

苏州洞庭东山有不少大户人家，自古以来，这些人家的男主人大都外出经商，家属身居闺中，以看弹词小说为消遣，有时还自己动笔抄写，因而民间还保存着大量的清代乾嘉时期坊刊本和抄本的弹词。惜乎由于历时已久，整部全的已较少，残本则在新中国成立初期流出很多，因此我把陆续收得之书保存下来。有一次我在信中提到了此事，他十分希望我能把这批弹词让给他作为整理《弹词目录》的重要参考资料。我最终提供给了他，使他如愿以偿。

二十世纪六十年代初，我经常到扬州、泰州、高邮、兴化、如皋等地访书，有一次收到了一册晚清时印的《东游纪念》。我把书寄去以后，他马上给我写了回信：“澄波同志：寄来《东游纪念》等书已经收到。……《东游纪念》中有一册，收当时留学生爱国运动文献不少，殊可贵，应该谢谢你的帮助。……我最近不得南下，但无论如何，终会南下一次。到苏当奉访，并面致谢忱。弹词目、晚清诗文集目，今后也想整理出来。匆匆敬礼！阿英，十三日。”

我和阿英通信很频繁，写的大多是些关于购书的信件。有时他也会和我分享买到好书的快乐，他还多次建议我们书店购买与苏州有关的书，丰富乡邦文献的馆藏。

大概在1964年、1965年，社会上掀起了一阵“反对厚古薄今”之风，书市冷落，我不敢再抄书目给他，因而他就主动给我来

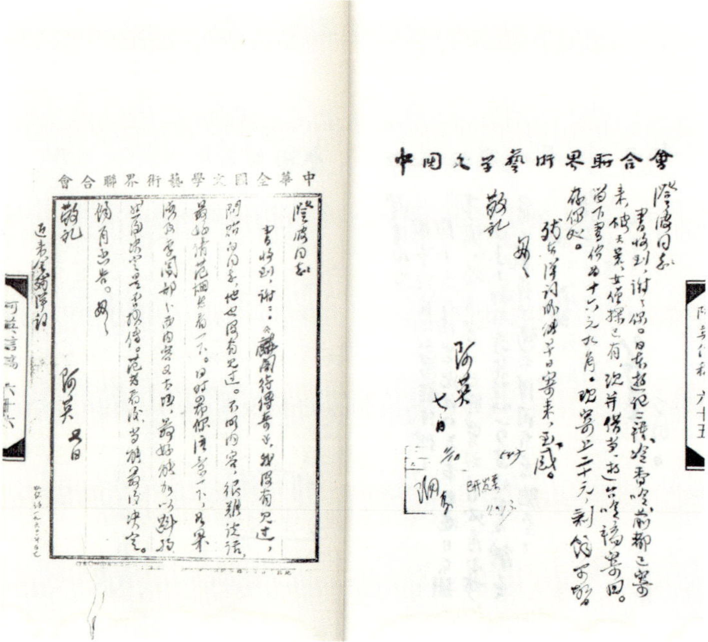

阿英致江澄波札

信索要书目。内容如下："澄波同志：已记不起有多少时候没有和你通信了，也一直没有收到你们的来书，想一切很好。如有我需要的书，很希望寄点给我。凡一、钱璎仍在京学习法文，一时还没有出去的消息。匆匆即致敬礼！阿英，卅日。"这是他老人家写给我的最后一封信。

旧书回收部

三年困难时期，新华书店物资紧张，上面提出来，要让一本书发挥多本书的作用，就是把卖出去的书收回来再次作为旧书卖出。1961年4月，新华书店旧书回收部就在观前街166号成立了，位置在新华书店隔壁，用的是一座银行的楼房，名义上挂新华书店牌子，实际上是古旧书店的收购机构。同时还成立了古旧书修补装订小组，设在回收部里。回收部在一楼，空间很大，楼上就是新华书店的经理室。经理室里，张子平同志是正经理，苏章荪同志是副经理。

旧书回收部成立后，我父亲担任回收部主任，臧炳耀任副主任，我主要负责古书收购和定价业务。与我搭档的是原文庐书店店主李德元同志和原小书摊主史依仁同志。原文宝斋的主人邹念生，经济改组时本来分在来青阁门市部工作，由于来青阁门市部被撤销，他也来到了回收部，与我父亲一个房间，两个人一起补古书。

为了贯彻“调整、巩固、充实、提高”八字方针，除文学山房门市部仍保留外，大众、东方、来青阁等三个门市部被撤销。文学山房门市部留下程汉芳、卞堪生、许仲英等工作人员，由原大众门市部的丁俊生任负责人，主要负责对外售卖古籍，称“古旧书门市部”，不再称“文学山房门市部”了。

另外，观前街177号设立了新旧书门市部，位于新华书店对面，安排有专门的营业员，回收部收到的老期刊、新旧书等会拿到这里来卖。

我的搭档李德元，经验丰富，收购了不少好书。他主要负责走访苏州周边郊县。史依仁懂新书、期刊，主要负责期刊的定价工作。我则多在苏州城区及市外走访寻书。

这一年，我在本地回收的古书中，有明崇祯五年（1632）刊本《泰州志》、明嘉靖刊本《唐荆川先生集》、清康熙刻本《新编麒阁待传奇》等明清善本、孤本，又从常熟顾氏小石山房收购到明弘治年间刊黑口本《宋纪受终考》三卷和清照旷阁刊批校本《洛阳伽蓝记》五卷。8月份，我从民间收购到太平天国苏福省苏州郡昭文县左营军帅汪所发《亲劝捐输》文凭一张。原件红纸底，黑笔书"奉慷天福大人钧谕亲劝捐输，昭文县左营军帅汪"等字，中间盖有"太平天国军苏福省苏州郡昭文县左营军帅"关防之印。这是难得的历史文物，被提供给了苏州博物馆。苏州博物馆以苏州市文管会藏品为基础，于1960年成立，挂"苏州博物馆""苏州市文物管理委员会"两块牌子，文管会的一批专家就在里面办公。

文管会的王言同志委托我注意苏州地方文献的收集。有一次，我在拜访黄裳先生时，在他的藏书室来燕榭得见一部明代苏州人戴冠所著《濯缨亭笔记》十卷，系嘉靖丁未（1547）无锡华察刊本，末有刻书跋。华察即弹词《三笑缘》中唐伯虎去卖身投靠之华太师。经查考，唐寅生于成化六年（1470），年龄要比华察大二十七岁，嘉靖二年（1523）唐寅逝世时，华察还没有考中进士。华察的儿子名叔阳，官礼部主事，为太仓大文学家王世贞的女婿，著有《华礼部集》八卷，乾隆时被收入《四库全书》。华叔阳绝非庸才，可见弹词小说内容之无稽。因为此书是苏州地方文献，故我一再与他协商，终于收归。后由南京博物院院长姚迁同志来苏州购去。

在浙江平湖，我从民间收到一部地方小志——《竹里述略》稿本，后附《新篁竹枝词》，系清代嘉兴徐士燕所著，从未刻印过。收得后，我写了一篇文章介绍这部手稿的情况，投给《浙江日报》，于1962年11月14日发表出来。浙江图书馆和杭州古旧书店见后都来信要求买这部稿本。经研究，该书被调拨给杭州市新华书店，由他们处理供应。

1962年秋，十四号台风袭击苏州。古旧书门市部的房屋——也就是原文学山房门店年久失修，致使大量古籍受潮，损失严重。市文化局领导亲临现场视察；书店亦汇报给焦康寿市长和茅於一副市长，反映情况，要求市房管部门进行大修或另行安排店址。茅於一副市长很关心文化工作，政府就把人民路342号房屋调给古旧书店使用。这房子位于怡园对面，也是一幢老建筑，两层楼，隔壁是朱鸿兴面店。门偏北，地上铺着木地板，进店要上一级台阶，大厅内有一张桌子，桌子上展示了一些图书。

当时茅於一副市长听地方上的文化人讲起文学山房的往事，决定重新做一块文学山房的招牌。新做的文学山房招牌黑底金字，做好后也没有怎么挂上去，现在还存在古旧书店仓库里。

观前街东有一个恒山堂药房，1965年，经调整，药房的铺子空了出来，新旧书门市部就被安排搬到这里营业，门牌号是观前街49号，直到“文化大革命”停业。

为公社供应图书

1965年初，苏州新华书店接到上级通知，要为即将召开的郊区及吴县各公社贫下中农代表大会流动供应图书。因为人手紧张，要抽调古旧书店的员工一起参与。我和观前门市部的营业员费祯音同志一组，承担娄葑、越溪、横泾三个公社贫代会的流动供应图书的工作。

娄葑公社的大会开得最早。我们二人就到业务科去领取供应的图书，主要是《毛泽东著作选读》的甲种本、乙种本，农业科技类的书，附带《红岩》《林海雪原》等文艺书。打好书包后，由业务科用小车运往娄葑公社。

贫代会的会场设在通和坊内地委党校，书摊摆在大会堂边上的一张长桌上。拆开书包，将书平放在桌上后，我就想晚上怎么办：是晚上打好包，第二天早上再布置呢，还是睡在摊旁，值班守夜？

因为费祯音是位女同志，理应让她去住招待所，所以我主动提出睡在摊旁守夜。会场很大，好在整夜灯光通明，一人独居倒也不觉得恐惧。

第二天上午大会开过，下午分组讨论时，就陆续有人来看书、买书。大多是大队或生产队公家买，每笔十多元到三十多元不等。只是新的问题出现了：他们付不出现金。怎么办？经过请示经理室后，我们做出决定：拿不出现金的，可写一欠条交给我们，书可由他们先带回去。这样一来，买书的人多起来了，欠条也收了不少。到会议结束，我们把卖剩的书运回，把现金及欠条一并交给业务科，办完了手续。可是时隔不久，业务科又把欠条退给我们，要我们去讨还欠款。

当时我就前往梅巷、洋泾两个大队和生产队，结果毫无收获。我和费祯音一商量，还是把这些欠条送到了经理室，因为当时是经过他们同意的。最后由经理室出面和当时在娄葑信用社工作的老顾同志联系，请他从各个大队和生产队的账上把书款给我们扣回来，由我们补开发票，一件难事才算圆满解决。

值得一提的是，这次会议的饭菜特别丰盛，吃的全是苏帮菜，而且品种特别多，十天会议期间，几乎天天不一样，这是无可挑剔的。

没隔几天，横泾公社贫代会召开，我们又到业务科领书。把书打好包，由业务科的工作人员用小车送往胥门轮船码头，我们再去把书搬到船上。船到了横泾，我们把书搬到岸上，一打听，去会场还有一段路程。我和费祯音商量，由她去商店里借一辆手推车运过去。她在门市工作多年，积累了不少和群众打交道的经验，所以不到一刻钟就把手推车借来了。

放上书包，当时我想："我是男同志，理应由我来推。"哪知这工作我从未干过，试了几下，推不动。费祯音看了，笑着对我说："还是我来推吧！你拿条麻绳，拴在车前——你到前面拉去吧！"就这样，我们一个拉一个推，往会场走去。书包上面还放着两条被子——因为担心招待所的被子不干净，我们都分别带了自己的被子。当时我们还年轻，过路人看到了，还误认为我们是一对男女双档的说书先生呢。

到了会场，办好报到手续，我们分别住在公社的招待所。这里的条件远不如娄葑好，带去的书包只能早上拆包，晚上打包了。这时接到经理室通知，这次要求客户现金购买，不能用欠条了，所以卖书量也大大减少。直到会议结束，带来的书还有不少。我们把这些书打好包，随身带着，乘轮船直接前往越溪。

当时越溪公社各种条件比起横泾来又差了一些，在那里的图书供应情况和横泾差不多。等到大会一结束，我们就乘轮船回到城里，去业务科结清账目。这次外出，大概一个星期。

这次流动供应，新华书店设了十多个小组，深入二十多个公社。结束后，经理室开了一次庆功会，对这次参加贫代会流动供应图书的小组和个人进行了表扬。

阴晴圆缺

在昆山收得李氏味尘轩藏书

二十世纪六十年代，苏州新华书店接到昆山新华书店的电话，说他们县里有位读者准备出让家藏古书。经理室要求我前往收购。

第二天一早我就乘轮船前往，按照地址，找到这户人家。物主姓李，是陈墓（今称锦溪）人，接待我进房间看书。古书数量较多，大多是江苏官书局刻本，其中有其祖上的著作、稿本，较为难得：有清代举人李文瀚著作的《味尘轩四种曲》，咸丰刊本，包括《胭脂舄》《紫荆花》《凤飞楼》《银汉槎》四种；有新阳（今昆山）李文楷手稿如《朱氏玉壶馆随笔》《国朝名人尚知篇》等；还有清人赵士喆著的《建文年谱》，每部四卷，分成四册，共存七八部之多，可能也是他们祖上刻的。

由于当时已有“反对厚古薄今”思想，我不敢挑选太多，只是从中挑选了一部分。除了李氏著作，还有一部明代黑口本的《皇明政要》，原装白棉纸四册，堪称珍本。我议值收下，后提供给了中央高级党校图书馆。

不知所终的明崇祯插图本《金瓶梅》

二十世纪六十年代，苏州阊门西街住着一位中医，名叫叶孝维。他藏了两部书，一部是明崇祯本的带图《金瓶梅》，全本，有两百幅图，每回两幅图，应是金陵刻本，徽州名工所刻，且印得很好。还有一部是明刻本《隋炀帝艳史》，也有插图。叶先生之前一直不愿意卖的，但"反对厚古薄今"之风让他紧张了，他就通知古旧书店，把两部书卖给了我们。古旧书店收到后不久，省新华书店出了一份文件，说反动的、淫秽的书，全部要交到省里去。省店表示，这不是没收：你多少钱收购的，省店就多少钱拿过去。我们就把这两部书和其他一些书交到省店去了。"文革"结束后，省里一个调查组来调查书店有没有损失的书，我把这个情况告诉他们，最后还是没有下文。

第六章　访书小记

从同里到西山，从无锡到安徽，我们四处搜访，看到好书，所有的疲惫都消失了……

华墅之行

1956年的一天，我路过东中市，顺便到来青阁春记书店拜访他们的小主人陆德荣先生。

这个书店的店主张春生，为来青阁创办人杨云溪的寄子，所以也能用来青阁的招牌。书店以经营木刻学堂读本和医卜星相书为主，后兼售上海石印小说唱本，与卖珍贵的古版书的来青阁完全不同。店里挂有一个青布袋子，里面一格一格的，书就插在里面，和现在插明信片的袋子差不多。顾客来了，如果要看，可自己拿出翻阅。当时像这样布局的书店仅此一家。张春生有一个女儿，嫁给了陆德荣。陆德荣就在店中打理店务，以小主人的身份招呼客人。

我进到店里，陆德荣告诉我，他刚从华墅镇收货回来，从那里的废品收购站里收到旧书一批，准备一起卖掉。说罢就把这批旧书拿出让我翻阅。我细看一遍，这些书都是古版的：有明版的，也有清初刊的中医书，可惜都残破不全。经过细查，发现了一部叫《本草搜根》的中医书，原装，二册盒，书上还钤有“姜体乾印”。姜体乾是乾隆年间华墅地区著名的中医，看来，这批书是从姜家流散出来的。还有一部是明代万历时刊刻的《马经》，也是原装，二册盒。我看品相不错，就和他商议，买了回来。

江南一带，很多医生都称得上是儒医：既有医术，又有学问。

比如苏州的最后一位状元陆润庠，他的父亲陆懋修就是一名医生，还有相关著作。陆润庠自己也是懂医术的。还有民国时期的王德森先生，既是医生，又是大藏书家。

将姜体乾家的书收回店中以后，我在其中发现了一册手写的藏书目录。翻开一看，记录的四书五经都有，大多是普通书，让人眼前一亮的是《马经》二册、《织女传》二册。我想：《马经》二册已经见到了，那么《织女传》到哪里去了呢？因为《织女传》是明代坊刻的小说，很有价值，因此我决定去华墅探查一个究竟。

第二天一早，我就乘火车到无锡，再坐轮船去华墅。到了废品收购站问询，工作人员告知："这户人家的书都已卖掉了。你不信，我可陪你去问一问。"我心中一凉，还是不甘心，就请求他陪我同去。找到卖废书的人家，一问主人，物主说："家里的旧书都已处理掉了，已一本不留了。"

真是乘兴而来，败兴而归。从这户人家出来以后，我垂头丧气地走在小巷里，这时迎面走来一位道士，拦住我和我说话。他说看我的模样不是当地人，所以前来与我交谈。原来当时华墅镇很小，人不多，镇上的人这道士都认识的，外地人他一眼就认出来了。我告诉他我是来这里收购古书的，他就主动介绍我到一家人家去。我去了，说明来意后，主人捧出一部古书来，书名是《弇州史料》，共计三十册，内容是明代的历史，为明代太仓名人王世贞所著，是万历时的写刊本，惜乎缺少了后集的最后一册，只有二十九册。见到此书，也算是不虚此行了。我随即议价收购，带回苏州。后来我把这书设法抄补完全，提供给了国有单位收藏。

这是我唯一一次到华墅收书。

徽州续梦

二十世纪五十年代末，文化领域兴起了一个高潮，以东北人民大学图书馆为首的各高等学校图书馆纷纷派出购书小组，前往江南访书。苏州古旧书店的古书，已出现“入不敷出”的现象。为了寻找货源，当领导听说歙县和屯溪二地都已开设古旧书店时，就安排我前往选购古书。

因为我已去过一次，熟门熟路，又由于店中人手少，所以这次我只能一人前往。

首站仍是到杭州，在杭州饭店吃饭，他们还不收粮票。在杭州停留了一天，我就直接乘汽车前往屯溪。

到了屯溪，先至新华书店。递上介绍信后，就有人陪我去存放古旧书的仓库看书。存书很多，但大都已残缺不全。我在其中挑出了两本明代万历九年（1581）刻的鱼鳞册和《方氏墨谱》《程氏墨苑》的零册、明万历刊本的方于鲁撰《佳日楼集》，又挑出一部分清代中期的家谱以及清代人的诗文集等。算清账目后，我通知苏州店直接通过银行汇款，款到发书。

隔了一天我就乘车前往歙县，前往当地新华书店，出示介绍信后，他们派人陪我前往歙县古旧书店。歙县古旧书店就在当地名胜太白楼中，接待我的负责人就是九年前我去雄村想拜会的

《程氏墨苑》

程氏滋兰堂彩色套印本

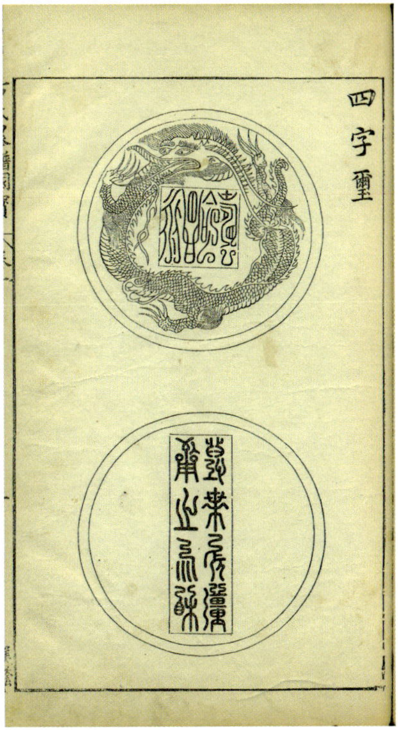

《方氏墨谱》

明万历方氏美荫堂刻本　芷兰斋藏

赵先生。

赵先生年龄要比我大三十岁左右，说话很文雅，一副读书人模样。他知道九年前我已到过他家，空手而归，向我表示歉意，然后带我看书。经过细看，存书确实不少，只是大部分已有残缺。我在其中挑选了一些中医方面的明刊本和部分古版的地方志，一些清代当地人著的诗文集，还有一些旧版家谱。定好书价后，请他们打包直接寄到苏州，书款由我店直接汇去。

结束工作，赵先生陪我在城中散步，观赏街景。这次的观感与以前大为不同了：那里已造起宾馆，开了很像样的徽菜馆。可惜那时已经是三年困难时期初期，食物紧缺，我没有尝到徽菜的味道，只是用全国粮票去吃了碗面条而已。不过我发现安徽的白砂糖卖得很便宜，且不用糖票。原来安徽人喜欢吃咸的，不喜欢吃甜的，糖卖不掉。我就特地去买了一个绿釉的大瓷罐，装满了白砂糖，准备带回家。

当夜就乘车回到屯溪。第二天一早就去长途汽车站买去杭州的车票，哪知一问，答复是："预售票早已售完，要到明年正月初五才有票。"那时已是农历十二月廿四日，按照风俗，过年时，一家人一定要团聚吃年夜饭的。其时我父母都健在，我心想：无论如何，我一定要在年前赶回家。经过与售票员一再商量，最后他告诉我，第二天歙县有开往芜湖的加班车，可以到了芜湖再乘小火车到南京，再乘火车回苏州。我当即决定按他的建议办事。

我立即回到旅馆，取了行李，买去歙县的汽车票。到了歙县，找旅馆住宿一夜，第二天一早就乘上去芜湖的加班车，几乎整整一天都坐在汽车上。经过宣城等地，到达芜湖时已经是傍晚了。哪知芜湖汽车站与火车站间的距离很远，人生地不熟的，我只得跟随旅客步行。上了火车，到达南京已是半夜三更了，再转车回苏州，回到家时已经东方发白。

家中老人起得早，见到我开门回家，非常高兴。妻子和孩子们听见我回家了，也从屋里头出来，把我围住，簇拥着我进了厅堂。我把从安徽买的糖罐子拿出来，摆在桌子上，打开盖子。孩子们一拥而上，用手指蘸点糖，舔舔手指。

这是我的访书生涯中最辛苦的一回出行经历。

这次访得的《佳日楼集》极其少见，《四库全书》亦未收，可惜收得时已缺一册。后听说上海市历史文献图书馆藏有全书，我就致信过去。这上海市历史文献图书馆其实就是合众图书馆捐献给上海市政府后改的名字，顾廷龙先生和潘景郑先生还在图书馆工作。在两位老师的支持下，图书馆安排人员抄补缺卷寄给我，我这部书终成全帙。

思南路访王謇

王謇字佩诤，号瓠庐，吴县人，藏书家。早年在苏州振华女中执教。抗战前在苏州图书馆工作，1928年任该馆编目部主任。1937年兼任《吴县志》修志委员会委员。王先生在苏州图书馆任职时，文学山房送至图书馆的书，大都是他经手的。

在此期间，王先生还参加了吴中文献展览会的筹备工作，并参加苏州章氏国学讲习会，成为章门弟子。全面抗战前期，王先生曾协助蒋吟秋先生，从苏州图书馆善本书中拣出部分精品，运往洞庭山中秘藏。这些书抗战胜利后被运回馆中，未受损失。全面抗战时期，王先生定居上海。新中国成立初期，他在上海震旦大学任教授。他的著作《宋平江城坊考》已经成为当前研究苏州古城历史的必读之书。

二十世纪六十年代初，我曾在上海思南路808弄内一座洋楼二楼里拜访王先生。一进门，是个亭子间，除了窗下一张书桌之外，全部堆放着古书。就在这里，王先生与我进行了长谈，给我讲当年在苏州找我祖父和父亲买书的趣事。这是我同他第一次直接接触。

这次相识以后，他不断地来信，推荐他准备出让的藏书。每次的品种不多，但全都属于古籍善本。通过这种方式，我们每个月都能交易一次，直到“文革”开始才中断。

王先生的书，以清人诗、文、词集居多，苏州地方文献也多。我向他收购的书中，有的有他的校跋。有几种佳品，至今我还记得。

一是《金箱荟说》八卷，手写原稿本，内容全为闺阁诗话，尚未刊行，后被提供给南京图书馆。

一是明代嘉万间的麻纸精印的版画，书名是《寂光镜》，凡十八幅，由明代人物名画家丁云鹏绘制，有名画家吴湖帆手跋。丁云鹏擅长画道释人物，吴湖帆题跋中则说该书版画洵为上乘。虽非全本，亦定为孤品。此书后被提供给了中国科学院图书馆。

还有一书，名《衍山海经证注》，高丽澹宁洪澹园氏著，是一册高丽古迹纪事诗的稿本，钤有“云间周氏小琅嬛馆图书”朱记。小琅嬛馆是娄县（今昆山）人周厚堉的藏书室名。当时出让《衍山海经证注》等书的信札我也还保存着，王先生信中说：

澄波先生大鉴：违教至念，维道祉吉祥为颂。前在寒寓阅书，有高丽古迹志曰《衍山海经证注》，又《佛祖道影》，丁南羽画本曰《寂光镜》者，拟两合百六十元，承示百元。又天海大师手批《倭名类聚》鸟兽、虫鱼、草木类古本残卷一册，有“不忍文库”“阿波图文库”钤记及“天海”藏印，拟价百元。三书合二百五十元，倘蒙再予考虑，往返函商成就，当将该书号邮寄呈，静候尊处汇款。初步尊意如何？乞示。专此即请道安，弟王佩诤拜上。一月十五日。尊翁前乞代道候。

承蒙王先生垂念，在信中，还向我父亲问好。

密室里的仪郑庐藏书

仪郑庐主人张炳翔，字叔鹏，号忍庵，长洲（今苏州）人，晚清诸生，专研文字训诂之学。于光绪间刻有《许学丛书》三集（共十四种），其中《谐声补逸札记》《说文新附考札记》《说文声订札记》为其自著。他平生喜藏书，和陈文述、陈裴之父子，叶廷琯、叶道芬父子是关系很近的亲戚，所以能得到两家所藏的遗稿、遗书，其他旧刻吴中文献也收藏有很多。其故居在桃花坞大街新桥弄口。

1960年的一天，张炳翔之孙辛楣先生来到店中，由我接待。交谈后，他邀请我前往仪郑庐观书。

来到新桥弄口，见那里有一个石库门。石库门的边上，摆了一个橱。把橱搬到一边，露出一个小门。打开门，进入书房，有两个房间。如此布置，像一个密室。其中藏书，经史子集都有。张先生让我挑选，我选了不少抄校善本。

其中有一本《吴中水利全书》，虽缺一册，但为罕见地方文献，我很希望能买下来，但辛楣先生只让我看，并不愿出售。

《吴中水利全书》为明张国维、蔡懋德纂修，钤有“忍庵审定善本”“长洲张氏仪郑庐藏书”“叔鹏曾观”“炳翔”“忍庵”等印记。张国维很受苏州人尊敬。明末时，他曾在苏州做地方官，建九里石塘及长洲至和塘、平望内外塘等，后来做南明的兵部尚书、武英殿大学士，督师江上。后知势不可支，投水而亡。我一再与辛楣先生协商，希望将书留在苏州，使其发挥作用，终于说动了他。他让我出个价，我想：这是苏州地方文献，可以出价高一点，一定要把这珍本留在苏州。所以给他开的价格就稍高一些。他略抬一点价格就同意了，我终于把书买回。所缺的一册，在上海图书馆的帮助下抄补完成，该书遂成为完书，后被提供给苏州地区水利局收藏。

张辛楣先生平时住在上海，此次为了处理苏州藏书，专程回苏。回沪后，张先生同我还保持着联系，曾写信给我，邀我到上海看书。接信后我到他上海住处拜访，在他家里还看到一些古书，但有没有买下来我不记得了。“文革”时失去了他的消息。放在苏州的仪鄦庐藏书，我买后剩下的，后由苏州图书馆收去了。

去盐城收得明版插图本《北西厢》

二十世纪六十年代初，我在苏州新华书店旧书回收部工作。1962年的一天上午，我接到经理室的电话，要我马上到楼上经理室去一趟，说是有事商量。

我就放下手中工作，走上楼去。敲门入室后，苏章荪副经理让我坐下，递给我看一封信。信是盐城新华书店写来的，信上说，他们那里有位读者准备出让一部明版带图的《北西厢》，问我们是否要收购。看完来信后，苏经理问我这书好不好。我说："的确是部好书，最好能把它买下来。"他听我这样说，就立刻吩咐："小江，最好你明天就到盐城去看一下，把它收回来。"我表示同意，因为还有许多工作，就下楼先忙去了。苏经理做事风风火火，在我走后，立刻到办公室帮我开好介绍信，给我送了过来。

领导如此关心，我理应早做准备，便放下手头事务，先向财务领了备用现金，再到北仓桥铁路市内售票处买到第二天一早去镇江的火车票。下班回家整理了行装，第二天一早就乘火车到镇江，下车后赶往长途汽车站，买了去盐城的车票，随后上汽车驶往江边。汽车开上渡轮，渡轮离岸，开往对岸。汽车再开下渡轮，到盐城下车时，已是下午三点后了。

我急忙找到盐城新华书店经理室，一位经理接待了我。递上介绍信，我说明来意。他对我说："明天上午来看书好吧？"并且很热情地为我安排住宿的地方。安顿好了，他告诉我："晚饭在这里吃食堂也可以，不过只有素菜供应，因为我们职工吃食堂都要发肉票的。"我估计只在这里停留一两天，不必买饭票、退饭票，就到外面小饭店吃吃好了，于是对他说："谢谢您，不必麻烦了。"

临别时，这位经理送给我当天晚上"文艺汇演"的入场券。却之不恭，我晚饭后就拿着入场券去看了。演出的都是当地的地方戏，有一出戏，名叫"王小六磨豆腐"。这个戏名较特别，我至今还记得起来呢，但演了什么却记不得了。

第二天上午按时前往，一位主管业务的经理接待了我。他拿出一个纸包，打开后，我就见到了这部起凤馆刊插图本《元本出相北西厢记》上下两册，确是明代万历刊本，有当时徽州名工所刻的精美插图（版画）数十幅，书品完好。经过考虑，我出价两百元收购，另加上付给他们店的转账手续费四十元，由盐城新华书店开一张两百四十元的发票给我。他们表示同意，我就从包内取出备用金，付给他们。等发票开来后，我就连书一并拿走，至此大功告成。

第二天一早按去时路线反向回到苏州，我一看时间，尚未下班，所以马上到经理室交差。苏经理十分高兴。后来此书以四百元提供给了南京图书馆。《中国古籍善本书目》出版后，查得此书仅南京图书馆藏有一部，属于孤本秘笈。

在新中国成立之初，我曾购得吴中祝心渊先生旧藏的一部《北西厢记》，也是明万历插图本，校刻者李楩。这个版本与盐城所收的万历本不是一个版本，且不全，只有一册。祝心渊名秉纲，晚清诸生。全面抗战前曾供职吴县公安局，任司法科科长。经顾颉刚先生介绍，这部书提供给了上海图书馆珍藏。

同里杂货店里的铜活字本

二十世纪六十年代初，我去吴江同里镇访书。船到同里后，见到当地文物行商蔡艮羽先生。这位蔡先生精于书画鉴别，对同里、西塘、嘉善、平湖等地的藏家情况都很熟悉。他得知我来意后，表示愿意做向导，陪我去各大户人家访书。

我们两人就沿大街缓步而行。没走多久，见到一个杂货店，蔡先生叫我等一等，说他要去买包香烟。我便说："我随你一起去。"到了柜台边上，蔡先生和店主交谈。我无意地向货架上略一望，只见架上有几本古书，心下一动，赶忙请店主拿来看看。

店主从货架上取下一册给我看。不看不知道，一看惊呆了：揭开封面，书名是《国朝文纂》，版本竟是明代铜活字印本。我问他共有几本，他把书数了一数，说："现在还有八本，都有虫蛀的痕迹。没有虫蛀的，早已作为吸水烟的引火棒用去了。"因为古书纸张是黄棉纸，卷成纸棒，点火不容易熄灭，而蛀过的纸不黏了，卷不起来，结果就变成好的书页被毁了，不好的书页留了下来。

我听后心中一酸：真是天下之大，无奇不有。事已至此，只得把这八本书买回来，用金镶玉之法修补好。后来这套书提供给了江苏省文化局局长周邨同志。

尽管有遗憾，但这仍是我一生中遇到的比较高兴的事之一，正如俗语所说的："踏破铁鞋无觅处，得来全不费功夫。"

铜活字本有什么稀罕的呢？

首先要知道，活字的出现，就是因为人们意识到刻版不太经济。北宋时候泥活字已有使用，以后进而应用铜活字和木活字。从制版角度来说，活字本比较划算，因为雕版刻完之后不能再做其他用，只能堆在那里，而活字字模可以重复用来排版。然而雕版有个好处，那就是可以先少量刷印，卖完之后再刷。活字本每刷完几版后要拆版，以便排后面的页面，如果一次性刷得多，又卖不出去，就会造成积压；但如果书好卖了，又要重新一页一页地来排，所以活字本在存世量上要比雕版少得多。物以稀为贵，活字本排印的书大多比同时代的雕版卖得要贵，就是这个原因。

活字本要怎么识别呢？

我收到过明活字印本《太平御览》残册，书口下方就有"宋本校正闽游氏同板活字印一百余部"这样的小注，非常直接地说明了该书用活字印刷，印了多少册。但是，活字本的书除部分在版心印有刊行室名和年月外，绝大部分是没有特殊标志的。辨别时可注意以下几条。

先说字。活字是分开的字，一格一格放到版上的，所以活字印的书，一般字体大小不一样，且多歪斜，笔画粗细不相同。一行字内，不但大小有不同，而且笔画粗细也不一致，使人看了有不匀称的感觉（个别也有较整齐的）。还有就是活字绝无交叉。中国人强调书法美，刻版也是这样，所以雕版的字体间有笔画交叉现象，业界管这个叫"行气"。但是活字字模是一个字一个字做成的，每个字模之间的笔画不可能有交叉。另外，活字长度很难做得完全一样，个别字模短一点或长一点，会导致整版参差不齐，所以从背面看，有些字受力较重，因而凸出，且墨色特别浓。

再来说版框。活字印刷，因为排印时使用一个框或少数几个框，故而只要看一看书口，就可清楚地看到上下栏间距离相同，或几个明显且整齐的不同高度。另外，雕版的版框是在一块木头上雕上去的，活字本则不同。为了不让那些活字移动，活字本的边框用木条或者竹片做成，再用绳子从外面勒紧；为了能够勒得紧，版框所用的木条或竹片都会稍微做短一点，这样就造成了版框的四个角能够看到缝隙。

最后说版面。雕版是整块木版雕成的，刷印时用的是水墨，刷完之后版子放在那里又干了，这样一干一湿，有的版面就会出现裂痕，这就是断版现象。但是活字是由不同的小木钉雕成的，排版后固定在一起，不可能出现版面断裂的痕迹。所以，看是否有断版现象也是鉴别活字本和木雕版本的主要方式之一。

最简单的证据是活字本的个别字有横排或倒排的，不过不是每种书都有这样的情况。

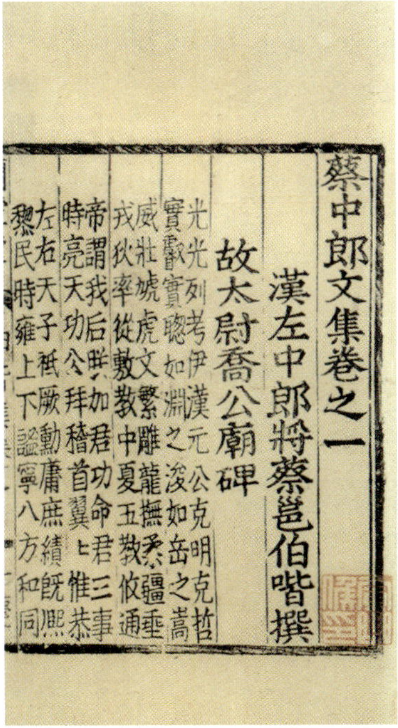

《蔡中郎文集》

明正德十年华坚兰雪堂铜活字本

芷兰斋藏

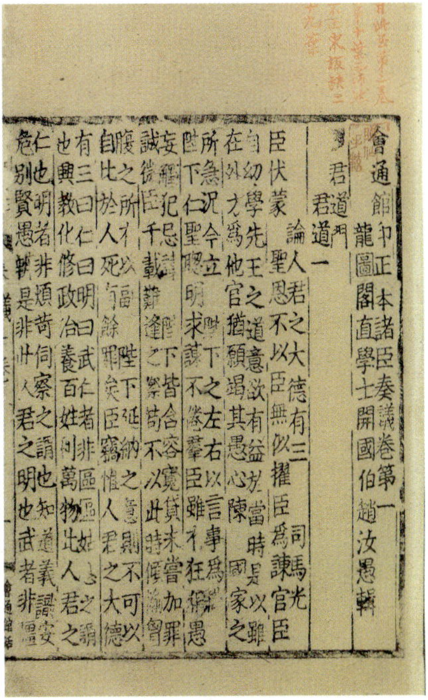

《会通馆印正本诸臣奏议》

明弘治三年华燧会通馆铜活字本

芷兰斋藏

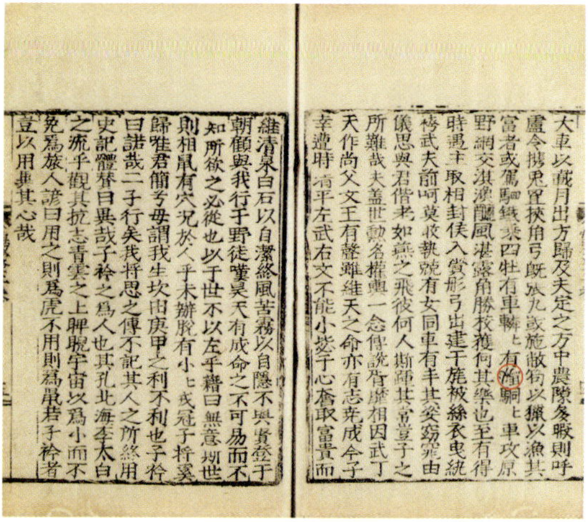

大車以祓月出方歸及夫定之方中農隙爰暇則呼
盧令搏兎罝挾角弓既然九罭施罟以獵以漁其
富者或駕駟鐵乘四牡有車轔轔有駜駜車攻原
野絅交淇澳驪風湛露角勝校獲何其樂也至有得
時遇主取相封侯入賞彤弓出建干旄被絲衣曳紞
榜武夫前呵莫敢執號有女同車有丰其姿窈窕由
儀思與君偕老如燕之飛彼何人斯踵其常豈子之
所難哉夫蓋世勳名權輿一念傅說胥靡相因武丁
天作尚父文王有聲雖維天之命亦有志竟成今子
幸遭時清平左武右文不能小焚于心奮取富貴而
維清泉白石以自潔終風苦霧以自隱不與賓筵于
朝顧與我行于野徒嘆昊天有成命之不可易而不
知所欲之必從也以于世不以左乎辭曰無意斯世
則相鼠有穴况於人乎未辨脫有小小戎冠子將奚
歸惟君簡兮毋謂我生坎由庚甲之利不利也子衿
曰諾哉二子行矣我將思之傳不記其人之所終用
史記體贊曰異哉子衿之爲人也其孔北海李太白
之流乎觀其抗志青雲之上睥睨宇宙以爲小而不
免爲旅人譏曰用之則爲虎不用則爲鼠君子衿者
豈以用舍其心哉

《鹤林玉露》

明木活字本，第三行“駜”字倒排　芷兰斋藏

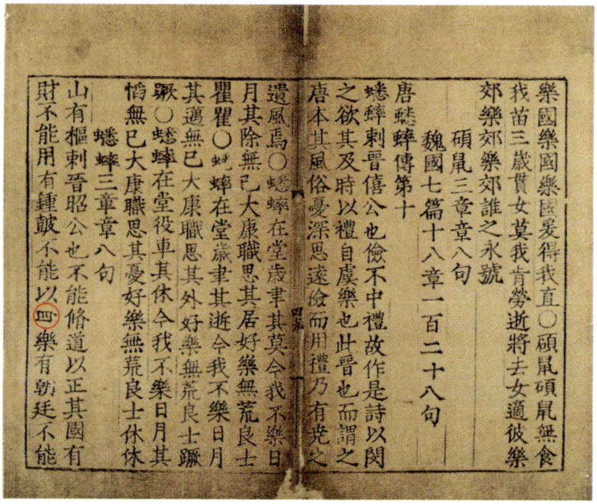

樂國樂國樂國爰得我直○碩鼠碩鼠無食
我苗三歲貫女莫我肯勞逝將去女適彼樂
郊樂郊樂郊誰之永號
碩鼠三章章八句
魏國七篇十八章一百二十八句
唐蟋蟀傳第十
蟋蟀刺晉僖公也儉不中禮故作是詩以閔
之欲其及時以禮自虞樂也此晉也而謂之
唐本其風俗憂深思遠儉而用禮乃有堯之
遺風焉○蟋蟀在堂歲聿其莫今我不樂日
月其除無已大康職思其居好樂無荒良士
瞿瞿○蟋蟀在堂歲聿其逝今我不樂日月
其邁無已大康職思其外好樂無荒良士蹶
蹶○蟋蟀在堂役車其休今我不樂日月其
慆無已大康職思其憂好樂無荒良士休休
蟋蟀三章章八句
山有樞刺晉昭公也不能脩道以正其國有
財不能用有鐘鼓不能以自樂有朝廷不能

《毛诗》

明木活字本，最末行的“自”字横排　芷兰斋藏

盐典埭访张天方

拜访藏书家，就像上考场，因为藏书的老先生很多是熟悉版本的。上门后，藏家常先出示一两本。你得根据他拿出来的书发表见解。能说出些门道，人家认为你懂书，才会继续给你看；如果答非所问或一问三不知，人家就不会再拿好东西出来了——知道你不识货的。

二十世纪六十年代初，我去浙江访书，在嘉善盐典埭张天方先生家就经历了一次“考试”。

张先生名凤，早年就读于法国巴黎大学，获文学博士学位。回国后在国立暨南大学任职，做过国立暨南大学教授、教务长、社会历史系主任、文学院代院长兼图书馆馆长。新中国成立后任浙江省考古学会常务委员、省文史馆馆员。所著的《张凤字典》及《汉晋西陲木简汇编》，为考古学家所重视。

蔡艮羽先生对嘉兴、平湖、同里一带的收藏人家都很熟悉。在同里相识后，蔡艮羽先生给我介绍说，如果要去嘉善，一定要拜访张天方。他说他认识张先生的邻居顾有奎，于是通过顾先生牵线搭桥，我到张先生家拜访。

当时张先生已退休家居，见我到访，先出示了一部《震泽编》给我看。是书八卷，题“西洞庭蔡升辑，东洞庭王鏊修”。明弘治

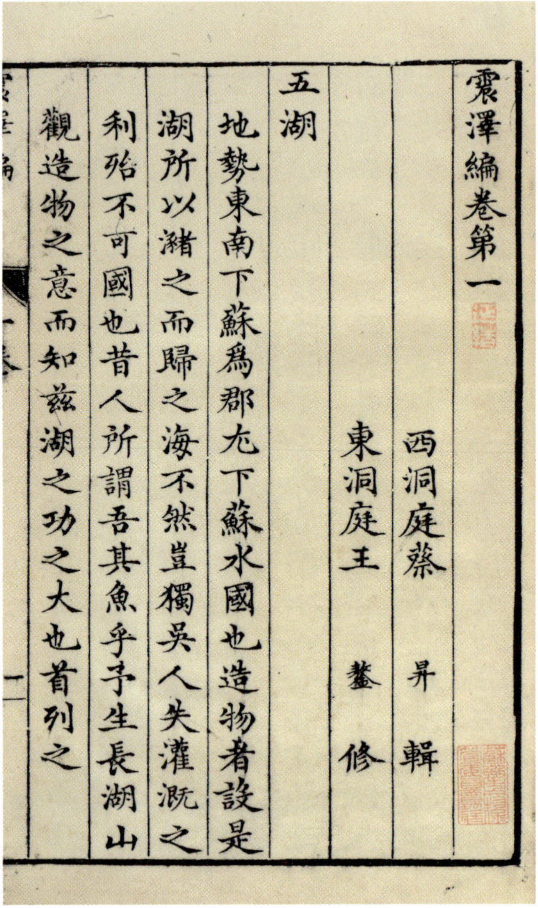
震澤編卷第一

西洞庭蔡　昇　輯

東洞庭王　鏊　修

五湖

地勢東南下蘇爲郡尤下蘇水國也造物者設是湖所以瀦之而歸之海不然豈獨吳人失灌溉之利殆不可國也昔人所謂吾其魚乎予生長湖山觀造物之意而知茲湖之功之大也首列之

《震泽编》

明弘治刻本　苏州博物馆藏

十八年(1505)刻本。每半页八行,行二十字。白口,单边。前有杨循吉序。震泽,即今苏州太湖,又称具区、五湖、蠡湖、笠泽等。此书内容以太湖中洞庭东西山为主。蔡升书原名《太湖志》,王鏊重修时改今名。重修该书的王鏊,另著有《姑苏志》《震泽长语》《震泽纪闻》《震泽集》《史余》等书,其墓在洞庭东山。我告诉张先生,二十世纪五十年代我去洞庭访书,曾路过是处,那里刻有唐寅所作"海内文章第一,山中宰相无双"对联的石牌坊尚完好。我把作者、内容说了说,又说:"这部书清代没有刻过。您这个是弘治刻本。万历年间,还有另外一个版本,是三槐堂刻本——常见的万历刻本都是三槐堂的,而您手上的弘治刻本是最早的,比三槐堂本更好。"

可能看我还是认得好书的,张先生继续拿出藏品,并向我展示了他的藏书目录。其中嘉靖刻本《棘庭漫稿》、万历刊本《项襄毅公年谱·实录》以及朱彝尊手稿《宋人集部叙录》等,均属罕见珍本,我表示想收购。他说:"江同志,你要的都是我心爱的。"然后问我:"你什么时候离开嘉善?"我说:"如果你让给我呢,我今天就住在嘉善;如果你不让给我,我就往杭州去了。"他一看时间,说:"你先去吃饭,吃了饭你再来。"我吃了饭以后再去,张先生还是犹豫。他夫人在一旁说:"你不要了嘛,卖给他好了。"这样张先生才下定决心,我们愉快成交。

最后,他还给我一批浙江地方志,不全,但品相都很好,我买下来后都归到古旧书店了。这部《震泽编》他本来不肯出让,因其时我受苏州市文管会王言同志嘱托,代为搜集苏州地方文献,故而与他再三协商,他终于允我所请。该书现藏于苏州博物馆。1978年,我从下放地回苏州后,再至张家,张老先生已经故世。我问他的后人，家里还有没有书，他们说，书都被浙江图书馆买走了。

以前每次去浙江，都走水路，乘轮船，大概要一周时间。首站是同里，然后到西塘，再到嘉善，再至嘉兴，后至平湖，最后返回苏州。这几处都有藏书人家。比如西塘的江蔚云、蔡韶声两位先生，都有不少好书。江蔚云先生是书画家江洛一的哥哥；蔡韶声是南社成员，和柳亚子交好，喜欢收集乡邦文献。我分别到他们家去收过书。

在嘉兴，我买到过一部《古今图书集成》，物主家在一个小岛上，小岛四面是水。我只记得这么多了。

扬州访书记

二十世纪五十年代中期，全国兴起文化建设高潮，各高等院校图书馆亦派出专人到苏州采购古籍，因此我常往南通、泰州、扬州地区访书。经济改组后，我和李德元同志搭档，都负责收购，在访书区域上有比较明确的分工：他主要负责洞庭一带的收购工作；我则负责跑外地，经常独自出差。所以我习惯了流浪生活：今天到这里，明天到那里。出行的物品每晚准备好，以备说走就走。

到了外地，在旅馆住下。如果当地没有相熟的介绍人，就需要自己到街上去张贴广告。广告是由新华书店美工设计的，上面写着："苏州古旧书店收卖旧书。现临时收购处设某某旅馆。"为了方便联系，广告上还会留旅馆的电话，请旅馆转给我。这样的广告一次制作好多份，到了当地，我就四处张贴——那时候张贴小广告还没有人管的。这种方法很有效果，常有藏家看到后按信息找来。

徐兴公藏《陶靖节集》

二十世纪五十年代后期，我出差到扬州。扬州某中学教师江君看到我贴的广告，找到我住的旅馆，邀我去他家中观书。我在江先生家中，得见明正德刊本《陶靖节集》。此书原为明人徐兴公红雨楼旧藏。徐兴公和他的兄长都是明代著名的藏书家，两人虽然并没有功名，却藏书无数，且所藏并非寻常的刊本。因为他家藏书与天一阁范钦同时，且规模相当，所以徐氏的藏书楼甚至被一些研究者等同于天一阁看待。

我见后非常欢喜，乃与他议价收归。不久后，厦门大学派出专人到全国各地访书，因为他们的图书馆遭了火灾，许多藏书遭到损坏，馆藏书不足。徐兴公是福建人，所以我把这部书推荐给他们。现在，这部书的价钱不得了了。你想啊，是徐兴公藏过的书呀！

收得明刻彩色套印《十竹斋书画谱》

二十世纪六十年代初，我去扬州访书，得识民国时期古籍名店陈恒和书林的小主人陈履恒先生。当时扬州也已经进行了公私合营，陈履恒先生进入了扬州市广陵古籍刻印社做编务。

承他介绍，我在他邻居家看到了这部金陵十竹斋主人胡正言编印的《十竹斋书画谱》，确是明代原刊之本。精刊彩本，棉纸精印，全部已裱过，惜已不全，存一百五十帧。该书可称是金陵派版画的代表作。

胡正言，字曰从，是印刷史上的重要人物，他的地位和《十竹斋书画谱》《十竹斋笺谱》密切相关。在这两部书中，胡氏运用了饾版和拱花的方法。所谓饾版，就是将原来是一版的图案分色刻版，逐色套印，最后拼在一起印书。因为分雕的小木板形似一堆饾钉，故称饾版。所谓拱花，是用凸凹两版上下嵌合而使画面拱出的一种方式。

物主索价二百元，我和他讨价还价，最后以一百五十元收得。这也是大价钱了，那时候吃碗大肉面也就两毛钱呢。

时隔不久，时任江苏省文化局局长的周邨同志来店参访，见此书后爱不释手。陪同来的苏章荪副经理见此情况便对我说："这书周局长喜欢，我们就按收购价让给他吧。"我听后当即照办。

在一生八十多年的贩书生涯中，我见到的《十竹斋书画谱》确实很多，但都是清代中期的翻刻本，明代原刻彩色套印的，只有这一部，笔画细致，色彩丰富，有凹凸。清代版的《十竹斋书画谱》就没有这个工艺了，因为清代的纸薄了，而明代用的棉纸比较厚。

陈履恒所在的广陵古籍刻印社属于扬州古籍书店。陈履恒先生和他的同事们致力于雕版的保护，在他们的争取下，扬州古籍书店向上级提出了将雕版集中保管的建议，得到上级的支持。1962年的时候，华东文化部命令将江苏省内的书版都集中到扬州保存。江苏官书局的书版，原本全部由江苏省立第二图书馆接管，因为这一次的调整，经过苏州图书馆都被运至扬州。公私合营时文学山房捐献给文管会的那一批书版，后由文管会调给苏州图书馆保管，也一起运到了扬州。现在苏州能找到的书版，相对成批量的就是俞曲园的春在堂丛书书版，其余的少之又少。

泰州访书记

新中国成立初期，我前往泰州访书，认识了一位好朋友，名叫王学儒。他开了一家古玩店，名尚古斋，店里也卖些古籍。当时我一人到泰州，人生地不熟，向路人打听哪里有卖书的，人家就介绍我到王先生的店里去看看。相熟后，我到泰州访书，大多是由王先生带着。

访得金鉽稿本

记得一次他陪我到泰州泰兴金家去买书。书的主人是江苏通志馆的馆长，叫金鉽。其时金馆长刚去世，其后人就把他的书稿卖出来。去时，物主已将金鉽的稿本一百多册装了一个大箱子，谈妥后直接交付给我。我就得想办法把书拿去托运。这样一个大箱子，搬起来很吃力，物主见我为难，就叫来一辆小车，让车夫帮我。

从前我们在苏州运货出行，有邮政马车，有黄包车，车夫运送货物比较轻松。而这泰兴的车夫是这样的：他背上书，把独轮小车推过来，把书放车上，那小车上一边是书，一边空着。车夫说，空的地方人可以坐上去。他就劝我坐。我想：这样不好的。我摆着手推辞。那车夫就请王学儒先生坐。王先生是一个大胖子，走路吃力，见我不坐，他便不客气地坐了上去。我就跟着他们在一旁走。眼看着小小的车，运那么大箱子的书，又加上王先生，我还隐隐为车夫担心呢。把书运上船后，物主请我和王先生吃饭。那是一个秋天，主人请我们吃螃蟹。我们苏州人吃螃蟹是最内行的，我这一吃就觉得不对劲了，心里暗暗想：这边的螃蟹怎么是这样子的？里面还带沙子……不好吃。一问啊，是长江里的沙蟹，比不上阳澄湖的湖蟹。蟹还是清水蟹好吃呀。

金家这批稿本主要是《泰兴县志稿》和《江苏艺文志稿》（经史二部分），后来都卖到中国科学院图书馆去了，是武作人先生南下访书时经手的。

《江苏艺文志稿》是《江苏省通志稿》中的一部分。《江苏省通志稿》的修撰，从宣统元年（1909）启动，最初由缪荃孙任总纂，辛亥革命后，冯煦、庄蕴宽、吴廷燮等先后任总纂。历时很久，但由于各种情况，拟订的纲目中，许多内容并没有成稿刊行，所以称为“稿”。历次手稿均存南京图书馆，但金鉽的艺文志稿是否有多份、是否在其中，不得而知。

讨价还价

泰州呢，有一户人家，住在城北，姓沈，有弟兄三个，老二很早就去世了，老大和三弟都有不少书。我去买了不少，大多是泰州人的诗文集。

一次，我和王学儒先生走在路上，王先生说：“今天我陪你到沈二家看看吧。”我说：“沈二不是过世了吗？你不是说他的书都卖光了吗？不用去看了吧。”王先生说：“已经走到这里来了，我们就去看看吧。”原来我们当时已经走到沈二家附近。于是敲门拜访。这沈二家因为主人去世，后人已将他的书处理过，没想到家里还有一个装字画的轴箱。打开一看，里面有十二本康熙刻本的《扬州府志》。《扬州府志》康熙刻本有两种，金家收的呢比较少，而沈家这部《扬州府志》是全的。好极了！物主让我估价。我同他说：“十元一本，十二本一共我给你一百二十元。”他说，不行，要一百三十元。我一想，一百三十元也可以，就答应了。没想到他又不愿意了，开价一百四十元。王老先生把我拉到一边，悄悄同我讲：“你这样啊……他们心中没有底。你一加，他一加，这个生意做不成的。这样，你出到多少钱，你先走。你就说：‘这个价钱你肯卖就卖，不肯卖就算了。’”我回来就跟物主说：“一百六十元，我就出这个价，不会再加了。现在我回旅馆，你们想好就来找我。”说完我告诉他们地址，回了旅馆。回去不到半个小时，物主就捧着书来了，一见我就说：“付钱！付钱！书拿来了。”

补　遗

泰州城外，有一个储氏家祠。在那里，王学儒先生给我介绍了一位老者。老人家向我出示明代泰州人储巏所撰的《柴墟文集》两部，一是嘉靖本，一是康熙本。他说，自己准备保留一部，但版本不计。我当然就和他商议买这明版嘉靖本，议值收归。

王学儒先生还介绍我到泰州一位老中医家里看书。这老中医藏了一部《南村辍耕录》，共三十卷，明陶宗仪撰，明成化十年

（1474）钱珊刊本，内容每条不标题目，与玉兰堂刻小字本有所不同。我议值买下，后归哪里记不起了。这位老中医家藏了不少书，我去了好多次，好多次都没买成——有时是书不够好，有时是他开的价钱太高。

我往北访书，一般先到扬州，再到泰州，再至兴化，每个地方待两三天。这条访书线路走一趟一般需要一周多的时间。

南通访书记

我和南通黄松庵先生相识，大概是在二十世纪五十年代。我第一次拜访他，是在南通东北营。

黄松庵，名枋，字椠臣，南通海门人。师从太仓李虎臣，曾留学日本，归国后任海门师范古典文学及书法教席，又任海门修志局局长，曾续修《海门厅志》，续辑《师山诗存》。黄松庵好藏书，喜抄录，尤其重视乡邦文献的收藏，他的书以明版书和清代集部书为多。

当时黄先生大概六十岁，出示了一部《州乘资》给我看。该书共四卷，题“郡人五岳外臣邵潜纂”。明弘光刊本。首有王象晋序，次自序，次目录，分杂识、艺文、宦迹、人物四卷。钤有“南通黄氏”“南通黄氏小延年室”藏印。书名中的“州”指通州，即今南通。内容上溯五代，下迄南明，叙述精详，填补了晚明时期通州州志的空白，史料价值很高。我议值收下。后来这部书提供给了南京图书馆。1986年，广陵古籍刻印社曾据此影印传世。

我记得他还卖给我一部明版的《范玺卿集》，这个集子很少见，印象中，书店将这部书卖给了中国科学院文学研究所。因为那时候郑振铎、何其芳在那里当领导，凡明清人诗文集他们都要。

我同黄先生关系很好，曾委托他请人抄写南通的地方志，现在还留有不少他给我的信。“文革”时，我下放苏北，与他断了联系。1978年，我从下放地回来，再赴南通拜访时，人家告诉我说，黄老先生已经去世了。

南通还有一位藏书家名叫冯雄，曾在上海商务印书馆任编辑，精于版本目录学，藏书万卷，中有《永乐大典》《四库全书》《唐经》等，他也留意收集南通地方文献和各省地方志。二十世纪六十年代，他回到南通，将藏书捐赠给南通图书馆。我知道他，但没有同他接触过。总的来说，南通藏书家大都比较重视本地的地方文献和本地人的诗文集。

南通与苏州常熟隔着一条长江，每次乘车到南通，总要路过常熟十一圩港（现属张家港）。那里有常熟藏书家赵宗建旧山楼遗址。民国初年，江南齐卢战争时，这旧山楼中曾驻过军队。藏书楼中遗存的古籍，多半被兵士持作炊柴。兵退后，残帙破纸与马粪、污草相杂，楼上楼下一片狼藉。从车窗向外望去，可以看到公路旁有赵宗建旧山楼残留的危楼二楹，有红豆树、白皮松等遗迹。想起这些藏书人家的兴衰，不免感慨万千。

常熟故人

小石山房访书故事

民国初年，常熟赵氏旧山楼藏书开始流散，当地小石山房主人顾葆龢是顾湘后人，以近水楼台的优势收得很多善本古籍。

二十世纪五十年代初，经人介绍，我得识顾氏小主人顾隽雄老先生。他身材不高，年约古稀。最早，我从顾老先生处购买了明嘉靖刊本《阮嗣宗集》、清刁戴高手抄本《牡丹百咏》等书。经过多次前往，收得善本古籍甚多，其中佳品，有一部《汉隶分韵》，为项元汴、周春、张燕昌旧藏，并有印记，现藏浙江图书馆。还有一部《说文解字》，是汲古阁刊本，曾经毛扆用朱、蓝、墨、黄四色笔校正，尾有顾葆龢题跋，现藏南京图书馆。

毛晋、毛扆耽校雠、精小学之风格，有名于时。这本《说文解字》绝大多数卷尾有毛氏题识，且落款为“省庵”，与《文禄堂访书记》中著录的毛扆手校《南部新书》题跋上的具名相合，并可补《藏书纪事诗》记载之缺。第十卷尾页有“修过再阅”等字，足证其为刻书时一校再校之本。观其题识，起自甲申（1704）三月，终于乙酉（1705）中秋，即康熙四十四年，时毛扆已经六十五岁。据其所记，毛扆五次编校此书，其精细严谨令人敬佩。

顾葆龢极为看重这本书,为之写了题跋。现将题跋抄录于下:

汲古阁大字《说文》,翻北宋本之真迹也。行款体例一循旧式,中有舛谬,经毛斧季五次修改,始臻完善。曩洪琴西都转家藏未刓改《说文》,斧季第四次手校样本,光绪七年刊于淮南书局,承学之士翕然颂美。是书乃斧季第三次覆勘者,观其逐卷纠正点画,剔其错误,眉端字里朱墨灿然,苦心为此,盖欲存篆籀之迹,以求形类之原,有功小学家,洵非浅鲜。卷后间附扆蓝笔、省庵朱笔各跋,并记年月,慎校雠也。三百年来名人手泽如新,显显在目。得此以志翰墨奇缘,岂独书林中之鸿宝哉。戊午春三月,海虞顾葆龢重装后三日识。

此天地间惊人秘籍。余搜罗卅载,庋藏五万卷,难得此宝贵奇书,净几焚香,略一展玩,不觉喜极生慨。慨自辛亥国变后,天纲爆裂,古籍沦亡,问所谓北宋本何来?斧季真迹安在?求之海内外诸藏家,未必能四美具而难并(前跋云斧季有五次校本),则是书之独绝。惟愿流传久远,永无水火蠹食之灾,庶耿耿此心不负保存之始念云。清和月廿有四日,澜蛰再记于藕香簃。

题跋中的斧季就是毛扆,其字斧季。

还有一册是明代嘉靖年间无锡秦氏绣石书堂白棉纸蓝格抄本的《天潢玉牒》和《周颠仙传》,合订一册。尾有题识,历经钱谦益、钱曾、赵宗建递藏,今藏南京图书馆。除此以外,又收得部分明刊诗文集,大部分提供给了中国科学院文学研究所收藏,可称物得其所。

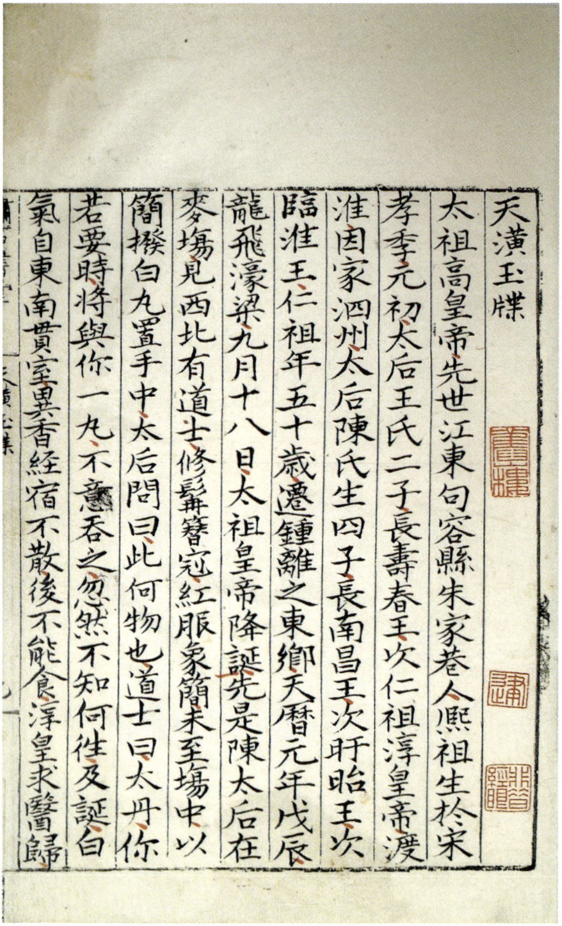
天潢玉牒
太祖高皇帝先世江東句容縣朱家巷人熙祖生於宋
季元初太后王氏二子長壽春王次仁祖淳皇帝渡
淮因家泗州太后陳氏生四子長南昌王次盱眙王次
臨淮王仁祖年五十歲遷鍾離之東鄉天曆元年戊辰
龍飛濠梁九月十八日太祖皇帝降誕先是陳太后在
麥塲見西北有道士修髯簪冠紅服象簡未至塲中以
簡撥白丸置手中太后問曰此何物也道士曰太丹你
若要時將與你一丸不意吞之忽然不知何往及誕白
氣自東南貫室異香經宿不散後不能食淳皇求醫歸

《天潢玉牒》

明抄本　南京图书馆藏

与众不同的藏书家刘海如

常熟刘海如先生是民国年间的一位藏书家。他一直从事钱庄工作，颇有积蓄。别人家有了钱都买田买地，他却把钱用于买书收藏。但他的宗旨与别的藏书家完全不同：别的藏书家以收藏宋、元、明或清初精刻罕见本为主，他却不讲版本，只要书价便宜就收，多收几部也无妨。书店主人就将卖不出去的书送给他，所以他家绝无古、秘、珍、绝的书，只有普通的《十三经》《二十四史》之类，且零种很多。

我与他家人相识是在公私合营以后。那时刘老先生已经故世，家里有他的儿子、儿媳和他们的四五个子女。他家的藏书楼蛮大的，我去的时候，这房子已经收归公有。他家只有第三进住宅，第一、二进都住了其他居民。据我所知，只有刘海如儿子一个人工作拿工资，要养这四五个人是很困难的，可能就是出于经济上的原因，刘家开始出让藏书。

刘海如家最多的书是局刻本。所谓局刻，指的是官书局刻印的书籍。清末平定太平天国运动以后，曾国藩就提出来办官书局。同治三年（1864），曾国藩在南京创办金陵书局，后各地效仿，省内建成了苏州江苏书局、扬州淮南书局，省外则有杭州浙江书局、武昌崇文书局，这五个书局亦分别被称为金陵官书局、江苏官书局、淮南官书局、浙江官书局、湖北官书局。李鸿章当时是江苏巡抚，江苏官书局就设在苏州燕家巷——位置在沧浪亭附近，从十全街进去的一条巷子，这个地方大概就在今天的100医院旁边，靠近可园。这五个局有一项合作的工程，即合刻《二十四史》。浙江官书局刻了《宋史》《旧唐书》《新唐书》三史；江苏官书局刻

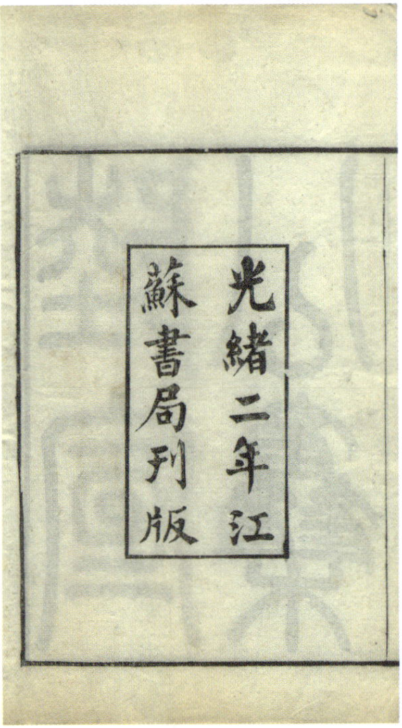

《唐陆宣公集》

清光绪二年江苏书局写刻本

芷兰斋藏

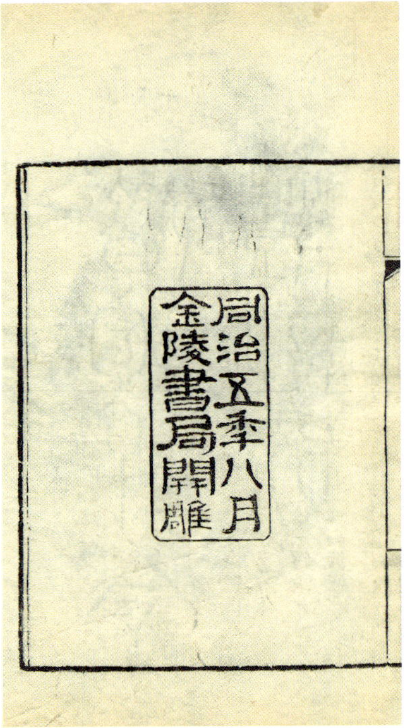

《渔洋山人古诗选》

清同治五年金陵书局刻本　芷兰斋藏

了《辽史》《金史》《元史》；淮南官书局刻得最少，刻了一种《隋书》；金陵官书局刻了十四种；湖北官书局刻了《明史》，世称“五局合刊本”。以我经手的官书局书籍来看，大概要算浙江官书局刻得最好，因为浙江学术氛围浓，有学问家精校。湖北官书局刻的字笔画太粗了，看上去黑乎乎的一片，不怎么好。金陵官书局、江苏官书局所刻都还不错，用的都是宋体字，江苏官书局的负责人也都是大学问家。民国成立后，江苏官书局的书版都归到了江苏省立第二图书馆（即后来的苏州图书馆），是由曹允源等人办理的接收手续。

文学山房在民国时期也卖过官书局的书，都是别人送来店里委托卖的。局刻本的校对都很认真，质量高，因为都是卖给读书人的，价格比较便宜。刘海如先生主要的藏书就是这种类型的，市面上见得很多的，他也不管内容。我想，可能是刘海如考虑到自己有好几个孙子，可以分给各个小孩，所以买书不怕重复。

第一次选购，我在其中挑选了一些如局刻的《通鉴纪事本末长编》等实用书。此后常常拜访，每隔三四个月去一次，每次买的书都要包三四个大包，直到“文革”时停止。

小藏书家沈传甲先生

在常熟的旧书行业中，出现过一位自学成才的沈传甲先生。之所以说他自学成才，是因为沈传甲没有念过大学，他以前的经历我其实也不是很清楚。

他和我结识是在新中国成立前。因为他父亲是一位中医，所以他家里藏有一些版本较好的中医书。相识以后，沈传甲先生就邀我到他家里去看书。他家在方塔附近的引线街上，家里有妻子和两个女儿。我看过沈家的书，发觉沈家所藏虽不是经史著作，但确实有很多传世不多的中医书，所以第一次就买了一批。后来彼此熟悉了，他经常为我介绍别的藏书人家，发现好书就会来信告诉我。

他还给我看过一幅画，相当珍贵。是什么画呢？在苏州讲起来，也是有历史渊源的：镇压太平天国运动后，李鸿章在忠王府开了一个庆功会，这幅画就描绘了庆功会的情况。我记得画上李鸿章坐在中间，穿着黄马褂。沈传甲把画藏在家里，一日聊得开心，便拿出来给我看。我想，这是苏州地方文献啊，便请他卖给书店。只是无论如何劝说，他都不肯出让。

公私合营时期，沈先生在常熟古旧书店工作。我下放回来再去找他时，他被安排在常熟文管会工作，后从文管会退休。

沈先生介绍给我数量最多、版本最好的是曹大铁先生存放在常熟的部分藏书。因为有一段时间曹先生身在外地，家里人没有经济收入，便卖掉部分藏书作为生活之用，其中有宋末元初刊本《周易象义》。

我把这个藏书家也提一提，不然就埋没掉了。

被付之一炬的钱曾稿本

按照以史为鉴的原则，有一件伤心事不得不提。

1965年，我到常熟去访书，在拜访小石山房顾老先生时，他向我出示了一部《牧斋有学集笺注》。全书八册，是述古堂主人钱曾所著稿本，印的黑格上，有述古堂藏书的款识。

这确是一部堪称稀世之珍的宝物，但由于当时“反对厚古薄今”的声浪越来越高，我不敢做主把它收下，回来以后向新华书店经理室做了汇报。

哪知书店领导已把古书当作毒草，不敢收购。我出于本心，希望把民间的好书收购下来，提供给公藏机构保藏，让它物得其所，因此就写信与南京图书馆联系。

最初他们回信要求提供样本看一看，因此我就前往常熟，与顾老先生商量：能否给我首册，等他们看后再定。我们把收购价格也商量好了，是人民币四百元。以为胜利在望，哪知事与愿违。样本寄到南京图书馆以后，没隔几天，他们就把这样本寄回来了，理由也是领导不批经费。这时我已心灰意冷，爱莫能助了，就把这样本寄回顾家。

不久后，书店领导把我调往新旧书门市部。1966年5月，我和宋怀寿同志同往南京参加省新华书店组织的全省图书审查小组，但由于运动的深入，半途而废。后来我下放苏北，1978年才从下放地回到苏州。领导上任，安排我继续做古籍的收购和供应工作。

我再到顾家访书时，顾老先生已经去世。他儿子接待我。我问及此书，听到的答复是："'文革'高潮时，我们担心抄家，就把这书当作柴火，烧了几壶开水就没了。"

我心酸得哑口无言。至今想来，仍感觉心里难过。这是我访书生涯中遇到的最痛的事，希望今后永远不再发生这样的伤心事。

第七章　下放苏北

在苏北的日子里，我以为自己再不能接触这些古书了……

参加省店国学内容审查会

我的老领导——苏州市新华书店党支部书记兼经理张子平同志是山东人。他资格很老，新中国成立之初，就是当时太仓县的监察委书记。但他身体不好，所以就被派到苏州，做新华书店的管理工作。1966年4月底，他去北京参加发行《毛泽东选集》积极分子代表大会。返回苏州的第二天，一上班，他就通知业务科的资深业务员宋怀寿同志和我到经理室去。

去后，张经理对我们说："现在省店要借你们到南京，参加省新华书店业务科对全省各市县店存书的审查工作。过了五一节，你们就到省店去报到。"他还叮嘱我们："听说即将有一个针对文化的运动要发动——当然不是针对你们的，不过，你们在工作中还是要谨慎些为好。"

随后我们在5月4日上午乘火车到南京，去省店业务科报到。陶科长接待了我们，并安排我们住进招待所。下午召开了一次小组工作会。共有十人左右，除了我们苏州二人之外，还有无锡市店业务科的周大椿同志、无锡旧书店的姚伯煊同志、南京市店的顾某等二人，还有几位是省店业务科的。

会上，陶科长要求大家提出"应该封存的书"的范围。经过讨论，最后归纳为几个类型：

历代儒家经典四书五经；

佛经、道书和《圣经》；

歌颂帝王将相和才子佳人内容的历史小说以及戏曲、弹词及唱本；

民国时期出版物，二十世纪三十年代作家如胡适等人的著作。

会上决定第二天即往江宁县店，将该店作为一个试点。因为只是说“封存”，就是保证书架上不出现，并没有毁坏的情况。经过五天时间的实践，我们把会上提出的“应该封存的书”打好书包存放。然后回到南京市店，处理完毕，再到无锡市店、江阴市店、常熟县店、苏州市店、吴江县店工作。这些店中，只有苏州市店的库房大一点，另外几个店是比较小的。这一工作持续了好几个月，就在吴江县店工作快结束时，我们接到苏州市店电话，要我们二人回到苏州，参加“文化大革命”。这个小组就此解散。这些封存好的书，后来也不知道如何了。假使没有处理掉，现在摆出来，都是抢手的。

选这些书封存，也是没有办法，马上要搞“文化大革命”了，这些书要赶紧清理掉。哪个书店如果有这些书，是会出问题的。

其实1966年年初的时候，我们古旧书店还在收书呢。苏州有位画家叫陈子清，和吴湖帆等都很要好，做过苏州图书馆典藏部主任。其时他已经故世多年，他的后人散出了一批藏书，由李德元同志前往收购。其中有黄丕烈跋旧抄本《梅花字字香》一册、王鸣盛批校的康熙刊本《词综》四册这样的珍本呢。《词综》一书，后来提供给了李一氓同志，他看到后认为是一部难得的好书。

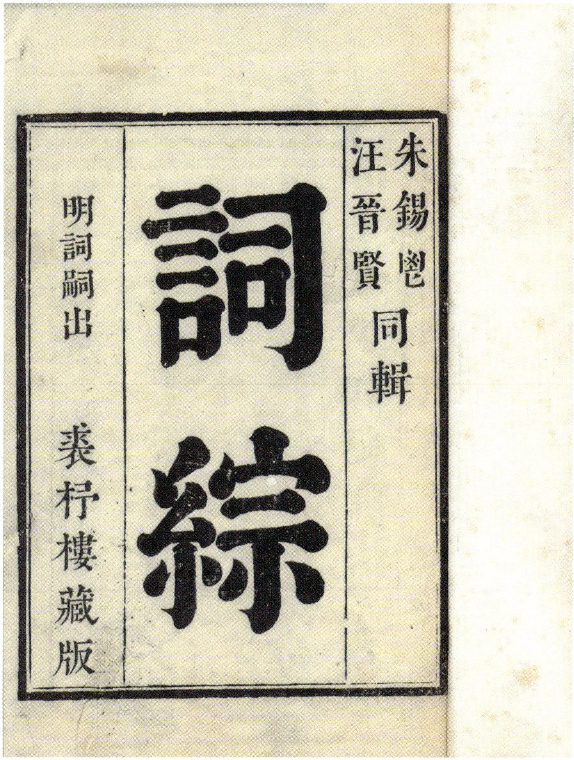

《词综》

清康熙戊午汪森裘杼楼刊本　芷兰斋藏

去小工厂流动供应

1966年末，我和宋怀寿接到通知，停止了省新华书店图书审查封存工作，回到苏州。他回到市店业务科去工作。我则不同了，因为那时古旧书店已经停止营业，所以经理室把我安排到当时最繁忙的地方——太监弄图片门市部去工作。

其时运动进入高潮，每家每户都要在客堂中张贴毛主席画像及印着红底黄字的《最高指示》《毛主席诗词》的单片，所以每天早上都有顾客排着长队在图片门市部外等着开门。市级机关及大的工厂单位都由市店计划发行科按需供应，但是一般小单位则享受不到这种待遇，所以有些意见。一天，部门领导传达经理室的意见：贯彻上级提出的“为政治，为生产，为工农兵服务”的方针，要我和吴介福同志一起，到城区各小型工厂去流动供应。

我表示同意，即与吴介福同志前往仓库取书，所选的品种是《毛主席正面像》《毛主席去安源》等生活像，《毛主席诗词》等手写影印单片和印有红底黄字的《最高指示》，配合时政的宣传画以及《毛泽东著作选读》的甲种本和乙种本。打包后装上手推车，次日一上班就出发。那时古城区内，大街小巷都有小型工厂，街道也办厂，我们就推着车，由近到远去送书，每天可跑四五个单位。所到的单位见我们送毛主席画像去，都高兴得不得了，因为买都买不到啊。我和吴介福这样工作，通常到下午三时左右才能回店，在店里算好账才算结束一天的工作。

中午吃饭，大都在工厂食堂搭伙。那时没有手表，所以有时连吃饭时间也忘了。有一次我们走到老阊门附近的建文包装材料厂的时候，接待的同志问："你们吃过没有？"我就说："还没有吃呢！"他说："已经过饭点了，到外面店里也吃不到饭了，我去食堂和事务长商量下，给你们解决。"过了一会儿，他就带了两碗蛋炒饭来给我们吃。这件事虽然已经过去五十多年了，但我还是记得一清二楚，始终记着他们的关爱呢。

这项工作时间较长，效果也很好，到1967年左右停止。

图片门市部大概是在公私合营后就有了，店面用的就是以前的新书店宏泰书店。这宏泰书店以前就卖新书，转为图片门市部后还卖连环画、宣传画。他们的生意一直很好，什么时候停业的，我不记得了。

记账员和收银员

随着“文革”的深入，文教卫革委会举办清理阶级队伍学习班。新华书店观前门市部有多人去参加，所以店里人手少了，经理室就把我从图片门市部调到观前门市部去做收银工作。

观前门市部一楼的前面卖文艺类书和历史书，像《红岩》《林海雪原》之类的，往里走，正中间有一堵隔墙，墙后面还有很大一个空间，卖的都是科技类的书。收银台就在靠正中间的隔墙之前，周围拦以四只玻璃柜台，以确保安全。隔墙上开了一个一米见方的空洞，这样，第二进的科技门市部只要派一个记账员就可以了，可以省出一个人——在读者要买科技书时，里面的记账员在记账本上写一数字，连同钞票，通过墙上的洞口交给大厅的收银员，收银员在单子上盖上名章，连同找零的钱，通过洞口一并还给记账员，再由记账员还给读者，实际上科技类图书处就不再另安排收银员了。

那时我们的老领导——市委宣传部部长、后提升为市委副书记的凡一同志，也被派来新华书店参加劳动，被安排到与我一墙之隔、靠窗口的地方，做科技柜的记账员。我们通过玻璃窗口，可以相互看得见，可以交流。

有一天，业务科交给我一百册歌曲书，书名叫作《红太阳放

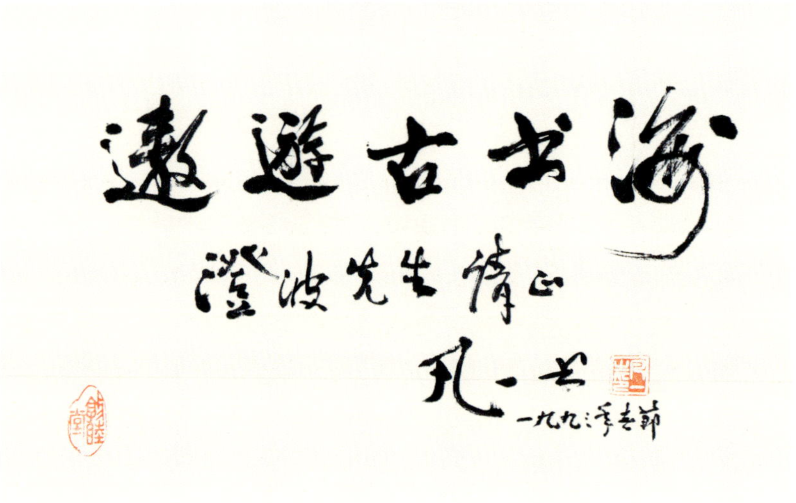

凡一赠江澄波墨迹

光芒》。这本书封面上的太阳没有印成红色的，所以有读者提出了意见："你这本书是讲红太阳的，封面上怎么是白色的太阳呢？"业务科便要求我在空闲时，把每本书的太阳都涂成红颜色。我就按他们意见做，一有时间就涂色。见我忙碌，坐在窗口里边的凡一同志就向我要了一册去看。看了以后他对我说："你把这太阳都涂得满满的，涂得蛮好的。不过，如果在黑线和红色之间，留下一条极细的白色光环，可能还要好看些。"我就照他说的来处理。这一来，的确更有立体感，效果更好。当时我心中想：你不愧是一位懂得光学原理的文艺工作领导呢。

凡一同志在新中国成立之初就是苏州市委宣传部部长，他夫人就是阿英之女钱瓔。本来他们两个已经由外交部调到北京去了，正在学习法语，准备担任驻法国大使馆文化参赞，结果"文革"来了，苏州造反派到北京把他们带了回来。凡一同志遭受了批斗，并被要求参加劳动。上级就安排他到新华书店工作，竟然和我搭档。我们两个的合作，一直到我下放时才结束。凡一的岳父阿英先生常与我通信，交流购书的事情。"文革"发生后，我们不敢写信交流。后来听说，阿英先生的书被当地文管会收去了。

不舍书船到横塘

1966年，书店接到通知，要求销毁黄色淫秽出版物，新华书店的领导就到我们古旧书店来开座谈会。当时我父亲已退休，我已经被调到新华书店做其他业务了，且并没有资格参加。大家讨论：古旧书店的书，有没有不符合要求的？哪些书是该销毁的？有人就说，家谱宣扬封建宗族观念，传奇是讲才子佳人的，都该销毁。他们就把古旧书店中所存的戏曲小说、弹词、宝卷、佛经、家谱，以及全面抗战前出版的新闻画报和电影画报等，装上大船，拉去销毁。这些书就这样被运到横塘红光造纸厂做成油毛毡。哎，这些家谱都是我辛辛苦苦收来的啊，但我能说什么呢？

没办法的，"破四旧"嘛，古书就被当成典型的"四旧"。古旧书店于是开不下去了，不久后就关了门。

苏州藏书家大多是以前的有钱人，家庭成分都不怎么好，有书的人都怕了。那些古书啊，有的被扔到河中，有的被藏家自己烧了——还得关起门来悄悄地烧，更多的被送到废品收购站。当时，古旧书店的李德元、臧炳耀，苏州图书馆的华开荣，各自前往阊门外半塘莲花斗废品仓库挑选古书。听说，那些古书堆得像小山一样高。堆在顶上的，埋在下面的，根本无法翻阅，只能挑"书山"表面的。由于太多，图书馆的人只拣馆中没有的，复本不考虑。古旧书店这边，清刊本根本不考虑，只能拣出能拿到的明刊本。仅这样挑选，苏州图书馆就选出不少珍本古籍。苏州图书馆唯一的元本以及汲古阁毛抄影宋蜀大字本《孝经今文音义》《论语音义》《孟子音义》三种（即《三经音义》），就是华开荣从这样的废品站里抢救下来的，为此他还差点受到处罚。这些书多以废纸价格售出，像《三经音义》这样的书，市场价是七分钱一斤，图书馆是以四分钱一斤的价格收回的。

1967年时，新华书店关门了，不需要营业，只需要有人值班。那时候每个单位都有两派革委会。我们新华书店处理事务，两派意见总是不合。针对安排谁在新华书店值晚班的问题，一派提出来的意见，另一派总是不同意。后来他们想到江澄波同志两边不沾边，就一致同意让我到观前街的店里来值班。通知我以后，我就提出："我一个人不好，请住施相公弄的吴介福同志跟我一起。"因为吴介福也没有派别，他们就都同意了。

那时候，观前街设置了路口。晚上我要去新华书店值班，总是在路口被拦住，要出示证明才行。证明什么呢？不过几句话："江澄波同志家住钮家巷西大园××号，到观前街新华书店值班。"证明上还盖有新华书店公章。出示了证明，我才能进去。

用名人画扇生炉子

我们家书店之前的招牌，是徐世昌题写的，公私合营的时候，招牌归到古旧书店，作为古旧书店的公有财产，存放在马医科巷的新华书店仓库里。后来仓库地板坏了，他们把这块招牌刨作木料，用来修补地板了。

“文革”开始时，我父亲已经退休了。运动一来，他成分被认定为资本家，我被划为资方从业人员。新华书店的人上门来抄家，一共抄了三次，每一次都会搬走一些东西。第三次抄家结束后，我父母房间里的东西已经全部被搬空了，人家就把他们从第三进赶到了第二进住。我房间里放了六十多本常用书，大多是书目类的工具书和名家赠送的签名本，还有当年去顾翼东先生家收书时收得的王同愈的书箱，都一起被查抄走了。

祖父留下来的东西也一件不剩。

我的祖父杏溪公以前做生意时，热情服务顾客，对待进店的人都一视同仁。有时顾客来，如果一时提供不了顾客需要的书籍，他会请顾客留下地址，以便以后通信。这些顾客的资料，他都记录在一个簿子上，和现在的通讯录比较相似，结果抄家的时候，都被拿走了。如果还保留着，倒是一份非常珍贵的资料呢。

祖父善于交际，结交了许多名人。他留下一箱子的扇子，总

江杏溪收藏名人赠扇：张一麐题字

江杏溪收藏名人赠扇：吴荫培题字

共有两百多把，上面有他所交往的名士的题画、题诗。红卫兵看到了，就把这个箱子抬到天井里，一抽屉一抽屉打开，把扇子倒在地上，坐在天井里撕，一把一把地撕掉了。小孩子在旁边看着，吓得直哭。红卫兵撕得累了，这才包了十多把带走。扔在天井里的破扇子，扇骨好多都断了。我们那时候生煤炉，我爱人就想用这些扇骨引火。我舍不得，爱人说："这些还有用吗？"一把夺过去，就用这些扇子天天生炉子了。

"文革"结束后，落实政策，苏州博物馆的人通知我，让我去拿返还的东西，一共有九把扇子。这几把扇子，都是红卫兵撕累了带走的，分别有傅增湘、吴梅、瞿启甲、张一麐、余觉、吴荫培等名家的题字；扇面上的画，则由吴湖帆、陈摩等绘制。被撕掉的那一箱扇子，大都是这样的名家手笔。

至于我被收走的书，人家说找不到了，于是按照每本两毛钱的价格赔给了我。这些书中，就有阿英等同志赠我的签名本。

罗桥公社新农大队

1969年，造纸厂的工人成立工宣队，领导新华书店，开始安排下放的事情。古旧书店这一批老员工，苏章荪副经理、史依仁同志、张惠芬同志和我都被下放，其他员工被安排在新华书店各门市部工作。我被安排的下放地是盐城地区阜宁县罗桥公社新农大队。妻子以及三个儿女，都得随我一起到农村。

经理室的苏经理本来不该下放的。当时新华书店有两个副经理：一个是苏经理，一个何嘉荪何经理。本来何嘉荪家庭成分不好，工宣队要把她下放，不晓得她丈夫是军人，军人家属不下放的。这样一来，就只好让苏经理下放了。他的下放地是射阳。

我下放的时候，已经是四十三岁了。我爱人是长风机械厂的，这个厂搞运动比较厉害，人家说："你爱人是长风厂的，长风厂是支持下放的。"如果不是这样，我一个人去就好了啊。我的大女儿娟娟，当时已从苏州市一中毕业，因为身体不好，所以毕业的时候是留校待派。但是工宣队一定要叫我把她带下去。延令是我的大儿子，他刚初中毕业。小儿子益林本来该在苏州念中学，没办法，随着我们到了队里，但队里没有学校，他只好到公社里的罗桥中学读书，住宿在镇上的学校里。每逢星期六回来吃过晚饭，我们就叫他把衣服脱下来，同他捉白虱。点个煤油灯，捉到虱子就往煤油灯里扔，虱子被烫死了，灯花就扑地一闪。

最让我担心的是娟娟，在农村待了不到两个月，她身体就出问题了，得了肺病，心情也不好，我就请求把她送回苏州养病。人家把我女儿的事情反映给苏州革委会主任曲言斌。他说，照理这个孩子不应当带去下放的，现在已经下放了，只能以后解决了。后来，我们总算把她送回苏州。那时，我父母和大姑姑还在家里，弟弟妹妹们都已经到外面念书工作了。娟娟回了家，就在家里织毛线。我们常常通信，因为我是带工资下放的，有定量供应的，在苏北每个月领的粮票是全国粮票。我就节省粮票，寄到苏州给他们用。我和爱人吃农村粮，吃山芋和玉米。

因为这些，我现在心里也过意不去，对几个子女心存愧疚。我的家庭成分不好，带着他们下放，让他们受苦了。

大队有一个柳条厂，有十间瓦房，最早的时候，我们家分到了队里两间半的泥瓦房，住得还可以。后来这个房子不能住了，因为上面有一笔经费给到大队，要造好房子，大队才能拿到这笔钱。那么就需要我们家自己造房。

造房子的时候，房子需要一根房梁。我到十里外去找房梁，找到一根很大的木头，两端还有云纹。我把房梁扛起来往回走，也不知道走了多久，走回家了。人家问，你怎么一个人扛这么重的东西？一根木头六七十斤呢！我一听，自己也惊呆了，也没想到有这么重啊，想不到自己把它扛了十里路。一个人到没有办法的时候就有办法。

苏北老乡对我很好，看我一个人造房子辛苦，他们都来帮忙。房子很快建好了。落成那天，我摆了六大碗的桌子，请他们吃了一顿饭，也就当感谢了。苏北人喜欢喝酒，我跟他们说，我从出生以来从来没喝过酒。他们就不再劝我了。

新造的房子有三间，是泥坯房子，房顶铺红草，脚下是泥地，和水泥房相比，条件相当差。房子前面造了个小房子，苏北人称为锅窝，即摆锅的屋子，就是厨房。

我是带薪下放的，每个月有工资六十元左右，也算是个不小的数目了。当时的生产队李队长很照顾下放户，悄悄对我说："你就不要下田干活了，做了也没工分。"他建议让我爱人去劳动，还能挣点口粮。这是因为我爱人从长风机械厂离开后，厂里工资发了几个月便没有了。一家人只靠我一个人的工资很吃力，加上我还要往苏州寄粮票，生活真是不容易。可我不能那么做，既然已经下放了，哪能不劳动呢？只是我半辈子与书打交道，生产队的开沟抬泥、棉花地里打药水之类的劳动，我真是从来没做过。干不来也得干。这一干，我也做得不错，还得到大队发的好几张奖状呢。

《剪绡集》和《梅花衲》

1971年，我因身体不好，从下放地阜宁回苏州治疗。1972年10月，苏州古旧书店在原址恢复营业，臧炳耀任主任，编制有14人。书店的性质由“公私合营”改为“国营”，同时开放了已停业六年的古旧书门市部。复业数天内，架子上的中国古典文学作品和字帖、画册之类就被苏州读者一抢而空。

重新开业的时候，一时找不到招牌。这时，工作人员从仓库里找到一块银杏木的牌匾，原来是来青阁的大招牌。于是“废物利用”，把这块大招牌锯成一大一小两块木板，请吴敦木先生重写。吴先生在几张旧报纸上写好，并没有署名。

恢复营业后，造纸厂的工宣队就撤走了。虽然正常营业，但原来古旧书店的工作人员有的下放到农村了，有的已去世，有的仍留在其他门市部，回来的仅有丁俊生、卞堪生、程汉芳等同志。藏家若送来善本古书，一般营业员无法识别，因此新华书店领导要求我在苏州期间帮助做好这件事。我想，抢救古籍善本是我的心愿，当然同意了。

没隔两天，古旧书店来了一位藏家，自称姓张，拿来两册常熟毛氏汲古阁影宋抄本的《剪绡集》和《梅花衲》，字迹端正，乌丝栏格，画得十分精美。首尾还分别盖有毛晋和毛扆父子的印章。

物主说，他父亲在世时说过，这两部书的价值相当于宋本。我看后心中有数，就与他商定价格买了下来。

隔了两天，适南京图书馆有位同志来苏，看到此书后就叫我去拿《北京图书馆善本书目》来。他看到上面著录有“《剪绡集》《梅花衲》毛氏汲古阁影宋抄本，翁同龢旧藏”，就对我说：“北京图书馆收藏的翁同龢藏本肯定是真的。你这两本肯定有问题了。”我说：“你不相信，可以先拿走鉴定，一个星期之内给我们还回来即可。”哪知他带走后，过了一个星期毫无音信。另一方面，我为了探个究竟，在他取走书后，就把这情况写信告诉给了北京图书馆的丁瑜和路工同志。不到十天，他们就给我回信，要求把书连同发票一并寄去。其时南京图书馆还未给我回音，我就无法处理。直等到半个月后南京图书馆把书寄回，我才把书连同发票一起寄往北京。

后来才知道，最早这位同志把书带到南京后，就有领导把书带往北京图书馆鉴定。这时北图已接到了我的信，把南图带去的这两本与馆藏的翁同龢藏本比对了一下，发现：北图馆藏翁本上只盖有毛晋的印记，而南图带去的两本除了毛晋印记，还有他儿子毛扆的印记，并有用白粉涂错字后校改的痕迹，可知毛扆据宋本校过。加上这两本书还是汪士钟递藏之本，可以说，这两本比翁同龢藏本更好。经过对比还可以知道：毛晋抄本尚在明代，用的是水印；毛扆抄本时间上晚一些，用的就是油印了。

这也说明，当时毛氏汲古阁影宋抄本不是只抄一部的。通过这件事，我深受教育：凡事不能主观臆断，免得与好书失之交臂。

毛氏不仅以《十三经》《十七史》等刻书著名，还以抄书闻名。抄书，是因为有些书藏于别的人家，无法购得，便借阅后抄

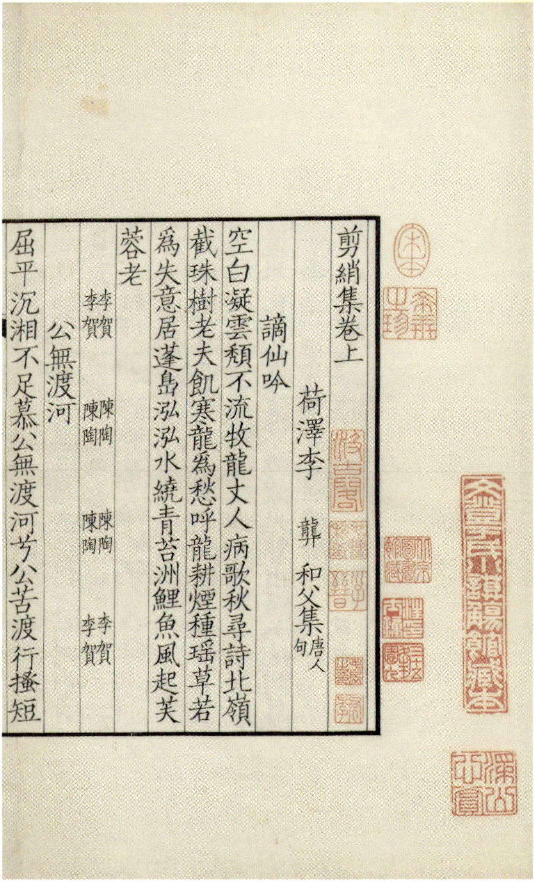

《剪绡集》

清汲古阁影宋抄本　国家图书馆藏

写以保留。可以说，抄本中，毛抄本最为宝贵。清代乾嘉以来藏书家，都对毛抄本给出了极高的评价。毛抄中，又以毛抄影宋本为最宝贵。影宋，就是用纸蒙在原宋本上抄写。汲古阁影宋本，抄宋刻字，模仿宋版的字样，笔画均匀，没有脱漏错误的情况，序跋、图章、画像都惟妙惟肖。最厉害的是毛氏的乌丝栏格，就是一根根版线，全用毛笔画出来，如同丝一样细，又直又整齐，成为毛氏影宋本的一大特点。

就我所见的毛抄本，可以分为两个类型。一是用竹纸影写的，不打乌丝栏格。例如文学山房从管礼耕后人处收得的张有《复古编》二册就是这种情况。还有一个类型就是乌丝栏格影宋抄本。这次收得的《梅花衲》和《剪绡集》就是代表，用白纸精抄，笔画均匀，行格整齐，钤有“宋本”印、“甲”字印。如果不仔细辨认，乍看之下，与宋本没有区别。

北图情缘

我在回家养病期间，既然继续收书，当然也还会想办法为好书找好的归宿。赵万里先生来苏州时曾对我说，有好书不要忘记他们北京图书馆。这话我一直记得，所以当收到好书的时候，就给北图写信。其时赵先生已经退休，北图善本部接到我的信，就派出路工和丁瑜两位同志赴苏州收购。

路工比我年长几岁，他研究俗文学和民间文学，编著出版了大量民间文学资料集。我与他之前就有联系，曾把《恒轩诗稿》卖给他。丁瑜是王重民先生的高足，时任北京图书馆善本部副主任。

这次他们远道而来，书店领导叫我去接待他们。除了提供信中沟通的《剪绡集》《梅花衲》等一批张家古书，我还带他们走访了苏州一些名家。

先是去拜访汪星伯先生。他住在拙政园后的一条小弄堂里。到了他家，汪先生坐在轮椅上，拿出一张元代印的钞票给我们看，丁先生和路工先生顺利收下。另有一部明版《本草》，汪先生就不肯出售了——汪先生实际上也是很厉害的医生。

我又陪他们去拜访凡一、钱瓔。谈后，凡一、钱瓔夫妇把他们收藏的一批新四军的刊物都捐献给了北京图书馆。凡一1940年从如东到盐城参加新四军，在根据地做宣传工作。他讲，敌军来搜查时，他们把这些革命刊物藏在农民的柴堆里，总之，想了许多方法，才把这些刊物保护下来。

那段时间，我曾到常熟访书。常熟萧红迈老先生给我看一部稿本，乃明末归昌世所书《假庵杂著》和《纪季父遗事遗言》合订一册，有“常熟归氏寿与读书室藏”墨迹。归昌世本是昆山人，后移居常熟，擅长草书，与李流芳、王志坚合称“三才子”。老先生叫我估值。鉴于这是名人手迹，又是未刻之本，虽然只有十五页，我还是从优估价。我就按十元一页，报价一百五十元。那时候一百五十元还是值钱的。可这老先生不相信我，又去问沈传甲先生。沈传甲对他说：“你赶快卖掉，你碰不到第二个人出这么高的价钱了。”因此萧老先生连夜来访，邀我往取。这部书也提供给了北京图书馆。

还有一部书，名叫《青邱诗集撷华》，上面有沈德潜、钱陈群手写的序文，我推测是徐沄秋之物。这部书是由物主送到书店来的，书上没有印章之类的标记。办理手续，要填一张收购证。他写自己住什么什么地方，姓徐。根据这些信息，我怀疑他是徐沄秋的家属。我买到这部书，跟丁、路两位同志说：“你们运气好，两位名人送你们书。”

路工同志和丁瑜同志这次来访书，收获很大，我们相谈甚欢。我就请他们到家里一聚。

那时尚在秋天，我在家里备下了阳澄湖的大闸蟹。我不喝酒，但是给他们两位备了一点薄酒。三人就在小院子里畅聊吴郡掌故、书林逸事。

我谈了养病这段时间在苏州收书的一些琐事。末了，我说：

“我户口还在农村，还不知道怎么转到城市。”丁瑜同志表示自己每天都在提心吊胆中度过，说罢只能一声长叹。

这次两位先生来苏，我提供给北图一批古籍精品，也是报答赵万里先生对我的期望。现将具体书名、版本介绍如下，以资书林谈助。

（一）宋末元初刊本《周易象义》存《下经》第二至三卷，孙承泽旧藏，一册。此书在全面抗战前编的《北平图书馆善本书目》中著录为宋刊本，新中国成立后编印的《馆藏善本书目》上改为元刊本，也有孙承泽藏印。这二卷是后来补抄的，由此可见，原书已经分散很长时间了，现在得以延津剑合。

（二）元刊本《明经题断诗义矜式》十卷，元进士林泉生撰，福建麻沙书坊刊本。每半页十一行，行二十一字。黑口，四周双边。前后无序跋。张乃熊旧藏，一册。

（三）明弘治刊本《博物志》十卷，汝南周日用注，弘治十八年（1505）贺泰刊本。每半页十一行，行二十二字。白口，左右双边。张乃熊旧藏，一册。

（四）明抄本《野客丛书》，存一至十五卷，黑格，白棉纸抄本，黄丕烈校跋。黄琳、顾湄、韩德钧递藏。四册。

（五）毛抄本《梅花衲》一卷、《剪绡集》一卷，汲古阁影抄南宋书棚本，毛晋、毛扆、汪士钟递藏。毛扆手校。二册。

（六）明归昌世手书《假庵杂著》一卷《纪季父遗事遗言》一卷，未刻稿本，萧盅友、归曾祁旧藏，一册。

（七）旧抄《弁阳老人词》一卷，鲍廷博手校，何煌、韩应陛、蒋祖诒递藏，一册。

（八）费云溪手抄《青邱诗集撷华》八卷，乾隆时手抄本，首

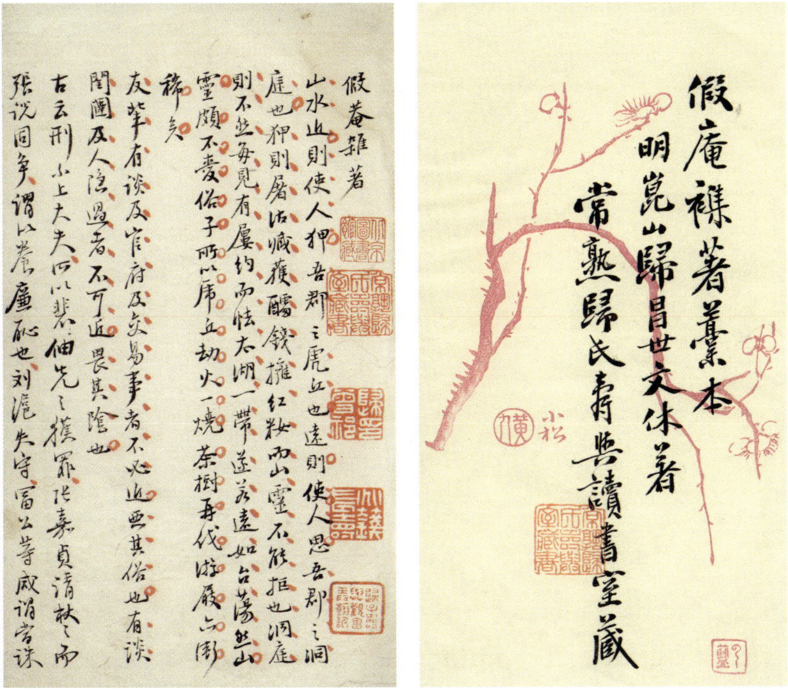
假菴雜著
山水近則使人狎吾郡之虎丘也遠則使人思吾郡之洞
庭也狎則屠沽臧獲醵錢擁紅粧而山靈不能拒也洞庭
則不然每見有屢約而怯太湖一帶遂若遠如台蕩然山
靈頗不受俗子所以屏五劫火一燒茶樹再伐游屐亦[illegible]
稀矣
友輩有談及官府及交易事者不必近要其俗也有談
閨閫及人陰過者不可近畏其陰也
古云刑不上大夫所以[illegible]
張說同年謂以[illegible]
假庵襍著叢本
明崑山歸昌世文休著
常熟歸氏[illegible]讀書室藏

《假庵杂著》

明稿本　国家图书馆藏

有沈德潜、钱陈群手书序文，并有印记。

（九）明初刊本《汉书·天文志》，每半页十四行，行二十六字至三十字。严蔚、张乃熊递藏。

调令风波

回苏州养病的两年，虽然帮助古旧书店收得不少好书，但我在苏州的事情被一些人议论。人家说："你看江澄波，人一直在苏州工作了。"古旧书店虽然想留我，但顶不住这些议论。阜宁县这边，也着急催我回去。所以病痊愈后，我就在1973年回了阜宁。

可能怕我再走，组织对我有了新的安排，让我在罗桥公社邵刘大队参加"斗批改宣传队"。后让我在罗桥公社下放人员工作办公室工作，我就不用到田里劳动了。从家里到公社，来回有二十多里路。我不会骑自行车，只能靠两条腿——这样也好，我的身体由此锻炼得蛮结实的。

这样做了半年，有关领导也许看我文字功底还不错，人又老实，就将我调到阜宁县下放人员工作办公室继续做下放人员档案文字、人员分配统计等工作。办公室主任叫郑兴宝，他要求我一定要"将档案看好"。不久后，我爱人被分配到县里的阜宁药厂上班。我们一家搬到阜宁药厂宿舍，条件比在乡下好多了，有了电灯，走路也不走烂泥路了。

这时，又接到县里边安排，要调我到图书馆。我回去同下放办公室的郑主任说："今天县里安排我工作了，到图书馆工作，我明天就不来了。"郑主任一听，连忙说不行不行。我说："上面的安排，我怎么好说不行呢？我只能服从。”他说：“我去同李书记讲。”过了两天，郑主任告诉我，他同书记讲了我的问题，把我安排到县图书馆，但人呢还是在下放办公室。下放办公室的工作都是需要我来做的。

我做下放户的工作安排，总想尽量帮助别人。那时有一户下放户，父母都丧失劳动能力了，家里就一个十多岁的孩子能干活。他看起来很小，我把他安排进了工厂。劳动局局长就跟我说：“老江，你怎么把小孩子都安排到厂里去了？”我说：“这家是困难户，一家人都没有工作，安排他一个人就有三十块钱工资了。你不要看他个子小，隔了三年就是一个高汉子。你就做件好事吧。”其实我不过将心比心：我带工资下放已经感觉到苦了，他们没有收入的，怎么办呢？所以尽量安排一下。我老伴同我讲：“人家在讲，这里喜欢你，不放你走了。”我说，一个人做点好事，一个人凭良心发点善心，总是好的。

1975年，苏州有单位来苏北招工，照顾安排下放户的子女回苏参加工作，每户有一个名额，我的大儿子报名后被录用。12月的时候，苏州方面派了车子到阜宁，我们就把他送上车。此后就是我与爱人以及小儿子益林留在苏北。

1977年，根据周恩来总理生前指示，国家文物局启动古籍善本书目的编纂工作。南京图书馆派人到阜宁来，带了一封南京图书馆古籍部主任潘天祯同志的信给我。潘先生在信中邀请我到南京参与其事。我应允后，潘先生非常高兴，复信催促我尽快出发。信札内容如下：

澄波同志：

惠书奉悉。承慨然允诺来宁参加全国善本书总目录的编制工作，非常高兴，非常感谢！在你的大力支持下，我们完成敬爱的周总理生前交代的任务，必然会进行得更顺利。我馆领导已决定派人来阜宁革委会协商借用事宜，大家对于敬爱的周总理都有无比深厚的感情，为了实现周总理的遗愿，相信会得到阜宁县革委会的积极赞助，则相见之期，当在不远，等待着欢迎你。

编制全国善本书总目录的工作，各级领导和有关单位都极为重视。本月二十二日到二十六日，上海、浙江、南京三馆第二次协作会议已在南京召开，不但有三馆领导和古籍工作同志参加，还有国家文物局图书馆处处长、北京馆付馆长和善本组组长专程前来指导。江西有馆也派人列席，实际已超出三馆协作规模，为召开全国性的会议创造了条件，工作的进展十分迅速。古书工作也和全国其它各条战线一样，形势大好，形势逼人。你听到这些一定高兴。

如果与阜宁县革委会协商妥当，你几时能来？有什么需要我们准备的，请便中告知，以便向领导汇报。

此致

敬礼

潘天祯

77.11.30

这件事情让苏州市文化局局长周良先生知道了，他也写一封信给我，说："现在你的调令已经发出了，希望你回到苏州，不要去南京。"

有鉴于父母都在苏州，我当然更倾向于回苏州。

接到周先生的信以后，我就到阜宁县委组织部去问。我说：“听说我的调令——苏州发的来了，请问在哪里呀？”对方回答我说“没看见”。有意思的——不说来了，也不说没来，他就说没有看见。

我也没办法，还是如常上班。那时候阜宁县下放人员工作办公室设在县委招待所内。一天早上上班，我在招待所上厕所，碰到一位老先生。他问我：“老江，你怎么在这里？”我说：“下放嘛。现在苏州要调我回去，但这里不放我走。”他想了一想，说：“你写份报告送到盐城来。”这个人是谁？原来是原苏州地区专员，叫杨明。他在苏州的时候经常来书店，是我接待他的。那时候呢，他在做盐城的地委书记。

我就写了一份报告，乘汽车送到盐城去。杨明同志给我批了，说：“你把这份报告送到地区组织部去。”我也不懂，心想：你叫我把你批的报告送掉，我们县里又不知道。但我还是把这份报告带到县里面，找到县委组织部的谢部长。我说：“谢部长，这是杨书记给我批的。”谢部长看了以后说：“好的好的，你回去，我知道了。”

这份报告送去以后没有多少时间，我接到家信：父亲病情非常严重。我也来不及等待调令，请了假就往回赶，在床前侍奉。1978年9月的时候，我接到益林打过来的电报，说是我的调令下来了。我买了到阜宁的票，赶回了阜宁。爱人告诉我，那天，她去菜场，正好遇见了阜宁图书馆馆长，馆长通知到他办公室去拿调令。说到这里，我爱人啊，那眼泪就哗啦啦流啊。唉，这十年来的辛苦，总算到头了。

调令拿到了，阜宁办公室的同事想送我，我收拾好了东西，跟他们说："不要送。大家的心意，我心领了。我家里父亲病危，还等着我呢。"由于当时只有我一个人的调令，我只能一个人赶回苏州。

赶到父亲榻前，我把调令给他看。我说："我回来了，这是调令，以后都不走了。"父亲颤颤巍巍地接过这张纸，终于安心地合上了眼。那年，弟弟们都在外地没有回家，我母亲、姑姑、我和惠英妹妹一起为父亲送终。

第八章 重逢

老同事、老书友，再见面，我们都老了，但热爱古书的心，还年轻着。

重回书店

1978年，我拿到调令回苏州古旧书店报到。过了一个月左右，我就回阜宁接爱人和益林。我们把所有东西打好包，结果被通知汽车要第二天来，所以临时找了一个小旅馆住。记得那时候天气冷了，那个小旅馆被子不保暖，人冷得直哆嗦，但心里却热乎乎的。

臧炳耀同志在1975年至1977年被调到苏州图书馆担任负责人，当时刚调回苏州古旧书店，仍然担任主任。古旧书店仍设置了回收部，只是格局和以前有所不同：以前回收部的楼房在新华书店观前街门市部旁，新旧书门市部在对面；现在回收部的办公点归到人民路上的苏州古旧书店。

古旧书门市部由丁俊生担任主任，并留有浦元祯和史依仁等老同志。还有一位年轻同志叫何忠林，他住在养育巷，原本在剧团里拉二胡，因为书店和剧团都属于文化系统，他就被调到新华书店观前街门市部，后来被臧炳耀要到了古旧书店。

苏州古旧书店的一楼除了门市部，还安排了一个收购处，有单独的房间，也面向人民路。门市部和收购处隔了一条小弄，以方便客人送书。顾客来时，从小弄走进去，能看到一个小房间。卞堪生和谢杏生两位同志就在这个小房间办公。卞堪生年纪较大了，身体不太好；谢杏生是苏州人，本来在上海科技局工作，因为他爱人在苏州振亚丝织厂，所以他自己也在“文革”期间调了过来，他的主要工作是在全市二十多家废品站中挑选书籍。由于当时古书货源缺乏，远不能和“文革”前相比，所以他们很多时候都待在房间里，补补旧书，等待顾客送书上门。

因为回收部人少，领导安排我协助工作，在二楼办公。收购处和门市部在一处办公，有时根据工作需要，回收部的工作人员也会帮助门市部的同事调班和站柜台。古旧书店当时的办公人员有十来人吧。

养育巷使徒堂在“文革”期间被当作古旧书店的仓库使用，落实政策后发还原单位，这个仓库的书就转藏他处了。我才回苏州，不知道详情，只知道当年的仓库空间很大，书很多。

与此同时，《中国古籍善本书目》的编纂工作正在开展。顾廷龙先生赴京主持工作，担任主编；潘天祯先生担任副主编；赵万里先生和潘景郑先生都被聘为顾问；丁瑜、沈燮元等先生都是主力编辑人员。苏州图书馆为此召集全市各有关单位开会，臧炳耀同志参加，被告知古旧书店存书不予编录。古旧书店的存书未能统计，确实和其流通性有关，但总目中缺少了部分未入馆藏的孤本，也是一大遗憾。

新业务和老业务

我回书店不久，书店要求对所存古书做一次全面调价。这项工作面广量大，要对每一部书逐一重新核价，谈何容易，但又必须抓紧时间，尽量缩短古书销售业务的停顿时间。我和同事们花了大量力气，在不到三个月的时间里，完成了这项任务，这才可以启动后续的工作。

这时，古旧书店业务有了新变化。

“文革”后一段时间里，古旧书的供应越来越少，新版古籍成了古旧书店的一个业务方向。新版古籍，指中华书局、上海古籍出版社等专业古籍出版社点校、整理的排印本古籍。“文革”后，一批老先生回到了出版社工作岗位。他们在“文革”时失去了专业工作，现在好了，被请回来了，他们认认真真的，使得书的质量得到保证。

那时候缺老师，各地都办教师进修学校，为提高教育质量，这类学校急需文、史、哲专业图书。外地有的小地方没有古旧书店，新华书店里只卖些四大名著之类的书，所以那些地方的教师进修学校写信过来提出要求：“我们这里买不到古典文学方面的书，希望你们给我们目录。”应他们的要求，我们就着手编写目录。这个工作主要是我做的，因为我从做学徒开始就抄录古书目录，可谓得心应手，连徒弟都不需要。这类新书目录非常简单，就是书名、作者、出版时间、出版社几项。我先手写，写后交店里打印，然后复印好几十份发出去。效果很好。这项工作影响的范围不局限在江苏地区，还包括湖南等地，持续了好几年，待到各单位的必备书籍都收得差不多了，就慢慢结束。在此之前，古旧书店从没有编过书目，这是因为之前大专院校的图书馆都已经有这些新版古籍了。

图书馆等单位仍然需要好的版本书。在我的提议下，苏州古旧书店恢复了传抄古书业务，对流传稀少、较为珍贵的古书，尤其是从未刊印过的稿本进行传抄。记得请住在塔倪巷的一位老先生抄写了《吴郡岁华纪丽》《垂虹识小录》《吴门园墅文献》《吴门坊巷待輶吟》《吴门竹枝词汇编》《琴川志注草》《虞乡志略》《直塘里志》《鳅闻日记》等，提供给了北京图书馆、南京图书馆等单位。这些单位经过多年积累，明刻、清刻之书已经非常多了，普通刻本大多已经入藏，加上这段时间市面上善本书的货源少，所以送至的多是抄本。1979年，提供给北京图书馆一批古籍，其中珍本有：明成化刊《毗陵志》残存三十二至四十卷，正好补上北图原藏本之缺；明嘉靖刊《新安休宁约山黄氏重修世谱》九卷，内有关于徽州刻工的资料；清王芑孙手写稿本《题杂帖诗》和明末拓本《秀餐轩帖》，有程瑶田题识。1982年，苏州古旧书店又提供给南京图书馆江苏地方文献一批，其中有虞山钱遵王述古堂抄本《古文三皇书》一册，苏州王芑孙手写《洞庭王氏祠堂记》一册，无锡安吉手稿本《天籁集》一册，常熟徐堂手抄《牧斋尺牍》二册，等等。

《吴郡岁华纪丽》是双塔影园主人袁学澜的著作，在顾禄

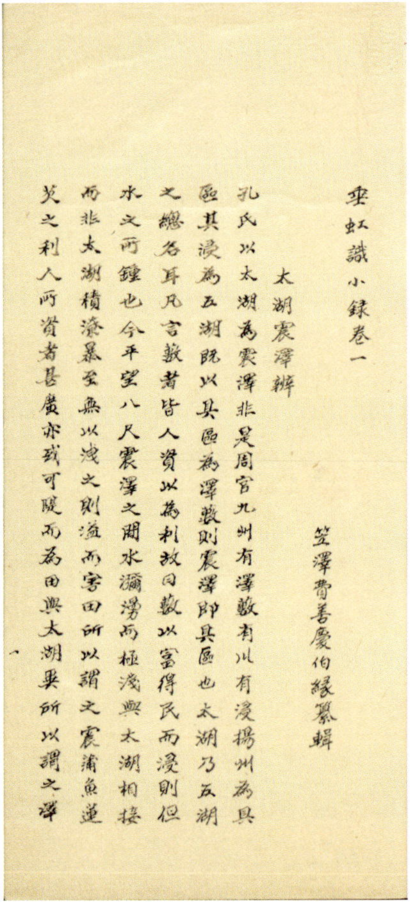

垂虹識小録卷一

笠澤費善慶伯緣纂輯

太湖震澤辨

孔氏以太湖爲震澤非是周官九州有澤藪有川有浸揚州爲具區其浸爲五湖既以具區爲澤藪則震澤即具區也太湖乃五湖之總名耳凡言藪者皆人資以爲利故曰藪以富得民而浸則但水之所鍾也今平望八尺震澤之間水瀰漫而極淺與太湖相接而非太湖積潦暴至無以洩之則溢而害田所以謂之震蒲魚蓮芡之利人所資者甚廣亦或可隄而爲田與太湖異所以謂之澤

一

《垂虹识小录》

苏州古旧书店抄本　苏州图书馆藏

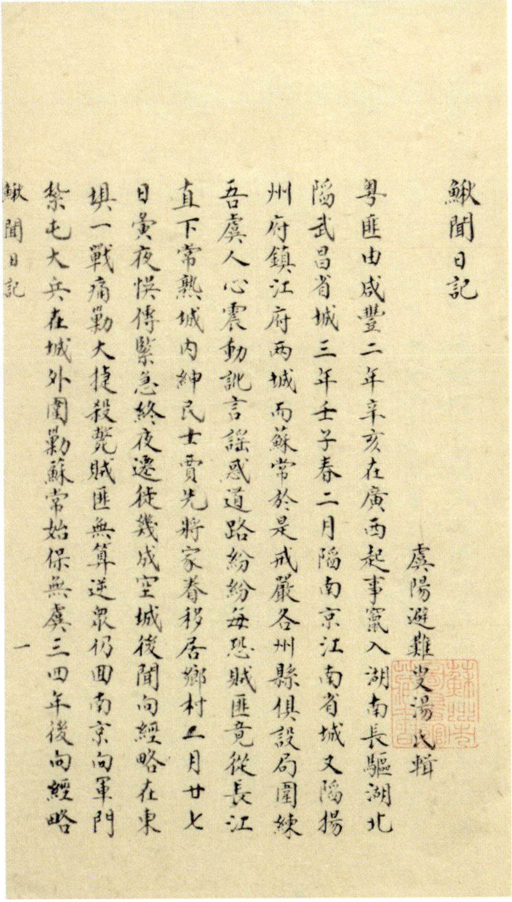
鰍聞日記
虞陽避難叟湯氏輯
粵匪由咸豐二年辛亥在廣西起事竄入湖南長驅湖北
陷武昌省城三年壬子春二月陷南京江南省城又陷揚
州府鎮江府兩城而蘇常於是戒嚴各州縣俱設局團練
吾虞人心震動訛言謠惑道路紛紛每恐賊匪竟從長江
直下常熟城內紳民士賈先將家眷移居鄉村五月廿七
日黃夜慌傳緊急終夜遷徙幾成空城後聞向經略在東
埧一戰痛剿大捷殺斃賊匪無算逆衆仍回南京向軍門
紮屯大兵在城外圍剿蘇常始保無虞三四年後向經略
鰍聞日記　一

《鳅闻日记》

苏州古旧书店抄本　苏州图书馆藏

《清嘉录》的基础上，增补内容，全书十二卷，是一部研究苏州风物的专著，是苏州地方文献精品，此前从未刻印过，其稿本用《三十六鸥亭丛稿》和《适园丛稿》的格子书写。该书在1964年由李德元同志收得。《吴县志》上说，袁氏后人曾经以“五百金”的价格把稿本卖给了美国人。其实那个本子只是一部抄本。后来这部原稿本由我经手卖给了南京图书馆。

返书之后

十一届三中全会后，万象更新，知识分子纷纷回到工作岗位，各户被抄家收走的一批物品根据政策发还。这时就有一个问题：和我们家一样，大多藏书家的房屋发生了新的变化，已不复当年的大小。书物发还后，由于小房间难以容纳，亟需处理，物主就同书店联系。西塘的蔡韶声先生写信到店里，告知有书发还。收到信后，我和谢杏生赶到西塘，收得《南社》全套二十二册。

二十世纪五六十年代，我常拜访常熟藏书家刘海如的后人，“文革”时中断了联系。二十世纪八十年代初，我至常熟重新登门拜访，得知“文革”时他家的古书都被抄家运走，现在落实政策，书都退回了。刘先生准备将书全部处理掉。此次收得极多，整整装了一卡车呢。

黄裳先生与我在二十世纪五十年代相识，其后交往，既有我提供给他书的情况，也有他卖书联系我的情况。甚至在“文革”前夕，黄裳先生还转让给我一部宁波天一阁主人范钦之侄范大澈的手稿本，书名是《史记摘丽》，全部十册，系明代白棉纸黑格精写，书上钤有范氏印记累累，十分古雅。我收购此书以后，及时提供给了浙江图书馆以永久保藏。

我回苏州后，黄裳先生来信说，他以前放书的地方被派了其他用场，他的书发还后，家里能放书的空间大大不如从前。他要求我在一星期之内到他家里去，把他理出之书收购回来。

我和谢杏生、何忠林两位同志同往，把书打成二十五个大包。书很多，其中大多数是清代康熙至道光时刊刻的诗文集。在议价过程中，黄先生提出了一个条件，就是他知道我们店里有金农的《冬心斋砚铭》和《冬心先生画竹题记》，他准备用名人郑晓旧藏的嘉靖刊本《皇明诏令》两册交换。

金农的这两部书，是用宋纸印的，墨是用明末清初的碎墨块制作的。《冬心先生画竹题记》前有高翔画的金农小像，用的是清雍正年间刻的《冬心先生诗集》中的小像旧版。说到宋纸，之前文学山房从费善庆的藏书中收到的《冬心先生自叙》也是金农用宋纸印的，比这两册还要好。

当时我认为，既然他舍近（上海古籍书店）而取远，写信到苏州，这是对我们的信任，我们于情于理应该满足他的要求。后来他在写文章时表达了他的心声，表示非常满意。

这批书含一大批清人的文集，大多有黄先生的题跋。运回店中后，刚好有天津社会科学院图书馆的馆长来苏访书，他见到以后同我们商量，说馆里刚好有一批经费，要求把这些书全部提供给他们。经请示领导，我们把这批书全部提供给了天津社会科学院图书馆。现在，黄裳先生的题跋本被称为"新黄跋"，因为他买书时不避残本，且在残本上都写题跋，形成了特色，这些"新黄跋"本价格攀升，已经一本难求了。

苏州"文革"时抄家抄出来的书，多被送到苏州图书馆和苏州博物馆两家单位。落实政策时，凡是知道来源的，都通知物主领回。但是有一大批古书无人认领，且无从知道来处，数量很多，落实政策办公室就让古旧书店去图书馆和博物馆两个地方挑选。书店派我负责。我去之前，落实政策办公室主任对我说："你这次去选书，是代表市里面，不是代表古旧书店。"我就遵照领导的指示，对两馆堆在地上的一摞一摞古书认真挑选，把好的书给他们留下来；他们不要的，古旧书店买走，支付书费给落实政策办公室。

可以说，这一阶段，一般版本书的书源是比较充足的。

故友飞鸿

“文革”结束后，李一氓同志也恢复了职务，出任中共中央对外联络部常务副部长。当接到我向他报告回苏的信后，他马上给我写了回信：“澄波同志：信悉，回店工作甚慰。你店能否找一部乾隆的《南巡盛典》，一部好的万历本《海内奇观》，一部全的《图绘宗彝》？你店还有什么好书，词、版画一类的。请告知。……”我很快地为他找到了一部乾隆时殿版初印的《南巡盛典》，白纸分订四十册，完整无缺。其中各地名胜古迹的木刻插图十分精美，前有红印的清高宗（弘历）御制序文，首页钤有“春在堂”印记，是曲园老人俞樾的旧藏本。他看到书后表示非常满意。

1980年，李老南下淮阴故地重游，顺便来到苏州。因当时人民路正在拓宽，汽车开不到古旧书店来，他就打电话约我到南林饭店相聚。久别重逢，分外亲切。李老向我重点了解苏州地区古籍的流散和收购情况，因他平易近人，我畅所欲言。大约谈了半个小时，他对我说：“因要外出参观，明天下午你再来，最好带些书来看看。”第二天下午我携书赴约，他选取了一种清初刻本贵阳江闿著《江辰六文集》的《词集》部分，还有一本乾隆刊本无锡秦仪画的《虎丘山塘图》及另外几种清人词。临行时他赠给我根据他珍藏本影印的《陈老莲水浒叶子》一册，并在自己的跋文上

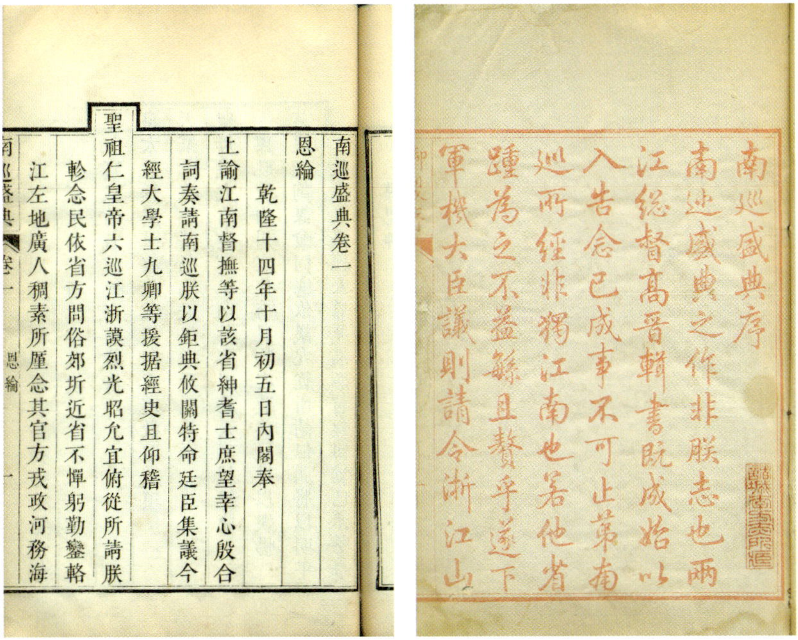
南巡盛典卷一
恩綸
乾隆十四年十月初五日內閣奉
上諭江南督撫等以該省紳耆士庶望幸心殷合
詞奏請南巡朕以鉅典攸關特命廷臣集議今
經大學士九卿等援据經史且仰稽
聖祖仁皇帝六巡江浙謨烈光昭允宜俯從所請朕
軫念民依省方問俗郊圻近省不憚躬勤鑾輅
江左地廣人稠素所廑念其官方戎政河務海

南巡盛典　卷一　恩綸　一

南巡盛典序
南巡盛典之作非朕志也兩
江總督高晉輯書既成始以
入告念已成事不可止第南
巡所經非獨江南也若他省
踵為之不益繇且贅乎遂下
軍機大臣議則請令浙江山

《南巡盛典》

清乾隆三十六年高晋等刻进呈本　芷兰斋藏

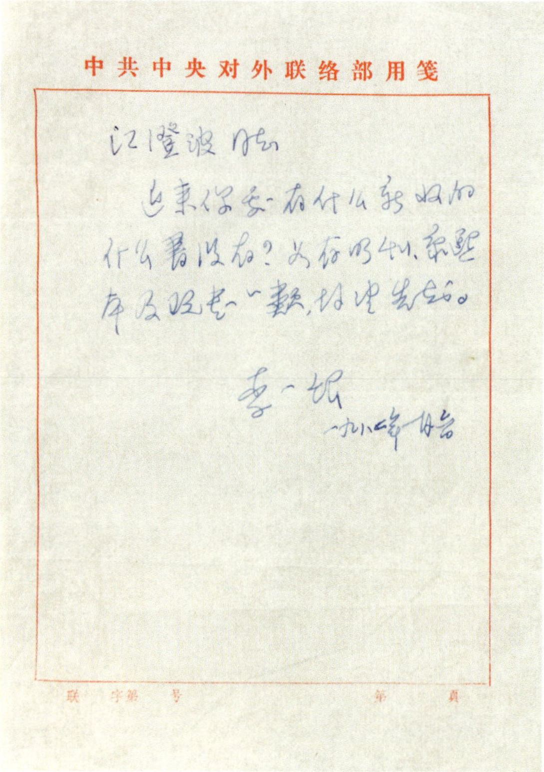

中共中央对外联络部用笺

江澄波同志：

近来你处有什么新收的什么书没有？如有明刻、宋本及版画之类，请速告知。

李一氓

一九八四年九日

联　字第　号　　　　年　页

李一氓致江澄波札

盖了一方“一氓七十又七”的印章。

李老回北京后，我与他经常通信，时间长了，承他不弃，把我当作学生看待，有时也叫我替他办一些事。例如他收藏有一种康熙间刊李葵生等辑的《兰皋明词汇选》二册，其中祝允明等人所作的小词被人剪去，导致内容不全。我按他的要求，设法抄补了所缺的内容，使他的藏本成为全书。此后他遇到修补古书中的疑难杂症，也寄给我代他处理。

他曾寄给我一本破书，书名是《海外遗稿》，是清末光绪间人在日本时所作的，共二卷，上卷为诗，下卷为词。由于书已破损得不能阅读，所以他寄来要我找人修补一下。因为页数不多，我就利用假日帮他装好。因他以收词集为主，故我将上下卷做了颠倒。寄回时还寄出三种书，分别是：《栩园词弃稿》四卷，陈聂恒撰，清初精刻本，有批校及题识；《涧南词》和《词选》，都是旧抄本。

1980年，李老在整理藏书时发现三种书，破损得厉害，便给我来信说：“寄上《黄山志略》分订四本，书根太窄，能不能加书根？只是太麻烦。书品太小，禁不起重整时切上下。《黄山志续》分订五本，主要补虫眼；黄梨洲序补页划栏，已抄有原文可以补写（序抄文另寄）。《恒山志》一本。共三种十册书，全是护页前二后一，第一本前三后二，拟用罗纹纸，书面用磁青纸。罗纹纸可以折叠，磁青纸不能折叠。拟稍迟有人到苏州时捎上。全用双丝线，包绫角。书收到后请告知，如还有什么问题请来信。现在收书，无法同以前一样可以豪华，现在求能够整齐，可以翻阅也就行了。……”这是他关于古书的经验之谈，提出的修补要求都很有道理。信中提到的纸是由当时苏州市政府副秘书长李尧南同志带来的，因为当时苏州已经买不到罗纹纸了。

我见到书后，请人按他的要求办。《黄山志略》是用金镶玉的办法装订的，解决了书根窄的问题。还请会写宋体字的人补抄了《黄山志续》所缺黄宗羲序文，尽量做到与原刻本一致，得到他的好评。此后他又把成都杜甫草堂请他关注的代补《杜诗》缺藏目录之事转给我来办。

李老是当代著名书法家，他的书法一向为人所重，幸允我所请，他为我书写了陈毅同志的五言："大雪压青松，青松挺且直。要知松高洁，待到雪化时。"后来我又受周良和苏章荪同志之托，向他求两幅墨宝。他给周良同志写的是："'家在严陵滩下住，秦时风物晋山川。碧桃三月花如锦，来往春江有钓船。'郁达夫诗，一九八一年春初录，奉周良同志雅教，李一氓。"给苏章荪同志写的也是郁达夫的诗。

1982年，李老在主持国务院古籍整理出版规划小组工作期间，整理出版了大量濒临失传的古籍，最为突出的是以影印宋元秘本为主的《古逸丛书三编》，还有以赵城金藏为主体的《中华大藏经》，硕果累累，不胜枚举。与此同时，他指示把《古籍整理出版情况简报》和《古籍点校疑误汇录》按期寄赠给我。1986年后，李老身体欠佳，回信都由秘书沈锡麟同志处理。

李老的书在"文革"期间被查封并移交北京图书馆，北京图书馆挑选了一批馆中缺少的，其余部分被送到首都图书馆。后来两个图书馆都整理发还。李老高风亮节，把退还的书分为三类：一类是好的版本书，他只留下几种，其余全部捐给北京图书馆；一类是词集类书和带版画的书籍，自己保留；一类是与四川有关的著作，均捐献给四川省图书馆。1987年时，李老再次联系四川省图书馆，捐赠出自己最后的词集类收藏。

收购工作

收得宁波古旧书店藏书

大概在1980年，书店接到来自宁波的一封信。原来宁波古旧书店要清货，通知我们去看书。

我和卞堪生同志就立即出发前往。到达绍兴那天，刚巧碰上大热天，旅馆只有通铺，倒西太阳晒在床上，到晚上草席还是沸烫的，加上蚊子极多，下蚊帐还漏缝，我们满身出汗睡不着，扇子也不能发挥作用。卞堪生到半夜十二点后才睡。白天工作，汗出如雨，揩得嘴唇也裂了发痛，共整理了数十包（一包四捆）古书。人是吃苦了，但想到能收到这么多书，就不觉得劳累了。

其实1972年古旧书店重新营业时，我们也有类似的几笔大的收购。原来，“文革”期间各地古旧书店都停止营业，一些没有重新开张的，当地政府就把库存古籍全部转让。苏州古旧书店就收得了无锡古旧书店和绍兴古旧书店的书。

常熟访书

这一年，我和同事还去常熟收购。文物商店店主介绍我们到新建的琴川旅社去，双铺房间每天四元八角。我们认为太高级了，就婉言谢绝了，自己找了一个小旅馆，房价减少了一半，一星期就为公家节约了近二十元——也有人说我们是“寿头”，因为如果住旅社的话，反正发票报销，还可以吃食堂；住小旅馆要上饭店吃饭，需要自己贴钱。但作为公家的工作人员，我们不能这样去计算的。

那时新华书店只有黄鱼车、手推车，没有汽车，书很重，所以我一般和一位年轻同志同去。借不到车子，就要自己背回，常常一次收购就出一身的汗。

安徽书友

1980年，安徽行商桂长贵送来一部明代弘治间刊黑口本《歙南萧江氏重修族谱》六卷，题“篁墩府君二十一世孙嘉祯重编”。尾刻有钟形木记，并有“毋售非族，毋紊宗支，宣尔孙子，历世宝之”十六字。这本家谱比较特殊，是把萧氏和江氏两家放一起的，而之前看到的都是单独的家谱。又有明万历年间刊本《萧江大统宗谱》二十五卷，题“裔孙元阳编”；万历三十年刊本《新安歙北徐村徐氏宗谱》，题“裔孙槐芳编”。这些都具有历史研究价值和文物价值。

这次桂先生来苏，我们又恢复了通信。多是他寄样书过来，我估价，他同意后寄来全书，我们汇款。这样一来，款子到他那里就比较慢，有时候他着急要拿到钱，就会亲自送书来苏州。1984年，桂先生提供给我一部《万历九年丈量鱼鳞图册》，其中详细记载了各户田地之图形、亩分、四至等项。鱼鳞册就是古代的田亩册，上面画着每一块地的形状，一块一块画下去，像是鱼鳞的形状，故名。鱼鳞册一般都有一个总图，但之前收到的鱼鳞册大多只有文字，有总图的不多，所以这本就显得珍贵。二十世纪九十年代的时候，桂长贵还来过苏州，带来不少书籍，其中有一部明万历刊本《王弼张氏族谱》，书品宽大，刻印皆精，传世极罕，我遂议值收下。

太仓访书

1981年，我独自到太仓访书。太仓当地有位老先生，名叫狄对南。他介绍我到一户人家去，我收购到一部五四时期北京大学蔡元培、胡适等人写给狄膺（君武）的亲笔信汇贴本。汇贴本内容涉及陈独秀被捕后在警厅的情况，后来被提供给了北京市社会科学研究所。

狄老先生还带我到太仓另外一户人家拜访。那时，我已经成为苏州市政协委员，古旧书店给我做了一张名片，上面印着“苏州古旧书店业务指导、苏州市政协第六届委员会委员”。我头天去拜访人家，把名片递过去。没想到啊，第二天再去，人家见到我就摆摆手，说没有书了，不给我看，把我拒于门外。因为他们这些还有好书的人，都是家庭成分不好的，“文革”刚结束，大家心里还是怕的，看了我的头衔，反而不敢见我了。此后我就留了心，在二十世纪八十年代初那段时间，不再把名片拿出来，后来就没有这样的事了。

开花纸彩绘《黄河图》《运河图》

1981年，经苏州市文化局批复，我出任苏州古旧书店副主任。1984年，卞堪生同志退休了，在那不久前，丁俊生去世。懂得古书的老同志越来越少，如果有古书送过来，就要我去看一看。

一天，他们告诉我，收购处有人送书来，他们无法判定价值。

物主是从常熟来的，带来一批书，其中有《黄河图》和《运河图》各一册，线装本，彩绘精抄，精妙绝伦，清初常熟钱曾的《述古堂书目》中对此有著录。《黄河图》上所绘黄河，自青海发端，流经四川、甘肃、宁夏、内蒙古、陕西、山西、河南等地区，在山东北部出口进入渤海，全程五千四百六十四公里，沿途经过的重要城市有兰州、包头、郑州、济南等。该图反映了清初时黄河的历史实况。《运河图》彩绘了自北京至杭州，全长两千余里的运河两岸的城市及山川名胜，对研究我国古代水利很有参考价值。杨晓堂书记曾经到古旧书店看过。我给他介绍，这是康熙时绘制的，从《运河图》可以看到，以前太仓那边有一座穿山，现在没有了。现全国各大图书馆均无藏本，至今还存于苏州古旧书店呢。

《黄河图》和《运河图》用的是开花纸，古香可爱。开花纸，产于浙江开化县，又称开化纸，是与罗纹纸同等珍贵的纸张，多用于殿版书，一般的家刻、坊刻本中难得见到。文学山房经手过

为杨晓堂书记介绍古旧书店藏书

一些如雍正《朱批谕旨》之类的开花纸零本，整套的则一本都没有；最多的是《御选唐诗》，即皇帝选的唐代人的诗，这类书大概最早就是清代宫内的。以前的藏书家碰到套印开花纸的殿本，都是肯花大价钱的，因为少见啊。专购开花纸本的，最有名的就是陶湘，因为买得多，他被称为"陶开花"。那时候的开花纸都是很薄很薄的，现在拍卖场上讲的开花纸都是很厚的，那是榜纸，怎么叫开花纸呢？

我回苏州后，潘景郑老师写信来。信中说，他在给华东师范大学中国古典文献专业的学生授课，要我无论如何为他找开花纸。我找到一部《渊鉴类函》，康熙刻本，开花纸印的，是大部头丛书。我也舍不得全部给他，就留了一本下来，可惜现在不知道摆在什么地方了。

当时，通过这个小小的窗口收到不少好东西呢：像1981年收到的《粲花阁诗》，经乾隆时名人袁枚评阅，并有手跋；康熙刊本顾嗣立《昌黎诗补注》，为钱大昕批校本，并有印记，都是非常难得的珍本。

谢国桢访书

谢国桢先生是当代历史学家，年轻时就著作出版了一部明代史学的工具书《晚明史籍考》，闻名海内外，与文学山房有过三代书缘。早在二十世纪二十年代，他就到苏州访书，我祖父陪他同游逸园。二十世纪四十年代谢先生来苏时，时人设宴款待，特地邀请我祖父作陪，可见他们交往之密。抗战胜利后，谢先生南下，曾在上海广西路陈济川的来薰阁书店三楼暂住，我去来薰阁仓库选书那一次见到他，由陈济川先生介绍认识。新中国成立后，谢先生在社科院任历史研究所名誉所长。他研究明代历史，晚明文集是他藏书的一个特色。

谢先生对江南一带的几个重要藏书楼做过调查，曾写《三吴回忆录》，记载瞿氏铁琴铜剑楼、南浔刘氏嘉业堂、平湖葛氏传朴堂的事迹。“文革”期间他来过苏州，在古旧书店购买了归昌世的《假庵杂著》重抄本——《假庵杂著》原稿本是我从常熟萧红迈先生处收得的，原本售给了北京图书馆，因为珍贵，我曾请老先生抄写留下一部。谢先生那次来，还访问了本市的图书馆和博物馆。多年后，他写了《江、浙、成都访书观感》一文，肯定了苏州图书馆藏书之精，还特别提到了由苏州古旧书店卖给苏州图书馆的两部宋版书。在苏州博物馆，他看到了过云楼的藏书，特意在《江浙访书记》中为过云楼藏书设立一节，专门介绍，使得过云楼藏书的地位大大提高。

1982年，他来到书店，由我接待。谢先生时年八十一岁（虚岁八十二），他对我说："我与你家是三代书缘，恐怕今后不会再来了。希望给我一部书留作纪念吧。"于是我提供给他一部清同治年间广州节署朱墨蓝三色套印本《李义山诗集》。

该书为吴江朱鹤龄笺注，武林沈厚塽辑评。吴江朱本刊于顺治中，李商隐诗完整的注本即以朱本为最早。清代何焯、朱彝尊、纪昀三家又有批评。沈厚塽以朱本为底本，将何、朱、纪三家批评汇辑于一册，卷首大题下注明"何焯义门朱笔　朱彝尊竹垞墨笔　纪昀晓岚蓝笔"，卷首还有过云楼小主人顾则扬（公雄）手书的题跋。

套印本一直比较稀罕，我们从前去收书，一堆书里，难得有一本套印本。我曾经手过明吴兴闵齐伋三色套印本《国语》《战国策》，明吴兴凌氏朱墨套印本《楚辞》《王摩诘诗集》《孟浩然诗集》，以及五色套印的《杜工部诗集》，等等。这个闵齐伋是闵刻的代表人物，他做书，对人家说，能校出书中一个讹字的，就以全书相赠。闵氏先做朱墨套印，后来能做到五色套印。凌刻的代表人物是凌濛初，他的"二拍"（《初刻拍案惊奇》《二刻拍案惊奇》）与冯梦龙的"三言"并称。闵氏、凌氏刻书，都是父子兄弟相继，规模很大。

从前的藏家重视宋本、重视内容，套印本并未引起广泛关注，连五色套印的《杜工部诗集》也不会贵到哪里去。但民国时期的大藏书家陶湘注意到闵刻、凌刻，将套印本作为自己收藏的一个门类。他有个目录，名叫《明吴兴闵版书目》。我没见过陶

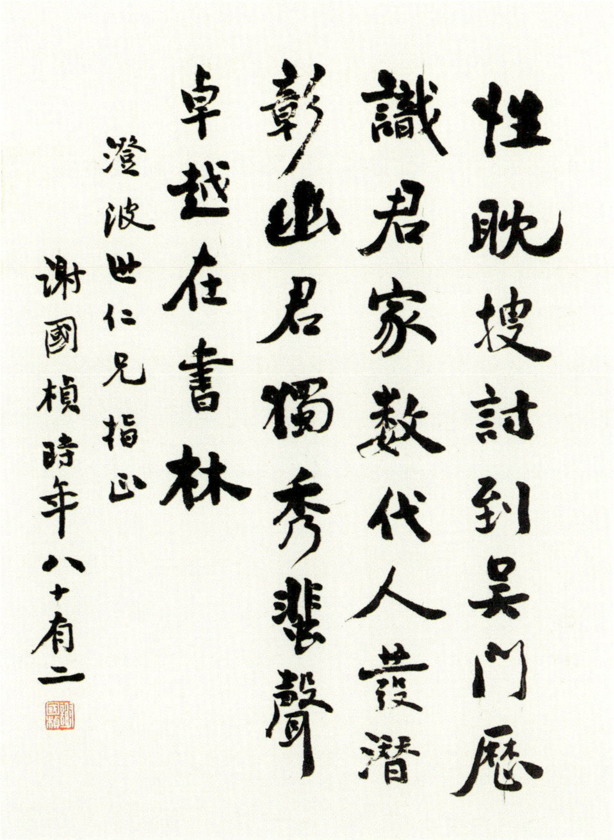

谢国桢赠江澄波墨迹

湘，但是知道他，听祖父和父亲讲，他这个人要求蛮高的，收书不计代价——书品好，他就出大价钱。他曾从我父亲手上买过书。近年来，大家开始关心套印本了，闵、凌刻本价格飙升，也是让人想不到的。

虽然不是明刊闵、凌刻本，但谢先生收到的这部三色套印本已是难得之物。也许是买到后感到高兴的缘故，隔了不到半个月，谢先生托王西野先生送来赠诗一幅，内容是："性耽搜讨到吴门，历识君家数代人。发潜彰幽君独秀，蜚声卓越在书林。"

我把这件诗幅装裱以后装上镜框，悬挂在卧室，以作纪念。屈指算来，已经历时四十年了。谢老先生那次离开苏州后，便去上海复旦大学女儿处，不久逝世。他的书都捐给了社科院历史研究所图书馆。

第一次全国古旧书店工作座谈会

1983年，第一次全国古旧书店工作座谈会在扬州举行。我和臧炳耀一起参加。

这次座谈会由北京中国书店、上海书店、扬州古籍书店发起召开。会议明确了古旧书店必须贯彻党的“古为今用，洋为中用”“百花齐放，百家争鸣，推陈出新”和“为社会主义服务，为人民服务”的方针。同时还确定了当前的任务是：一、坚持抢救、整理、保护祖国的文化遗产，努力做好古旧书刊、新旧字画、碑帖拓片的收购管理、配套和发行工作；二、同有关出版社加强联系和协作，积极开展特约经销业务，认真发行好新版古籍和文史哲学术著作；三、有条件的古旧书店在当地出版行政部门的批准下，也可以开展多种印刷形式的古旧书刊复印出版工作。

重视发行工作，就是鼓励古旧书店发展经济了。不仅古旧书刊，碑帖拓片也得到重视；不仅可以在国内发行，还可以销往国外。苏州古旧书店此前曾对仓库积存的碑帖进行过全面整理，经过慎重拣选，将符合国家出口标准的出售了一部分。出口标准是：辛亥革命以前的不能出去，民国时期的可以出去；而乾隆以前的书、碑帖都被定为善本，更不能卖到国外。这项工作由经理室提议，我负责整理，并和大家一起做纸袋，用以装帖。记得日本代表团来买了很多汉碑、魏碑、唐碑拓片。

其他很多工作也一直在做。配套发行方面值得一说的是，当时文化复苏，重视名人资源，各地都在建设名人纪念馆，由此就有文献方面的购买需求。比如1979年时，南京为创建龚贤纪念馆，派专人来苏，要求我们帮助收集有关资料。我们从书库中找出了清初时龚贤自刻原本《中晚唐诗纪》。该书收唐人数十家小集，每种封面上的书名都是龚贤手书上版的，算是间接保留了他的墨迹。另外还提供了龚氏的著作和历史、绘画等方面的资料，获得了纪念馆的好评。1984年时，湖北蕲春县政府为了纪念当地乡贤——明代医药家李时珍的功绩，准备筹建李时珍纪念馆，派人来苏搜集各种不同版本的《本草纲目》，作陈列展览之用。书店为他们提供了五种版刻各异的明刊残卷，同时还供应了一些有关的其他著述。他们非常满意，认为不虚此行。说起来，这几种《本草纲目》都是原文学山房的旧物，因为是残本，不受重视，只是堆在书店一个角落里。那时候残本没有人买，不像现在，残本的价格都很高了。

复印业务在会议后立刻落实执行。1984年，古旧书店添设了复印机。由于1979年时，我们请老先生抄写了一批罕见的吴地文献，少量提供给了几个图书馆，效果很好，我就提议，可以复印一系列稀见的地方文献。我们在之前抄写的几种基础上，增选了古旧书店所藏的珍罕文献，辑为一套，共八十册，名为“苏州掌故丛书”。因为册数较多，只复印了十套，提供给了苏州图书馆、复旦大学图书馆等单位。

配套补缺

古籍残本的清理配套，是全国少数几家古旧书店特有的专业业务。

配套是针对残本而言的，是说书店或有关单位有很多残本，那么要尽量补配其他的残书或抄写缺本，以合成全帙，使得古书的文物价值、文献价值得到大幅提高。我们在收购、提供书籍方面，一向比较重视为藏家及图书馆等单位配补残本。

配补《通鉴纪事类聚》和《龙川先生文集》

二十世纪五十年代，潘景郑先生代上海市历史文献图书馆购藏了明末徐枋的《通鉴纪事类聚》稿本残册，后来我又收到《通鉴纪事类聚》稿本十余册，就及时地供应给该馆，并入原书。

苏州古旧书店仓库有一部明代嘉靖时刊本《龙川先生文集》，为清初人田雯旧藏本，并有田雯的批校，我店原有四册残本。一天，回收部来了一个人，自称住在旁边的吉由巷里，带来两本《龙川先生文集》。一看，刚好是我们店中所缺的二册，上面也有田雯批校，和我们书店的四册其实是一套。我大喜过望，收购后与书店藏本配成全书。

配补《寒山蔓草》

曾在文管会工作的潘圣一先生酷爱图籍，经常到书店来。对于家里的残本，潘老会想方设法借阅抄配。潘老之子潘贞邦先生在一所中学当老师，有乃父之风。贞邦去世后，其子把家中藏书散出，苏州古旧书店收到不少。潘老的收藏中有一部明万历刻本的《寒山蔓草》二册，是明人赵宧光的著作，历来罕见，潘老原拟复刊传世，后因故未果。该书于"文革"期间遗失，下落不明。潘老曾有专文记述失书之痛。可喜的是，这部潘老念念不忘之孤本秘笈，在他身后，由臧炳耀于民间发现。我仔细查对，发觉此为一部残本。原本应是：卷一上为《寒山集》二百首，卷一下为四言寒山诵，卷二为五言古风，卷三为五言律诗，卷四为排律，卷五上为七言绝句上，卷五下为七言绝句下，卷六为七言古风，卷七为杂言，卷八为七言律诗，卷九为七言排律，卷十为文。原缺第四卷，就有人将"第一卷下"的"下"字挖去，改"一"为"四"字，冒充第四卷，以充全书。不仅缺第四卷，其他数卷也有不同程度的缺损。听说苏州博物馆藏有该书，我们就去借阅，没想到博物馆的藏本也残得厉害。博物馆的保管员郑万煜索性把它卖给了古旧书店。据此补配后，还是不全。遍查公私书目，我看到郑振铎先生在《西谛书目》中著录了此书的一至四卷，遂赴北京，到北京图书馆补配所缺书页，使得潘老先生挂念的这部《寒山蔓草》终成"全书"——其实还是不全，因为北图本也是残本，第七卷第二至三页已无从抄补。

难以配补的《新刊宋学士夹漈先生六经奥论》

二十世纪八十年代初，一天早上，我们还在学习，营业员通知说有位顾客等在一楼，希望古旧书店的老师帮忙看看书。

于是我下楼与顾客交流，得知物主住在上海，在承德里有座老宅，宅子里有些线装书，这次回来想处理。我就随他前往。那座宅子是普通的民国建筑，房间不大，并非专门的书房。物主拿了些给我展示，有些碑帖、线装书。我提出想全部买下，他却不同意。原来他叫我过来，并不是想卖书，而是让我看看他的书是否有价值。我从事古旧书业多年，对这种情况已经习惯。只是看他的书中有一册成化本的《新刊宋学士夹漈先生六经奥论》——我知道该书和小石山房的收藏有渊源，便跟他说，其他的书，我都可以不要，这本书请无论如何卖给我。商议后，物主同意出让。

《新刊宋学士夹漈先生六经奥论》六卷《总论》一卷，宋郑樵撰，成化四年（1468）书林刘氏日新堂刊本。黑口。钤有“董其昌印”“虞山丁初我所藏善本”朱记。第一卷前有海虞陶运百据莆田家庙本临摹的“夹漈先生像”一帧。这部书原是赵氏旧山楼藏本。旧山楼藏书在民国初流散，大多被小石山房收得，该书也是其中之一。只是这部书其实一共有六卷和一部首卷，小石山房收到的是一至六卷，这部首卷被丁祖荫从旧山楼收得，携来苏州寓所。

我知道小石山房有这部书，但并没有看到过。“文革”时期，小石山房把此书低价卖给另外一户人家。我找到最后收藏《新刊宋学士夹漈先生六经奥论》六卷的那位物主家，得知经手该书的藏家本人已经病故。他有子女三人。因为他们意见难以达成一致，我无法买下。错过了这个机会，难以延津剑合了，实为一大憾事。

新大楼里见故人

1956年，各行各业公私合营，孙氏兄弟的集宝斋也不例外。以集宝斋等古玩店藏品为基础，以集宝斋原店面为门市部，苏州古玩商店就此成立。1958年，苏州各古旧书店经济改组的时候，苏州古玩商店和苏州珠宝商店合并，过了一段时间，改名叫苏州文物商店。

二十世纪八十年代初，为适应古旧书店业务发展的需要，政府安排书店在人民路乐桥北首，与苏州文物商店合资建造大楼。工程从1981年启动，至1985年年底竣工。

古旧书店文学山房门市部原址在大井巷口，1962年迁至怡园对面、吉由巷北，随着新大楼落成，便迁至吉由巷南，也就是现在的古旧书店所在。今天的苏州古旧书店、苏州文物商店虽然并不在文学山房和集宝斋原址，但还是在不远的地方，保留下了两店相邻的格局。

苏州古旧书店新大楼五开间，共四层。二十世纪八十年代时的格局是这样的：一楼卖书画、艺术类图书，二楼卖历史、文学方面的书，三楼卖古书，四楼是仓库。我在三楼办公。大厅里几个柜台围起来，中间摆一个工作台，我就在里面卖古书、补古书。三楼还有一个房间单独辟出来，作为专门的善本间。

1985年，苏州古旧书店新大楼落成开业

一天，楼下营业员来找我，说有一位客人要见我。

我下了楼，见到一位六七十岁年纪的老人，背对着我，正背着手在看架子上的书。可能听到了脚步声，他回过头来。我愣住了，我叫他："束师兄……"数数日子，我们已经分别三十年了啊。

束师兄谈起到上海图书馆后的经历。原来，束师兄虽然是被调到了上海图书馆，但实际上并没有在上海工作。当时上海图书馆选了最好的书，打好包，送到安徽的一座山里保藏。因为束师兄家庭成分好，本领过硬，上海图书馆就派他到安徽去守书。这几十年待在大山里，也苦的啊。束师兄后来退休，回了老家丹阳，与妻子、儿女相聚。但回了丹阳后，他一身本事无处施展，成天在家闷得慌，所以南下走走，第一站就来看望我们。

末了，束师兄说，他在丹阳老家闲居无事，如果店里有需要修补的古籍，忙不过来，他可以帮帮忙。向领导申请后，后来我就定期给束师兄寄一批古籍，他修补好后，总会亲自送到苏州。

第九章　讲学

二十世纪八九十年代，古旧书业出现了人才青黄不接的现象。这样的情况下，我两次到北京授课，讲授“怎样鉴别古籍版本”……

第一次到北京授课

由于从事古书业的老同志陆续退休、离世，二十世纪六七十年代又经历了各种变化，年轻同志在古书业务上得到的锻炼较少，所以到二十世纪八十年代，古旧书业出现了人才青黄不接的现象。很多年轻同志不愿意学习古书鉴定，因为难学啊，外出访书，吃苦头的。在苏州古旧书店里，我带的学生都留不下来——他们情愿去卖新书，定价一块三就卖一块三，定价五块钱就卖五块钱，反正工资都一样。

这种情况不仅仅是苏州古旧书店一家面临的问题，也是全国古旧书店都不得不面对的问题。

1983年，北京中国书店受文化部委托举办全国古旧书发行业务学习班，事先来信联系，要我前往授课，课程是“怎样鉴别古籍版本”，时间是一个月。接到此信后，我就向新华书店经理室汇报，得到批准后，即去信回复对方。

这是我第一次去北京授课，地点是在校尉胡同里面的一个招待所内，离天安门不远。学员是来自全国各地的新华书店或古旧书店以及中国书店的业务人员，大概有五十人。实际负责此事的是中国书店的周岩同志及一位叫曲克贞的老同志。

我自己在书店做学徒的时候，不过是父亲给我一部书目，我自己背诵，鉴定的本领，祖父、父亲从来没有形成文字的东西教我。后来学诗弟弟、臧炳耀进到店里，也是如此。虽说那时候我已经是“师兄”，却也没有想到要系统地给他们讲什么，不过是在实践中，多看多说，常常是到藏书人家家中“现场教学”。现在的情况是要给几十位学员讲课，我就想到，得有一份讲义。我这才开始总结历年来的经验，抓紧时间，写成后油印出来下发，这就是《怎样鉴别古籍版本》这本册子最早的样子。内容分为十四部分：一、版本名称的由来和发展；二、研究版本的意义；三、什么叫作善本；四、鉴别版本的顺序和应注意的问题；五、鉴别版本的几种依据；六、古书常用名词简介；七、古书用纸；八、根据版刻时代特点来识别；九、怎样识破活字版；十、区别丛书本和单刻本；十一、怎样鉴别稿本和抄校本；十二、怎样识别藏经；十三、铅印、石印和影印；最后，我归纳了几个值得注意的问题，作为第十四讲。其中，学员最感兴趣的是怎么鉴别版本，他们觉得较难的是印章、题跋等的鉴别，因为很多印章用的篆字难以辨别，且有作伪的情况。

其他安排的课程是“古旧书刊发行工作的方针任务”“中国古籍源流”“各类要籍简介”“古籍装订修补常识”“现代作家与作品”“碑帖、字画、期刊浅说”和“常用工具书介绍”，上课的老师还有上海书店的宣稼生、天津古籍书店的张振铎等同志。整个培训时间长达三个月，我只负责自己的课程，每周一到周六都讲课，一个月内讲完，结束即回苏州。中国书店将我回苏的车票也买好，我去拿票时，拜访了中国书店收购部的张宗序先生。见到他时，他头发都白了，我以为他年纪比我大，结果一问，他比我还小一些。他一直在给中国书店的员工讲课，整理了许多讲义，包括

江澄波夫妇在天坛合影

《我国古籍简介》等多种业务教材。

向张先生告辞后，我又游览了琉璃厂的其他书店：邃雅斋、来薰阁都在中国书店旁边，一路还有许多笔墨纸砚类的铺子。通过考察，我发现北京的书价比苏州贵——现在也是这样，因为北京买书的人更多。

这次赴北京，我还带了我爱人一起。这些年，我爱人跟我下放农村，吃了不少苦，我就想带她到首都观光。到北京后，我先送她到北京大学四弟家住宿，然后我去报到，住在招待所。

每逢星期天，我们同往游览，先后逛了故宫、中南海、人民大会堂、天坛、长城及西山等处。授课完毕准备回来时，我们的大孙女江茜刚出生不久，所以我们特地到王府井大街百货公司买了一件小大衣，带回来送给她。这事至今过去快四十年了，我现在还记得很清楚呢。

钱璎所托

二十世纪八十年代中期，我和新华书店业务科的杨梦梅同志出差去北京和广州。第一站是北京。出发前，阿英之女钱璎同志来找我。她说起，阿英曾在1976年10月来过苏州，刚下火车就提出要到苏州古旧书店走一走的愿望。那时，他的女儿和女婿尚不敢出面接他到家里，而由外孙凡晓旺陪他住在裕社招待所。翌日来到书店，他问及江澄波，不料我已下放苏北，他只得怅怅而去，次年即与世长辞。“文革”结束后，阿英同志的书也都返还了。钱璎找到我，希望我去帮他们看看书：有些什么书，哪些书是好书。她让我联系她的弟弟钱小惠先生。

我到后，钱小惠先生殷勤接待。存放发还书的地方在西长安街一个胡同的一个房间里，房间不大，书从地上堆到屋顶，这样堆出两面墙。我把书看了一遍，首先感到很奇怪：为什么这些书着地堆放却并不潮湿？后来终于想出了道理，一来北方气候干燥，二来那里地处新华门附近，原来都是皇宫禁地，很可能当年地下做过一些特殊的处理以隔绝潮湿，不似我们江南民间。

看完书，我感觉阿英同志的藏书的确和别人的不一样。他着重于资料性书籍的收藏，如鸦片战争以后的诗文集，晚清时期所出版的画报和期刊，加上弹词、小说等，收罗之宏富，真可以说是远远超过公立图书馆的。当然，我也发现了有版本价值的珍本。据我回忆，有明代凌刻朱墨套印插图本的《西厢记》，明代田艺蘅的《留青日札》，清代康熙内府刊本开花纸精印的《万寿盛典》（图），康熙刊本顾湄《虎丘山志》以及《古歙山川图》，等等。另外，晚清报刊则有《清议报》《时务报》《国粹学报》《雁来红丛报》等；弹词小说有乾隆木刊《珍珠塔》、嘉庆木刊《水晶珠》《意中情》等，以及不少乾嘉时期的手抄本；竹枝词有嘉庆刊本的《邗江三百吟》、道光刊本《崇川竹枝词》等，都十分珍贵。还有很多关于太平天国、鸦片战争、义和团、中法战争、中日战争、反美华工等的重要资料以及近代人的诗文集，品种之多，数量之大，也足以惊人。

看完书后，承钱小惠先生盛情，我们在四川酒家吃午饭。因为这是一家川菜馆，所以服务员问我们是否加辣。与我一起去的同事杨梦梅客气地说"可以可以"。结果菜送上来，老杨吃得满头大汗，连叫"吃不消"。我对他说："这是你自己假客气而自讨苦吃。"我每次想到当时情景，都暗笑不止。

在北京，我们去文物出版社考察新版古籍书，又到琉璃厂中国书店等考察。赴广州前，我同杨梦梅讲："我们去全聚德吃一次烤鸭吧。"我们两个人点了半只鸭，还想加个汤，人家说，不用加汤了，鸭架可以做汤的。端上后很丰盛，半个鸭子吃不掉，我们就打包准备在路上吃。结果在火车上拿出来时，那用来包烤鸭的面皮都结成一个饼了，不好吃了。

到了广州，主要是考察广州古旧书店。那时候因为改革开放，广州经济发展得很好。去之前，我爱人说："你去广州，那要自己贴钱吃好的呀。"我说："到哪里都有劳动人民。"我就在广州买点大饼油条吃，早茶、叉烧之类的并没有去尝。杨梦梅用五元钱办了一张证，去香港玩了一趟。回家前，我准备买点香蕉带回去。广州人告诉我，香蕉要选弯的，又短又直的那是芭蕉，不如香蕉好吃。从此我就知道要这样选香蕉。因为那段时间广州在办广交会，买不到火车票，我们是买机票乘飞机回来的。

回来后，我告知钱瓔同志北京发还之书的情况。这批书后来分别由钱家四个子女保管，再后来，他们遵从先人遗愿，将绝大部分藏书无偿捐赠给家乡芜湖市图书馆。钱瓔同志处留有向我借去的阿英同志写给我的二十九封亲笔信，她在捐献书的同时，征求我的意见，问我这些信能否捐给他们的故乡芜湖市的图书馆永久保藏。当时我认为“能够放在故乡专室保藏，也是一件好事”，所以同意将这些书信和他们的书一起无偿捐献于当地。因为这批书是一个整体，集中放在一起，就可以起到突出当地一位文化名人收藏的历史文物作用，这是各省图书馆和国家图书馆都无法相比的——如果把它们插入普通书库中，那就平凡无奇了。

保护沈德潜故居

苏州阔家头巷26号为清代著名诗人沈德潜故居，其主体建筑教忠堂是一楠木大厅，大约建于沈德潜告老还乡之后。这所厅堂的顶柱楠木很粗大，超过留园主厅、东山紫金庵楠木厅顶柱，厅堂里还有很多御赐匾额。晚清时为江苏巡抚程德全所有。民国时期，住过吴忠信和一个姓张的师长，此后散为民居，后花园改造成了带城中心小学的操场。

沈德潜是清代著名诗人，字碻士，号归愚，长洲（今苏州）人。古代乡试竞争激烈，沈德潜考了十七次都不第，到六十五岁才中举，第二年考中进士。乾隆皇帝在《南邦黎献集》中见到他的诗，极赞赏，称他是老名士。从此沈德潜仕途顺畅，做到内阁学士、礼部侍郎，担任会试副总裁等，回乡后在紫阳书院掌教。他诗写得好，为乾隆校《御制诗集》，受到乾隆优待。他去世时，乾隆还写诗悼念。但他去世后出了问题。原来他曾辑《国朝诗别裁集》，因纂校未精，他的门人在乾隆二十五年（1760）增删镂版，整理成二十二卷，刻成后带入京献与皇帝。结果皇帝一看，第一卷所收的均是明朝降臣，居首的是“贰臣”钱谦益，大为不满。乾隆就命内廷翰林精校删易，重新锓版，以行于世，将原版销毁。因此，沈德潜自刻书成为禁书，取而代之者为有弘历御制序文（红印）的《御选国朝诗别裁集》，其中第一卷已将钱谦益、王铎、吴伟业等人删去，易为慎郡王、蕴瑞、德普等满洲贵族。所以后来凡有沈德潜自序及钱谦益等人诗的教忠堂原刻本，无不被视为珍品。后沈德潜又因曾为同年东台举人徐述夔的诗词作序而被夺谥，几遭大祸，故沧浪亭的五百名贤像赞评其曰："福过灾生，埋忧地下。"

沈德潜之亲笔墨迹，我曾见过三次：一为从吴江费家收到的《唐音拔萃》，书眉有沈德潜的评语，售与了潘景郑先生；二为从桃花坞书船上收得的乾隆时人金惟骏的稿本《金昂千诗集》三种，有归愚老人亲笔写的序文，后由顾颉刚先生介绍送给上海图书馆保藏；三为乾隆时旧抄本《青邱诗集撷华》，上有沈德潜和钱陈群的手写序文，为"文革"期间丁瑜、路工同志来苏州时收得，现藏国家图书馆。经与故宫珍藏乾隆御题书画上的笔迹相对照，初步发现这几种书上的沈德潜笔迹和乾隆御题笔迹极为相似。沈德潜生前多次被召在南书房为皇帝写诗题跋，看来，可能有不少御笔只是臣子的代笔。

1988年，有人来同我说：沈德潜的故居要拆掉了。当时我任市政协文保组的副组长，闻讯后心急如焚，忙到政协去反映情况。我说，沈德潜是乾隆皇帝给皇子请的老师，沈德潜的故居应该保护下来。人家说："你写提案啊。"我写好提案提交后，心里还是不安定，怕提案的办理流程太长，于是又写了四封信，分别写给市里面四套班子的领导。那时正是大热天，我自己去送。当时市人大常委会副主任叫石琪。我去时，他正在开会，工作人员让我等一等。我说："我有紧急呼吁，你请石主任出来。"石主任出来问我："老江，有什么事情啊？"我说："紧急呼吁，沈德潜的故居要被拆掉了。""在什么地方？""阔家头巷。"他说："我派人去看。"

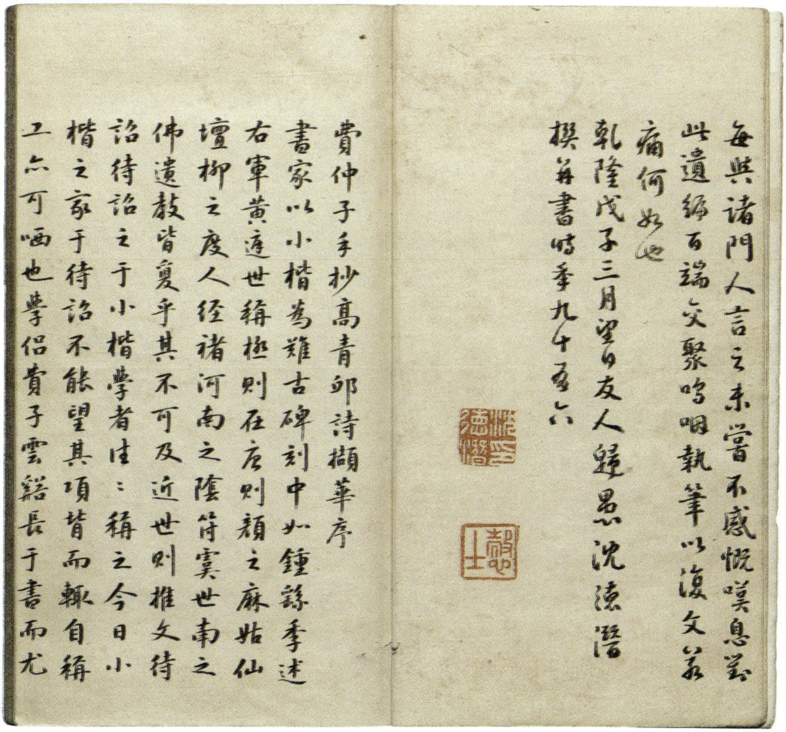
每與諸門人言之未嘗不感慨嘆息茲
此遺編百端交聚嗚咽執筆以復文[illegible]
痛何如也
乾隆戊子三月望日友人箴愚沈德潛
撰并書時年九十有六

費仲子手抄高青邱詩擷華序
書家以小楷為難古碑刻中如鍾繇季直
右軍黃庭遺世稱極則在唐則顏之麻姑仙
壇柳之度人經褚河南之陰符虞世南之
佛遺教皆夐乎其不可及近世則推文待
詔待詔之于小楷學者津津稱之今日小
楷之家于待詔不能望其項背而輒自稱
工亦可哂也輩侶費子雲韶長于書而尤

《青邱诗集撷华》

清抄本　国家图书馆藏

沈德潜故居

在石主任关心的同时，刚好省委书记柳林同志通过我找沈德潜的书，我跟他说："柳书记，你要的书找到了。但是这个人的故居要被拆掉了，而且主管副市长已经批准。能不能请您老'刀下留人'？"这样过了段时间，我再去有关部门问情况。他们就跟我说："老江，你这件事情不要紧的。"我说："这不是我的事情，这件事情是你们的事情。我同沈德潜非亲非故，我是出于公心。"等我到南京去公干，拜访柳书记时，柳书记的夫人问我："老江，你上次为什么事情找我们老柳？他接到你的信以后，自己跑到邮电局去寄挂号信。"我就告诉她是这样的一个情况。然后我问柳书记："您亲自去寄信，是寄给谁啊？"柳书记说："寄给你们的书记和市长。"

回来后，听说主管文化的副市长黄铭杰同志召集文管会、沧浪区政府的同志开会，问他们："这里边有这么一座名人故居，你们为什么不告诉我？我只当是危房批掉了。这件事情，以前批的不算，要把它保下来。"这位副市长我以前也不认识，现在他经常来，他也是喜欢看书的，还喜欢摄影。

保护了这座故居，原本要建的商业大楼没能建起来，但我自己总结起来：我做得对。确定好保护方案后，应文管会的要求，我从书店的善本间为沈德潜故居找了《沈德潜诗文合集》等十七种教忠堂刊本，为文物研究所写了《沈德潜著作汇考》。王西野、瓦翁先生合作题写楹联，顾廷龙老先生为"教忠堂"书额。文管会让我请柳林同志写了一个"沈德潜故居"的牌子，不知道现在还在不在。

柳林同志曾在苏州当市委书记。"文革"时，他遭到批斗，家里的书也被抄家运走。为了看书，他就到书店来。他同我说过：

“我1966年倒霉的时候，觉得街上没有人睬我了。但我到书店来，还有你接待我。我不忘记你。我到苏州来总来望你。”我与他之间是这样的书友情谊。柳林同志喜欢看历史方面的书，他收藏有一部涵芬楼印的《资治通鉴》，全套线装六十本，他的缺了两本，我帮他补配好了，他十分高兴。

我自己收书的时候，对古书的作者、藏家都会进行一定的研究。熟悉了他们的生平经历，提起他们时，就像是说起一个故人，总希望能为他们做点什么。其实除了沈德潜故居，我也一直留意其他的名人遗址。比如我曾收到一本书叫《涧上草堂纪略》，嘉庆刊本，是介绍明末清初的隐士徐枋的，写了他的生平、他的故宅涧上草堂的若干情况。我就涧上草堂的情况，请教原吴县文管会主任陆永文同志。他告诉我，他记忆中，涧上草堂多年前还在，在天平山果园的一个工区。我就呼吁过有关部门，如果房屋还在，希望能加以保护，可以建成天灵景区的一个历史名人故居。

收得后雨抄堂藏书

二十世纪九十年代初，宁波陈叔言先生后雨抄堂藏书为我收得。事情的经过是这样的：

宁波有一位藏书家名叫陈祖錾，字或号称叔言。他是晚清翰林高振霄的女婿。他家有人在“文化大革命”前从宁波来到苏州，苏州人不知道其情况，所以“文革”时他家没有受到冲击。一日，平江书画院院长江洛一同我说这家人家有三十多箱书，建议我去看看。我一看，都是好书啊，就同物主估价，共十六万元。谈后，回来向领导报告。臧炳耀便向新华书店要钱。经理室讲，现在没有钱，要9月份课本发行后才有钱。

我就和物主打招呼：“现在书店没有钱，9月份我再来买书。”9月份时，我又到物主家，把书都捆起来了。臧炳耀又去找经理室拿钱。经理室说，现在又没有钱了，要隔一星期再说。臧炳耀把话带给我，我只好同人家说：“这样，我们古旧书店出面，给你写一张十六万元的欠条，一星期后，我把钱拿来，把欠条收回。”物主说：“现在很多三角债，我不信。但我信你，你私人写一张欠条，这批书你拿去。”我写了，把书拿了回来，堆在书店三楼没有动，因为钱还没有付啊。一天，画家马伯乐来书店，看到这堆书。他问：“老江啊，这些书怎么样？”我说：“这批书很好，但不好动，要价高，新华书店说没钱，还没买下来呢。”他说：“我有钱，卖给我吧。”我说：“这事我不能作主。”他就打电话给经理室，说：“你们没有钱，那这批书让给我吧。”结果这个电话一打，经理室马上就拿钱出来了，这批书由古旧书店正式买下。

买下后，我挑出一部分，写了一份书目，寄给北京图书馆。当时丁瑜和路工同志已退休了，善本部的王润华主任见后，偕同王玉良、程有庆两位同志来苏州看书。王润华是王伯祥先生之子。王伯祥先生是苏州人，著名史学家、目录学专家，与章元善、顾颉刚、叶圣陶、俞平伯并称“姑苏五老”。他曾在开明书店任职，编辑出版了《二十五史》《二十五史补编》等。王润华先生后来也进了开明，不仅做编辑，还接管了图书馆的事务，可以说，王润华先生具有非常丰富的图书馆管理经验。

他们拿着现金来，从中选了五箱书，其值已达到十六万七千元。其中有明代天启刊本沈朝焕著《泊如斋全集》四十卷足本，为海内孤本；明代月湖陆氏蓝格抄本《盛明五家诗》二十二卷（有铁保藏印）；以及明天启刊本《经世八编类纂》、清初康熙刊本黄宗羲著的《明文授读》；等等。

《经世八编类纂》二百八十五卷、图二卷、六经图六卷，因为讲到了清人在关外的事情，说了些不好的话，在乾隆时被列为禁书，故《四库全书总目》不载。这类书在解禁后，价格攀升得很厉害。

经理室的领导知道北京图书馆来了人，就问我：“老江啊，你阿是卖给北京图书馆一批书啊？卖了多少钱？”我如实相告。他问：“还要再卖吗？”我说：“不要再卖了。本钱已经赚回来了。”剩下的书还有三十箱左右，还有很好的书，舍不得卖了。听说后来这批书和苏州古旧书店其他书一起拍卖过一次，拍了一千多万元。

过云楼藏书归公记

过云楼收藏，始于道光进士、宁绍台道顾文彬。顾氏初以收藏古人字画为主，曾编有《过云楼书画记》十卷行世。其子顾承因为自幼聪颖过人，鉴别真伪一见即决，惜乎英年早逝。光绪八年（1882），顾文彬曾作《哭子诗》四十首来悼念这位爱子。传至承子顾麟士（鹤逸），遂开始把收藏范围扩大，着手搜集名人手札、抄校古籍和宋元明清古刻善本。因他收购渠道较为秘密，绝大多数是经过护龙街上欣赏斋主人徐松甫之手收得的，所以外人并不晓得他藏书的规模、质量。

民国时期，北方学者傅增湘南下访书，顾麟士同意他到过云楼观书，但有个条件是“只能看，不能抄”。傅增湘看后默记在心，回到旅店后再写出来。返京后，他在《国立北平图书馆馆刊》上发表了《顾鹤逸藏书目录》，目录中除了宋元明古刻之外，还有大量的清中期学者黄丕烈、顾千里等人的抄校本。过云楼的秘密因此大显于世。

顾麟士有四个儿子，即顾公柔、顾公可、顾公雄、顾公硕。他在自己的花甲之年，将过云楼藏品分为四份，根据各人爱好，把古代书画部分给了公雄，古籍部分给了公硕。顾氏极为看重过云楼收藏，子孙世代相守，把古籍保存得很好。“文革”时，顾家被抄家，书被运往苏州博物馆保管。这期间，历史学家谢国桢来苏州，见到后曾在《江浙访书记》中做了重点介绍，使得过云楼藏书为中外学术界所重视。后落实政策，这些书全部被发还顾家。据说当时分成四份，由顾公硕的四个儿子各自保藏。其中有一部宋版《锦绣万花谷》，潘景郑老师生前告诉我，这书也是每人十册分配的。但是后来我到顾公硕之子顾笃瑛先生家取书时，他还要我给他看宋版书是怎样的。因此，实情究竟如何，只有他们自己知道了。

1992年，我在苏州古旧书店工作，时任南京图书馆副书记的宫爱东（江苏省原副省长宫维桢的女儿）来看我时说："柳伯伯叫我来看你，希望一定把过云楼藏书留在江苏。"她说的柳伯伯，就是柳林同志。

我想我和顾笃璜先生比较熟，假使我直接向他提出，他却一口回绝，我面子上过不去。所以我就请老领导钱瓔同志先问问笃璜先生。隔了没几天，钱瓔同志对我说："我替你问过老顾了，他会直接找你的。"又过了一段时间，我们为了编写《苏州戏曲志》，在市文化局开会。笃璜先生来得迟，他自己解释是在黄天源请客吃饭。我问他请谁，他说是请台湾朋友。我就对他说："以你顾先生的身份，至少要到松鹤楼去才相称。"他说："我没有钱啊。"我说："你是背靠米囤活饿死。"他就问我："阿是你要叫我卖掉书？"我说："这是柳林同志的意见，具体情况你自己考虑。"接着他问能值多少钱，我说必须看书以后才能估价。他说："天好了再约你。"过了几天，他果真来约我到他家里看书。顺序是他从房间里一摞一摞地搬出来，我就逐部地做好版本记录。接着同去上海他大哥和四弟家，同样做好记录。回苏后我和臧炳耀同志一

过云楼今貌

起估好书价（约三十万元），经顾家同意后，再与南图联系。

由于当时正值水灾，省里一时付不出钱。经汇报后，新华书店经理室同意由书店先行垫付。接着我与同事谢杏生、何忠林一起前往三处顾家把书运回来。告知南图后，省文化厅派出于滴水同志负责，带领南图副书记宫爱东、古籍部主任陈政等一个小组来苏验收。他们把书装入大约一百个纸箱，由南图派来图书出借专用汽车运往南京，同时带去一张由古旧书店开出的销货发票，然后由省里汇回清账。这是过云楼四分之三藏书归公的全过程。这些书入藏省图书馆，可称物得其所。饮水思源，省图书馆能够在1992年得到过云楼藏书的四分之三，应该归功于我们的老首长柳林同志。假使没有他的及时关心，到现在不可想象整批藏书拆散到什么程度了。

第二次到北京授课

1992年，文化部为了培养古旧书行业的接班人，举办第二期全国古旧书发行业务学习班。地点改在北京郊区黄庄的中央文化管理干部学院，学习条件及环境都比上次好得多，就是交通上不太方便。经办的领导干部和授课老师，基本上没有变化，我仍讲授“怎样鉴别古籍版本”的课程。学员也来自全国新华书店及古旧书店。全班三十多人，有正规的教室和宿舍。和第一期一样，学员们表示最感兴趣的就是怎样鉴别版本。

鉴别版本，要熟悉宋、元、明、清各时代的刻版特点，就涉及字体、墨色、印书用纸、版式、装帧等专业问题。

比如版本方面：元刻本大都是四周双栏，黑口，花鱼尾；明洪武至弘治，一般都是四周双栏，粗黑口。黑口本常常表明了刻书年代是成化年间。从正德起风气逐渐改变，以宋本为模范，变黑口为白口。这也是一代风气。

比如纸张方面：元刻本主要用黄麻纸，白麻纸、竹纸次之。明初主要用白棉纸和黄棉纸、竹纸、罗纹纸。一般来说，官刻和家刻本多用棉纸，坊刻本都用竹纸。清代殿版书会采用开花纸和开花榜纸。康乾年间，还有一种红泥边纸，就是纸张边上有人家做的广告，表明出品的书坊，以图章的形式印上书坊字号。到了清代光绪时候有了油光纸，是外国进口来的，可以上机器了。

上一期学员反映看不到古籍实物，什么是成化黑口本、嘉靖白口本、万历插图本？还是没有概念。为了解决这些问题，我就事先准备了几十种明版残页，一旁写上版本年代，装订成册，称《明刻集锦》。这样就能一目了然了。

另外还准备了一本纸样册，展示了明代白棉纸、竹纸，清代开花纸、红泥边纸、连史纸、油光纸等纸样，供学员观鉴、辨认。

学员来自全国各地，加上我讲的普通话不标准，学员们不能全部听懂，这个问题在第一次培训时就有了。我就采取在黑板上多写而少讲话的办法交流，颇受欢迎。学员们也非常认真，下课以后，还到我宿舍里，要求细看这两本“标本”呢！

办公室的同志也认为“标本”的效果很好，所以也来我房间里拍了一些书影，印在教材前面。授课结束时，天津古旧书店的张振铎同志来京，和我在校门口合了个影，留作纪念。

这次培训，北京的张宗序任兼职讲师，主讲中国要籍介绍、古籍工具书的使用等课程。

讲课完毕。回苏的前一天，我前往琉璃厂中国书店，去拿代我买好的回去的车票，并去收购处看望张宗序老师，也在门口合影留念。下午有时间，就到中国书店各门市部、来薰阁、邃雅斋等各家走马观花地看了一遍。这几个书店仍然保持着传统书店的格局，古色古香，和苏州古旧书店一样，对外展示的以新古籍和新旧书为主。工作人员有北方书商老派、诚实的特点。听课的学生中，有一位叫彭震尧的同志，后来做了中国书店拍卖部的经理，他也经常来看我的，直到现在，我们都经常通信交流古籍版本、古籍收购的事情。

第二次赴北京讲课

由于当时到苏州的火车票紧张，只能买到常州的票，因此在车开过镇江时我就去找乘务员补买了到苏州的车票，很顺利地回到苏州。全家欢喜，因为第二天就是我大孙女江茜的十岁生日，家里人等着我回来吃她的生日酒呢！

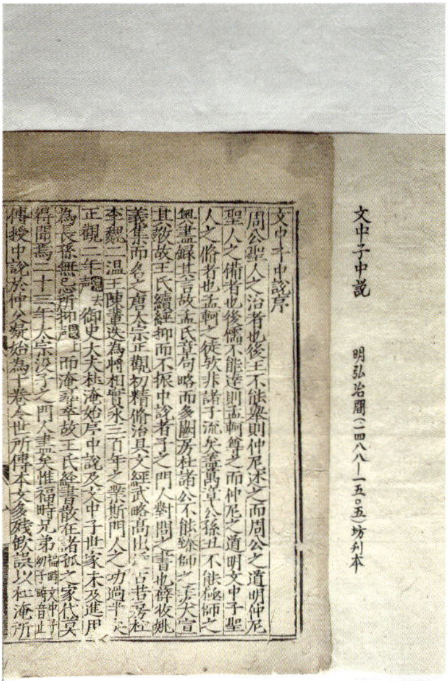
文中子中說序
周公聖人之治者也後王不能舉則仲尼述之而周公之道明仲尼
聖人之備者也後儒不能達則孟軻尊之而仲尼之道明文中子聖
人之脩者也孟軻之徒歟非諸子流矣蓋萬章公孫丑不能極師之
奧盡錄其言故孟氏章句略而多闕房杜諸公不能臻師之[illegible]大宣
其教故王氏續經抑而不振中說者子之門人對問之書也薛收姚
義集而名之唐太宗正觀初精脩治具文經武略高出[illegible]古若房杜
李魏二温王陳輩迭為將相實永三百年之業斯門人之功過半[illegible]
正觀二年[illegible]去御史大夫杜淹始序中說及文中子世家未及進用
為長孫無忌所抑[illegible]上而淹尋卒故王氏經書散在諸孤之家代莫
得聞焉二十三年太宗沒子之門人盡矣惟福畤兄弟[illegible]
傳授中說於仲父凝始為十卷今世所傳本文多殘缺誤以杜淹所

授课所用的《明刻集锦》

三才圖會　明萬曆間（一五七三—一六一九）刊本

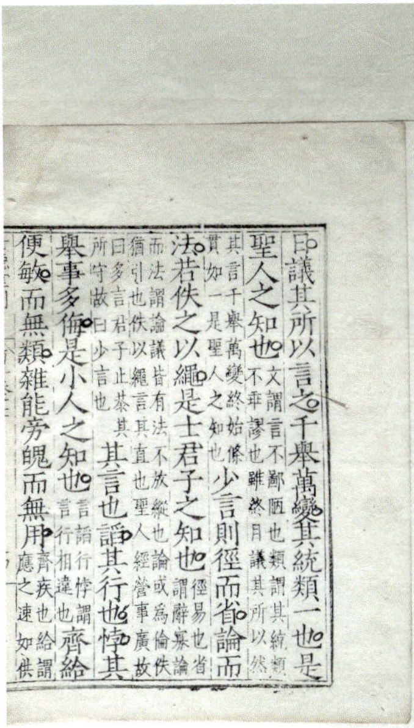

日議其所以言之千舉萬變其統類一也是聖人之知也文謂言不鄙陋也類謂其統類不乖謬也雖終日議其所以然其言千舉萬變終始條貫如一是聖人之知也少言則徑而省論而法若佚之以繩是士君子之知也徑易也省謂辭寡論而法謂論議皆有法不放縱也論或為倫佚猶引也佚以繩言其直也聖人經營事廣故日多言君子止恭其所守故曰少言也其言也諂其行也悖其舉事多悔是小人之知也言諂行悖謂言行相違也齊給便敏而無類雜能旁魄而無用齊疾也給謂應之速如供

荀子　明嘉靖九年（一五三〇）世德堂刊本

劳格校抄稿本《恬裕斋藏书记》拍卖记

1994年，嘉德拍卖第一锤敲下，古旧书市场进入一个新的交易时期。主持嘉德拍卖的，是从北京图书馆善本部出来的拓晓堂先生。此后，他经常来江南访书，多次到苏州古旧书店来谈合作。苏州古旧书店便选了一些书出来，到拍卖市场试试水。其中比较好的一部是劳格校抄稿本《恬裕斋藏书记》。

此书是我购买的。这家藏书人家姓张，祖上是上海鼎鼎大名的医生张聋甏，物主叫张祝三，继承祖上衣钵，也行医济世。他在苏州白塔西路朝阳菜场北买了一幢房屋，来苏州休息时就住在那里。祝三去世后，他夫人让我们去上海看书。第一次上门看书只是估价，我与谢杏生同往，见到祝三先生藏有很多地方志，包括康熙时的上海县志。估价后，他夫人让我们先回，说她考虑一下。回程中，突然下大雨，我和谢杏生被淋得浑身湿透。隔了一周，他夫人打电话来，表示同意我们开的价钱，于是交易成功。拿回细看，书上有上海图书馆藏印，可知为“文革”后落实政策归还之物，《恬裕斋藏书记》就是其中的一种。

恬裕斋是铁琴铜剑楼的前身，这部《恬裕斋藏书记》一共四卷，为铁琴铜剑楼第二任主人瞿镛所编，旧抄清稿本，每半页十行，行二十字，曾经劳格用朱、墨两色笔校注。经部第一页有“劳格”“季言”两印记，并有“丙子正月廿六日祥符周星诒阅”题识一行。扉页有叶景葵题识。有“叶景葵印”“揆初”两印记。叶景葵题识中说《恬裕斋书目》（即《恬裕斋藏书记》）编成后，太平天国兵燹起，其后瞿镛延请管礼耕、王颂蔚、叶昌炽增删修订为《铁琴铜剑楼书目》，《恬裕斋书目》原稿传抄，经过劳格细校，改正了管、王、叶未察的多条讹处。所以叶景葵认为该书可谓“珍秘”。

劳格（1820—1864），字季言，清仁和（今杭州）人，经元之子。家住塘栖，先世累代富藏书。据说当年太平军进入他家时，上级训诫部下：这是读书人家，不得惊扰。等看书后，这人疑惑了：听闻这家有很多秘籍啊，怎么没有什么善本，是不是转移到别处了？找了很久，没有收获，也就走了。由此可见太平军中也有精通版本的将领。在太平天国运动时，很多人家都和劳格家一样想方设法转移藏书，铁琴铜剑楼主人五次转移保留下藏书的事迹，最为人所知。

劳季言抄校本的大量流散，是在民国初年。书林里传了一个故事，说杭州文元堂主人杨耀松以六十元从塘栖购得两大筐书，里面的书每册都有蝇头小字，批注满幅，但没有一部棉纸书。杨耀松大为失望，认为无利可获，选了几册，以每册十元的价格卖给了北京书商。没想到啊，北京人纷纷寻来索购这种“蝇头小字之书”，连傅增湘也派专人到杭。两个月之间，销售一空，杨氏由此获利二万余金，以此起家。事后有人告诉他：“你卖的蝇头小字书，都是劳季言的批校本。如果拿到北京、上海去卖，每本价值百元以上。”这件事呢，刺激了杨耀松的一个学徒，这个学徒想，原来古书买卖有这样的厚利，于是便努力学习版本知识，后

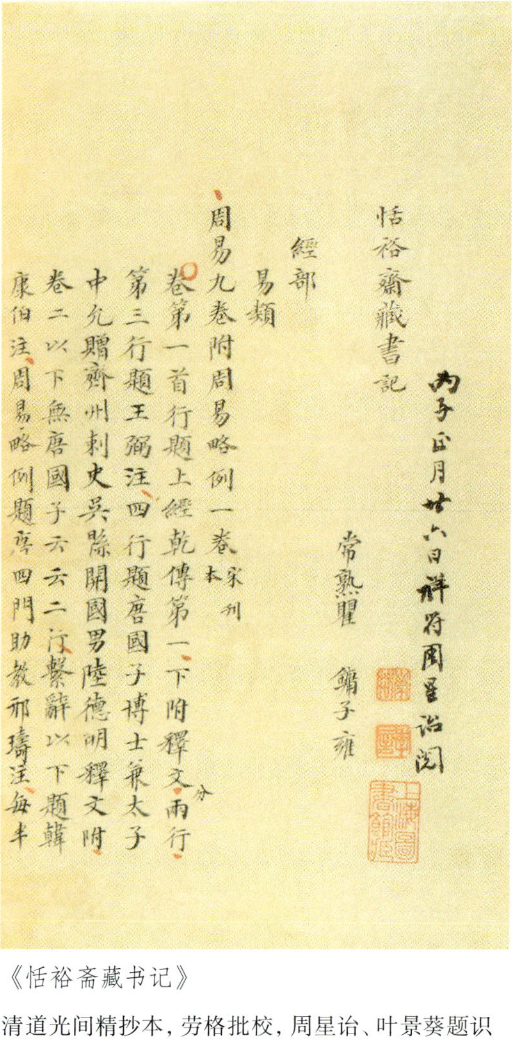
丙子正月廿六日祥符周星詒閲

恬裕齋藏書記

常熟瞿　鏞子雍

經部

易類

周易九卷附周易略例一卷宋刊本

卷第一首行題上經乾傳第一下附釋文分兩行

第三行題王弼注四行題唐國子博士兼太子

中允贈齊州刺史吳縣開國男陸德明釋文附

卷二以下無唐國子云云二行繫辭以下題韓

康伯注周易略例題唐四門助教邢璹注每半

《恬裕斋藏书记》

清道光间精抄本，劳格批校，周星诒、叶景葵题识来成为一大书林人物。这个学徒就是由杭入沪的抱经堂书局主人朱遂翔。

劳格校抄稿本《恬裕斋藏书记》上拍卖场时，底价定得比较高，首次拍卖流拍了，退回书店后被放入善本间；过了一段时间，再次上拍，在二十世纪九十年代末通过嘉德拍卖而易主。

二十世纪九十年代时，古旧书店常常提供拍品给嘉德拍卖公司。这样进行了几年后，经理室的新领导决定不再卖出善本。起因是当初有一本古琴谱，我们定的起拍价是四千块钱，结果上拍后，拍到了一万四千元。新华书店经理室由此知道古旧书店的书很好，是值钱的，于是舍不得了，把好书都放入善本间，不再拿到拍卖场上交易。

拍卖兴起后，古旧书店的书源和客源都少了。不仅我们书店，其他书店也不大把书拿出来。

我退休离开的时候，这个善本间还在三楼。针对善本间的书，我曾整理了一份书目移交给古旧书店同事，现在应该还能找到这份书目。

读书之家

汪道涵在书店流连忘返

汪道涵同志是党内德高望重的老同志，不仅是上海市老市长，而且是参加海峡两岸“汪辜会谈”的大陆首席代表，可以说是一位大名鼎鼎的人物。他一生喜欢读书藏书，所以在职期间去外地公干，也要抽点时间前往书店访书。他来过古旧书店多次，都是由我接待的。有一次来的时间晚了，在下午五时左右。我先陪他到三楼看陈列的线装书，顺便参观一下善本书室藏品。当看到玻璃柜内有一部明代成化年间刊印的《汪氏渊源录》时，他指着问我：“这是哪里汪氏？”我说道：“安徽的。”他听后说：“我也是安徽人。”我说：“你们汪氏在明清两代出了不少文化名人。”他说：“也有不好的，比如汪精卫。”这时我心里想：“这话只能您自己讲。假使我讲了，就不合适了。”

由于看的时间长了，有位随同来的人员就来提醒他，他说：“好，好，我们就走。”走到二楼，他看到架上陈列的历史文学方面的书，又随着书架看了一遍，买了一些，再到一楼把艺术方面的书看了一遍，才告辞而去。他不仅喜欢看木刻古书，还关注台北故宫博物院《故宫文物》月刊等考古方面的书及一些平装书。后来我在上海外文书店选书时，也经常遇见他。

钱太初的地方文献

钱太初先生是国学大师金松岑的弟子，是苏州市书协第一任会长。我和钱先生在“文革”以前就认识。因祖上是吴江的著名藏书家，他家里的书很多。我们相识后，钱先生常邀请我去他家中看书。他不会全部给我看，只是每次拿一小部分出来，这样一点一点卖给我。钱太初先生藏书的特点是收藏吴江地方文献。吴江一地，有柳亚子、费善庆等藏书家，收藏地方文献的特点比较突出。这个风气到现在还有，而且年轻一代也收古文献，这是好现象。

钱先生以前住在南显子巷迎晓里，后来搬到了富仁坊。他的书被抄家抄掉了。我回苏州后，与钱先生恢复联系，他有时来书店购书，藏书规模不复从前。他的书法很好，我还有幸得到他赠送的对联呢。

东山的文史专家叶氏兄弟

叶承丙先生原籍吴县洞庭东山。我认识他是在二十世纪六十年代。我曾卖给他一本《春秋词命》，他后来又卖给了我。此书后被提供给南京图书馆收藏。新中国成立初期，他去安徽祁门中学任教，1980年退休回苏后，常来书店访书。他对洞庭东西山的历史人文掌故了如指掌，我经常向他讨教。1989年秋，我为东山杨湾古建筑问题去拜访他，惊悉他因患脑瘤，陷入昏迷。不久

钱太初赠江澄波对联

后，他就与世长辞，终年六十九岁。在那之前，叶先生还向我商借叶昌炽《缘督庐日记》阅读一遍。叶承丙有一个堂兄叫叶承庆，字乐天，别号韦白，洞庭东山茶叶弄人，毕业于东吴大学，曾编写东山专著《乡志类稿》。虽未得完稿，但足以存一方文献。我年轻的时候，叶承庆常来买书。二十世纪六十年代，他的书全部卖到了上海。

补 记

当时，还有很多学者通过信件沟通买书事宜。他们有的来过苏州古旧书店，留下联系方式，此后，我根据他们的研究方向推荐书目。有的学者先写信来书店寻求书籍，有机会时再亲自来店里参观，比如藏书家田涛先生就是先与我通信，后来与友人南下访书时来书店与我见面的。

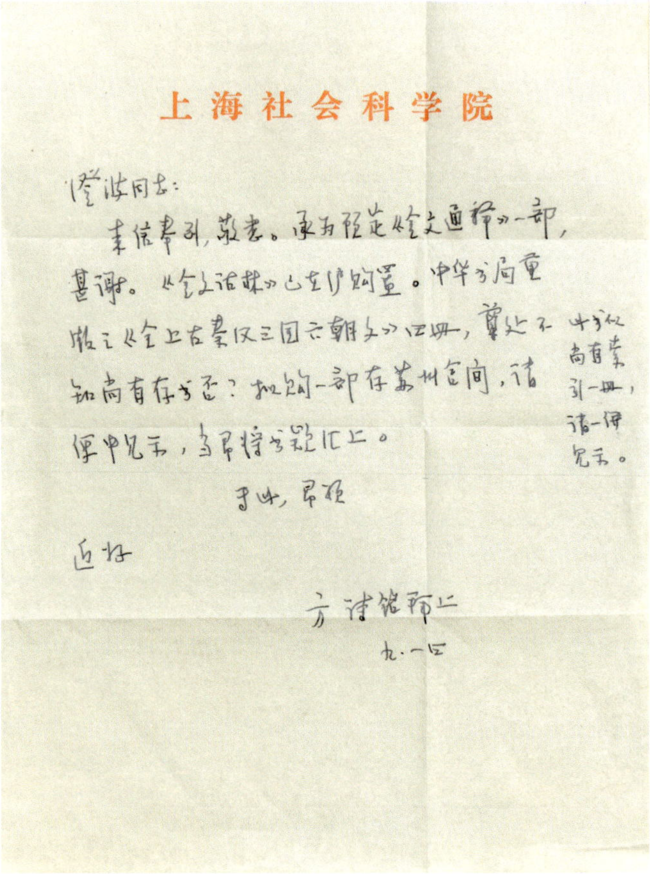

上海社会科学院

澄波同志：

来信奉到，敬悉。承寄赠《金文通释》一部，甚谢。《金文诂林》已去信购置。中华书局重版之《全上古秦汉三国六朝文》四册，贵处不知尚有存书否？拟购一部存苏州舍间，请便中见示，当即将书款汇上。

中华版尚有索引一册，请一并见示。

专此，即颂

近好

方诗铭拜上

九．一四

方诗铭致江澄波札

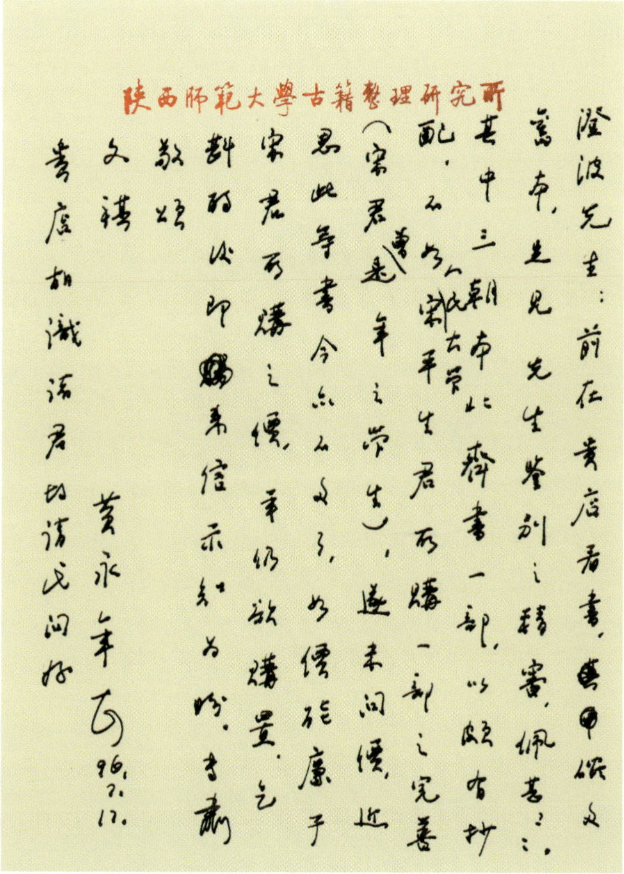

陕西师范大学古籍整理研究所

澄波先生：前在贵店看书，曾见儆文斋本，先见先生鉴别之精审，佩甚佩甚。其中三朝本北齐书一部，以版有抄配，不如人宋君平生君所购一部之完善（宋君书丞年之学生），遂未问价，近思此等书今亦不多了，如价能廉于宋君所购之价，弟仍欲购置，乞斟酌，以即来信示知为盼。专肃

敬颂

文祺

黄永年上

96.7.17.

贵店胡、臧诸君均请代问好

黄永年致江澄波札

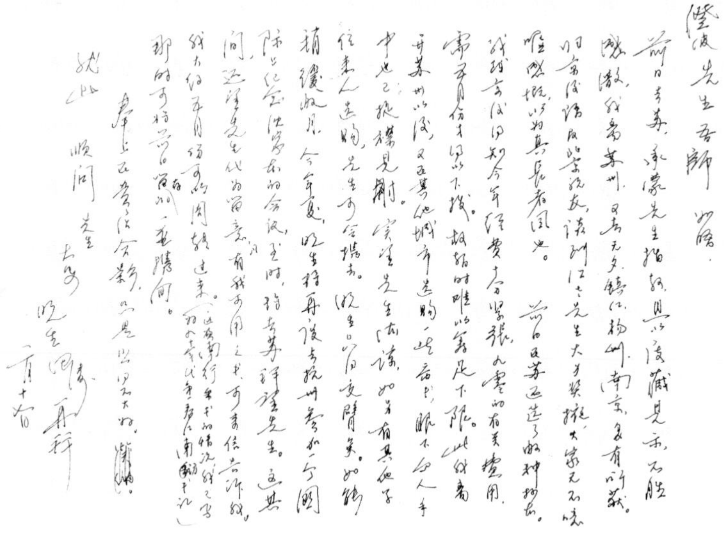
澄波先生吾师如晤：

前日去苏，承蒙先生指教，因以[illegible]藏是亦不能感激。我离苏州，又去无锡、镇江、杭州、南京，多有所获。旧书店[illegible]友，谈到江先生大力提携，大家无不[illegible]，以为其长者风也。前日在苏还选了两种书。

我现在仍只知今年经费太为紧张，[illegible]有关书用，需[illegible]不能。[illegible]足下[illegible]。此外我看去苏州以后，又去其他城市选购一些店书，眼下个人手中也已挑[illegible]。实望先生[illegible]，如有其他往来人选购，先生可否代[illegible]。晚生只有支付矣。如能请续收集。今年夏，晚生将再次去杭州参加一个国际上纪念[illegible]的会议，到时，将去苏拜谒先生。这其间，还请先生代为留意，有我可用之书，可来信告诉我。我大约五月份可以开始（[illegible]）[illegible]那时可将前回留的一并购回。

[illegible]

专此

顺问

先生

大安

晚生 田涛 再拜

一月十四日

田涛致江澄波札

第十章　新时代

我这一生，经历过很多时代，我可以说，现在这个时代真好啊……

文育山房

2001年是我特别艰难的一年。这一年女儿娟娟从古旧书店副经理的职位上内退，大儿媳妇下了岗，两个孙女都到了上大学的时候。我虽然接受返聘，还在工作，但拿到的补贴非常少，要解决家里的问题，单凭退休金还是捉襟见肘。我就想到自己的老本行，我干了一辈子的古书业务，我最懂的是书，就还是开书店吧。于是跟古旧书店辞聘，开始做开店的准备。

我离开古旧书店的那天，还有藏家叫我去买书。他家有线装书，还有颜文樑的油画等。我只是讲好价钱，叫别人去拿。我说："我今天在古旧书店，还是古旧书店人。我离开古旧书店后再经手，就说不清楚了。"

开书店的本金，除了我和爱人的积蓄，三个子女各家也出了一部分。至于铺子，我最早是看中了小太平巷东风通信专用设备厂的一个铺子。去工商局办理手续的时候，人家说："你这个地方不行，观前街第二期改造要用的。"那么就只好回家等。等了不到半个月，有人告诉我，建新巷那边有个服装店不开了。我就去看，看了觉得很满意，主要是离我们家特别近，就租了下来。现在我们店里挂的这个时钟还是这个服装店留下来的呢。因为文学山房已经被合并到古旧书店了，我怕用文学山房的牌子引起

冯其庸题“文育山房”

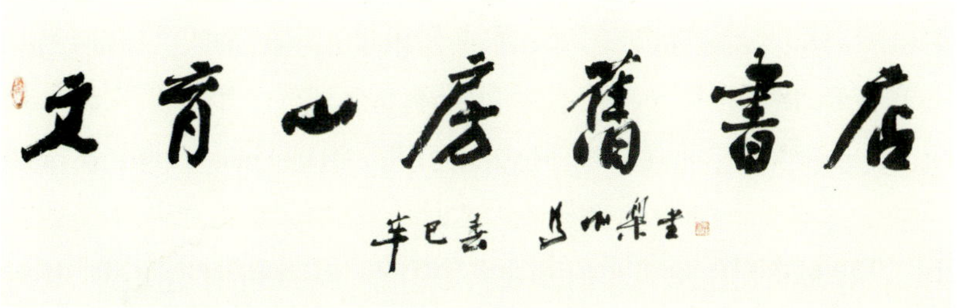

马伯乐题“文育山房旧书店”

不必要的误会，就把“文学”改为“文育”，取一个谐音。请马伯乐先生为书店题字。

挂起这块牌子，文化局的老领导周良和钱璎同志打电话给我，说：“老江，为什么不用‘文学山房’老牌子呢？”我说：“我不敢呀。我怕别人说我资本主义复辟。”开张也没有宣传，只有三个书架——其实书架都称不上，是人家淘汰的货柜，二十元一个。时间一长，那个书架就被书压弯了。在玻璃门上，贴上“收购古今旧书碑帖”，也算是广而告之了。

这次开店，和我祖父当年开文学山房一样，也是白手起家。经过“文革”，家里真是什么都没有了。要卖书，得准备书籍。我要摆书架子，就去苏州古旧书店买一点书。那时上海的货源比苏州多，上海有公家的上海古籍书店，还有私人开的古旧书店。我到上海去买一点，到人家家里去收一点，收了书和儿子一起扛回来、背回来。上海古籍书店的领导——他和我没有什么关系，知道了我这个情况，表示很同情。他说：“别人买书九折，你来买书八折。”我很感谢他。同时我也到常熟去收书。平时店里主要是我和女儿娟娟经营。每逢周末，我都去苏州文庙市场，巧的时候能看到好书。那时候有安徽人到我们苏州来，会带些明版的、清初版的东西过来，且淘书的人比较少。记得有个摆旧货摊的人，从安徽带一本鱼鳞册，他把这本册子带过来，又带回去，又带过来，都没人买，最后我看到了：这是明朝版的。我收了下来。可惜的是，这些安徽人后来都去杭州了，因为对他们来说，去杭州比来苏州更方便。二十一世纪初，文庙市场的货品都比较正，现在好东西都上拍卖场了。

开张后，我就给熟悉的图书馆和藏书家写信，告诉他们我的新店开张的事情。一传十，十传百，大家都知道了。

都是为了抢救古书

当时文育山房的地址是苏州市建新巷25号。税务登记证上，主营业务是寄售古今旧书碑帖，代客修补古籍，装裱字画。

装裱字画这个业务，其实是为我的邻居接的。他之前在宫巷艺石斋专门做裱画，后来艺石斋转为企业，他就自己回家了。那时来装裱字画的不多，修补古籍的业务稍微有一点。我这三个孩子，之前从来没有学习过古书修复，因为开了这个书店，我这才正式教他们。他们当时年纪不小了，但学得很快，尤其是我的大儿子延令，可以说青出于蓝而胜于蓝，不仅会修补，还会做函套。

古人为了保护书，在书的外面加函套或夹板。做函套要用糊，南方潮湿，容易生蠹虫，所以多采用夹板的形式。夹板用的木材有红木、香樟木、银杏木等，我见到的，以银杏木居多，可以在夹板上贴签条，也可以刻字。大多数夹板就是板子，并没有书名，书名写在书根上作为标识。民国时期，文学山房的书架上，夹板和函套都有。因为以前有小木器店，把尺寸交过去，这样的小店可以做夹板、木盒子等小木件。现在没有这类小的木器店了，所以我的店里就直接用自己做的函套。

书店的生意，很多时候比较冷清，我就在店里修复旧书。书大都做成了金镶玉装，因为江南湿潮，很多时候，收来的书品相不太

位于建新巷25号的文育山房旧书店

好。做金镶玉的方法是我父亲教的老方法，可能和现在学校里的方法不一样，为什么这么做，我也说不上来。我的工具都在公私合营时被古旧书店收走了，没有好的裁纸刀，所以我做的金镶玉天头地脚都留着毛茬，也算是文育山房的特色吧。说起来，我小时候，见有人专门做切书的工作。那是在一个巷子里的做信封的店，那人有一把大方刀，特别好：书摞成很厚的一叠，他用大刀一划，把书切得非常整齐。现在可以用机器切，但机器切会留有印子，且切时不能少切，只能多切，所以书面就小了。我不用机器切，打眼就自己来，用钻子敲下去——不能转下去，转下去会松的。

金镶玉，指修书时将原书拆成散页，在书页里面衬上白纸，衬纸上下两端均长于原书，再将衬纸与书页重新装订，因为原书页是黄色的（或因历时已久而泛黄），衬上的新纸是白色的，新旧对照，如同黄金白玉，又名“惜古衬”“袍套装”。金镶玉是民国时期的风气，北方也特别喜欢做金镶玉，不过北京做金镶玉是要包角的——用绫包角。我们苏州潮湿，所以我做书就不包角，和做函套一个原因。现在则更重视原装了。

进文学山房时，我就学习古书修缮；在古旧书店时，我也补书；文育山房开张后，平时人不多，有空的时候我也补补书。在我看来，收书、补书，都是在抢救古书啊。只是现在我眼睛不行了，补书要对齐，眼睛不好怎么补呢？这两年就做不了了。

江澄波修补古书

小太平巷里的岁月

在建新巷开店两三年，政府要建和基广场，铺子就要被收回统一规划处理了。我又到工商局去问：小太平巷的铺子现在可以租了吗？工商局的同志回复我：现在领导换了，观前改造暂时不进行了，可以租了。我就把之前看中的铺子租了下来，是临顿路小太平巷5号南4间。

在小太平巷，每个月的房租要一千二百元。单靠卖书架上的新旧书难以维持，主要还是靠经营线装古书。我仍然要到上海去买书，周末时坐火车过去，开通动车后，我还坐动车去上海访书呢。后来，小儿子益林会开车了，就能开车前往，方便了很多。美中不足的是，上海古籍书店门口的停车费太贵了，一个小时要收几十块钱，所以每次到了店中，就得快点看，快些选好。人们看到我七十多岁了，还要拿书选书、背书扛书，都说我身体好。

不过毕竟年纪大了，比不得从前。2005年，我虚岁八十时，生了一场大病。

那天早上，我感到肚子有些不舒服。我老伴说，肚子不舒服，喝盐水就能好。我便让她给我冲一杯。老伴倒了盐，倒上水，拌了拌递给我。我一边看报，一边喝了一口。一口咽下去，太咸了，就把碗放在一边。到了上班时间，我便走去小太平巷开店。才到巷口，我就觉得心口不舒服了。勉强蹲下，把卷帘门向上抬，感觉非常吃力，一推上去，我就坐在门口大口喘气。这时娟娟来了，一看我脸色，她着急了。我告诉她："我心口不舒服。"她赶忙送我到礼安药房找芮医生。

到了药房，芮医生在二楼坐诊，我走不上去，这时我老伴听到消息已经赶过来，扶住我。药房的姑娘把芮医生请下楼给我诊脉。芮医生手一搭脉，就对我说："你不用挂我的号了，你赶快打车去市立医院。"老伴就扶着我拦了一辆出租车，到了医院。挂好心血管科的号，赶过去，结果门诊室没人，过了阵子，医生才来。我对他说："请帮我做心电图。"做好心电图，把报告拿给医生看，医生一看，说："你心梗了，不要走了。"他安排了一个移动担架，让我躺好，安排我进了住院部。

治疗这个病的针剂非常贵，一针两组，要一万二千元，还不能报销，只能自费。医生给我打了一次后，我就好了，就此省下六千元，舍不得打了。

这一次住院，可辛苦了我老伴。一大早，她做好饭送来，白天都是她陪护。晚上，女婿和儿子轮流照顾我。这样，我住了三个星期才出院。

住院时，我遇到了一位老朋友，是市政协主席林瑞章同志，他当时也在医院看病，看到名单上有我的名字，就找到病房来看我。他对我说："江老啊，你要服老啊，一部机器用了几十年也要坏掉的。"出院时，医生反复叮嘱，让我不能再搬重东西了。

这次生病，我想可能跟那碗盐水有关系。记得小时候，每到年底，我老祖母要杀鸡，杀鸡时血要是凝不住，祖母就洒点盐上去，血就凝住了。我当时喝了一大口盐水，估计血管就不行了。所

位于小太平巷的文育山房旧书店

以我后来很注意饮食。为了照顾我，一家人也吃得清淡。

虽有医生嘱咐，但我仍然放不下访书的事。孩子们虽然学得了修缮古籍的手艺，但在鉴别上还欠火候，所以去上海，少不得我要一同去的。买了书，孩子们不让我搬，我还是坚持要拎两包，只要力所能及，就想给他们减轻一点负担。

小太平巷的生意也只做了两三年，大概2006年时，小太平巷也要改造了。又得重新找铺子。这时得知钮家巷这里有铺子，店主本来是做化妆品生意的，做不下去了，要把铺子转租出来。我们就搬到了这里来。这里距离我家很近，小巷子里的书店这样一开就是十多年，直到现在。

恢复百年老店招牌

2006年4月6日，我在文育山房工作，接到古旧书店打来的电话，告诉我“上海黄裳先生在店里，希望和你见个面”。放下电话，我取了一锭胡开文所制的“曲园老人著书之墨”作为礼物，马上赶到乐桥的古旧书店，在门口见到了黄裳先生。这次他来苏州，是由他女儿女婿陪着来的，因而我们就在文物商店门前的护栏石上坐下，交谈了近一小时。黄裳先生先问我小店的经营情况，接着谈到马路对面过云楼藏书的归公经过，最后劝我要把文学山房的百年老店招牌恢复。临别时我把预先准备好的小礼物奉赠给他，他极为高兴，返沪之后又给我寄来了一册签名本的《清代版刻一隅》作为纪念。哪知，这竟是我和他见的最后一面。

2012年春节前，我参加了市园林和绿化管理局召开的老顾问迎春茶话会，局领导希望我设法搜集园林名胜资料，我想起当年曾在来燕榭藏书中见到过一部清初抄本的《虎丘诗集》，便给黄裳先生写信告知原委，问他是否愿意割爱。没几天就收到回信，内容如下：“澄波同志：大札奉悉。所说旧抄本事，实为康熙刻《虎丘胜集》，附词一卷，共二册。鄙藏词集以此书甲观，在藏词中不拟抽出使之离群。诸希鉴亮。年来贵店收到何种佳本？盼望不吝告知一二，以慰饥渴。幸甚！匆复即请大安。黄裳壬辰正月

江家两代人在文学山房旧书店前合影

十二。”这是他写给我的最后一封信，我将把它作为传家之宝而令世代珍藏。

经过广大读者和媒体的呼吁，并得到有关部门的大力支持，2012年9月，百年老店“文学山房”的老牌子终于恢复，《苏州日报》对此做了报道。我想把这个消息告诉黄裳先生，却没想到，拿到报纸后，看到在《113岁书店牌子一度搁置半世纪　老字号“文学山房”复活》一则报道的上端，是这样一个标题：“著名散文家、老报人黄裳昨天离世，享年93岁，我市作家、书商痛惜追忆——当年他最爱来苏州淘旧书品小吃”。我悲从中来。我把这张报纸保留一份，又购买一份，寄送给了黄裳先生的女儿。

文学山房的店名仍是由马伯乐先生题写的。改店名的时候，我曾想把执照上的经营负责人从大儿媳妇改成我的名字，因为当初“文育山房”是以她的名义申办下来的。但是到工商局询问时，被告知换名手续十分复杂，需要出具各种证明，我们都觉得太过麻烦，也就这样用下来了。

远近藏家携书来

我这个文育山房虽然小，但有不少藏家带着好书来给我看，都说是慕名而来。开店之初呢，我也会到文庙旧货市场去逛，还能收到一些书。

《百名家词钞》收售故事

开店之初，我常常到文庙旧货市场去逛。一个周末，我逛时见到一个摆摊的无锡人，他的摊上都摆了书。我看了下地摊上的书，没什么稀罕的。巧的是他忽然站起来，我就看到了他刚才坐的"凳子"——原来是一摞书。我问："这是什么书呢？"他就拿给我看。我一看，哎哟，是康熙刻本《百名家词钞》，收录的是一百位名家的词，共十六册，乃是全本。我同他讲价钱，买了下来。拿回来一查，这部书是比较好的，郑振铎先生和黄裳先生都曾买过，有过记录。于是就放在书店里间。后来，中国社科院语言研究所的杨成凯教授从北京来店里看我——我之前在古旧书店工作时，他就来看书，和我相识。他这次来啊，腿脚不方便，走路很吃力。看他这样辛苦还来访书，我很感动，所以将这部书以非常便宜的价格卖给了他。这是我同他的最后一次见面。

收得《观古堂藏书目》

一日，一位藏家送来一批古书。其中有一部《观古堂藏书目》，很有价值。《观古堂藏书目》共四卷，是《书林清话》作者叶德辉的自编书目。辛亥革命时，叶德辉在长沙南郊的朱亭乡，因为担心藏书不能保全，就编成书目，供后人参阅。此书体例继承了《汉书·艺文志》及《隋书·经籍志》的传统，大小类之前，均有序录，记述各类学术的流变、分类的义例。每书之下又详注该书之不同版本，这在近代藏书目录中并不多见。

此书是民国五年（1916）叶氏观古堂铅活字排印本，曾经叶氏用朱、墨两色笔校正补注，后赠予赵诒琛。卷首钤有“峭帆楼藏”印记。赵诒琛又以墨笔在书眉增补了很多内容。叶氏观古堂藏书，在抗日战争期间，由叶德辉之子叶启倬、叶启慕售与日本人山本，现藏于日本。这是自清末陆心源皕宋楼藏书东渡以后，我国古籍的又一次大规模外流。因而叶德辉的藏书留在国内的非常少。

包世臣《禀札稿》考辨

2010年的秋天，一对外地夫妇来苏州旅游，顺便带了一些家中藏书，慕名找到了钮家巷文育山房。

他们把书给我看，其中一种旧抄本为《禀札稿》，四周都已经损毁，并且有水渍，书页粘到了一起，难以翻阅。我一看纸张，就可以确定这是清代中期之物，虽然不能翻开看内容，但凭我几十年与书打交道的经验，可以推断，其内容应是历史资料，于是就估价收购下来。

收回来后就进行修复。把书泡在温水里，待纸张变软后挑开，晾晒，再一张张装裱，然后就能阅读了。

该书全是手写的，看其书法，字迹漂亮，不似凡夫所写，里面全是各类禀札文稿，偏偏没一篇留下作者的姓名和印章。那么，这本书的作者究竟是谁呢？修补过程中，我发现一段内容："附去《中衢一勺》《艺舟双楫》各一本，书一封，转致迈堂先生……"

《中衢一勺》《艺舟双楫》这两本书，我并不陌生，于是立刻找到了答案，并且大为惊喜：《中衢一勺》《艺舟双楫》是包世臣之作，看来这《禀札稿》正是他的信函手迹！经过查考，包世臣在嘉庆十三年（1808）考中举人之后，到江西新喻县去做县官了，时间、地点与信稿内容完全吻合。

包世臣是个名气很大的书法家，而此书可谓孤本秘籍。我将书修补装订完成后，提供给复旦大学图书馆收藏，供专家学者研究包世臣生平，这书也算是物得其所了。

为读者找书，为书找读者

“为读者找书，为书找读者”是我的服务方针。老主顾的藏书类别我大都了解，会为他们留意相关的书籍，平时收到某类书，也能想到适合哪位藏家收藏。自我新开书店后，有几位老主顾常来访书。略记于此，以存当代书林掌故。

顾氏瀚海楼藏书

在我初创文育山房时，有位顾叙根先生常来书店买书。他是木渎人，曾应召入伍，退伍后回到木渎，担任木渎镇副镇长。他性喜读书藏书，曾请钱仲联先生为他的瀚海楼题写匾额。

他买书的宗旨，是首先买中医书。我曾提供给他苏州清代御医曹沧洲的医案一批，后来还提供给他一些明代和清初刊本的古书。过了一段时间，他的收藏范围扩大到古玉器和青铜器等文物。他计划建古董馆，让群众参观，接受爱国主义教育。此举得到有关部门的支持，他就修理好了在木渎西街的严氏祖居，创建了苏州瀚海楼收藏馆。终因收卖古董，财力不济，他只能把历年所收古书委托北京嘉德拍卖公司全部拍卖掉。苏州瀚海楼藏书到此结束，只能成为苏州藏书史上的一个小故事了。

王氏爱莲舫藏书

王雄冠先生现在苏州大学从事退管工作。他出生于山塘街半塘。二十世纪六十年代，他还是十几岁的学生，就来古旧书店看书买书。他最早在书店买的古书是一部关于诗韵的石印本，共六册，定价一毛五分钱。后来王先生去上军校，正值“文革”高潮，他父母把他的书全部烧掉了。王先生复员回苏后，曾参加《章太炎诗文选注》的编写工作，并开始重新买书。后来他乔迁新居，在西北街上居住，将藏书之处改造成船形模样，将收藏的古籍集中于此，因他当过海军，且夫人名字中有一个“莲”字，所以取室名为“爱莲舫”。

文育山房初创时，我和王先生联系，为他提供书目。最初他喜欢搜集各种笔记小说，后来扩大到评弹及传奇一类，兼收明刊本。我提供给他的善本有：明万历刊本《汉魏诸名家集》，汪士贤辑校，收二十二位汉魏名家诗文；《吴郡文编》编者顾沅旧藏的明人臧懋循编选的《元曲选》几种，亦是万历刻本，徽州名工所刻，每种都有插图二幅，所刻人物须眉毕露，十分精美，可称明代徽派版画的代表作，现在已经很难见到了；《文始真经》，又名《关尹子》，明万历刻本，乃一件孤本，台湾“中央图书馆”存同版本的《列子》；《读史随笔》，明万历刻本，新安余懋学撰，遍查书目，仅国家图书馆存有一部，此为全国仅有之第二部，洵足珍贵。记得王雄冠先生对我说过：“你卖给我的书，随时随地可以来查阅，因为我不会为了获利而卖掉。”

沈氏文海楼藏书

周边县市的藏家也会来买书。昆山有一位企业家叫沈岗，他恢复了玉山草堂，在里面建了一座藏书楼，堂号文海楼。我和他最早的交往，是帮他修复一本石印本的《三希堂法帖》，那部书的线散掉了，他拿到店里找我帮忙穿线。过了一段时间，我收到一本清内府本的拓本《三希堂法帖》，乃是原本，比后来加边框的清代版本更好，便通知沈先生。他收下后很高兴，同时告诉我他准备收昆山地方文献，从此我就给他留意。收到叶德辉的《观古堂藏书目》后，我看上面有昆山人赵诒琛的亲笔，就提供给他。一次我收到状元徐元文的一幅扇面书法，因为徐元文是"昆山三徐"之一，所以我将这幅作品也交由沈先生收去。沈先生的藏书范围不仅仅是昆山文献，听说他这些年来从拍卖会上买到了不少善本，比如十分珍罕的《元官藏》等。有好的版本书和名人手迹，我也提供给他。我曾收到一幅柳如是的扇面，字迹秀美，题了三首五言，珍贵非常，八十年来，我也就只有这么一次看到柳如是的亲笔，便与沈先生联系，发给他看图片，他痛快收下。沈先生所藏最好的一件，可能要属元代顾阿瑛的一幅画。沈先生身边有专家帮他看的，有一位先生叫祁学明，鉴赏水平很高，会帮他买书。

马骥先生的收藏

马骥先生一直从事金融工作，是我初创文育山房时就光顾的老读者。二十世纪初，无锡孙毓修藏品散出，马先生购得一批瞿启甲等名家致孙毓修的信札。他把这些手迹拿给我赏鉴，我告诉他，我也收到一批，乃是宗舜年、徐乃昌致孙氏的手札数十通，内容都是关于编印《四部丛刊》的事。有感于马先生用功于孙毓修信札的整理注释，我将我手上的孙氏信札以原价售与了他。马先生现已将这些手札付印行世。马先生的收藏和治学相辅相成，他收入苏州顾氏楞伽山民的作品后，就对顾氏三世人物进行了深入的研究。另外，他曾收得安徽李国棣的《鲟庐诗草》。李国棣，字伯唐，号鄂楼，别号鲟庐，是李鸿章的侄孙，曾寓居苏州。关于他的资料所见甚少，但我曾收到过多种李氏文献，当我得知马先生准备对李国棣进行研究后，我将相关藏品全部赠给马先生，使之物得其所。经过马先生的整理，相信这些未刊资料的价值有一日能发扬光大。

补　记

谢爱华先生是我创店之初的老顾客，那时候书不贵，几千块钱他总是出得起的。有一次我收到一批虎丘山的资料，包括月刊、照片、报纸等，一共有二三十种，他没财力全部买下来，就跟我说："我买几种，但是这一批书全部买下很难的，我帮你介绍到虎丘山。"这批资料就卖给虎丘山管理处了。现在这些书哪里买得到呢？都变成几万元一本了。

各地的藏家常会在节假日来。一天，一位浙江藏家来拜访，带来一些藏书给我看，我从中买下阮元的《积古斋钟鼎彝器款识》。末了，他告诉我，他家有七部宋版书。

我的宗旨就是为国家、单位服务

随着拍卖的兴起，书价越来越贵，个人买古书越来越吃力了。我还是继承文学山房提供古书给公藏机构的传统，主要为单位服务。每当收到好书，我用老方法写一份书目寄过去给他们看。书适合哪里，我就提供给哪里。

我祖父和父亲经营文学山房时，就经常给北京、天津的图书馆寄送书目，为他们找书，甚至为此刊登广告，广而告之。听祖父说，原北平图书馆馆长袁同礼先生为了购买富春堂传奇，亲自来苏州交易，这是文学山房与北平图书馆最早的交往，此后文学山房一直为北平图书馆提供图籍。新中国成立后，北平图书馆改称北京图书馆，善本部的赵万里先生、丁瑜同志和路工同志、王润华同志，都曾南下访书，我提供给他们不少善本。现在，北京图书馆改称国家图书馆，我每年还要寄送一两次书目给国图善本部，由谢冬荣同志负责接洽。

苏州图书馆成立时叫作江苏省立第二图书馆，大概二十世纪三十年代更名为江苏省立苏州图书馆。建馆之初，文学山房就给曹允源馆长提供古书，后来，我祖父和父亲常常给编目部的王謇先生送书。新中国成立后，该馆与吴县图书馆、苏州孩子图书馆和文心图书馆合并，曾先后更名为苏南苏州图书馆、江苏省苏州图书馆和苏州市图书馆。图书馆的许培基馆长很有见识，古旧书店的两部宋版书都是他购买下来的。他和我同龄，在二十世纪六十年代就来古旧书店找我买书。现在苏州图书馆古籍部的主任孙中旺先生，人是很好的，关心地方文化。我自己开书店后，收到好的地方志一般提供到苏州图书馆，另外也根据各家的需求，提供到档案馆、地方志办公室和各类新开的博物馆。

2004年，中国昆曲博物馆筹备组征集古书，文育山房曾提供七十九册古籍，其中有《鸣凤记》《水浒记》《快雪堂日记》等明刻本。苏州教育博物馆建新馆，我给他们提供了不少文献，其中有一部手抄本的《抗日三字经》很有特点；另有一本袁希洛手稿，这部手稿全用小楷书写，难得一见。袁希洛是民国时期著名的教育家，孙中山在南京就任大总统，那方印就是袁希洛代表全国人民交到他手上的。

有一次，我与复旦大学吴格教授闲谈，得知福建省图书馆要建新馆，准备广收关于福建的明代方志刻本以丰富馆藏。他们积极征求，但效果不大。

吴格教授问我是否有这方面的古书，我听后就告诉他，我有一部《山堂先生群书考索》，虽非全书，但上面有“福建鳌峰书院藏书”的印记，是清代福建巡抚王凯泰致用堂旧藏。估计这本书是王凯泰在福建做巡抚的时候从书院借的，没有还。我做学徒时，曾和祖父到王家拜访，他家装在箱子里的书都被白蚁吃光了，可惜得很。不过外面还放了不少书，其中有很多福建地方志，我们都议价收下，卖给了北方的书店。这本《山堂先生群书考索》是我后来到王家寻访来的。

除了这部书，我又找到一批福建书坊的刻本，有明万历建阳书林刘大易乔山堂刻本《新锓全像大字通俗演义三国志传》、明中期刻本《新编事文类聚翰墨全书》、明万历建阳刻本《叶太史参补古今大方诗经大全》、明万历三十九年（1611）福建书林郑云林刻本《翰林重考字义韵律大板海篇》、明嘉靖李元阳刻本《尔雅注疏》等。其中，《新锓全像大字通俗演义三国志传》上图下文，在明刻本中比较少见。以前的版本学家认为福建坊刻本错字多，质量不高，不稀奇，国家图书馆的收藏就不重视福建坊刻本，现在也想买，却不容易买到了。

另有福建才女程俊英的一批手稿本，分别是《文字学补注》《中国文学之萌芽时代》《国学常识》。这系列材料中，还有程俊英的先生张耀翔写给她的诗稿手书原件。

我把这批文献提供给福建省图书馆，他们感到很满意。双方从此保持联系，直到现在文学山房还陆续提供书目给他们。

懂得书，懂得文化

恢复百年老店的招牌后，来店里的客人更多了，而且不仅有来买书或卖书的，还有来找我看书的：看看什么版本，是不是真东西。

有一个常熟人，带了一个镜框来，里面装有一页宋版书，上面还有傅增湘写的题跋。傅增湘的题跋说，这是宋代蜀刻本，大字本。我一看，哎呀，这不是蜀刻大字本啊。这傅增湘的题跋中也没有说明书名。我问他："你从哪里收来的？""我拍来的。""这一页多少钱？""十八万。""哎呀，"我说，"你叫我是说真话还是说假话？"他说："当然是说真话。"我说："这一页书，是宋刻的，但不是宋大字本。你这傅增湘的题跋中也没有说明书名。他说是蜀刻大字本，但是这不是蜀刻大字本，所以题跋和书可能是两回事，是凑起来的。你现在给我看也没有用了啊，但是以后你要注意。"

也有来找我看年画的。苏州的木刻年画全国闻名，但以前的旧书店不把年画当业务，卖年画的有专门的年画铺。太平天国运动前，年画铺子都在虎丘一带，兵燹之后，年画铺子迁到了桃花坞。民国时期，玄妙观三清殿常年挂着年画，过年那段时间，三清殿热闹非凡。民国时期，这类东西还是比较多的，到了过年的时候，苏州人家都买木版年画，按照民俗习惯，用新的换掉旧的，旧的撕坏了就不要了，没人想到要把年画留下来。倒是日本人，看苏州的年画画得这么漂亮，买下来保存好，带到日本去，现在好的年画，尤其是“姑苏版”，大多藏在日本了。辛亥革命后，新式的技术传进来，都流行印刷的彩色年画，不用木刻的了。几十年过去，年画也少了，有人专门收藏。比如阿英同志就专门收藏年画——他也没有老年画，大多是民国时期的年画。钱璎同志任文化局领导时，把这些年画都捐献给了苏州桃花坞木刻年画社，也就是今天的桃花坞木刻年画博物馆，都是好东西啊。钱璎同志真是老共产党员，境界高的。近年来，年画的市场在发展，流传在民间的年画也能看到，我也卖的。我有一位顾客，专门收集年画，我收到年画就给他留着。他有时也把从其他地方收到的带过来给我看。我这里还有一整套的《三国演义》石印年画，这东西和我年纪差不多，也成古董了。

我听人家讲十几二十几句话，就知道他是不是懂书的，是不是文化人。有人来问我买线装古书，要便宜的残本。我问：“你们买去做什么？”他说：“我们拿去糊在墙上。”我说：“我不能卖给你。这不是保存文化，是在破坏文化。你出再大价钱我也不卖给你。”古书又不是年画，这样贴像什么样子。

由于关于我的报道越来越多，现在有的客人来，不过是为了看看我这个人：九十六岁的老头还好开书店？也有抱着小孩子来的，说来沾沾福气。还有一些故人的后代，知道我与他们祖辈的渊源，特意寻来。

张天方的外孙2021年到文学山房来看我，他说：“听说我外祖同你交易过。”我就送了一部《吴门贩书丛谈》给他。我说：

“这里面有我访书的故事。”李一氓同志的孙女李燕来看我时，把我寄给李一氓同志的信的复印件送给我。我把保存的李一氓同志寄给我的信封送给了她。

前几年有一位参加夏令营的台湾学生来店找我。他说：“听说你曾经给我外公提供过书。我出生时他老人家已经去世了，我没有见过他呢。”他外公，原来就是钱穆先生，我就告诉他我去耦园给钱先生送书的事。

还有一位从昆山来的顾客，他对我说：“我还记得你。当年我还小的时候，你到我家来收书。你不要的那些书，后来都被我家人送到废品回收站了。”原来他是昆山李氏味尘轩的后人，只是当年他还是个小孩子，现在已白发苍苍了。

过云楼古籍拍卖始末

百余年前的过云楼因藏有数百件珍贵的古代书画作品而驰誉天下。二十世纪九十年代初，经我之手，过云楼四分之三的古籍入藏南京图书馆，书价三十万元。2005年，另四分之一的古籍，在春季嘉德全国古籍善本拍卖会上以两千三百一十万元的价格拍出，计一百七十九种一千二百九十二册，包括部头很大的宋版书《锦绣万花谷》。

2012年4月，北京匡时宣布这四分之一古籍再上拍场。匡时公司很有办法，在正式上拍之前，他们先将这批古籍拿到北京、杭州、上海、厦门、南京、成都等地办巡展，影响巨大。那年5月，巡展还开到了苏州。正式上拍的过程，则可谓惊心动魄。

6月1日，北京预展现场搭建"过云楼"，令人惊艳。6月4日夜间，过云楼古籍以一点八八亿元成交，算上佣金，超过了两亿元。6月5日下午，江苏凤凰出版传媒集团宣布自己是竞买者，并表示将建藏书楼，以此套古籍为镇馆之宝，有意将古籍再版印刷。

6月12日，北大行使优先购买权，宣布以同样的价格购买。江苏省政府随即发函至北京市文物局，称凤凰竞拍得到江苏省委、省政府支持，竞拍由南京图书馆和凤凰共同实施。

6月12日，北大和凤凰都坚持自己应该得到古籍，双方协调未果，最后归属权将由国家文物局裁决。此事引发全国热议，但舆论总体偏向凤凰，希望古籍在江苏合璧。因为有了南京图书馆的参与，北京匡时国际拍卖有限公司在6月13日13点47分发布微博说："今天，我公司收到北京市文物局对'过云楼藏古籍善本事宜'的复函，复函中说'北京大学与南京图书馆皆为国有文物收藏单位，且均参与了过云楼古籍善本的竞买，应根据拍卖规则确定买受人。请你公司据此与江苏凤凰出版传媒集团和南京图书馆进一步落实完善竞买及购藏事宜'。"由此，引发权属之争的过云楼四分之一藏书，确认归江苏凤凰出版传媒集团和南京图书馆，与此前已入藏南京图书馆的四分之三藏书合璧。

对这次拍卖出现的这样的天价，我曾经发表了一些个人的看法："此次匡时拍卖的《锦绣万花谷》实为一部宋代残本书，八十卷中有两本是明版。""过云楼的藏书，在嘉德拍卖行介入前后，顾三公子已经陆续委托卖掉了不少。据我所知，就有顾千里批校明嘉靖本《仪礼》。……顾批黄跋，早不见踪迹。"我说的是实话。

随着文物拍卖之风越来越盛，我思想上也产生过一些波动，认为1992年把书归到南图，使顾家在经济上吃了大亏，于心不安。有一次，我和笃璜先生一起参加纪念苏州传统文化研究会成立二十周年大会，笃璜先生就坐在我身边，闲谈时，我向他说出了我的心里话。我说："那时我做的那件事（把书送到南图），现在想来有些过意不去。"他就说："同你不搭界，书都归到南京图书馆，你也没有拿我一分钱。"由此可见，笃璜先生思想是高尚的，不愧是一位名副其实的老共产党员。他在二十世纪五十年代就辞去苏州市文化局副局长的职务，而把一生精力和财力集中在振兴昆剧的事业上，值得大家尊敬和钦佩。

以书疗愁

2014年5月，我八十八岁那年，我的爱人因病去世了。她嫁到江家后，文学山房就经历巨变，接下来公私合营，搬家到西大园，再后来下放阜宁，说实话，真没过上什么安稳的生活。现在生活好了，她却走了。这是我最难过的。

正在这个时候，苏州市文化广电新闻出版局告知，7月将在苏州国际博览中心举办第四届江苏书展，邀请文学山房参展。我说："普通的书我就不拿了，没有太多意思。这样，你给我提供八个柜子，我来做一个苏州刻书史展。"

苏州古旧书店在二十世纪八十年代的时候就做过一个苏州刻书史的专题展览。我这一次做刻书史的展示，用的都是文学山房的藏书，一共选了宋、元、明、清、民国的苏州刻本四十种。

宋版书选的是宋代苏州刻书代表《平江府碛砂延圣院大藏经》，这是南宋时代私刻大藏最后的一种，刻版地点在平江府陈湖中碛砂洲延圣院，所以又被称为《碛砂藏》。文学山房收藏的《碛砂藏》残卷，为海外回归之物。

明版中有一部《白氏文集》，是苏州书坊刻的，上面还有藏书家潘圣一的题跋，乃是潘氏后人拿出来的。又有一部《列朝诗集》，为钱谦益集撰。乾隆朝时，钱谦益被打为"贰臣"，这部书

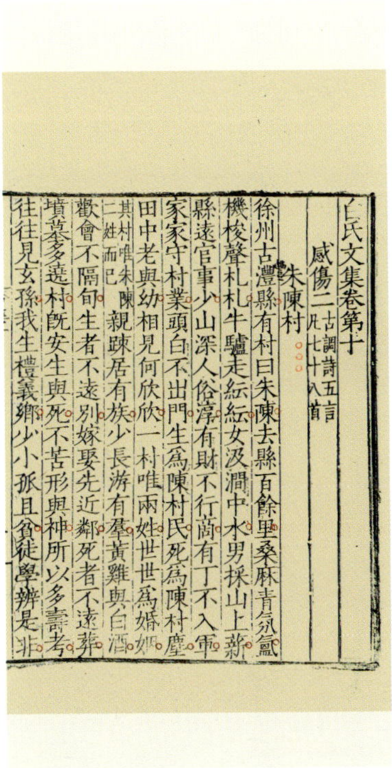
白氏文集卷第十
感傷二 古調詩五言 凡七十八首
朱陳村
徐州古豐縣有村曰朱陳去縣百餘里桑麻青氛氳
機梭聲札札牛驢走紜紜女汲澗中水男採山上薪
縣遠官事少山深人俗淳有財不行商有丁不入軍
家家守村業頭白不出門生爲陳村民死爲陳村塵
田中老與幼相見何欣欣一村唯兩姓世世爲婚姻
其村唯朱陳二姓而已 親疏居有族少長游有羣黄雞與白酒
歡會不隔旬生者不遠別嫁娶先近鄰死者不遠葬
墳墓多遶村既安生與死不苦形與神所以多壽考
往往見玄孫我生禮義鄉少小孤且貧徒學辨是非

《白氏文集》

明嘉靖十七年伍忠光龙池草堂刻本

文学山房藏

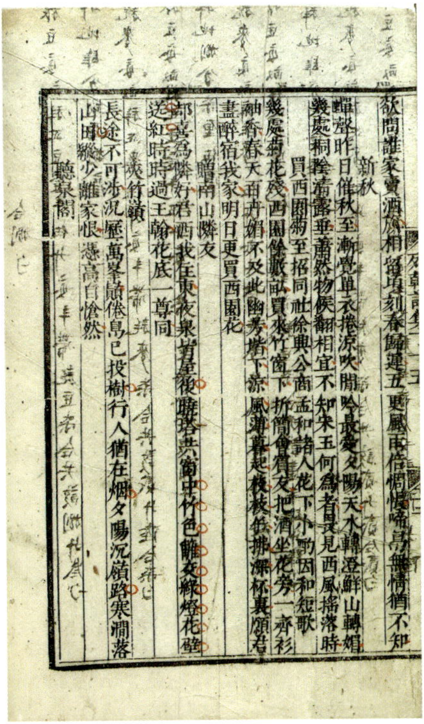
欲問誰家賣酒旗相留頃刻春歸速五更風雨倍惆悵嗁鳥無情猶不知
新秋
蟬聲昨日催秋至漸覺單衣捲涼吹閒吟最愛夕陽天木落澄鮮山轉娟
幾處桐陰滴露垂萬然物候翻相宜不知宋玉何爲者只見西風搖落時
買西園菊至招同社徐與公商孟和諸人花下小酌因和短歌
幾處菊花殘西園餘嫩蕊買來竹窗下折簡會賓友把酒坐花旁一奔衫
袖香春天西京娟不及此幽芳紫下亦風薄暮起枝枝牟拂挪杯裏願君
盡醉宿我家明日更買西園花
贈南山隣叟
鄰叟爲隣好君西我在東夜泉肯呈後曉塔共窗中竹色饑交縱燈花碧
送紅時時過王翰花底一尊同
竹嶺
長途不可涉況歷萬峯顛倦鳥已投樹行人猶在烟夕陽沉嶺路寒澗落
山田縱少離家恨憑高自愴然
聽泉閣

《列朝诗集》

清顺治九年汲古阁刊公文纸背印本

文学山房藏

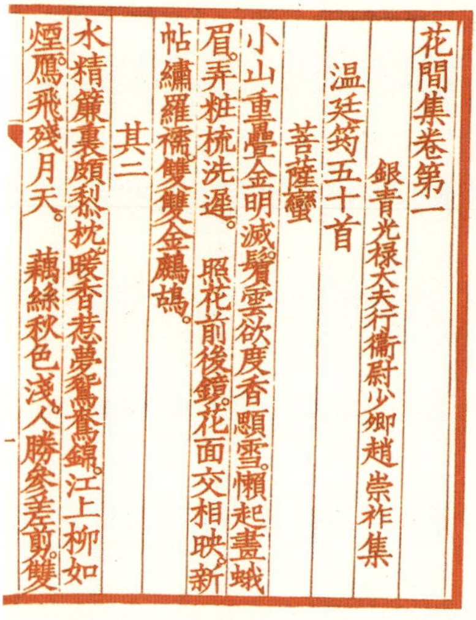
花間集卷第一
銀青光祿大夫行衛尉少卿趙崇祚集
温廷筠五十首
菩薩蠻
小山重疊金明滅。鬢雲欲度香顋雪。懶起畫蛾
眉。弄粧梳洗遲。照花前後鏡。花面交相映。新
帖繡羅襦。雙雙金鷓鴣。
其二
水精簾裏頗黎枕。暖香惹夢鴛鴦錦。江上柳如
煙。鴈飛殘月天。藕絲秋色淺。人勝參差剪。雙

《花间集》

民国初年四当斋仿宋刊红印本

文学山房藏

一度是禁书，流传甚少。文学山房所收的这部书，除了正常的诗集文字，还有许多杂字，这是因为这部书是用公文旧纸背面印刷的。这说明明末清初，江南纸张供应紧张。这类情况我遇到过多次，新中国成立之初，我在乱书中的坊刻本《孟子读本》里，拆出过明代万历年刊《吴邑公田书册》（现归江苏省博物馆收藏）。有的书省纸省到什么程度呢？印到一半，后面就是空的了。一面有字，后面断开。我们最怕碰到这样的书。

民国时期刊本选的是《花间集》十卷。此乃后蜀赵崇祚所作，民国初年苏州人章钰四当斋仿宋刻红印本。这本书摹刻精良，非常美观，展卷观之让人爱不释手。

红印本、蓝印本是古代书籍刻印流程中一道工序留下的样本：版子雕好后，用红色刷一版出来，错讹处用墨笔圈改，据此改版，这就是红印本；再用蓝墨刷一版出来，这一遍基本没有需要改的了，此为蓝印本。为什么先刷红色、蓝色呢？因为墨色不容易洗掉，而红色和蓝色能被墨色遮住。有的红色和墨色相浸润，显出紫色，则是紫印本，都是罕见的。红印本、蓝印本是只用于校勘确认的样本，数量很少，物以稀为贵，现在价格水涨船高。

红印本、蓝印本作为校样本的情况比较多，另外也有专门用红色、蓝色大量刷印发行的，这是为了区别于普通图书。清代就有部分专门的红印本，但非常少。像沈德潜的《国朝诗别裁集》被乾隆下旨重新锓版，前面放了皇帝的序，这部分就采用了红印；叶昌炽的《藏书纪事诗》宣统二年（1910）长洲叶氏刻本也是红印本。民国时期，藏书家刊刻书籍时会有专门用红印本、蓝印本的情况，可以说兴起了一股风气，比如《密韵楼丛书》七种都是蓝印本。这七种分别为宋朱长文撰《吴郡图经续记》三卷，魏曹植撰《曹子建文集》十卷，唐李贺撰《歌诗编》四卷、《集外诗》一卷，宋周密撰《草窗韵语》六卷，宋宋伯仁撰《雪岩吟草甲卷忘机集》一卷，宋郭祥正撰《青山集》三十卷，唐窦常等撰、褚藏言辑《窦氏联珠集》一卷。这《密韵楼丛书》用的纸张、墨都很好，坊间也可以买，售价比较贵。我曾在孙助廉的温知书店里见过，买了其中的《草窗韵语》等几种，后来交给古旧书店了。王大隆印《荛圃藏书题识续录》也采用了蓝印。

红印本有个缺点。一般墨印本，水滴上去，墨不会化开，但红印本如果沾了水，红色就化开褪色了。我猜想，这种红色墨里大概没有胶。

选这些书作为代表，不仅因为这些书为苏州所刻，还因为这些作者、整理者与苏州有千丝万缕的联系。比如白居易做过苏州刺史，深受苏州人爱戴；钱谦益是常熟人，一代文宗；章钰是苏州人，光绪年间的进士，曾做过外务部一等秘书兼京师图书馆编修。

这一次办展，主办方给我们专门搭建了一个空间，还原了旧时文学山房的样子，展览很成功。书展上，我见到了故人顾笃璜先生。省里的领导、市里的领导都专门前来看书。时任国家新闻出版广电总局领导的邬书林同志来的时候，我送给他两本我的书——《古刻名抄经眼录》和《江苏活字印书》，他很高兴。回北京后，他特地给我寄了一封信，上面说：“苏州不愧是文化底蕴深厚的历史名城，养育了一代一代像您这样热爱文化的人士。您长年搜集、保存古旧图书，并在这方面深入研究，特别是对‘过云楼’藏书提出深刻见解，这是非常难能可贵的。”

这次参加书展，人很辛苦。因为我们的书是古书，和其他参

文学山房参加江苏书展

展的新书不一样，我不放心。每天早上，孙女把我和儿子送到会场，我在会场全天守候，吃饭是轮换着吃。其实在书展开始前，挑选四十部书就很不容易，我把代表性的书挑出来，再一一手写标牌。儿女们看我全身心投入这场活动中，都说：人家是借酒消愁，父亲是以书疗愁。是啊，我是借书来缓解失去爱人的伤痛。

2014年年终，文学山房旧书店参加了市文广新局举办的全市图书行业业务评比活动，被评为“苏州市优秀特色书店”。2015年，苏州市文化广电新闻出版局授予我们“苏州市优秀特色书店”奖牌一块，并发给奖金人民币三万元。当时我的想法是将这些钱发给子女，让他们改善生活。不料提出以后，他们都不想拿，一致表示：“这是国家奖给书店的，应该用以改善书店环境。”那时候我们陈列书的书架还是当初从旧货市场买来的放化妆品的旧货架，木板太薄，根本承受不起陈列书的重量，所以已经往下面沉了。最后一家人达成一致意见，请木工定做了十个硬木的书架。每个书架要两千多元，做好后，效果很好，解了燃眉之急，使店貌发生了很大的变化。这是各级领导对我店的关爱，感谢他们的鼓励，增强了我传承苏州书香、抢救古书的信心。

下编

容齋隨筆卷第一

予老去習懶讀書不多意之所之隨即紀錄因其後先
無復詮次故目之曰隨筆淳熙庚子鄱陽洪邁景盧

歐率更帖

臨川石刻雜法帖一卷載歐陽率更一帖云年二十餘
至鄱陽地沃土平飲食豐賤衆士往往湊聚每日賞華
恣口所須其二張才華議論一時俊傑殷薛二侯故不
可言戴君國士出言便是月旦蕭中郎頗縱放誕亦有
雅致彭君摛藻特有自然至如閣山神詩先輩亦不能

第十一章　刻书著书

张升先生在《文学山房丛书》序言中说到了我。他还说："民国时期的书店很多，能够经常被人提起的不多，其中就有文学山房；民国时期新出的丛书很多（约有数千种），能够经常被人提起的也不多，其中就有《文学山房丛书》。"

扫叶山房刻书传统

我的曾祖是扫叶山房的伙计。扫叶山房不仅是一个售书的书店，也是一个可以自印图书的书坊，其藏书、刻书的名声其实大于其作为书店的名声，可以说，扫叶山房是清中期到民国年间十分著名的出版机构之一。

这个书坊的经营者，是苏州洞庭席氏一族。洞庭席氏在藏书刻书史上的成就始于席启寓。康熙年间，苏州洞庭席氏家族的席启寓举家迁往常熟。常熟乃著名的藏书之乡，他受当地风气影响，致力于藏书与刻书，其中，他以琴川书屋名义刊刻的《唐诗百名家全集》品质之佳，世所公认。这部《唐诗百名家全集》主要收集中晚唐五代诗歌，所选底本都是宋版，不仅保留有宋本原序，还有席启寓为一些诗人写的小传，初刻本乃是用一种特殊的纸“红筋罗纹纸”刷印的，这都是该书为后世所重的原因。康熙帝南巡时，席启寓曾经以已刊刻的《唐诗百名家全集》中的四十册进呈皇帝，使得该书名扬天下。而今，偶有《唐诗百名家全集》零本出现在市面上，每次都能得到人们的关注。胡绳同志就曾在苏州古旧书店购买过这部书。同时，席启寓购买了汲古阁后人质押于卢綋处的《十七史》书版，刊刻发行，使得扫叶山房的名声传扬开来。

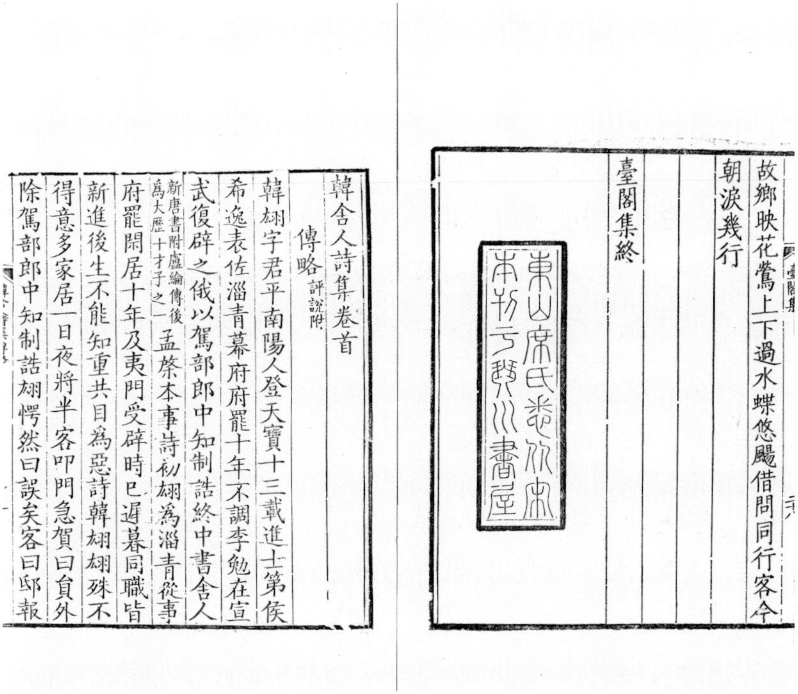
故鄉映花鶯上下過水蝶悠颺借問同行客今
朝淚幾行
臺閣集終
東山席氏悉依宋本校正琴川書屋

韓舍人詩集卷首
傳略 評說附
韓翃字君平南陽人登天寶十三載進士第侯
希逸表佐淄青幕府府罷十年不調李勉在宣
武復辟之俄以駕部郎中知制誥終中書舍人
新唐書附盧綸傳後爲大歷十才子之一 孟棨本事詩初翃爲淄青從事
府罷閑居十年及夷門受辟時已遲暮同職皆
新進後生不能知重共目爲惡詩韓翃殊不
得意多家居一日夜將半客叩門急賀曰員外
除駕部郎中知制誥翃愕然曰誤矣客曰邸報

《唐诗百名家全集》

清琴川书屋刊本

到了乾嘉年间，扫叶山房在席启寓玄孙席世臣的经营下愈加兴盛。席世臣以扫叶山房名义刊刻了大量的典籍，比如《大唐六典》《贞观政要》《旧五代史》等，达几十种之多，其特点可归纳为“刊刻秘籍，以惠学林”。这一特点，亦可以从席世臣刻《元诗选癸集》看出端倪。康熙年间，顾嗣立辑元诗，分为初、二、三集，每集再分甲、乙、丙、丁、戊、己、庚、辛、壬、癸，其中癸集专收断缣零编，然癸集还未刊刻，顾嗣立就去世了。席世臣的祖母是顾嗣立的嫡亲孙女，所以席世臣想方设法要完成《元诗选癸集》的出版。他找到了顾嗣立曾孙顾果庭，将已刻书版拿到，又取来未刻书稿，与顾果庭反复校勘，用了十年时间，终于完成了《元诗选癸集》的书版，故《元诗选癸集》的书牌标示为“秀野草堂原本、扫叶山房藏版”。而这部书我曾在陈济川的来薰阁库房里寻得收归。

席世臣为人慷慨，再加上喜欢大量购书，致使家道中落。好在席世臣之后，扫叶山房仍继续经营，且规模不断扩大。同治元年（1862），扫叶山房由席威继承。也正是在同治时期，各地创办官书局，对民间刻书业产生了一定的冲击，席威于是转变经营方向，把书店开到了外地。当年，席氏在上海设有两家分号，再加上苏州一家、松江一家、汉口一家，合计五家分号，而朱记荣先生是苏州扫叶山房的实际负责人。

朱记荣不仅是位藏书家，而且好刻书。他刻的《槐庐丛书》还是请俞樾先生作序的呢。朱记荣后来另开店铺，名为校经山房，又刻有《校经山房丛书》。

其实当时书坊除了售卖图书，有实力的大多有自己的书版。和文学山房交好的来青阁，就有不少的书版。来青阁杨寿祺先生几次印书，都是因为收到了好的版本，希望让珍罕版本一化而千百。柳蓉春的博古斋，影印了《津逮秘书》《士礼居丛书》《拜经楼丛书》《守山阁丛书》《岱南阁丛书》《墨海金壶》《借月山房汇钞》《指海》《百川学海》《宋六十名家词》等十一种丛书。新书店根据情况，也会印书。邹章卿的振新书社就曾以石印及珂罗版印过部分书籍及画册。

扫叶山房售卖的书品种很多，有本版的经史类、医卜堪舆类及蒙学类书籍，又有各省官书局的刻本以及藏家的家刻本，他们的招牌上写“发兑各省局刻家藏经史子集”。与旧书店最大的区别是他们不收旧书，所以称为老书店，不称旧书店。

活字本《文学山房丛书》

既然有此传承，祖父和父亲把文学山房经营得颇有名气后，又通过借版、买版、刻版等方式刷印图书。

我家二楼有一个房间专放雕版。房间内有一个一个的架子，这种架子和书架样子差不多，一架四层，我们把雕版一块一块插进去。记得《心矩斋丛书》的书版总共插了满满两个架子；《零锦集词稿》的书版有二三十片，就放置在《心矩斋丛书》的书版一旁；还有武进费氏所刻的高仲武《中兴间气集》书版、叶昌炽《语石》《寒山寺志》书版……这个房间有一个阳台，比较通风。

我家并没有刻字工人，如果需要刻版，可以到专门的刻字铺去找师傅。早年间有些什么店我不清楚，我只知道在二十世纪四五十年代时，景德路中街路口有一家叫文一阁的刻字铺，店里有两个人——一对父子。沿着景德路走到阊门里边的仓桥浜，有一个小作坊，店主叫包富亭，专门负责木版刷印。因为书稿刻好了版，还要备纸备墨来印。虽然自己在家里也可以做，但不是熟练工啊，我们刷出来的，有的地方淡，有的地方深，效果不如他专门做这工作的——他刷得又快又匀称。最初，祖父和父亲会买好纸张，把书版和纸张都送过去，他那里备了很多种不同档次的墨，可供客人选择。后来熟悉了，连同纸张也交给他采购，我们只管把钱算给他。印刷好后，要把书边裁齐，可以找专门做信封的店家，他们可以用大刀切齐。穿线则由我们家里人来做。

包富亭先生主要和我祖父、父亲打交道，到我寻人刻字做书的时候，他的年纪已经很大了。

我们店印行的大多数书的书版，是借版、买版而得的，人家已经刻好，可按需刷印。祖父、父亲根据读者的需求，选出一些人家喜欢的书，用聚珍木活字印出，后来逐渐扩大规模，就陆续推出了二集、三集、四集，这就是《文学山房丛书》，又称《江氏聚珍版丛书》。

这四集分别是：

初集

唐才子传十卷　元辛文房撰

古今伪书考一卷　清姚际恒撰

思适斋集十八卷　清顾广圻撰

艺芸书舍宋元本书目二卷　清汪士钟撰

历朝印识一卷附补遗国朝印识一卷附续编　清冯承辉撰

别下斋书画录七卷　清蒋光煦撰

墨缘小录一卷　清潘曾莹撰

持静斋藏书记要二卷　清莫友芝撰

二集

南濠居士金石文跋四卷　明都穆撰

铁函斋书跋四卷　清杨耕夫撰

拜经楼藏书题跋记五卷附录一卷　清吴寿旸撰

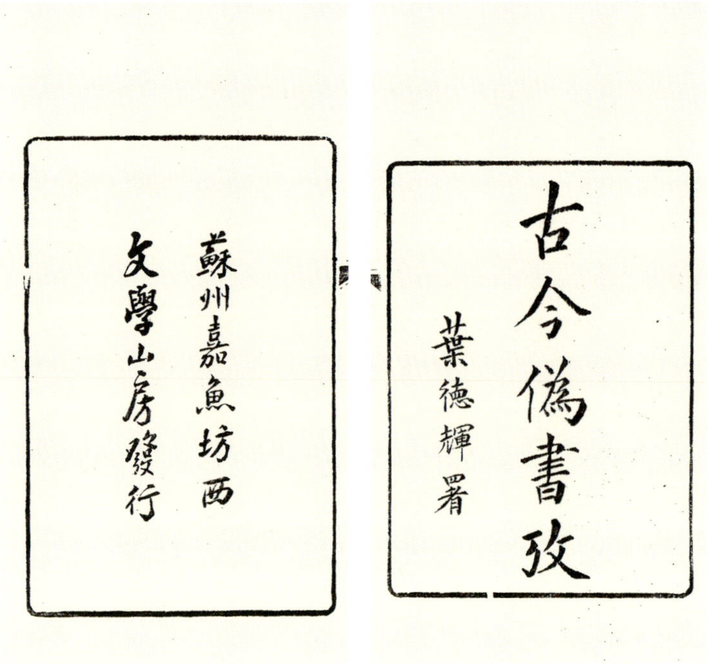

《古今伪书考》

民国文学山房木活字本　芷兰斋藏

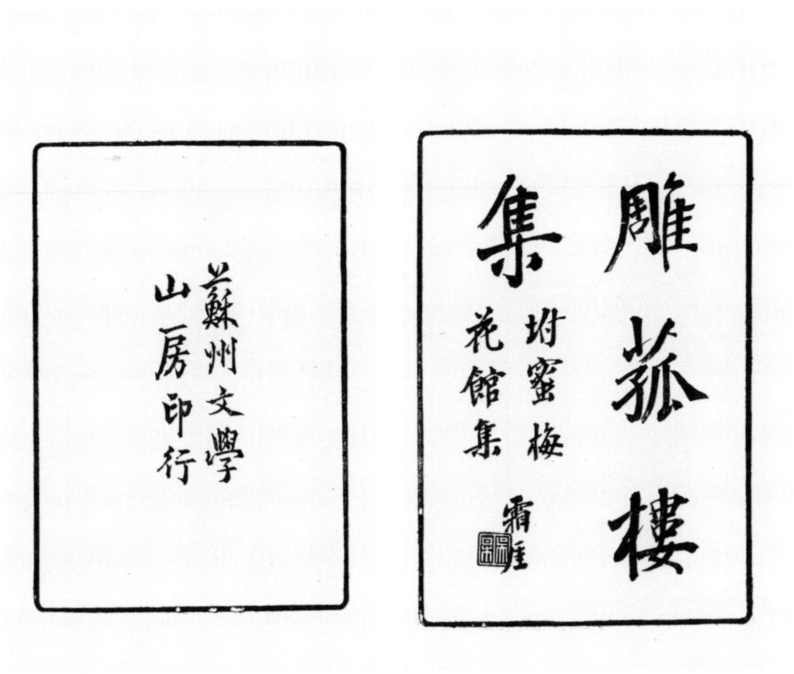

《雕菰楼集》

民国十三年文学山房木活字本　芷兰斋藏

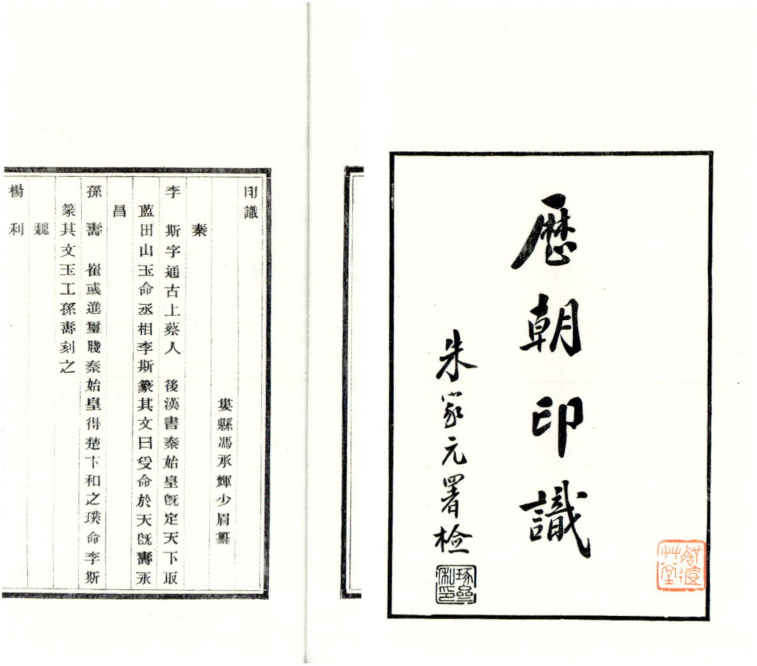

《历朝印识》

民国文学山房木活字本　芷兰斋藏

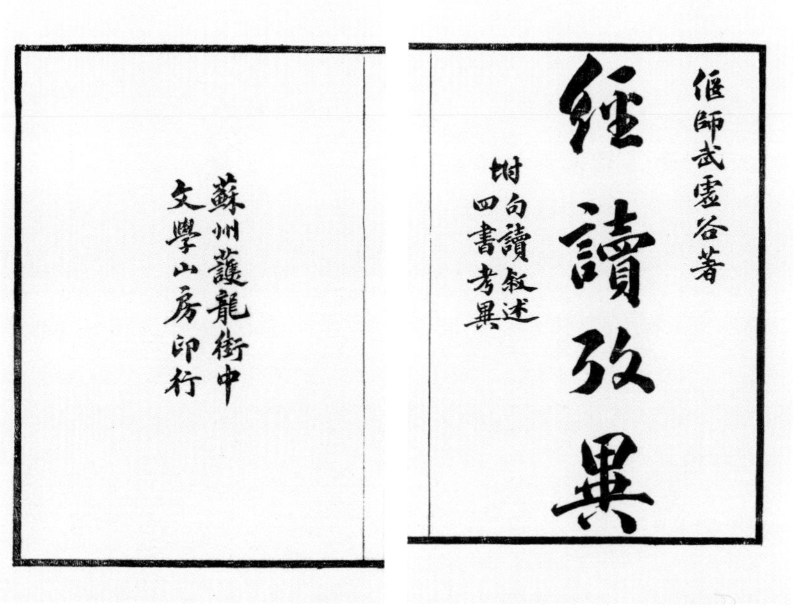

《经读考异》

民国文学山房木活字本　芷兰斋藏

小鸥波馆画识三卷画寄一卷　清潘曾莹撰　江杏溪校
迟鸿轩所见书画录四卷　清杨庸斋撰
国朝书画家笔录四卷　清窦镇撰

三集

考古编十卷　宋程大昌撰
历代寿考名臣录（不分卷）　清洪梧等辑
雕菰楼集二十四卷　清焦循撰
　　附蜜梅花馆集二卷　清焦廷琥撰
知圣道斋读书跋二卷　清彭元瑞撰
经传释词十卷　清王引之撰
古书疑义举例七卷　清俞樾撰

四集

经读考异八卷补一卷句读叙述二卷补一卷　清武亿撰
　　附四书考异一卷　清翟灏撰
群经义证八卷　清武亿撰
读书脞录七卷　清孙志祖撰
家语证伪十一卷　清范家相撰
声类四卷　清钱大昕撰
书林扬觯一卷　清方东树撰
西圃题画诗一卷附诗续　清潘遵祁撰

丛书前有屈爔的序：

吴门书肆之盛，至嘉道时而极。凡见于士礼居题跋者，于玄妙观左近，则有学山堂、崇善堂、学余堂、墨林居、闵师德堂。于阊门内外，则有萃古斋、留耕堂、书业堂、文秀堂、芸芬堂。于胥门一带，则有经义斋、敏求堂、墨古堂、玉照堂、文瑞堂、中有堂。于葑门，则有大观局、遗经堂、酉山堂、本立堂诸家。类多有宋元善本可售。而庙前之陶五柳，华阳桥之顾听玉，见于洪北江《诗话》者，尤为卓著。自经太平兵燹，不十数年，荡焉无存。

今游吴市，惟见观前、护龙街寥寥数家，而插架之书，可观者尤鲜。就中惟来青阁杨寿祺可为后起之秀；而其邻文学山房江君杏溪亦饶有思想之一人。寿祺性敏，凡宋元善本一见能知其价值，故往往得之甚廉而获善沽。杏溪则揣摩时好，凡丛书中金石、书画、书目等类，不易得单行本者，率取以排印，借广流传，积时既久，裒然成帙，因颜之曰《文学山房聚珍丛书初集》，后有续出，则二三之而不已。

或曰：活字印本，动多舛误，自不如镂版之精，江氏何不更效宋元坊刻之所为乎？不知明本《太平御览》、清武英殿内聚珍各本，皆系活字，而极名贵。次如沈氏啸园、王氏信芳阁所印各本，亦皆为艺林所推重。江氏之书，安知不可与沈、王相颉颃乎？

惟希望其续印时愈取善本，而校雠之功亦更求其精审，斯益尽美尽善矣。杏溪其勉旃。

上元甲子岁朝春，当湖屈爔序于吴下北织局西大酒巷寓斋。

《文学山房丛书》所收的经学类，特别是小学类著作很多，还有艺术类中的书画家的画论以及书目、题跋等，反映了我祖父、父亲对二十世纪二十年代读书人的好尚的观察。我记得，四集丛书中《历代寿考名臣录》卖得最好，当时很多顾客选这本书作为寿礼送人。听祖父和父亲说，其实一开始并没有想到要做成丛书，就是因为第一集效果很好，才继续出二集、三集等。

《西圃题画诗》扉页落款是“丙寅秋九月下浣”，可推断全四集完成于1926年，就是我出生的那一年。我没有见过家中用木活字版的情况。《文学山房丛书》各书正文、序跋及目录均用木活字排印，只有各书内封是请刻字铺雕版制作的。内封的题签有诸多名人手笔，如徐世昌、俞樾、叶德辉、吴梅、吴湖帆、曹铨等。能找到的《文学山房丛书》各书，除了《艺芸书舍宋元本书目》等少数几种的牌记写“苏州嘉鱼坊西文学山房发行”，其余均写“苏州护龙街中文学山房印行”“苏州文学山房印行”。我印象中，父亲经常到无锡文苑阁看活字版的校样。

文学山房参加公私合营时，《文学山房丛书》封面牌记等书版由我父亲做主捐献给了苏州文管会。

无锡、常州的活字排印业务

清代用木活字排印家谱，以常州、无锡、镇江一带为盛。这几个地区族权发达，几乎村村有祠堂，每姓有家谱。有专门以排印家谱为职业的工人，俗称“谱匠”或“谱师”。每当秋收以后，他们就挑着字担与行李，到各个乡镇去揽生意：看哪家人家编好了家谱，他们就提供活字排印的修谱服务。

字担上的木字有两万多个，分大小二号，大都是用梨木雕成的宋体字。遇到缺字的情况，谱师拣出一块小木头，可以立时刻一个。字盘用杉木制成，为了把字排得更好更快，谱师把字盘分为常用字盘和生僻字盘两类。常用字盘亦称内盘，放置常用的皇帝年号、天干地支、年月日时、长次幼、男女讳字号行、娶配适葬、一二三四数字及之乎者也等虚字；生僻字盘又称外盘，为便于记忆，编成“君王立殿堂，朝辅尽纯良……”等五言，共二十八句。把头脚偏旁同类的字，排在诗句的每一个字下，例如：“君”字下面放“群”等字，“王”字下面放“弄”“理”“圣”等字，“立”字下面放“产”“端”等字，“殿”字下面放“殳”等字，“堂”字下面放“尚”“掌”等字。这样，谱师只要记住诗句，拣字就比较迅速。

他们的担子里，还有一批老祖宗的画像。图像是不能用活字印的，只好雕成木版。他到张家去，就把这块木版拿出来，印张家的老祖宗；到刘家去，他又拿这块图版出来，印刘家的老祖宗。因为年代久远，家里后辈自己也不清楚老祖宗长什么样，所以家谱里，很多老祖宗的画像看上去都差不多。

他们由五六人或七八人组成一班，分工负责刻字、图像、排字、刷印、打杂等，有一个包头做统筹工作。

售　卖

活字本有一个缺点：如果要做其他书，活字不够，就要拆版来排其他书，所以活字本印数都不多。《文学山房丛书》一套一百册，装成十大函。这样完整的一套，并不多见，很难收集齐全，连我家也没有一整套。日本、美国的图书馆都来购买过。二十世纪五六十年代，周叔弢开始收藏活字本，那个时期有不少的旧书店都给周先生寄去售书目录，周先生也从文学山房邮购过一些。

《西圃题画诗》是《文学山房丛书》中的最后一种，这本书很受欢迎，加上焦循的《雕菰楼集》，我们都曾经去无锡加印过。因已临近全面抗战，所以我们将一部分装订了出售，一部分则留在文学山房里，并未装订。后来日寇侵华，书业凋零，装订的事就一再搁置。公私合营的时候，和其他书籍一并交给了古旧书店。大概在1997年，因为书店可卖的旧书越来越少，我就想到去四楼库房看一看。我看到还有许多的《西圃题画诗》《雕菰楼集》印样，便提议都装订出来售卖。这一次整理，每种书都装订出几十部，只卖几块钱一本，很快就销售一空。现在拍卖会和孔夫子旧书网上所展示的《文学山房丛书》，大多是这一次整理的《西圃题画诗》和《雕菰楼集》。

中国美术学院的范景中教授研究美术史，曾来信购买《西圃题画诗》，信中，他还向我打听《文学山房丛书》其他几种活字本以及文学山房的消息。内容如下：

江先生：

您好！大札收悉。我近日即将书款寄出。《江苏刻书》《江苏出版人物》《江苏出版机构》等若到，请抽时告之。

《西圃题画诗》因之文学山房所印，很想再得几种它的印书，不知还能买到什么？

您的大名也总让我想到《江氏聚珍版丛书》，不知您是否和文学山房有关系？如果我的联想不错，您能否写几句关于文学山房的话题在《西圃题画诗》书上。此亦我藏书之一精品。冒昧问之，请原谅。

另外，民国年间有一“传经书社”，似在上海，不知您能否对它介绍一二？

诸多打扰，敬请见宥。敬颂

大安！

后学范景中上

1998.2.21

这封信寄给我时，我还在苏州古旧书店工作。这之前，我与范先生一直通过信件交流。他看到这本《西圃题画诗》是文学山房印的，属于《江氏聚珍版丛书》，所以来信询问我和文学山房的关系。这还真问对人了。后来我重开文学山房，在钮家巷的时候，范景中先生同夫人来过，就坐在书架旁的小凳子这里和我聊天呢。

补　记

2010年，巴蜀书社影印《文学山房丛书》，因为已经过了版权期，所以他们直接出版，估计是以从各图书馆拼配的一套作为底本，具体事宜并没有通知我。我曾想，他们可能根本不知道还有我这个人，不知道文学山房还在经营，毕竟那时，我的书店还叫文育山房。后来我拿到了书，看到张升先生在序言中说到了我。他还说：“民国时期的书店很多，能够经常被人提起的不多，其中就有文学山房；民国时期新出的丛书很多（约有数千种），能够经常被人提起的也不多，其中就有《文学山房丛书》。”

实物书《文学山房明刻集锦》

大概在1952年，我看到了由顾廷龙、潘景郑二位先生编辑的《明代版本图录初编》——选出代表性的明代版本，用照片形式呈现，一旁配以版本说明——效果很好。同时我心中产生了一种想法：如能以明代原刻残页装订成册，加以版本说明，不是效果更好吗？

当时明版的书还是多的，尤其是杨寿祺先生曾卖给我一批天一阁的明刻残本。我便以此为基础，选了一百六十种，每种一页，按经、史、子、集排列，选了后先鉴定：这本是明代嘉靖刻本，这本是明代成化刻本，这本是红印本（比如印谱就是红印本），这本是蓝印本，这本是插图本……鉴定好了，我去拜访潘景郑老师，请他帮我看看。因为鉴定版本这功夫是很难的，我怕自己鉴定得不对，一定要请教老师。除了辨别版本，还有一个难点是装裱：因为书的开本大小并不统一，其中版面最大的是《通志》。综合考虑后，我最后选了八开的尺寸来做——即便是八开这样大的尺寸，《通志》也还是需要折掉些天头地脚才能放进去。

书做好后，一共四册。我请潘先生写一篇序文。他可能因为当时考虑得多，不敢出头露面，就婉言推辞了。事隔三十年后我到上海去拜望他，他已八十多岁了。我拎了一些苏州糕点带过去，他很高兴，聊后交给我一封我父亲写给他的信，又问我："之前我给你写的《明刻集锦》的序，你还收着吗？"我推测，当年他是写成了，只是因为担心而不敢交给我。这真是令人唏嘘。

潘景郑先生婉拒我们的请求后，向我们推荐顾颉刚先生来作序。顾先生当时在上海北四川路的大中国图书局当经理，我和父亲便奔赴上海，拜访顾先生，呈上书稿，请顾先生指点。顾先生对我们的创举表示肯定，一口答应给我们写序言。其后他来到苏州时，又和我们见面商谈这本书的编排，建议书名为《明刻集锦》，并建议我继续做《清刻集锦》。第二年，顾先生交给我《明刻集锦》的序文。序文如下：

今日距明初六百年而近，距刻书最盛之嘉靖万历两朝亦既三四百年。是故今日之于明刻，其可宝贵，犹清初之于宋刻，清中叶之于元刻也。初明刻式规模宋元，其后新意浸出，绣图套版，技术日进。好事者又蔚起，卷帙充斥，远超前代。清人不重明刻，非以其薄劣，正缘时近量多，著录不易周备，犹之各家编次金石，俱不涉明，岂谓明代碑刻遂无一可证史者耶？道咸而后，国势凌夷，人民颠沛流离，不遑启处。旧日藏家，衍至孙曾，辄不克保守，有汗漫而弃之者，有厌恶而焚之者，亦有鬻于纸厂以暂济其穷饿者，由聚而散，由存而亡，由夥颐而孤且绝，天壤间殆不知有几许。宋元本经清人鼓吹，群知珍弆，受拉杂摧烧之灾者独少。余则舍图书馆庋存而外，其将沦胥以尽矣。是何宋元本之幸，而明本之大不幸也。明刻虽出宋元后，未尝无善本。其宋元本已亡，而独有明翻，则宋元本之面目，赖是存焉。即非覆刻，而宋元本已不传于今，若正统道藏本之《墨子》，谈恺所刊之《太平广记》，及《盐铁论》

《艺文类聚》《史通》之属，明刻即为宇内第一本，所当奉为千古不祧之祖者也。况又有精于雠校，若世德堂、通津草堂诸刻，驾宋元本而上者乎！

吾吴藏书家，若吴瞿安先生之于剧曲，人咸服其搜罗之富矣。而先生不自满假，更以“百嘉”颜其室，悬嘉靖曲本百种为之鹄。初意如愿殆不难，而迄乎长逝，曾未能盈其数。则此数十年中，嘉靖本之希有可知，其罗致之艰苦，直与荛圃时之百宋等，夫安得不以宋刻待之耶？

十年前，吾族起潜叔偕潘景郑先生辑印《明代版本图录初编》，凡二百种，作系统之排比，而后经厂、藩邸、学校、书院、私家书肆所刻，朗若列眉。后之作者，遂可继迹以施功。是故明版之研究，将踵宋元版刻之学而兴，其事为必然，无俟乎蓍龟。

苏州文学山房夙为书林翘楚，江君静澜及其文郎澄波，积累代所学，数列朝缥缃如家珍，每有所见，随事寻求，不使古籍有几微之屈抑。近年故家所藏，大量论斤散出。江君所获之本，屡有残篇。积以岁月，得明刻百六十种。存之则不完，弃之则大可惜。爰师观海堂杨氏《留真谱》之意，分别部居，装成三十余帙，俾研究版本学者得实物之考镜，不第刻式具呈，即纸张墨色，亦复一目了然。其于省识古文献之用，远出《留真谱》复制之上，洵为目录学界别开生面之新编。得是书者，合版本图录而观之，有明一代刻书源流，如指诸掌矣。书成示余，为之拊掌称善不置，因题其端曰《明刻集锦》，且抒鄙怀为之序。甚愿江君父子更进一步，搜罗清代名刻之残者，同例分集装行，盖木刻之风，兹已届歇绝之期，必有此书而后得以揽其后期之全貌，固以详察版刻终始递嬗之迹，其为功顾不伟哉！临颖殷望，跂而求之。

时公元一九五三年四月，顾颉刚书于上海法华乡寓舍。

顾廷龙先生也很支持我们的工作，为书题写了封面书名。签条则仍然由顾颉刚先生书写。封面、签条、牌记是影印的，序文是用铅字排印的，都是请苏州文新印书局制作的。

做这部书所用的都是残本，有的残本所剩的页码很少，只有三十多页，一部书拆出来，一共只能装订出三十几部。书做好后，定价四十元。我把顾颉刚先生的序抄了多份，又写了一些介绍文字，分别寄给国内的多家图书馆。这样的实物书不多见的，一下子就被订得差不多了。

做这件事，是希望利用残页，把明代版本书的纸张情况直观地呈现出来，我希望用这部书作为教科书——你说这书是成化本，什么是成化本？要拿这部书出来，一看就知道了。这样的实物书，对学界来说是好的。沈津先生就曾提到过这部书，说："津1960年追随顾廷龙先生习目录版本学时，先师即要我调来此《集锦初编》细细阅看。事实上，这种版刻单页实物对鉴定明代版本最为有用。由于是实物，各同朝代的版式、字体、墨色、纸张一目了然，看多了，那种版刻终始递嬗之面目自然难忘。"

没想到做好事是要付出代价的——有人举报给省文化局，认为我破坏文物。我说："我这些书页都是从残本里挑出来的。"但人家说，你残本在这里，还可以想办法配呀。省里边就来问责，要求我把所剩的书全部交到省里。当时已经卖得差不多了，只剩了几部在店中，我把这几部书都送到省里，自己一本都没有留下。可能考虑到我的出发点是好的，除了批评和让我上交存书，省里并没有采取其他的处罚措施——而且我上交给省里的书，他们还

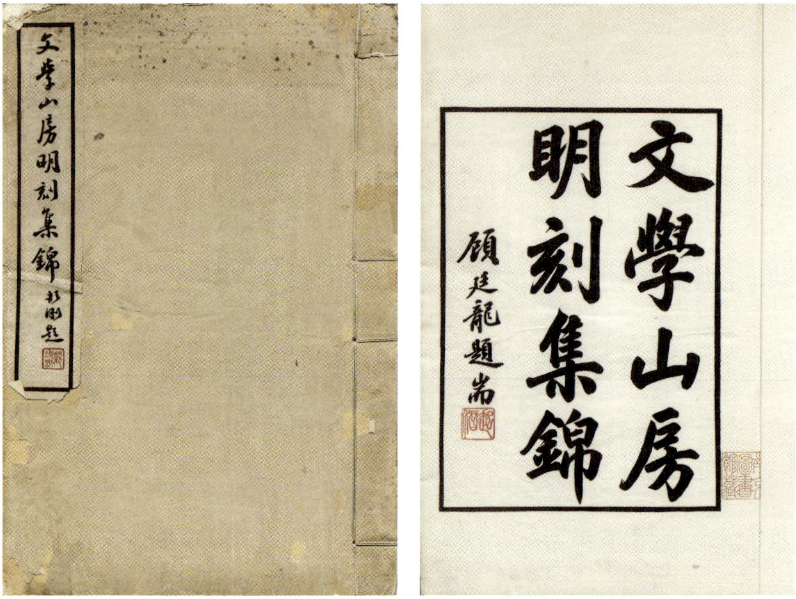

《文学山房明刻集锦》

南京图书馆藏

是给钱的，算是全部收购去。但我已成了惊弓之鸟，本来我已经着手做《清刻集锦》，已经搜集了一些残页，这事一发生，后面的计划就不好进行了。如今想来，省里的意见也有道理，这些残本都是文物，而且现在残本的价格也很高了。

由于潘景郑先生、顾颉刚先生、顾廷龙先生都为本书出力不少，我曾分别赠送了样书给各位先生。省里说要回收这部书，我只好写信给他们，说明这个情况，希望他们把书寄还给我。三位先生却都表示不愿意拿出来。我也没有办法。苏州大学图书馆曾购买过一部，但后来院系合并，这部书就随着院系合并到南京的一所大学了。苏州图书馆是没有的。记得国家图书馆、天津图书馆都有入藏。二十世纪八十年代时，我到北京讲课，住在校尉胡同，距离位于文津街的北京图书馆较近，就前往拜访丁瑜先生，希望能影印一份顾颉刚先生的序文。丁先生同我说："我帮你看看啊，不一定能找到啊。"幸好，这部书还在北京图书馆，丁先生就安排帮我复印好，我带回留作纪念。

从《业务通讯》到“出版史志丛书”

我最早写作，大概在二十世纪五十年代末，始于上海古旧书店内部的一份杂志《业务通讯》。《业务通讯》是1959年1月1日创刊的，1961年第1期更名《古旧书讯》。这份杂志虽然是内刊，却很有价值，在上面发表文章的，大多是上海古旧书店各部门的有丰富经验的旧书店从业者。杨寿祺先生在上海古旧书店做顾问，就经常在这份刊物上发表文章。编者杨渭元同志，曾通过杨寿祺先生给我带一封信来，向我约稿。信中介绍，这本期刊收录古书方面的内容，是给年轻的书店从业人员看的，带些教材性质。受两位先生鼓励，我在上面发表了《书林琐话》一文，主要是讲收购古书应该注意的一些事项。这大概是我最早一次写作。不久后，《古旧书讯》即告停刊。

二十世纪八十年代初，苏州市政府决定启动《苏州市志》的编纂工作，要求重点单位先编写基层志、部门专业志。苏州古旧书店领导便把这个任务交给我，让我先写一篇《苏州古旧书店志》。编写时，我遇到一个问题。事实上，民国时期，古旧书店业务萧条，按杨寿祺先生发表于《业务通讯》的《五十年前苏州书店状况》里的话来说：“直至一九三七年……支持苏州旧书业的，仅江杏溪之文学山房一家而已。”另一方面，各书店都没留下什

《业务通讯》1959年第9期

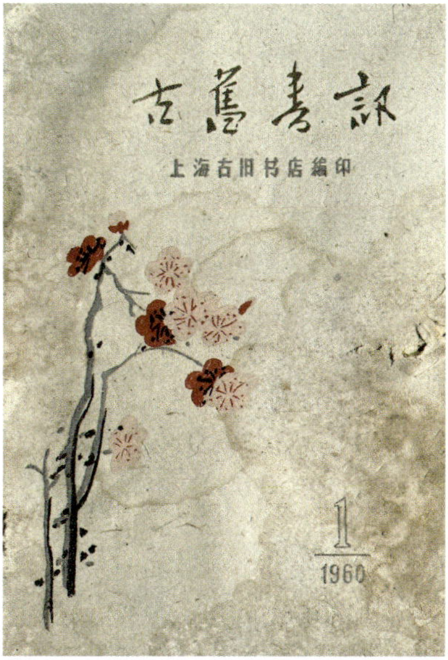

《古旧书讯》1960年第1期

么书籍的买卖记录，没有留下档案之类的文档。我就想办法：一是尽量把我所知的各家书店情况记录下来；二是从文学山房在各个书店买过的好书里找资料，找到了，把书算在这家店头上。这样每个书店都有点写头。写到瀚海书店的时候，我就写店主吴瀚收到了明代铜活字本闵文振著作数册以及沈惺叔藏书《漕运通志》四册等——我把功劳都算给他。志书写出来后付油印，印了五百部。印出来时，吴瀚先生已经得了重病，住进了医院。他的孩子把书拿到他床头读给他听。我在书中说他买到了什么什么好书，他听后非常高兴。

二十世纪八十年代末，陆文夫先生主编的《苏州杂志》创刊。陆先生不仅邀请我写文章投稿，还在他的《老苏州：水巷寻梦》里专门介绍我，说我是“一位奇才”，是“苏州独一无二的版本目录学家”，请陈健行先生来给我拍照。他们的鼓励，让我有了写作的动力。恰逢这段时间黄裳先生恢复了来苏州访书的习惯，他曾多次对我说：“苏州一隅几十年中，某些藏书家，其中有些是小藏书家，他们藏书的主要内容、流散始末……这一类地方性文献资料，都是值得搜集保存的。”由此我得到了启发，把我所知道的一些书林掌故记录下来，给《苏州杂志》和《苏州文物》投稿了若干篇文章，获得了发表的机会。黄裳先生看到我在《苏州文物》上发表的《古刻名抄经眼录》片段后，再次来信提出他的意见：“尊著颇欲一观，此种小文已集有不少，似可编集。江苏古籍出版社似可接受出版，不知尊意如何？”自此以后，我加快了写作的步伐。这《古刻名抄经眼录》，写起来蛮难的，什么时候刻的，什么人藏的，什么人批校的，图章是什么，都要记录下来，所以有的书我还不能写进去，因为时间长了，记不起了。我小时候，见过琉璃厂的孙殿起先生。当时由我祖父、父亲接待，他在文学山房看到什么书，就掏出小纸片，用钢笔记录，让人印象深刻。后来孙先生通过这些小纸片集成了《贩书偶记》。我也是向他学习啊。

二十世纪九十年代初，高斯同志主编“出版史志丛书”，紧锣密鼓地开展工作，其中有《江苏艺文志》《江苏刻书》等规划，邀请我参编。为了编好丛书，多次组织开会。一次到扬州开会，扬州的有关同志邀请我们参观广陵刻印所，在他们的仓库里，我看到大量的雕版。陪同的同志对我说：“你看你们家的女儿（指书版）嫁到我们这里，我们照顾得好不好？环境好不好？”我看到《心矩斋丛书》的书版连同那两个放雕版的架子，还是老样子，不禁感慨万千。我表示：“你们保管得很好，感谢你们。”

《吴门贩书丛谈》出版始末

2019年出版的《吴门贩书丛谈》一书，可以说是我一生从事古籍工作的业务总结。其中，首篇《怎样鉴别古籍版本》就是我当年在全国古旧书发行业务学习班上的讲稿，《苏州古旧书业简史》是在当年的油印本《苏州古旧书店志》基础上修改的。另外收录了我这些年来发表在《古旧书讯》《江苏出版史志》《苏州杂志》等刊物上的文章，内容包括藏书家的逸闻轶事，当代藏书家与我交往的故事，等等。钱璎同志主编《苏州戏曲志》让我写的苏州戏曲著作提要，编写《江苏艺文志》时的一些杂记，都关乎历代江苏地区出版的古籍文献资料，经过整理，合为一辑。对我来说，这部书能够出版，我就很高兴了。

此书的出版，我要好好感谢李军小友。

李军是苏州人，是复旦大学吴格教授的博士生。我还在小太平巷开店的时候，他就常随吴格先生来店中看我，平时帮我和吴先生传书带信。来的次数多了，聊得多了，在文学山房一百一十周年的时候，他就写了一篇文章，不仅梳理了文学山房的历史，还做了一个我历年来的著述简目。他还为我把历年来撰写的文稿，无论长短，陆陆续续复印出来，这就是《吴门贩书丛谈》的初稿。此后多年，李军热心帮我推荐，但可能因为当时古籍还不能引起人们的关注，所以出版的事情一直不是很顺利。直到2018年，此书才终于由北京联合出版公司列入出版计划。2018年时，适逢沈燮元先生出版了《沈燮元文集》，我就请沈先生帮我作序。沈先生慨然允诺。序文如下：

戊戌长夏，老友澄波兄自吴门来书，谓其近著《吴门贩书丛谈》行将付梓，欲丐一言，以为推介。

按吴门文学山房主人江君杏溪，原籍浙江吴兴织里镇，其父椿山迁苏州，为阊门扫叶山房店员。杏溪则在嘉兴旧书铺习业，光绪己亥，老父弃养，由嘉返苏，自创文学山房书肆于嘉余坊口。

吴地为文物之邦，故家藏书，时有流散。旧刻名抄，每为江氏所得，今略举一二，如宋刻蜀本《陈后山集》，毛氏汲古阁抄本《复古编》，何焯、黄丕烈跋明抄本《古今岁时杂咏》，明刊本杨循吉《南峰杂著》等。1924年，又编印《江氏聚珍版丛书》四集二十八种，均属清代名家著述，稀见而难得者，一时纸贵洛阳，不胫而走，后又重印《望炊楼丛书》《心矩斋丛书》等。

建国初，杏溪病殁，由其子静澜、孙澄波嗣守其业。澄波擅目录之学，精鉴别，耳濡目染，能与其先祖后先辉映。今将其平素所撰文字，勒为一编，倘亦为多闻君子所乐闻乎！

2018年7月上浣，沈燮元谨序，时年九十有四。

虽然序写作于2018年，但书是到2019年才出版的。我没想到的是，书出来后受到了大家的欢迎，很多读者来找我签名，我也不记得签了多少本。还有很多年轻的读者来到店中购书。很快第一版就售罄了，所以有了加印。因为看到这一本书的效果很好，北京联合出版公司又签下了我的《古刻名抄经眼录》和《江苏活字印书》。

后来，中华书局来找我，说想出版《吴门贩书丛谈》的繁体字本。我知道，中华书局是国内著名的出版社之一，但是我和北京联合出版公司签了约，当时没有人看中的时候，是他们帮了忙，我就担心再出一个版本，会影响人家的销售，就不肯再换出版社了，所以就谢绝了中华书局的好意。

第十二章　十部宋版

杭州的严宝善先生写过一本《贩书经眼录》，上面记载了他一生经手过的善本，他曾说自己一生都没有经手过一部像样的宋本书，觉得这是最大的遗憾。我能在有生之年经眼宋元善本多种，并经手十部宋版，也算是一种福气。

鱼竿店售卖的宋刊本

——《东莱吕太史文集》

宋版书向来稀见。清代中期，黄丕烈在世的时候还有一些宋元本出现，民国时期就很少了，以至于潘氏兄弟买到宋版的《后山居士文集》后即改室名为宝山楼。现在就更稀罕了。历来残本不被藏家看中，但宋元古本却不在此列，即使是残本的宋版书也珍贵非常。

二十世纪五十年代初，我走在人民路穿心街上，路过穿心街路口一家卖钓鱼竿的夫妻店。这家店的店主复姓欧阳，与我相识，他家的钓鱼竿都是自己制作的，店里除了钓鱼竿，也卖些旧货。见我路过，欧阳老板招呼说："人家有一部大书寄卖，你看看。"

我翻开书，大吃一惊，此书竟然是一部宋本！书名《东莱吕太史文集》，是宋朝人吕祖谦所著，字体端正，写刻精绝，惜有残缺：全本应为《文集》十五卷、《别集》十六卷、《外集》五卷、《附录》三卷和《附录拾遗》一卷，而这部书仅存《文集》第六卷至第十五卷，以及《附录》三卷和《附录拾遗》一卷，也就是总共十四卷。虽然不全，但这样一部宋版书也可谓皇皇巨制了。而且书上藏书印记累累，流传有序，书后还有两篇题跋，分别署名潜叟、刘之泗，可见是刘之泗家故物。我立刻议价购回。

经过查考，此书为宋代嘉泰四年（1204）吕氏所刻，有元明递修之页，并记有丁亮、丁明、李信、李思贤、吴志、吴春、杨先、周文、周才、周份、吴拱、张文、张仲辰等刻工姓名。

刘之泗（1900—1937），字公鲁，号畏斋，是大藏书家刘世珩之子。刘世珩（1874—1926），字葱石，别号双忽雷阁道士。忽雷是一种古老的拨弦乐器，刘世珩收藏有大忽雷、小忽雷各一把，引以为豪，以此自号。他原籍安徽贵池，乃是光绪年间的举人，曾任江苏候补道、天津造币厂监督等职，晚年定居苏州大太平巷西口，收藏室名聚学轩、玉海堂，曾刻有《聚学轩丛书》《贵池先哲遗书》《玉海堂景宋丛书》等，还编刻了《暖红室汇刻传奇》。《暖红室汇刻传奇》中附有插图，为刘世珩夫人傅春姗手摹上版，校订者为长洲吴梅，刻工为吴门陈海泉，到刘世珩去世时，还没有全部刊刻完工。

因为父亲受清室之恩，所以刘之泗以清朝遗少自居，一生都蓄长辫子，被人们呼为“大辫子”。在藏书方面，刘之泗继承父业，发扬光大。他书画都好，又酷爱昆曲，能唱能演，完成了《暖红室汇刻传奇》的全部刊刻。该书刻成后未曾汇印。全面抗战前，来青阁书肆用这套书版重印此书时，发现书版已有残缺，残缺的部分就未能印刷。本来按书目来算，这书总共是有五十多种的，这样一来，就不全了。杨先生这次印刷，大概印了五十部，并不多。苏州沦陷期间，《暖红室汇刻传奇》书版被陈群买下来，放在惠荫园（安徽会馆）里。后来陈群自杀，这书版没人管，还是一直放在那里，直到二十世纪五十年代，才被集中到扬州保管。我开文育山房之初，到上海古籍书店进货，看到有这部书，共三十四种五十册，总共要几万块钱。那时候我没钱，要不然就买下来了。现在我店里只有《西厢记》《琵琶记》等初印本零种。

抗战时期，日军侵占苏州，径直闯入刘之泗的房子。刘之泗受了

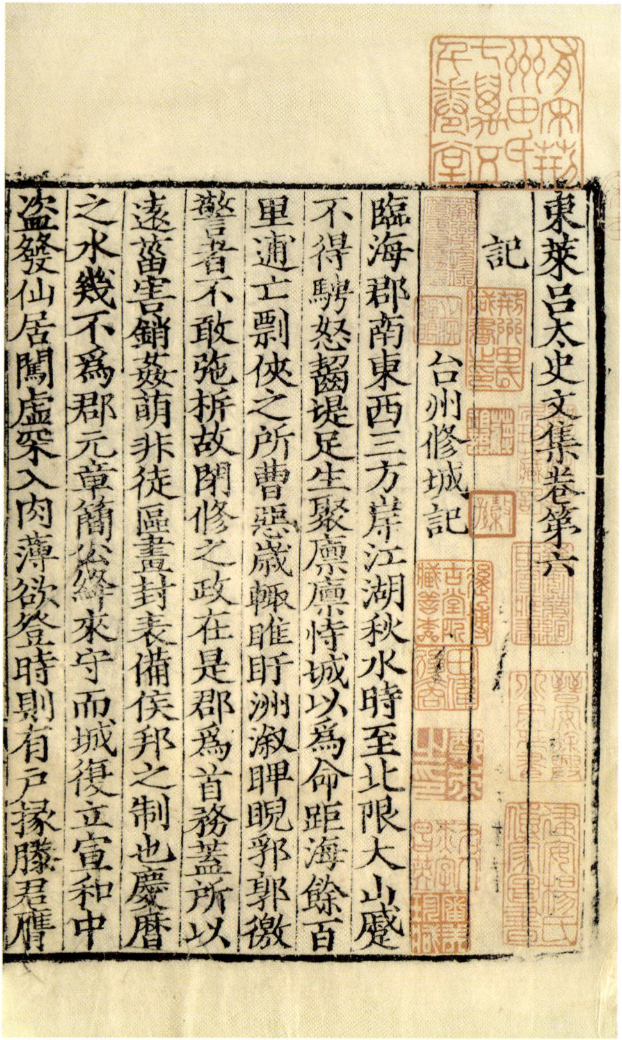

《东莱吕太史文集》

宋刻本　苏州博物馆藏

惊吓，不幸故世，藏书就陆续流散出来。据说高仓正三到苏州时，曾要求驻苏的辻部队接管玉海堂，没想到辻部队到刘家看时，书已经没了。原来这批书被孙伯渊买走直接运至上海。得知这一消息，郑振铎积极行动，成功说服孙伯渊，从他手里购回玉海堂藏书。

尽管如此，苏州本地还少量流散着玉海堂藏书，且都是绝好的善本，大概是刘氏后人的珍藏。售卖时，刘氏后人不好自己露面，就托他人代售。我买下《东莱吕太史文集》后，适逢苏州市文管会成立，征集藏品，我便以平价将书提供给了文管会。该书现藏于苏州博物馆，国家名录号01140。

除了这部《东莱吕太史文集》，还有一部宋版《王状元集百家注编年杜陵诗史》也是刘家故物，在1974年为苏州古旧书店收得，虽非我经手，但书的流转，故事颇多，可以讲来一听。

《王状元集百家注编年杜陵诗史》共三十二卷，薄纸精印，分订十四册，经过华夏、季振宜、徐乾学、宋荦、刘之泗递藏，还钤有“拙翁文库”木记，说明该书曾流至日本。此书大概在光绪年间由中国实业银行创办人周学熙购回祖国，后为刘世珩所得。刘氏在民国初年辑《玉海堂景宋丛书》，收入的都是自己看重的宋本，这部《王状元集百家注编年杜陵诗史》就在其中。刘之泗继承父亲的藏书后，或许遇到了什么困难，将此书以两千五百银圆的价格抵押给了王季常。后来日军攻占苏州时，刘之泗受惊去世，此事就不了了之。从此这部书为王季常所有。

后面的故事，我是听当时在苏州古旧书店的同志说的。这王季常家有一个保姆，得到了王季常的这部书。1974年，苏州古旧书店的李德元同志深入县市收购，来到太仓。这保姆有个女儿，在太仓插队，发现了此书后交给书店的人看。当时臧炳耀写信给

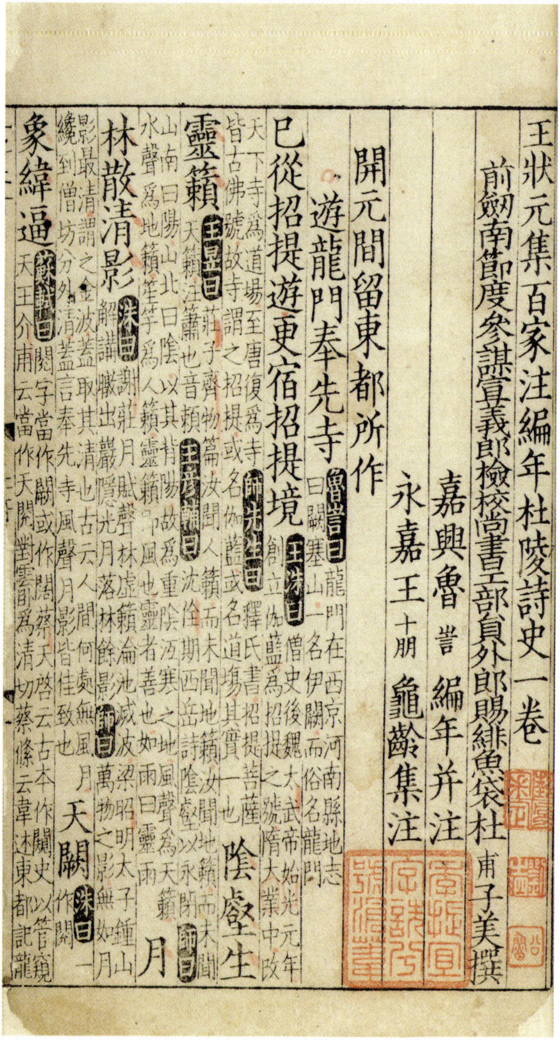
王狀元集百家注編年杜陵詩史一卷
前劍南節度參謀宣義郎檢校尚書工部員外郎賜緋魚袋杜甫子美撰
嘉興魯訔編年并注
永嘉王十朋龜齡集注
開元間留東都所作
遊龍門奉先寺 魯訔曰 龍門在西京河南縣地志曰闕塞山一名伊闕而俗名龍門
已從招提遊更宿招提境 王洙曰 僧史後魏太武帝始光元年創立伽藍爲招提之號隋大業中改天下寺爲道場至唐復爲寺皆古佛號故寺謂之招提或名伽藍 師先生曰 釋氏書招提菩薩或名道場其實一也
陰壑生靈籟 王昱曰 莊子齊物篇汝聞人籟而未聞地籟汝聞地籟而未聞天籟注簫也音賴 王彥輔曰 沈佺期西岳詩陰壑以永閉 師曰 山南曰陽山北曰陰以其背陽故爲重陰沍寒之地風聲爲天籟水聲爲地籟笙竽爲人籟靈籟即風也靈者善也如雨曰靈雨
月林散清影 洙曰 謝莊月賦聲林虛籟淪池滅波梁昭明太子鍾山解講[illegible]出巖隱光月落林餘影 師曰 萬物之影無如月影最清謂之金波蓋取其清也古云人間何處無風月纔到僧坊分外清蓋言奉先寺風聲月影皆佳致也
天闕 洙曰 作闚一
象緯逼 蘇軾曰 闕字當作闚或作閱蔡天啓云古本作闚史以管窺天王介甫云當作天閱對雲卧爲清切蔡絛云韋述東都記龍

《王状元集百家注编年杜陵诗史》

宋刻本　苏州图书馆藏

我，向我征询意见。信里附有多张照片，我看后立刻回信表示：“一定要买下来！”其后，书店就以两千五百元的价格收购下这部宋版书。就在收到的那一年，苏州图书馆馆长许培基因馆中没有宋版书，特意向市里请示。在他的强烈呼吁下，市里安排苏州古旧书店卖一部宋版给他。书店其实不想卖的，但也没有办法。开价八千元，结果许馆长认为太贵了。通过市里协调，最后以四千元的价格成交。《王状元集百家注编年杜陵诗史》从此成为苏州图书馆的镇馆之宝。

过了许多年，许馆长在《文物》杂志上发表文章介绍这部宋刻本，被王季常的嗣孙程毅中先生看到。他已寻找这部书多年，没想到书从保姆家流转到了苏州图书馆，于是一纸诉状，将苏州图书馆、苏州古旧书店、卖书人告上法庭。最后法院判藏书人将售书款归还程氏，图书馆再补给程氏两万五千元。

故事的主角之一王季常，是清代光绪六年（1880）进士王颂蔚的幼女。苏州曾有一个了不起的女子学校，名叫振华女校，就是王颂蔚的夫人王谢长达办起来的。王谢长达创办振华女子两等学堂，她女儿王季玉，也就是王季常的三姊从美国留学回来接管校务后，创办振华女中。王颂蔚是蔡元培的座师，蔡元培很支持振华的建设，与章太炎、李根源等同任校董。王季玉延请中外学者名家来苏办讲座，把振华女中办得全国闻名。中学校中有一个图书馆，图书馆中大部分书乃是王颂蔚写礼廎的藏书。二十世纪五十年代初期，振华女中更名为苏州市女子中学，当时的学校管理者认为学校图书馆的这些古书没有用处，于是全部处理给了旧书店，夏淡人的琴川书店就收得不少。

来自上海的宋版珍本

——《西汉会要》《东汉会要》

1961年4月，新华书店成立了旧书回收部，父亲和我都被调到回收部工作。回收部楼上就是新华书店的经理室，旧书收售业务由新华书店经理室直接领导。

1963年5月，从上海来了一位藏家。他三四十岁年纪，拿出证件给我们看，表示他在上海灯泡厂工作。他带了一个皮箱来，里面有古书共计四十四册。他挑出几本给我看，书名是《西汉会要》《东汉会要》。我一翻：确实是宋版珍本。只是刚好那天是星期天，经理室没有人。这样大的事情要请示经理的。我只能让他回去了。

他走了，我就赶紧去查书目，看到北京图书馆的书目上有这书，但说并没有全帙。我看到的这部却是全本，那是多难得的。我马上吃了饭，赶到火车站。这位物主正在候车室里等着上车。我说："你能不能同我回去？"他看了看手表，说："我明天还需要上班呢。这样吧，我下周日再来。"

星期一上班，我即刻向经理室汇报。经理室的苏章荪先生是抓业务的副经理，他很支持我，说："等他礼拜天来，我也来。等他来的时候，我也下来，但是你们不要介绍我是经理。"

到了第二周，物主带着书来了。我之前同南京图书馆联系，说有这么两部书，南京图书馆回复说，希望我送头本去看看。物主来后，我同他谈好，就拿了两本样本当天赶到南京图书馆，让他们细细看。

这《西汉会要》七十卷，宋徐天麟撰，乃是宋嘉定八年（1215）建宁郡斋刊本。版心上记字数，下记刻工姓名。内容取《汉书》记、志、表、传中所载之典章制度，以类相从，分门编裁。分帝系、礼、乐、舆服、学校、运历、祥异、职官、选举、民政、食货、兵、刑、方域、蕃夷等十五门。《东汉会要》四十卷，仍为宋徐天麟所撰，乃是宋宝庆二年（1226）建宁郡斋刊本。内容取材于范晔《后汉书》，并参司马彪之《续汉书》、刘珍等《东观汉记》及《汉杂事秘辛》等史籍。全书分类十五，与《西汉会要》相同。所引之书亡佚已久，故史料价值较高。海宁蒋氏别下斋曾得缺卷，刻入《斠补隅录》。

这两部书书品不同，所用的纸张也不同，但都是清代江苏巡抚丁日昌的藏书。在丁日昌之前，为马氏汉唐斋所有，所以也有马玉堂的印记。马玉堂字笏斋，浙江盐官人，清道光副贡，性喜古籍。咸丰兵燹后，其所藏秘册流散出来，陆氏皕宋楼、丁氏善本书室所得较多。晚清时，独山莫友芝曾在上海见过这书，将之著录于《宋元旧本书经眼录》中。又有“眠琴山馆”印记，说明该书曾由南浔刘桐眠琴山馆收藏。

其中，《西汉会要》已有元明时递修之页，明初的递修之页是用公文纸的背面印的，有天顺、成化等年号及官印。

南京图书馆的专家看了说好，确定要买。我就打电话给苏经理，书店终于以三千零五十元的价格收归。至于以多少价格提供给南京图书馆的，我就不记得了。

后来了解到，这部书啊，物主是先拿到上海的古旧书店去问的，上海的书店好长时间没和他确定，他才拿到苏州来的。

我们这位苏经理比较重视宣传，买到书后，他办了一个展览会，请苏州地区的领导都来看。一时轰动，还来了新闻媒体界人士。这是我第一次接受媒体的采访——并不是上电视，只是报纸上有报道。

苏经理是很好的。“文革”的时候，书店组织野营，要求我们员工到横山烈士陵园去住一夜。那时候汽车很少，我们就走过去。我走在路上，苏经理骑个黄鱼车从后面过来。他的黄鱼车上摆的都是木头，是准备晚上野营时烧的。看我在路边走，他说：“你上来！小江，你上来！”我心里想：“我不好上来的，你是共产党员经理，我是资方从业人员，你踏黄鱼车，我怎么好坐的？”于是连连摆手推辞。他却下车来，把我拖到车上。前几年我碰到苏经理的时候，我说：“经理啊，我记好你这件事的，野营的时候我在路上走，你叫我上车……你对我好，我心里记好的，记好你的。”他笑笑说：“我自己也忘记了。”随着“文革”运动的深入，他被遣到“五七”干校劳动。1969年，书店工宣队再把他召回来时，却是让他带头下放到苏北去。他回来以后不久就离开了书店，后来当了老干部局的副局长，现在已去世了。

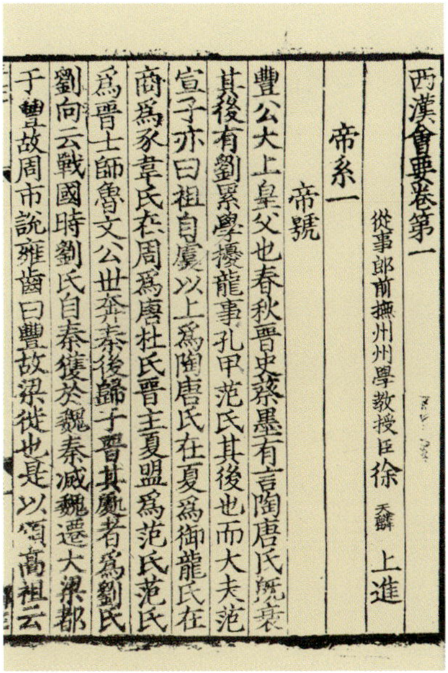

西漢會要卷第一
從事郎前撫州州學教授臣徐天麟上進
帝系一
帝號
豐公大上皇父也春秋晉史蔡墨有言陶唐氏既衰
其後有劉累學擾龍事孔甲范氏其後也而大夫范
宣子亦曰祖自虞以上爲陶唐氏在夏爲御龍氏在
商爲豕韋氏在周爲唐杜氏晉主夏盟爲范氏范氏
爲晉士師魯文公世奔秦後歸于晉其處者爲劉氏
劉向云戰國時劉氏自秦獲於魏秦滅魏遷大梁都
于豐故周市說雍齒曰豐故梁徙也是以頌高祖云

《西汉会要》

宋刻本　南京图书馆藏

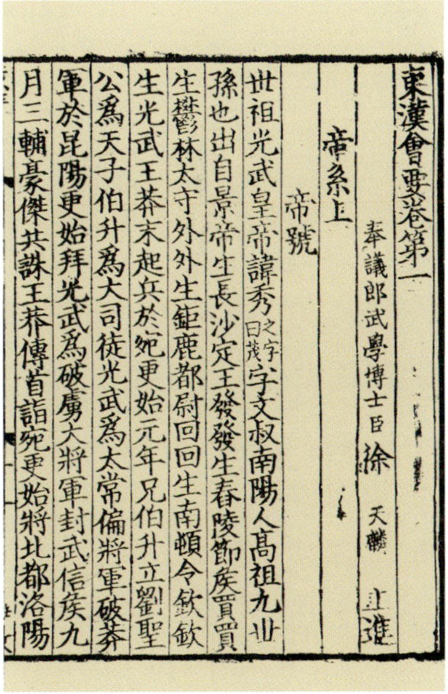

東漢會要卷第一
奉議郎武學博士臣徐天麟上進
帝系上
帝號
世祖光武皇帝諱秀秀之字曰茂字文叔南陽人高祖九世
孫也出自景帝生長沙定王發發生舂陵節侯買買
生鬱林太守外外生鉅鹿都尉回回生南頓令欽欽
生光武王莽末起兵於宛更始元年兄伯升立劉聖
公爲天子伯升爲大司徒光武爲太常偏將軍破莽
軍於昆陽更始拜光武爲破虜大將軍封武信侯九
月三輔豪傑共誅王莽傳首詣宛更始將北都洛陽

《东汉会要》

宋刻本　南京图书馆藏

镇馆之宝

——《容斋随笔》《乐府诗集》

1971年，我从阜宁回到苏州养病。养病期间，我结识了《剪绡集》《梅花衲》的物主张先生，他提供给了我诸如宋刊本《乐府诗集》这样的好书。他给我看的《乐府诗集》字体方整，结构谨严，雕镌精整，是宋刊本中最好的一种。只是可惜书并不全，只有残存的五十八至六十一卷、八十五至八十八卷。书上有刻工朱祥、朱礼、王珍、徐杲、朱明等四十多人的姓名，这些刻工的名字，有一些也出现在南宋绍兴间杭州刻本《广韵》上，他们都是南宋绍兴间浙之杭、越、明州地区的刻书工人，所以可以推断此书与《广韵》为同时同地所刻。收购后，提供给了南京图书馆。

俗话说“一朝生，两朝熟”。经过多次交易，互相熟悉以后，他就主动邀我到他家里去看书。他家在体育场旁的一条叫前梗子巷的小巷内，面积较小，仅有一间住房和一间吃饭间。哪能想到，价值连城的古籍，就藏在这样的房间里。

当他打开书柜，我见到里面还有其他书。我问他这是什么书，他说：“这个是不卖的。”我说：“能不能给我饱饱眼福？”第一个看到的是宋版《容斋随笔》《续笔》，后面有大收藏家缪荃孙的题跋。还有一部更好了，属于国宝级，乃是宋刻大字本的《元包经传》四册全书。大字本，指宋、元刻本中字体较大的本子，每行至多不过十七八字，其版框纸幅也都宽大。小字本，指宋、元刻本中字体较小的本子，基本上每行二十三四字到二十六七字。宋朝蜀刻大字本，向来是宋版书中的上驷，较小字本更为珍贵。

看后告辞。我回到店里，想想这样的好书，送到公家图书馆收藏，才是物得其所，所以就写信与南京图书馆潘天祯同志联系。

潘天祯看到信后，回信要我把《元包经传》的第一册送到南京去看看。我就去和物主商量。张先生开始不肯，最后总算被我的诚意打动，出于对我的信任，让我先取一册。我同他说好，一星期内给他答复。

隔了一夜，我就乘火车前往南京，将这本书交给了潘天祯同志。他约我第二天一早去听回音。不料第二天我去后，情况发生了突变。潘天祯同志对我说："这本样本已经留在省文化局的档案室里了，要你交代物主姓名后才能还你。"我听后只觉得受了当头一棒。我对他说："关于物主的信息，一定要保守秘密。这是我们行业里的规矩，同银行一样。"他听后没说什么。此事实在是我意想不到的：本想来献宝的，现在要叫我交代，我怎么变成犯罪分子了？再一想，只怪自己多事，自己身份还是下放人员，连书店的工作人员也不是。这如何是好呢？

我连夜赶回苏州，向经理室汇报。新华书店派臧炳耀同志前往交涉，仍然没有效果。等了较长一段时间，南京传话来，要苏州新华书店出面，发公开信给全国古旧书店，告知同行不能出高价。当这封公开信发出以后，南京图书馆就把《元包经传》的样本寄了回来。我们就还给了张家，并表示万分歉意。

哪知这封公开信发出后不久，我就听说《元包经传》已被上海古旧书店收购后售与上海图书馆，成为他们的镇馆之宝。原来上海的书店根本不管这封信的“警告”，反而因此知道了货源。既然如此，我们也以高价向张先生收购了《容斋随笔》《续笔》。

《容斋随笔》《续笔》，宋洪迈撰，为嘉定五年（1212）江西章贡郡斋刻本，为洪迈侄孙洪汲所刻，字体端严，写刻精绝，并钤有“鞠山文库”“荆州田氏藏书之印”“后博古堂所藏善本”“审美珍藏”“潜山读本”“潜叟秘笈”“田伟后裔”“他无长物”等印记。通过印章，可知此书的流转关系：晚清时曾流入日本，藏于鞠山文库；民国初年由奉天省特派交涉员田潜从东京购回；后归徐恕；又为商务印书馆购得。

这位张姓藏家，其实是适园张钧衡的后人。适园张氏是怎么得到这部书的呢？说起来，书和人一样，都有自己的命运。《容斋随笔》《续笔》本由上海的书商携到南浔，想售与适园张钧衡，但是价格没谈好。后被上海商务印书馆收去。民国时，商务印书馆的张元济为出版《四部丛刊》，各方征书，务求好的底本影印，把收得的本子，都藏于东方图书馆，《容斋随笔》《续笔》即商务印书馆所印书的底本。根据《张元济日记》可知，张钧衡曾托人与张元济商议，希望能买回《容斋随笔》《续笔》，张元济提出条件：如果张钧衡同意适园无限制“借书于我”，可以原价出让《容斋随笔》《续笔》。张钧衡慨然应允，故《容斋随笔》《续笔》兜兜转转，还是回到了适园。1932年“一·二八”事变时，上海东方图书馆被日军轰炸，毁于一旦，《容斋随笔》《续笔》却因为已归张氏，逃过一劫。张钧衡去世后，此书归其长子张乃熊保藏。抗战期间，经文献保存同志会的努力，适园藏书大部分被售与时迁重庆的中央图书馆。张乃熊去世后，未售中央图书馆之书，由数子平分。其中有一子叫张会五，他的母亲是张乃熊的妾室，他就分得了一部分书。新中国成立后，张会五寓居苏州，在工厂做一名普通工人，所以“文革”期间家中藏品未受损失。至“文革”后期，因生活所迫，他将家中藏书陆续出售。

也亏得他是工人，在我去“献宝”的时候，南京有关单位也派人来查了，查出来他是工人阶级，没有问题，这才把《元包经传》还了回来。我们做古旧书业务的，其实对物主的身份都是保密的，所以在南京，我一直没有透露他的消息。现在已经过去五十多年了，讲出来，也没有关系了。

1978年8月，苏州图书馆以六千元的价格购买了《容斋随笔》《续笔》，将其作为镇馆之宝。

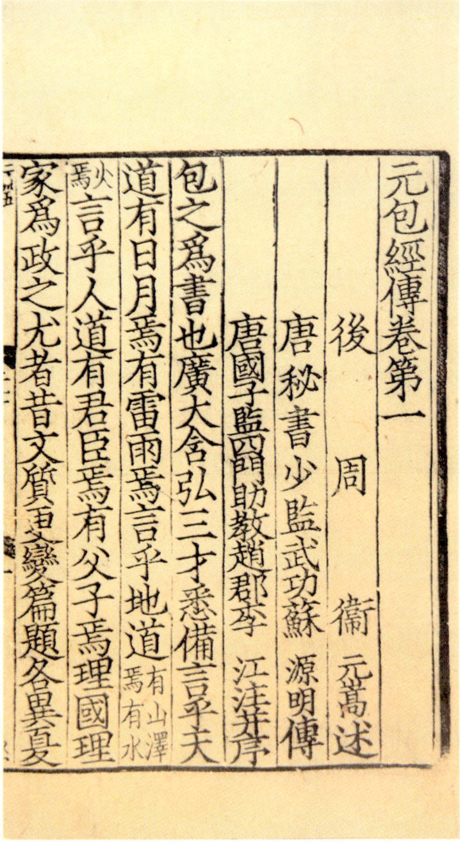

元包經傳卷第一
後周 衛 元嵩述
唐秘書少監武功蘇 源明傳
唐國子監四門助教趙郡李 江注并序
包之爲書也廣大含弘三才悉備言乎天
道有日月焉有雷雨焉言乎地道有山澤焉有水
火焉言乎人道有君臣焉有父子焉理國理
家爲政之尤者昔文質更變篇題各異夏

《元包经传》

宋刻本　上海图书馆藏

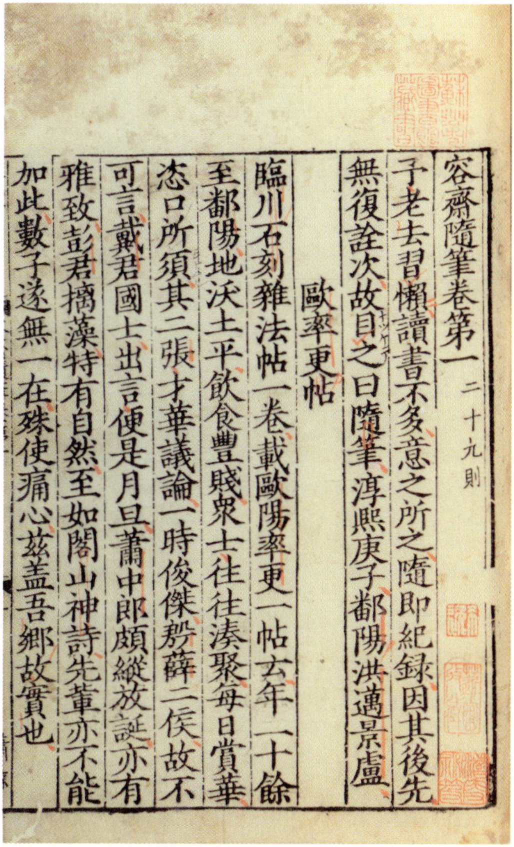
容齋隨筆卷第一　二十九則
予老去習懶讀書不多意之所之隨即紀録因其後先
無復詮次故目之曰隨筆淳熙庚子鄱陽洪邁景盧
歐率更帖
臨川石刻雜法帖一卷載歐陽率更一帖云年二十餘
至鄱陽地沃土平飲食豐賤衆士往往湊聚每日賞華
恣口所須其二張才華議論一時俊傑殷薛二侯故不
可言戴君國士出言便是月旦蕭中郎頗縱放誕亦有
雅致彭君摛藻特有自然至如閣山神詩先輩亦不能
加此數子遂無一在殊使痛心茲盖吾鄉故實也

《容斋随笔》

宋刻本　苏州图书馆藏

过云楼藏书中的宋本

——《乖崖张公语录》《字苑类编》《龙川略志》

1992年，南京图书馆的宫爱东同志来苏州，向我转达了柳林同志的嘱托：希望把过云楼藏书留在江苏。经过多次联系，物主同意将他们留存在苏州、上海两地的藏书卖给南京图书馆。

我前往顾家看书。好书太多，为了整理，我准备了两本小册子，一本记苏州顾家的藏书，一本记上海顾家的藏书，所以保留有很详细的书目。其中，就有三部宋版，分别是《乖崖张公语录》《字苑类编》以及《龙川略志》《别志》。

《乖崖张公语录》二卷，宋张咏撰，题“门生朝奉郎尚书虞部员外郎致仕李畋集”。宋绍定三年（1230）钱塘俞宅书塾刊本。

张咏（946—1015），字复之，自号乖崖，濮州鄄城人。太平兴国五年（980）举进士，累官枢密直学士，两知益州，恩威并用。与寇准最善。官至礼部尚书，卒谥忠定。

该书版心记刻工姓名，尾有“绍定庚寅刊于钱塘俞宅书塾”牌记，并有曹元忠题记。记里主要记了缺笔避讳的情况，又记该书每写一事，尽量做到在该行刚好写完，所以有挤写数字的情况，称得上是宋刻本中体例极谨严者。末署“宣统丁巳八月甲申，元忠凌波榭题记”，这里的丁巳年当指1917年，是年溥仪复辟。

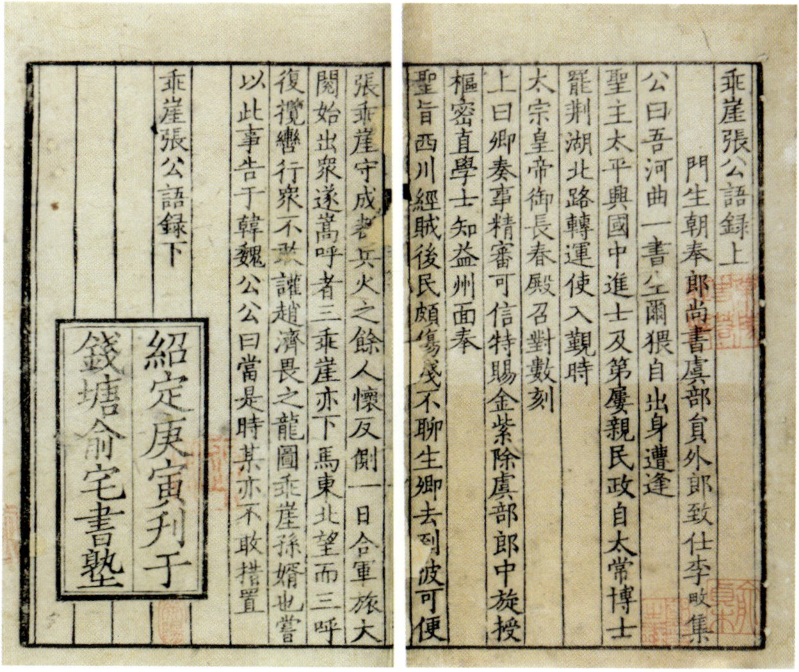
乖崖張公語錄上
門生朝奉郎尚書虞部員外郎致仕李畋集
公曰吾河曲一書生爾猥自出身遭逢
聖主太平興國中進士及第屢親民政自太常博士
罷荊湖北路轉運使入覲時
太宗皇帝御長春殿召對數刻
上曰卿奏事精審可信特賜金紫除虞部郎中旋授
樞密直學士知益州面奉
聖旨西川經賊後民頗傷殘不聊生卿去到彼可便

張乖崖守成都兵火之餘人懷反側一日合軍旅大
閱始出衆遂嵩呼者三乖崖亦下馬東北望而三呼
復攬轡行衆不敢讙越濟畏之龍圖乖崖孫婿也嘗
以此事告于韓魏公公曰當是時某亦不敢措置

乖崖張公語錄下

紹定庚寅刊于
錢塘俞宅書塾

《乖崖张公语录》

宋刻本　南京图书馆藏

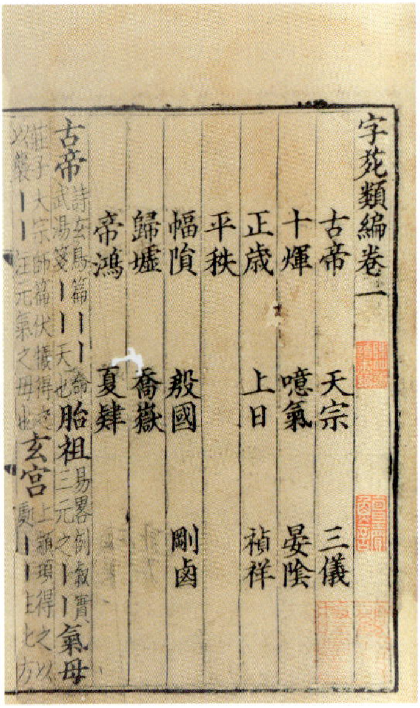
字苑類編卷一

古帝 天宗 三儀

十煇 噫氣 晏陰

正歲 上日 禎祥

平秩

幅隕 殷國 剛鹵

歸墟 喬嶽

帝鴻 夏肄

古帝

胎祖

氣母

玄宮

《字苑类编》

宋刻本　南京图书馆藏

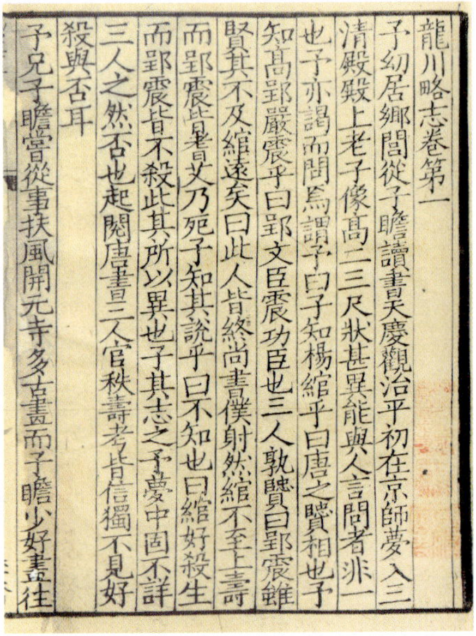
龍川略志卷第一

予幼居鄉閭從子瞻讀書天慶觀治平初在京師夢入三清殿殿上老子像高二三尺狀甚異能與人言問者非一也予亦謁而問焉謂予曰子知楊綰乎曰唐之賢相也予知高郢嚴震乎曰郢文臣震功臣也三人孰賢曰郢震雖賢其不及綰遠矣曰此人皆終尚書僕射然綰不至上壽而郢震皆耆艾乃死子知其說乎曰不知也曰綰好殺生而郢震皆不殺此其所以異也予甚志之予夢中固不詳三人之然否也起閱唐書三人官秩壽考皆信獨不見好殺與否耳

予兄子瞻嘗從事扶風開元寺多古畫而子瞻少好畫往

《龙川略志》

宋刻本　南京图书馆藏

此书纸张非常好，是用白纸印刷的。卷首有朱文“俞贞木印”。钤有“荥阳”“曹元忠印”“君直手痕”“君直经眼”印记。正书前后亦钤有“俞贞木”“郑之铨印”“郑西冉阅”“松陵史蓉庄藏”等藏章。

《字苑类编》十卷，宋佚名撰。南宋时坊刊本。书口鱼尾上记字数，下记虞文、樊彦、蔡文等刻工姓名。虞文曾参加端平、淳祐间严州刻小字本《通鉴纪事本末》的修补刻版工作。每卷首行书名下有挖补痕迹，中缝个别有“字苑上”三字，由此可见此十卷仅是上编而缺下编，因而被妄人在每卷书名下挖去上编而将卷数移上，以充全书。前后钤有“顾仁效藏图书”“顾元庆鉴赏印”“鳣读”“陈仲鱼读书记”“仲鱼图象”“得此书费辛苦后之人其鉴我”等印记。

顾仁效字彦先，明长洲（今苏州）人。正德间结庐阳山之下。好吟咏，工绘事，藏书极富，藏书处曰水东馆。顾元庆（1487—1565），字大有，明长洲（今苏州）人。藏书万卷，择其中善本刻之，署曰阳山顾氏文房。刻有《阳山顾氏文房小说》及《顾氏明朝四十家小说》传世。

“鳣读”“陈仲鱼读书记”“仲鱼图象”“得此书费辛苦后之人其鉴我”四方印，都出自清代藏书家陈鳣。陈鳣（1753—1817），字仲鱼，浙江海宁人。精研文字训诂，雅好藏书，与钱大昕、王念孙、黄丕烈等素有交往。其中“仲鱼图象”是一方小像印，比较特别。

此书仅见于《脉望馆书目》余字号（不全，旧宋元版书）著录：《字苑类编》存一至四卷，余皆失载。民国元年（1912）傅增湘在苏州顾氏过云楼见过，著录于《藏园群书经眼录》。另外北京图书馆编《中国版刻图录》中，收有《重编补添分门字苑撮要》一书，称："全书分类编次，从各书中摘录历代事实，后附散对，各科场獭祭之用。原书卷数与编辑人均无考。存十卷。观纸墨刀法与刻工称谓，知是平水坊本。"因此，我怀疑此本实为金朝重编补添时所据之祖本。

平水本是尤为历代藏书家、学者所珍视的，宝若宋刻。赵万里先生曾说过："……称金刻本为'平水本'，后世又称金人的文化为'平水文化'。"并云："金代刻本，相当于宋本。"

《龙川略志》六卷、《别志》四卷，均为宋苏辙撰。南宋书坊刊本，薄纸精印。书前各冠以序。钤有"楝亭曹氏藏书"印记，尾有曹元忠题跋，钤有"曹元忠印""君直手痕"印记，版心有刻工陆祐、李大有、朱信、何澄等姓名。

此书原为网师园主人李鸿裔的旧藏。李鸿裔与顾文彬、沈秉成同住苏城时，常常分享收藏之乐。李氏去世后，藏书流散，该书为过云楼第三代主人顾麟士所得。傅增湘在怡园看到过，并影抄收入《蜀贤遗书》十二种中。

过云楼藏书不仅有宋元精刻，还有多种抄本。其来源主要是曾在江苏官书局任事的刘履芬的藏书。

刘履芬（1827—1879），字彦清，一字泖生（因生于松江），祖籍浙江江山。同治初年留苏补用知府，后充江苏书局提调。性喜藏书，酷爱异书，不能得的善本，则作为日课抄写。因苏州在当时是江苏省会，人文荟萃，刘履芬结交的藏书家很多，如莫友芝、俞樾、唐翰题、高心夔、雷浚、王颂蔚等，通过向这些书友借书抄写，他的藏书得到极大充实。

刘履芬手抄之书，除了影抄或补抄之外，一般都用毛太纸，黑色印格，精楷书写，可与前辈吴翌凤的抄本媲美。他的室名是古红梅阁、沤梦轩。藏书印记有“刘履芬印”“彦清”“泖生”“江山刘履芬彦清手收得”“江山刘履芬校定书籍”“履芬眼福”“彦清缮本”“在官写书”等。

正当刘履芬的藏书事业日益壮大的时候，一件不幸的事情发生了。光绪五年（1879），上级命他代理嘉定知县。刘履芬本是一介书生，长期从事编校出版工作，对官场刑名缺乏经验，且本性仁慈，一心爱民，但一件判狱案摆在他面前，因有大吏胁迫，不得申冤，他自责德薄，认为知冤不能救，不如死也，于是自尽身亡。所藏之书，在他去世后开始流散，时任浙江宁绍台道的顾文彬收得甚多。

书以弥古为弥善

——《通鉴纪事本末》

我国雕版印刷事业，肇始于唐朝，奠基于五代，到了两宋时期，才得到较好的发展。唐及五代所刻图书，数量极少，历时又久，至今传本已罕见。宋版书作为流传较少的古书，成为艺林的瑰宝。实际上宋版书的可贵处，不仅仅在于其时代的久远和流传的稀少，更重要的是宋版书去古较近，书的内容存真性自然较高些，因而人们就更珍视它。因为一种古书，尤其是名著，传世以后，往往经过多次抄录或翻刻，便常常会因为人们的疏忽而产生“以帝为虎，以鲁为鱼”的错误现象。因而清代校勘学家顾千里极力主张“书以弥古为弥善”，就是说一种书如果少经几次转抄和翻刻，一定会少些错误。

宋代是一个学术极为昌明的时代。在时代环境的影响下，当时负责出版图书的人，态度审慎，校对精良，讹字绝少，且宋代所据以刻印的书，距离原作者所处时代较近，有利于减少以讹传讹的失误，所以说宋版书在史料的存真方面较好，这才是宋版书被人们重视的真正原因。

一日，一对老夫妇登门，说他们是从浙江来的，听说我收古旧书，特地带了一些给我看。

打开包裹一看，他们带来的书不得了，其中就有一本宋本《通鉴纪事本末》。其首还有赵诒琛先生手录的顾千里题跋：

建安袁枢《通鉴纪事本末》宋椠凡二。其一为小字本，王伯厚所定，淳熙三年诏严州摹印一部者也；其二为大字本，节斋赵与懃于宝祐丁巳重刊而序之者也。大字本之板，前明尚在南监，故外间印本不少。小字本则仅有宋印耳！此部为昆山徐尚书所藏，卷端钤其名号二章。通帙精善，尤为宝贵矣。道光癸未阳月，程禀初姻孟出以见示，属加审定，爰书述而贻之。顾千里记。

顾千里，原名广圻，以字行，号涧薲。他很佩服北魏时期一位大儒邢子才，这位邢子才读书时如果发现错误，只考求正确的字句，而不会凭着主观意见轻易改动。邢子才曾说："日思误书，更是一适。"顾千里十分赞同，因而用"思适"二字做自己书斋的斋名，自号思适居士。他初遇名师张思孝，后又从学于江声。江声是经学大师惠栋的弟子，精于汉学，所以顾千里又得到了汉学的真传。当时，顾千里的从兄顾之逵（抱冲）是与黄丕烈齐名的藏书家，筑有藏书室小读书堆，且是校勘名家，顾千里得到在其家借读借校的便利。他又一度住在黄丕烈家，借窗读书，尽窥黄氏所藏秘籍。清代乾嘉之际，校勘学发展到成熟时期，出了不少优秀的学者，顾千里实为这一时期的代表人物。他代人校刻了很多的书，都是选择最好的本子，又用几个本子互校。他反对校书时妄改古书，而是写成考异、识误或校记附后，对后世校勘学影响极大，成为典范。他的字迹，楷书与行书都有。校过之书一般都盖有图章。但我收到的他给钮树玉校的《说文新附考》稿本就没有

《通鉴纪事本末》

宋刻小字本

题名和印记，该书入藏苏州博物馆后，赵万里先生熟悉顾千里笔迹，才断定其为顾氏校过的版本。

杨寿祺先生曾见过《通鉴纪事本末》宋刻小字本，他给我说过，这书是细薄皮纸印的。我这次看到的书就有这个特点。

这对夫妇所带来的书籍，除了这部宋版，还有不少珍罕的秘籍，只是要价太高，我实在没有经济实力全部收下，甚是遗憾。

让康有为耿耿于怀的宋本
——《碛砂藏》

大约2012年时，有一个从日本归来的留学生，带来了两册宋本《碛砂藏》。《碛砂藏》有好几千卷，这不过是其中两册残本。内容很有趣，讲的是玄奘到印度取经的故事，里边记了几个故事，和《西游记》的情节颇有相似之处，可谓是真实的“大唐西游记”。一个故事是说法师（也就是唐僧）乘象过河时，让一人在船上看守经书和从印度带回的花种，到了河中间，忽然风浪大作，守经人和经书都跌落水中，就此丢失了“五十夹经本及花种”。又有一个段落，说法师在山涧中穿行，那山林里有很多盗贼，法师就要派一个僧人先去探路，跟盗贼谈：“我们是远来求法的……”如何如何，阿是让人联想到《西游记》呢？

关于这部刻本，还有一个小故事。民国十三年（1924），康有为应陕西督军的邀请到西安访问，在开元寺和卧龙寺发现了一部过去从未见过的大藏经。康有为希望买下运走，寺里僧人表示，需要请示有关方面。但康有为已经急不可耐，未经同意就把这大藏经装上了车，引起僧人以及地方士绅的愤慨，他们竟然把康有为告上了法院。康有为不得不放弃。而这部康有为未能带走的经书，就是宋代苏州碛砂寺刻的《碛砂藏》，现藏于陕西省图书馆。

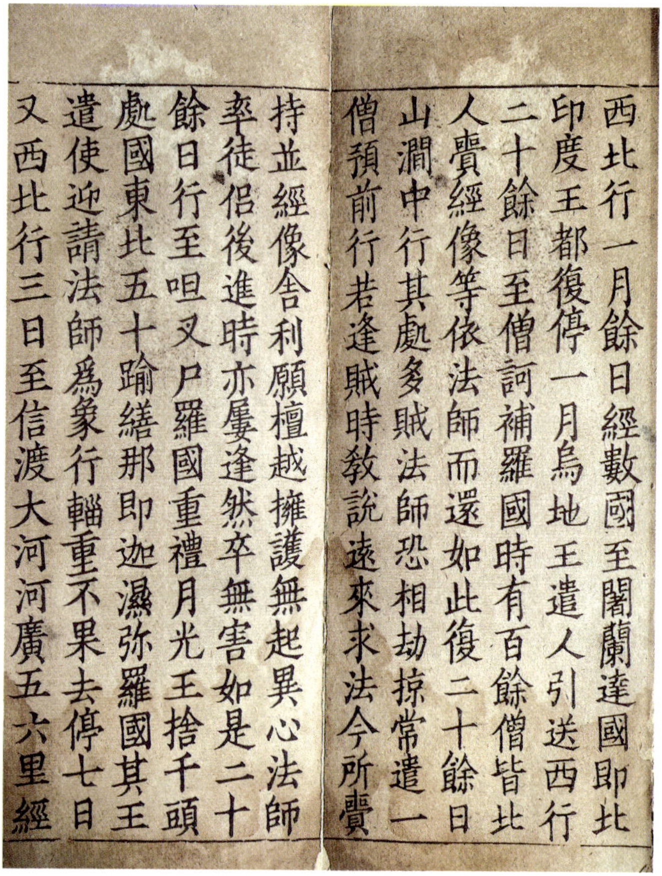
西北行一月餘日經數國至闍蘭達國即北
印度王都復停一月烏地王遣人引送西行
二十餘日至僧訶補羅國時有百餘僧皆北
人賫經像等依法師而還如此復二十餘日
山澗中行其處多賊法師恐相劫掠常遣一
僧預前行若逢賊時敎説遠來求法今所賫
持並經像舍利願檀越擁護無起異心法師
率徒侶後進時亦屢逢然卒無害如是二十
餘日行至呾叉尸羅國重禮月光王捨千頭
處國東北五十踰繕那即迦濕弥羅國其王
遣使迎請法師爲象行輜重不果去停七日
又西北行三日至信渡大河河廣五六里經

《碛砂藏》

宋刻本

康有为因此耿耿于怀，后设法将之重印。

南宋时，苏州一带僧俗在平江府陈湖（今昆山陈墓）碛砂延圣院内设立经坊雕刻藏经，从宋绍定年间刻到元至治二年（1322）才告结束。藏主法忠，功德主清圭，又沙门德璋、志清、慧琚、慧朗、志莲、志昌、行一、维总、昙瑞、惟吉等主其事。这部大藏共六千三百六十二卷，世称《碛砂藏》。从《开宝藏》开始，直到民国间，总共出版了大藏经二十余种，其中只有《碛砂藏》出自苏州地区。

藏家带来的这两册书是绍定四年（1231）刻本，典型的宋版书，经折装，每半页六行，每行十七字。

典型的宋本，用墨精良，浓厚如漆，着水后，湿而无渍迹；宋时刻工，刀法精致认真，字画丝毫不拘，虽然刻在版上，却并不失去原书手笔精神。这两册书就有此特征。北宋时的汴梁本和南宋时的浙本、蜀本主要用白麻纸，南宋闽本则大都用黄麻纸，另外还有专印佛经的硬黄纸。此书用的就是硬黄纸。

议价收下后，在2014年的江苏书展上，我曾带此书展示，以此作为苏州宋代刻书的代表。

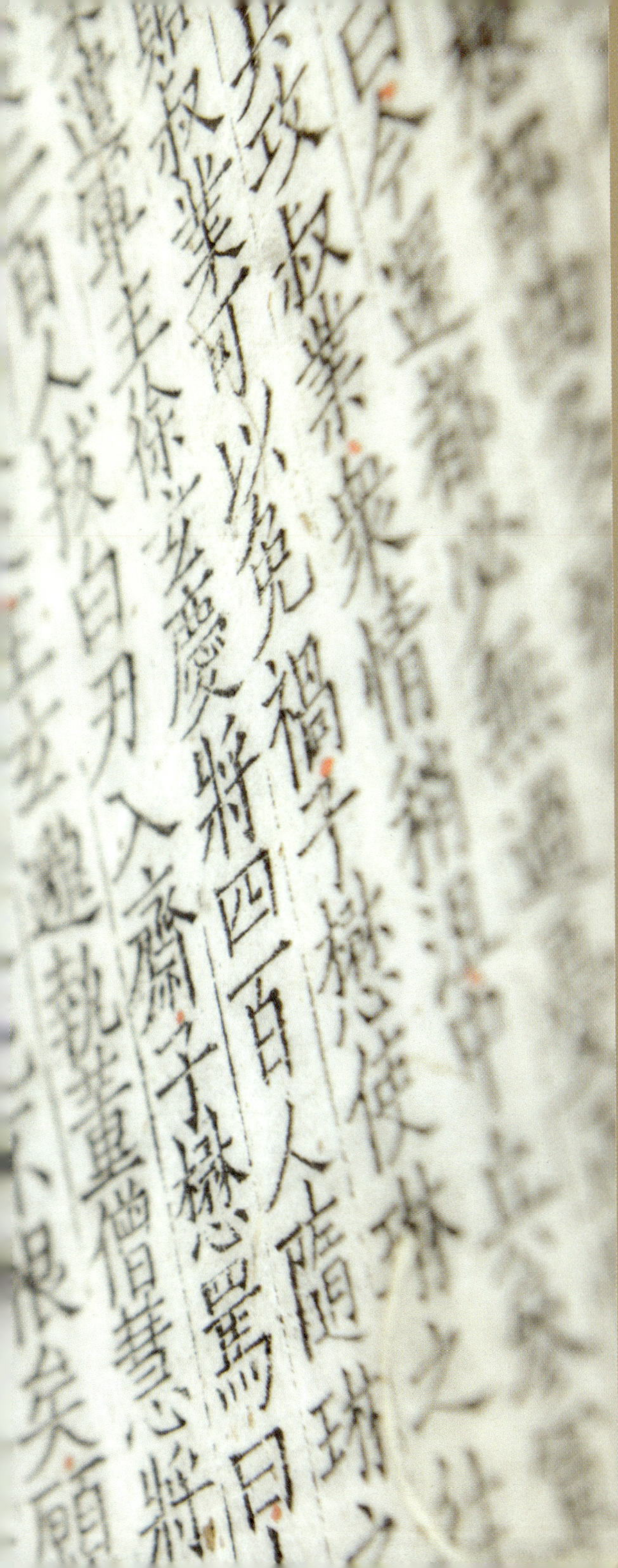

文学山房书话

书有书的命运

在我看来，书和人一样，也是有自己的命运的。《容斋随笔》就命好，本来藏在东方图书馆的，张钧衡把它买出去了，它就“活”了下来。被我们从废品回收站抢救下来的书，就是命好呀，否则就要被打成纸浆了。

现在这个新时代好啊。习近平总书记提倡要传承传统文化。我这个人天天晚上要看《新闻联播》的。我记得国家图书馆建馆一百一十周年之际，《新闻联播》播出，习近平总书记给该馆八位老专家复信，对他们从事古籍保护和研究工作作出了肯定，予以嘉勉。我看后很受鼓舞。我这么大年纪，每天来店里上班，风雨无阻，可能人们觉得稀罕，有很多媒体来采访我，连“学习强国”也发布了关于我的报道。很多读者专程来书店看我，要来文学山房“打卡”——我最初不知道“打卡”是什么意思，问了我孙女才知道。最高兴的事情是，因为习近平总书记的提倡，越来越多的青年人也喜欢上了古书、古代文化，我看到，最近这些年，来书店的青年读者越来越多了。所以说，“活”到今天的这些古书的命，是好命呀。

公藏和拍卖

在二十世纪八十年代和九十年代，我分别两次参加全国古旧书发行业务学习班的授课。可以说，这两次上课的学员，后来都成了各地古旧书店的骨干。其中又有一些学员，在古书拍卖兴起后，到了拍卖公司工作。

古籍拍卖是二十世纪九十年代兴起的，我还在古旧书店的时候，嘉德的拓晓堂先生就多次来苏，和古旧书店商谈，拿一部分书出来拍卖。我后来自己开店了，也有很多学生找到我，希望能把书店的书拿一些到拍卖场上流通。

我不想把书拿上拍卖场，可能我还是有着老观点、老思想。我见过太多书籍的命运沉浮，总想着，这些书能入藏图书馆、博物馆这样的公藏机构，才是最好的。能够让学者实实在在地使用起来，才称得上物得其所。为了减少苏州刻书实物的流失，我也会关注书友寄来的拍卖图录，从中选择，量力而行地参拍一些。

关于书店

古代的藏书之家都是大户人家，累世书香传家的也有，但更多的则是顶多守三代，书就散掉了。连官宦富商之族都难以守护住古书，何况书店呢？书店也守不住书的。

我曾把书店比作城市的眉毛：对于一个人来说，眉毛看似并不重要，但缺了它，五官再精彩看着也乏味。一个城市不能没有书店。这是我坚持把店开下去的理由。

对于文学山房，我当然希望我的后代能继承下去，但如果再到孙子、曾孙，他们有自己的选择，我也是尊重的，不会强求。孔夫子旧书网、布衣书局，我都知道。不管怎么说，我相信总会有人继续做保护古籍的事，虽然方式可能和我有所不同。

关于网络销售

网上最大的古旧书和二手书交易平台孔夫子旧书网，我是知道的。我女儿定价的时候，遇到好一点的书，也会查查网上卖多少，作为参考。但文学山房并没有在平台上开网店。我没有这么多货品，也没有这么多精力再去做这个了。我已经九十多岁了啊。子女们年纪也大了，孙辈都有自己的工作，所以我们并没有开展网络销售。

在网络平台买卖古籍，需要你自己心中有数啊。看不到书嘛，等于隔山买牛啊。隔了一座山去买牛，牛是肥的还是瘦的，你不知道。

书源枯竭了吗

近几年经营旧书的人，无论是开旧书店的，还是搞古籍拍卖的，都在感叹书源枯竭，大家认为经过多年的经营，该露面的好书基本已经出现过了，不会再有大批的生货了。我也认为是这样的。古书都是老的东西啊，不会出来新的、大量印的那种。我已经从事了八十年古书业务，认识的人比较多。四面八方的熟悉的人都来找我嘛，我还能收到一些。我与很多老藏家多年以来关系处得很好，能够过几十年后再找他们高价收回当年卖给他们的书，这种情况有，但是不多。因为买我书的，大部分都是公家机构，都是某某图书馆、某某博物馆，不能再买回来。

现在我年纪大了，不能去人家家里访书了，只能等着好书被送过来。但是现在拍卖兴起，人家有好书，就直接送到拍卖场去了。收旧货的，从前收到书就送来给我看，现在人家在手机上查一查，送给我的时候，价格也提高了。其他古旧书店的情况，大概也是这样。书越来越少了，越来越难收到了，这也是无可奈何的事情。

谈谈变化

按照收入比来计算，从民国年间到现在，古旧书，尤其是善本，从总体而言是涨价了。收书的类别变化更大。

以前的大藏书楼，像铁琴铜剑楼、群碧楼、嘉业堂、适园等，注重收宋元版，讲究收藏正经正史。现在都提倡红印本、蓝印本、套印本。一个时候有一个时候的风气啊。

套印本的价格变化也很大。以前，明清的套印本比普通版本贵一点，但基本可以当一般明版书卖。后来陶湘、郑振铎、阿英、李一氓等都重视套印本。现在套印本的价格就和普通书不一样了，上涨得很厉害。这个原因嘛，以前的藏书家、读书人把套印本当成蒙书，也不把传奇小说之类的书当一回事。民国时期，郑振铎、阿英提倡俗文学，它的内容也有人要研究了。加上物以稀为贵啊，东西少了自然就贵。

也有情况转差的，那就是清代的经学书。乾嘉学派的经学考据书，以前贵，买的人很多，那时候黄葆年、金天翮、章太炎几位先生在苏州城讲国学，读书人跟着他们学经学，买的是读的书——经学书、考据书。现在，怎么说呢，这些书买的人少了。大家买书更多的是用于收藏，等着升值。

书香文脉永不绝

我认为中国的传统文化不会断绝。为什么这么说呢？我看到现在还有很多年轻人都在研究古籍，我出版的《吴门贩书丛谈》有很多年轻人来买。还有一个现象：现在买书的女同志多了。民国的时候，藏书家常常自己一个人来买书，偶尔有带着夫人来的，夫人就坐在一旁等待。新中国成立后，黄裳先生和夫人一起来买书，夫人帮他拎包，任由他选书。现在，我看到有很多女同志来看书，男同志帮忙拎包；还有年轻母亲带小孩来的。这些不都是很好的现象吗？俗话说，书因人聚，有爱书的人在，书香文脉就不会断绝。

而我自己，我就是想要抢救中国文化遗产，直到生命最后一息。

许浒治印

三世云烟翰墨香，百年丘壑腹笥藏。

后记

清人洪亮吉曾把藏书家分为五等，如果按照功能做一下合并，他所说的五等可以并而为三：写书、藏书和经营书。可见经营典籍者原本就是藏书家中之一类，更何况没有书籍的流通，就不可能有藏书家的成功。时至今日，人们更加意识到物品流通在现代社会起到的不可或缺的作用。

古书的流通除了私人间的交换与买卖，大多是靠书坊。苏州书坊业极其发达，尤其在明清两代，苏州可谓江南图书流通中心。时至近代，因为战乱的影响，苏州书籍经营业遭到了一定的打击，但很快又复兴起来。至民国年间，来青阁、博古斋、文学山房等渐渐成为当地具有影响力的旧书店。到了今天，唯余文学山房仍在经营，堪称中国传统旧书业的活化石。

文学山房于光绪二十五年（1899）由江杏溪创办。经过苦心经营，文学山房在民国二十年（1931）左右逐渐兴盛起来，江杏溪让儿子江静澜、孙子江澄波也在店中料理店务。他们有眼力，懂经营，陆续收到了大量名家旧藏。当年的文学山房也继承传统，在经营古籍的同时做出版。叶昌炽的《藏书纪事诗》是中国历史上第一部专门的藏书家辞典，这部书的七卷本就是由文学山房负责刷印装订和销售的。更为有名的则是《文学山房丛书》，该书乃是由木活字摆印的，故又称《江氏聚珍版丛书》。这套丛书陆续出版了四集，因为内容适合当时的学术需求，故而迅速风行海内。然而越是畅销和实用的书越是难以保存，时至今日，已经很难找到一部完整的《文学山房丛书》了。

我因有佞书之癖，且在藏书专题中专门设有活字本一类，故而从二十余年前就开始留意搜集《文学山房丛书》，但我在市面上从没有见到过完整一套的该丛书，且在各大图书馆中也难查到某一家有完整收藏，所以只能在市面上凭运气一部一部陆续购求。那时我就有个奢望：如果能联系上文学山房后人，说不定能从他那里买到完整的一套。

二十世纪九十年代中期，中国嘉德拍卖公司在业界声名鹊起，我得以认识该公司古籍善本部总经理拓晓堂先生。拓先生原在国家图书馆善本部工作，眼界之富自不待言，再加上他口才极佳，每次与他聊天，我都能听到不少书界传闻。某次，他讲到国内最有名的版本鉴定家时，说出了“江南三只眼”这一令人印象深刻的话。他所谓的“三只眼”是指三位在鉴定版本方面目光如炬的耆宿，其中之一就是文学山房后人江澄波先生。

按照业界规矩，拍卖行业的从业者有替买家和卖家保密的义务，我知道这个国际惯例，所以不好意思向拓先生索要江先生的联系方式。之后不久，我有了到江南寻访古代藏书楼之举。苏州乃是古代藏书楼遗存极多的地区之一，但那个时候大家只有传统的联系方式，如果没有当地的人带路，寻访过程中会遇到很多周折。某次，我向著名的版本目录学家、藏书家杨成凯先生讲到自己的想法，他很支持我的书楼寻踪之旅，当听闻我想在苏州找一位知情人时，他立即讲到了江澄波先生，为此，他还特意写了一封信，让我持信前往苏州去拜访江先生。

正是这个缘故，我在苏州的一条小巷内找到了江先生开办的文育山房，老先生的言谈举止极有亲和力。他听闻我想要寻访藏书楼后，大为支持。为此，他按照我所列的名单，带领我穿行在苏州老街区的各条小巷内。我边走边听江老讲述过去书界的故事，那是一场精神的盛宴，妙处难以言说。唯一的遗憾，是老先生说着说着，苏普就变成了吴音，我努力地支起耳朵，还是有些不能听明白。但是即使如此，那些古代藏书大家的形象在我的脑海中也变得立体丰满起来了。以往，我把古代藏书家定位为遥远的存在，经过江先生的叙述，他们顿时变得鲜活了起来，这就是亲历者口述的力量。

在此后的交往中，我从江先生那里不但得到了一些书籍，更重要的是学到了很多——原来书中所载的一些为人所津津乐道的典故，跟历史真相相去甚远。有些问题不仅仅是以讹传讹，甚至在讹传的过程中已经与真相南辕北辙。有一个时段，我很起劲地搜集古代印书用纸，很想搞明白历代线装书有什么地域性的用纸特点。在这方面，江老给我以热心指导，当他听闻我最终的打算时，又古道热肠地劝我不要因为做好事而遭到别人的误解。为此，他向我讲述了《文学山房明刻集锦》的故事：当年文学山房制作出三十多套《明刻集锦》，瞬间销售一空，但他们却为此受到了一些不公正的指责。江老向我讲述了制作《明刻集锦》的起因、细节及后来所产生的意想不到的舆论等，使我打消了制作古书纸谱的想法。

江老给我讲的那些故事，令我印象深刻，我觉得江家几世经营古书，按照今文经学家的三世说，那就是所见世、所闻世和所传闻世。如果江老能把这些故事都记录下来，将给书界留下很多真实的历史掌故，这应该是令人喜闻乐见的。

大概在2000年，我从当时的中国书店总经理那里听闻他们正在以录音的形式来记录琉璃厂一些老先生的口述史。那个时期的录音设备是卡盒式录音机，为了留存史料，当时中国书店从日本进口了几大箱卡盒磁带。如果能将这些录音资料整理出版，那将是爱书人的饕餮大餐；但是总经理跟我说，因为几次搬仓库，那些磁带不知压在哪里，再也找不出来了。闻讯后，我又不自量力地冒出个想法：何不找我认识的书界老前辈去录音，而后把他们的口述史整理出来。

那个时期，琉璃厂多闻阁主人魏广洲老先生已年逾九十，他时常拉着我去听京剧。我向他提出了录制口述史的想法，老先生欣然同意，于是我前往他家中做了几次录音。后来不知什么缘故，那些录音资料也找不到了，这件事让我联想到中国书店的磁带：难道有些事真的是天机不可泄露？

之后因为各种原因，我还是将口述史录音的事放了下来，尤其是魏老先生因为出门摔断了腿，不久就去世了，这件事对我录制口述史的想法有一定打击。

若干年后，我又想起了这件事，于是又联系了江澄波老先生，江老欣然同意。但是他在苏州我在北京，毕竟有着地域之隔，起初我采用电话录音的方式，但江老的吴音使我有很多内容记不准确，有些关键词即使江老换上几种说法，我也还是难以明白，于是江老提出他以笔答的方式来回答我的问题。我根据自己有限的所知，列出几页问题来寄给江老，此后江老陆续回以笔答，每次来信都写几页纸。看到江老工整的字，我既高兴又觉得心有不忍：让年逾九十的江老写下这么多字，有点强人所难。

笔答这种方式既有好处，也有不足。好处是江老能够准确无误写出人名、地名、书名和事件；不足是无法发散式聊天，不能进行层层追问。事情进行了一段时间，就遇上了江老因病住院，我的通信采访也就停在了那里。

2021年底，古吴轩出版社的编辑张颖女史来电话说，她受苏州市新闻出版局委托，正在整理江澄波先生的口述史，江先生告诉她此前我有采访笔答之事，同时把我的采访问题出示给她看。张颖觉得部分问题与她的所问有重叠之处，于是邀请我共同完成这部口述史的采访。

不久之后，张颖把她整理的采访稿发给我，浏览之后，我发现她的所问已然圆满完整，并且已经做了系统分类，而我只是根据此稿又补充了几点问题。在这个过程中，我了解到张颖为了做采访，多次前往文学山房见江老先生，每次会把她的整理稿念给江老听，以便让江老提出修改和补充意见。因为张颖还有其他社务，这些采访大多是利用业余时间进行的，在这种情况下能将书稿整理得这样完美，其做事之认真令我叹服。出于美意，张颖让我一定列名于跟她共同整理的书稿，但其实她已经完成了该书稿的大部分工作，如此胸怀令我感佩。

因为有着视角上的差异，我在读张颖的采访稿时了解到了之前不曾留意的细节，通过她的梳理，我对文学山房的历史有了更多条理性的了解。当然这里面也有些遗憾，主要是江老为人厚道，他不喜道人之恶。此前我问过他一些传闻，虽然他在口头上给我做过相应的解释，但他明确地告诉我说，不能行诸笔端，故还是有很多事只能留在我的脑海里，不能落于书稿。

2022年3月之后，已经平静了一段时期的新冠疫情再次爆发。此前的几个月我已经中断了各地的历史遗迹寻踪之旅，然而7月份江苏书展在苏州举办，有重要活动请我参加，于是我“冒险”前往苏州。

在参会之余，我又一次见到了张颖。若干年前，张颖拿来多本拙作让我签名，那时我就知道她是一位资深爱书人，所以她将口述稿整理得井井有条，我一点都不惊讶。这次见面后，我们约好一起去探望江老。那天，我们在文学山房见到了江老和他的子女们，还见到了苏州市档案馆沈慧瑛老师——沈老师也是一位爱书人。大家一起坐在四代守护的文学山房内，虽然不是白头宫女，但闲聊着过去的书人书事，眼前还是有很多流光飞过，异彩纷呈。

2022年8月23日

韦力于芷兰斋